JN409474

삶에게 묻다

신 영 규

삶에게 묻다

신아출판사

| 머리말 |

신문을 읽을 때가 가장 행복하다

깊은 밤 노트북을 열어 인터넷판 기사를 읽는다. 하얀 바탕에 까만 글자들…. 미담 기사를 읽을 때는 마음이 흐뭇해지다가도 정치 기사를 읽을 때면 가슴이 답답하고 인상이 찌푸려진다. 그러다가 문득 내가 살아 숨쉬고 있음에 감사한다. 살아 있다면 그 무엇에도 행복하지 않을 이유가 없다. 나는 하루 중 신문을 읽을 때가 가장 행복하다.

나는 신문을 많이 보는 사람이다. 하루 평균 3시간 이상 신문을 읽는다. 신문 읽기가 습관화되어 있다. 아침에는 종이신문을 읽고 저녁 10시 이후에는 미리 올라온 인터넷 기사를 읽는다. 읽으며 날을 새기도 한다. 특히 국내에서 발행하는 모든 중앙지와 수십 개의 지역신문 홈페이지를 내 컴퓨터 즐겨찾기에 링크시켜 놓고 수시로 홈피에 들어가 필요한 정보를 얻는다.

나는 신문 기사도 읽지만 주로 칼럼을 많이 읽는다. 칼럼은 사설보다 가독성이 훨씬 더 높다. 그 이유는 소재와 주제가 대체로 시사나 사회문제를 다루고 있으며 쉬운 문체로 필자의 개성이 두드러지기 때문이다.

신문을 읽으면 세상이 보인다. 신문은 진실을 비추는 거울이자 권력 감시의 첨병이다. 그리고 군림하는 권력의 칼날을 꺾을 때, 신문은 더욱 착해 보인다. 우리는 신문과 뉴스를 통해 생활에 도움이 되는 정보를 얻고, 긴급하고 위험한 상황에 대처하기도 한다.

많은 사람들은 세상사에 관심을 두지 않고 살아간다. 그것은 돈을 벌기 위해, 남들보다 성공하기 위해 바삐 살아가는 탓이다. 이런 사람들은 보통 자기 주변에서 벌어지는 일들만 신경쓰게 된다. 그러다 보면 세상의 트렌드가 무엇인지, 나와 다른 생각을 가진 이들이 주장하는 논리나 생각이 무엇인지에 대해서는 잘 모르게 될 가능성이 많다. 물론 그런 정보를 몰라도 사는 데 아무런 지장은 없을 것이다. 그럼에도 신문을 보면 여러 이슈들에 대해 알게 되고, 무엇보다 세상에서 일어나는 일을 한눈에 바라볼 수 있고, 사람들이 주장하는 논리나 동기 등에 대해 알게 되니까 이 시대를 살아가는 한 사람으로서 자부심과 행복감을 느낀다.

행복이란 무엇일까. 행복은 무슨 거창한 것이 아니다. 일본 작가 무라카미 하루키의 수필집 『랑겔한스섬의 오후』에는 작지만 확실한 행복, '소확행小確幸'이 잘 나타나 있다. 하루키는 "갓 구운 빵을 손으로 찢어 먹는 것, 서랍 안에 반듯하게 접어 넣은 속옷이 잔뜩 쌓여 있는 것, 새로 산 정결한 면 냄새가 풍기는 하얀 셔츠를 머리에서부터 뒤집어쓸 때 행복을 느낀다."고 했다.

그렇다. 행복은 별것이 아니다. 순수한 감정에서 일어난다. 사우나에서 행복을 느낄 수도 있고, 여행에서 행복을 느낄 수도 있다. 맛있는 음식을 먹을 때도, 사랑하는 사람과 함께 있을 때도 행복을 느낄 수 있다. 또 취미, 운동, 산책, 종교활동 등에서도 행복을 느낀다. 다만 행복은 잠시 느낄 수 있는 감정이며 그 감정은 금방 지나간다.

한 해가 저무는 길목에서 네 번째 칼럼집을 펴낸다. 이 책은 필자가 일부 중앙지 및 지방신문에 기고한 칼럼 5년치를 모아 엮었다. 정치, 경제, 사회, 문화, 종교, 철학, 문학, 스포츠 등 다양한 내용을 담고 있다. 시의성 있는 글에는 책 밑에 주석을 달아 이해도를 높였다. 독자 제현의 일독을 권한다.

2020년 庚子年 끝자락에서

저자 신 영 규

| 차례 |

제2부 미인은 박명薄命 한가

제3부 권력은 국민이 잠시 빌려주는 것

제4부 흐르는 세월 앞에서

제5부 남자의 세 가지 조심

제6부 인생은 외로운 존재인가

제7부 인간에게 '밥'이란 무엇인가

제1부

죽여도 죽일 수 없는 사람들

삶에게 묻다

한 해가 저문다. 세월은 무심하게 흘러 또 한 해를 마무리하는 시점이다. 지나간 시절 뭘 했는지 과거를 더듬어도 딱히 떠오르는 게 없다. 세월에 묻혀 수동적으로 살아온 탓이다.

우리는 지금 차가운 겨울바람 앞에 서서 참담한 심정으로 한 해가 기우는 모습을 초조하게 지켜보고 있다. 인간이 시간이란 무생물에 매듭을 지어놓은 달력은 이렇게 한 해를 마감하지만 우리의 회한悔恨에는 매듭이 없다.

다시 떠올리게 될까 두려운 최악의 한 해 2020년. 전 세계를 뒤흔든 전대미문의 코로나19는 우리의 생활방식에 변화를 요구하며 국민의 삶을 통째로 바꿔놓았다. 4 · 15총선으로 탄생한 180석 거대 여당의 질주로 국회는 어느 때보다 소란스러웠고, 추미애 법무부 장관과 윤석열 검찰총장의 갈등도 1년 내내 사회를 달궜다. 치솟는 집값과 극심한 전세난으로 올해도 내 집 마련의 꿈은 더욱 멀어졌다. 이 와중에 우리와 한 합의와 신뢰를 깨고 북한은 개성의 남북공동연락사무소를 폭파하고, 서해상에서 우리 해양수산부 공무원을 사살해 남북관계는 더욱 얼어붙었다. 비서 성추행 의혹으로 수사받던 박원순 서울시장이 돌연 극단적 선택을 해 충격을 안겨줬다. 또한 올여름 역대급 장맛비에 대한민국 전역이 물에 잠겨 국민들에게 큰 시름을 안겼다.

한시도 바람 잘 날 없는 세상. 생로병사부터 개인적인 문제들까지 살아간다는 건 온갖 것들과 끊임없이 부딪치는 일이다. 아프고 늙고 죽는 문제들만 아니라 진학 · 취업 · 결혼 같은 삶의 경로에서 우리는 항시 마찰을 빚으며 살아간다.

한 해가 저무는 길목에 서면 누구나 한 번쯤 지나온 삶을 되돌아보고 앞으로 자신에게 남겨진 시간을 생각해 보게 된다. 지금 내가 살아가고 있는 모습이 진정 내가 원했던 것인가. 내 인생을 위해서 뭘 하고 있는가? 때론 존재론적 질문과 함께 돌아올 수 없는 과거에 집착하기도 한다. 그리고 이런저런 사색 끝에 인생이 허무하고 우울해지기도 한다. 아니, 우울함보다는 공허감이 더 크다. 이는 세상을 잘 못 살아온 탓이리라….

인생은 윷말을 쓰는 것과 같다. 지름길인 듯하여 길을 잘못 들면 죽기도 하고, 돌아가도 안전한 길이 있다. 잘 나가다가도 어느 순간 보면 잡히는 위치에 와 있고, 어쩌다 윷말을 업고 가면 의외로 빨리 목적지에 도착하기도 한다.

그렇다면 인생에 정답이 있는가? 물론 정답은 있다. 그러나 그 정답이 모든 사람들이 원하는 답이라는 보장은 없다. 인생에 지름길은 있는가? 당연히 지름길이 있다. 그러나 그 지름길 역시 모든 사람들이 원하는 길이 아닐 수 있다.

누구는 인생은 확률이라고 했다. 로또에 당첨될 확률, 좋은 아이템을 획득할 확률, 자동차 사고를 당할 확률, 좋은 직장에 취업할 확률 등등. 인간은 그야말로 셀 수 없을 정도로 수많은 확률 속에서 살고 있다고 해도 과언이 아니다.

톨스토이는 그 누구보다 인생에 대해 고뇌를 많이 한 사람이다. 그는 "모든 새는 항상 둥지를 어디에 틀어야 할지 알고 있다."고 했다. 둥지를 어디에 어떻게 틀어야 할지 알고 있다는 것은 삶의 목적을 알고 있다는 말이다. 모든 창조물 가운데 가장 지혜롭다는 인간은 왜 새들도 알고 있는 인생의 목적을 알지 못할까? 어쩌면 삶의 지혜는 간단한지도 모른다. 다만 사람들이 너무 복잡하게 생각하고 알아도 잘 실천하지 못하기 때문에 어렵게 느낄 뿐이다.

인생을 비유하는 표현들은 다양하다. 기독교는 '잠깐 있다 없어지는 안개'로, 불교는 '한 조각 뜬구름'으로 표현한다. 테레사 수녀는 "인생이란, 낯선 여인숙에서의 하룻밤이다."라고 표현했다.

인생에 대한 질문 중 어떤 것들은 실상 큰 의미가 없는 것들이 있다. 겉보기에는 꽤나 깊이가 있어 보여도 그렇다. 대표적으로 '왜 사는가'라는 질문이 그에 해당한다. 인생은 무엇이라 딱 잘라 말할 수는 없지만 무한한 도전의 연속인 것만은 분명하다. 그러므로 인생은 희망이고 기쁨이고 행복이다. 또한 인생은 만남이다. 인생은 운명이고 선택이다. 그러나 무엇보다 인생은 사랑이고 돈이다. 돈에 울고 웃고 돈에 죽는다. 그래서 인생은 슬픔이고 결국은 죽음이 우리의 뇌리에 똬리를 틀고 있다.

올 한 해 내 인생의 결산보고서는 어땠는가. 초라하기 그지없고 신고한 삶이었다. 언제나 마이너스 인생이었다. 그렇다면 한 해를 매듭짓고 동시에 다가올 또 한 해를 설계하는 시점에서 삶에게 묻는다. 어떻게 살아야 옳은 삶이고, 어떻게 살아야 플러스 인생이 되느냐고….

『전민일보』(2020. 12. 30.)

총선 난장판 만든 비례당 난립, 유권자가 심판해야

21대 국회의원 후보 등록이 마감되면서 4 · 15총선의 막이 올랐다. 투표일이 다가올수록 범진보와 범보수 간 진영 대결 양상이 뚜렷해지고 있다. 야당 심판론과 정권 심판론을 앞세운 여야의 총력전이 본격화할 전망이다.

공식 선거운동 기간은 오는 4월 2일부터 선거일 전날인 14일까지다. 선거일까지 불과 15일밖에 남지 않았지만 이번 총선이 초유의 대혼돈 상황으로 어지럽게 전개되고 있다. 무엇보다 비례대표용 위성정당들의 난립 속에 비례대표 선거전 혼탁 양상이 극에 달하고 있다. 앞선 총선도 시끄러웠지만 이보다 더 희한한 선거는 없었을 것이다.

코로나 사태로 전 세계가 공포에 떨고 있는 이 난국에 이번 총선은 여야 모두 실로 전대미문의 막장드라마를 연출하고 있다. 여야의 비례정당 공천이 차마 눈 뜨고 보기 괴로울 지경이다. 그야말로 꼼수, 반칙, 편법, 후안무치, 요지경, 도박판이다. 여야 모두 오십보백보다. 수단과 방법을 가리지 않았다. 그런데 여야는 서로 자기 당이 낫다고 주장하며 지지를 호소한다. 그래서 유권자의 마음은 괴롭기만 하다.

4 · 15총선에서 유권자들이 투표소에서 받아 볼 비례대표 후보 투표용지는 총선 역사상 가장 긴 51.9cm가 될 것이라고 한다. 준연동형 비례대표제가 도입된 결과 38개 정당이 비례대표 후보를 낸 데 따른 것이다. 정책은 물론 정체성도 제대로 파악할 수 없고 이름이 서로 엇비슷한 정당들이 수두룩하다. 유권자들이 어느 때보다 선택에 혼란을 겪을 것이란 우려가 벌써부터 일고 있다.

그 중심에 준연동형 비례대표제가 있다. 더불어민주당은 공수처법을 통과시키기 위해 군소정당(바른미래당 당권파 · 정의당 · 민주평화당 · 대안신당)들에 선거법 개정의 미끼를 던졌다. 미래통합당이 "비례 정당으로 대응하겠다."고 수차례 경고했는데도 밀어붙였다. 그리고 공수처법이 통과되자 이들 군소정당을 토사구팽했다. 4+1 공조로 통과시킨 공직선거법은 조각조각 걸레가 돼 버렸다. 그리고 거대 정당들은 허점을 공략했다. 비례대표 전담 위성정당 만들기에 나선 것이다.

야당인 미래통합당이 먼저 가짜 정당을 만들었다. 그때 '법 위반'이라고 맹렬히 비난했던 더불어민주당도 위성정당을 만들었다. 아니 오히려 한술 더 떴다. 여야 모두 의원 꿔주기와 일부 비례대표 의원을 제명까지 했다. 의원 꿔주기를 통해 정당 투표 용지에서 순번을 앞당기는 꼼수를 부렸다. 스스로 주도한 개정 선거법 취지를 흙탕물에 집어넣으면서 이런 일을 했다.

당적을 옮긴 여야 의원들은 총선이 끝나면 본가로 '원대복귀'할 것이다. 대한민국 헌정 72년 역사에서 그 어떤 여당과 제1야당도 이런 최악의 선거판을 만들지 않았다. 과연 해외토픽에나 나올법하다.

비례대표 제도는 특정 분야의 전문성, 또는 사회적 약자를 대변하고 직능대표성을 높인다는 취지로 도입됐다. 하지만 준연동형 비례대표제를 도입한 이번 총선에선 비례대표제의 본래 취지는 사라지고 부작용만 낳고 있다. 그래도 여야는 비난은 잠시이고 의석수는 4년 간다며 의석수 확보에만 목을 맨다. 이처럼 폐해가 많은 연동형 비례대표 제도는 다음 국회에서는 반드시 폐기해야 한다.

코로나19 사태로 이번 총선은 역사상 유례없는 깜깜이 선거가 될 전망이다. 투표율이 최악으로 떨어지지 않을까 염려된다. 유권자 입장에선 정치권의 이전투구에 실물이 난 터라 굳이 감염 위험을 무릅쓰고 투표장을 찾기가 꺼려질 수 있기 때문이다. 그래도 투표는 해야 한다. 투표는 국민 개개인의 삶에 지대한 영향을 미칠 수밖에 없는 유권자의 심판이기 때문이다. 유권자들은 지금부터 각 당의 선거운동을 주시하면서 어느 후보가 적임자인지 인물검증을 해야 한다. 선거가 아무리 탈법 · 꼼수의 정치로 얼룩진다 해도, 그걸 바로잡을 수 있는 힘은 결국 유권자들에게 있다.

『전라매일』(2020. 3. 31.)

---

* 더불어민주당이 2020년 4월 15일 실시된 21대 총선에서 모두의 예상을 뒤엎고 기록적 압승을 거뒀다. 반면 제1야당인 미래통합당은 궤멸 수준의 참패를 당했다. 각 당의 지역구 의석수는 민주당 163석, 미래통합당 84석, 정의당 1석, 무소속 5석.(지역구 253석) 또한 비례대표는 미래통합당 19석, 더불어시민당 17석, 열린민주당 3석, 정의당 5석, 국민의당이 3석을 차지했다.(비례 47석)

갈등 · 대결 접고 화합의 길로 가자

2020년 새해가 밝았다. 올해는 풍요와 번영을 상징한다는 경자년庚子年 흰 쥐의 해이다. 쥐는 십이지十二支 가운데 첫 자리를 차지한다. 그래서 '새 시작, 새 출발'을 의미한다. 예로부터 쥐는 다산과 풍요를 상징한다. 쥐띠 해에 태어나면 재물복, 영특함, 부지런함을 타고난다는 속설이 있다. 흰 쥐의 기운이 나라와 각 가정에 깃들었으면 하는 바람이다.

새해를 맞이하는 것만큼 설레는 일도 없을 것이다. 그러나 한편으론 새해를 맞는 마음이 착잡하고 기대와 희망보단 무겁고 두렵기까지 하다. 지난해에는 정치 · 경제 · 사회 · 문화 등 각 분야에서 독버섯처럼 퍼진 반목과 증오, 분열이 국민을 대결의 광장으로 내몰았다.

특히 '조국 사태'를 계기로 벌어진 '아수라阿修羅장'이 이보다 더 할 수는 없을 것이다.

이처럼 우리 사회는 이념과 세대, 계층 갈등이 심각한 상황이다. 자신과 생각이 다른 사람은 적으로 간주한다. 이 어지러운 세상이 새해에도 이어질 것 같아 우리의 마음을 더욱 불안하게 한다.

현실을 직시하면 마음은 더욱 무거워진다. 국내 정치는 출구가 보이지 않는 깊은 수렁 속으로 빠져들고 있다. 여야의 극한 대치 속에 선거법 개혁과 공수처법이 패스트트랙 안건으로 국회를 통과했지만, 연초에는 검경수사권 조정 법안 등을 둘러싸고 또 한 번 여야가 격돌할 것을 예고한다. 오로지 아전인수와 정략을 위해 꼼수만 난무하는 가운데 개혁 법안의 취지는 누더기가 돼 버렸다.

과연 2019년 힘들었던 상황의 여진이 언제까지 지속될 것인가. 지금 서민들의 삶은 고달프기 이를 데 없다. 경제는 호전될 기미가 좀처럼 보이지 않는다. 급격한 최저임금 인상에 의한 역풍이 예상보다 깊다. 청년들은 일자리를 찾지 못해 절망과 한숨 속에서 하루하루를 보내고 있고, 직장인들은 언제 직장을 잃을까 불안감 속에서 살고 있다. 설사 일자리를 구한다고 해도 대부분 아르바이트 · 파트타임 등 저임금 시간제 직종이다. 주로 청소, 경비, 편의점, 주차관리 등 취약계층이 맡아 온 일자리들이다. 자영업자는 매출이 없는데도 임차료와 인건비 상승에, 높아지는 대출 이자까지 겹쳐 이중고를 겪고 있다. 사정이 이런데도 정치권은 오로지 권력투쟁에만 골몰할 뿐 민생은 안중에 없다.

눈을 밖으로 돌리면 상황은 더 심각해진다. 올해 한반도 안보 상황은 살얼음판을 걷는 형국이 될 것이다. 순풍을 타던 북 · 미 관계는 지난해 2월 베트남 하노이 정상회담이 '노딜'로 끝나면서 급반전했다. 한국을 중심으로 한 동북아의 정치, 경제, 사회, 군사적 셈법은 안갯속이다. 사느냐 죽느냐의 갈림길에서 자칫 발을 잘못 내디디면 바로 천길 낭떠러지로 추락하고 만다. 미 · 중 패권경쟁이 심해질수록 한국은 선택을 강요당하는 상황에 내몰릴 가능성이 매우 높다. 지금까지 정부는 미 · 중의 진영 간 대결에서 양다리를 걸쳐왔다. 즉, 안보지원은 미국에서 받고 정책공조는 중국과 하는 태도를 견지해 왔다. 이는 한 · 미 공조를 더욱 멀어지게 할 뿐이다. 지금 우리의 가장 큰 위협은 뭐니 뭐니 해도 북한의 핵 위협이다. 중국은 말로는 한반도 비핵화를 지지한다고 하지만 실제로는 별 관심이 없다. 오히려 북한 정권의 붕괴를 더 걱정하고 있다.

이런 참담한 현실 속에서 올해 4월 15일 제21대 국회의원 총선거가 열린다. 모든 선거가 그렇듯이, 이번 총선은 문재인 정부 집권 4년차 국정운영 전반에 대한 중간평가의 성격을 띠고 있다. 공수처법 등 '개혁입법'의 지지 여부를 묻는 중요한 장이 될 것이다.

전북에서도 지역경제 활성화 등 현안문제를 해결할 수 있는 참된 일꾼을 뽑아야 한다. 지역이 죽든 말든 자신이 속한 정파의 이익에만 골몰하여 밥그릇 싸움에 여념이 없는 국회의원은 이제 필요 없다. 잘못된 정치인을 걸러내는 데 선거만큼 더 좋은 기회는 없다. 물갈이, 판 갈이를 위해서는 주권자인 국민의 엄정한 투표권 행사가 더 없이 중요하다.

새해 현실이 무겁지만 기대와 희망마저 버려선 안 된다. 무엇보다 이념 갈등에 의한 국론분열을 종식시켜야 한다. 국민 전체가 힘을 모아도 어려운 마당에 이렇게 사회가 분열되어서야 나라가 어디로 가겠는가. 나라가 잘못되면 그 피해는 바로 국민들이다. 따라서 경자년 새해에는 이념과 세대를 아우르는 국민 대통합의 시대가 열려야 한다. 갈등과 대결을 접고 모두가 하나되어 관용과 포용과 화합의 길로 나아가야 한다.

『전라매일』(2020. 1. 2.)

격동의 한 해, 2019년 아듀!

또 한 해가 진다. 새해를 맞은 지 엊그제 같은데 벌써 한 해의 끝자락이다. 언제나 한 해의 끝자락에 서면 만감이 교차한다.

자신이 걸어온 뒤를 돌아보면 잘못 보낸 것만 같은 1년이 무척 아쉽기만 하다.

영겁의 세월은 움직이지 않는데 우리 인간만은 왜 이리 안달을 하고 부산을 떨까. 태양은 해가 바뀐다고 뜨고 지는 일을 멈추지 않는데 말이다.

우리는 인생을 살아가면서 내게 주어진 시간이 많을 것이라고 착각한다. 다른 사람은 다 죽어도 나는 죽지 않을 것 같은 착각. 바로 이런 착각이 나로 하여금 후회하게 하는 원인이 된다. 후회하지 않으려면 내게 남은 시간이 별로 없음을 유념하고 열심히 살아야 하는데 현실은 그렇지 않고 대충대충 살아간다.

왜 사는가? 이 질문에 정답은 없다. 굳이 정답을 찾는다면 그것은 자기 삶에 의미를 부여한 사람일 것이다. 억지로 답을 찾는다면 태어나서 살아 있으니 사는 것이다. 죽지 못해 사는 것이다.

어떻게 살아야 현명한 삶일까? 이 질문에도 정답은 없다. 단지 오늘을 살고 있을 뿐이다. 밥을 먹고, 일을 하고, 친구를 만나고 즐거운 일을 찾기도 하고, 쾌락을 즐기며 잠을 잔다. 물론 이 속에는 희로애락이 있지만 그것은 삶에서 느끼는 감정일 뿐 변하는 것은 없다.

세월은 무서운 힘을 가지고 있다. 시간은 살아 움직이는 모든 것을 갉아먹는다. 세월 앞에서 사람들은 무력해진다. 활력이 넘치며, 아름다움을 보였던 젊음이 힘없고, 쭈글쭈글한 노인이 되게 한다. 그리고 나이를 먹을수록 세월의 빠름을 실감하게 된다.

그렇다면 시간을 늘릴 방법은 없을까? 방법이 있다. 1초에 30만 킬로미터로 이동하는 빛과 비슷한 속도로 움직일 수만 있다면, 또는 중력이 너무 커 빛조차도 빠져나오지 못하는 블랙홀 근처에 머물 수만 있다면 우리의 시간은 굼벵이 기어가듯 천천히 흘러갈 것이다. 하지만 우리는 아인슈타인의 상대론적 세계가 아닌 평범한 세계에 살고 있다. 그러니 24시간을 잘 쪼개어 살 수밖에 없는 것이다.

과연 시간이란 무엇일까. 엄밀히 따지면 시간은 존재하지 않는다. 시간이란 눈으로 볼 수도, 만질 수도 증명할 수도 없다. 불교에서 보는 세계관이 그렇고 몇몇 서양 유명 철학자나 과학자도 그렇게 주장하는 사람이 있다. 시간이란 인간 문명의 탄생과 함께 생겨난 발명품이다. 인간의 편의를 위해 1년을 12달 365일로, 하루를 24시간, 1시간을 60분, 1분을 60초로 재단해서 사용하고 있을 뿐이다.

오늘(31일) 밤 0시 전국에서는 일제히 제야의 종이 울린다. 2019년 기해년己亥年 돼지해는 가고 2020년 경자년庚子年 흰 쥐의 해가 교차되는 순간이다.

돌이켜보면 올 한 해는 갈등과 대결로 점철되었다. 올여름 대한민국이 조국 사태로 분열됐다면, 하반기는 '일본의 경제보복'에 맞서 대한민국이 똘똘 뭉친 한 해였다. 정치권과 민생경제는 돌파구가 보이지 않을 정도로 바닥을 치고 있고, 남북문제는 예측할 수 없는 상황으로 전개되고 있다. 여야의 정치적 대결구도는 지금도 진행 중이다.

그러나 해가 저물어 간다고 한탄하며 우울할 필요는 없다. 아직 남아 있는 시간을 고마워하는 마음으로 희망을 가져야 한다. 다만 과거의 시간은 황혼의 저편으로 사라지지만 사건과 역사는 미래에 연결돼 우리의 몫으로 남는다. 우여곡절을 겪으면서도 역사는 민초의 역량으로 앞으로 나아간다는 법칙을 믿기에 우리는 내일에 다시 희망을 걸어보는 것이다.

아쉬움과 희망이 교차하는 순간, 올 한 해 마음을 불편하게 했던 일들을 모두 제야의 종소리에 실어 보내자.

갈등과 격동의 한 해, 2019년이여! 아듀!

『전민일보』(2019. 12. 31.)

1.33초 곰탕집 성추행 진실게임

지난해 9월 청와대 국민청원 게시판에는 '제 남편의 억울함을 풀어 주세요.'라는 글이 올라왔다. 청원자는 "제 남편이 어제 재판에서 징역 6개월을 선고받고 그 자리에서 법정 구속됐다."고 했다. 인터넷을 뜨겁게 달궜던 이른바 '곰탕집 성추행' 사건의 발단이다.

사건의 전말은 이렇다. 2017년 11월 26일 A씨는 대전의 한 곰탕집에서 일행을 배웅하던 중 옆을 지나치던 일면식도 없는 여성의 엉덩이를 움켜잡은 혐의로 기소됐다. A씨는 성추행이 아니라 부딪친 것이라고 했다. 1심에서 검찰은 A씨에게 벌금 300만 원을 구형했으나, 법원은 이보다 무거운 징역 6개월의 실형을 선고하고 법정 구속했다. 판사는 "피해자가 피해를 당한 내용, 피고인이 보인 언동, 범행 후의 과정 등에 관해 일관되고 구체적으로 진술하고 있는데, 그 내용이 자연스럽다."고 유죄판결의 근거를 댔다.

2심 역시 1심과 마찬가지로 유죄 판단을 내렸다. 다만 추행 정도와 가족들의 탄원 등을 고려해 징역 6개월에 집행유예 2년을 선고했다. 이와 함께 성폭력 치료강의 40시간 수강, 사회봉사 160시간, 아동·청소년 관련기관에 3년간 취업제한 명령도 내렸다. A씨는 대법원에 상고했지만 대법원은 최근 상고를 기각하고 원심 판결을 그대로 확정했다.

이 사건은 영상 분석 전문가가 법정에서 "A씨가 곰탕집 출입문에서 있다가 뒤돌아서 피해 여성과 지나치는 시간은 1.33초 정도"라고 진술하면서 '1.33초 성추행' 사건으로도 알려졌다. 판결 내용과 사건 당시 방범 카메라 영상이 인터넷에 공개되면서 논란은 확산됐다. 성추행 여부를 둘러싼 남녀 성 대결 양상으로도 번졌다. 온라인뿐 아니라 거리에서도 찬반 시위가 열리기도 했다.

이 사건의 영상은 두 개가 있다. 인터넷에서 누구나 쉽게 찾아볼 수 있다. 하지만 문제의 장면이 분명하게 잡히지 않았다는 것이다. 곰탕집 신발장에 피고인의 오른손이 가려져 피해자와 접촉하는 '문제의 순간'에 어떤 상황이 벌어졌는지 보여주지 못한다. 다른 각도에서 촬영된 영상에도 피고인 오른손이 엉덩이를 움켜잡는 모습은 보이지 않는다. 그의 몸에 손이 가려져 있기 때문이다. 영상을 여러 번 봤지만 피고인 말대로 손이 스치게 된 것인지, 의도적으로 엉덩이를 움켜쥐었는지 도무지 알 수가 없다.

이 사건 논란의 핵심은 증거 불충분이다. 물증이 없는데도 불구하고 심증만으로 실형을 선고했다. 설사 엉덩이를 만졌다고 해도 징역형은 너무 과하지 않은가. 한 시민단체는 피고인이 유죄 판결을 받은 데 대해 "법치주의 원칙이 흔들리고 있다."며 "여론과 정부의 눈치를 보며 무죄추정의 원칙을 난도질했다."고 불만을 토로했다.

과연 A씨가 1.33초 동안 여성의 엉덩이를 만져 어떤 감정을 느낄 수 있었을까. 화면으로 보면 부딪칠 수는 있더라도 전혀 의식을 하지 않고 지나치는 것 같다. 통로가 좁아서 부딪힌 것을 피해자가 오해할 수도 있지 않을까? 이 건과는 별개로 성폭력에 관한 확실한 증거가 없는 경우 당했다고 주장하는 여성들의 진술이 일관되면 무조건 징역을 살아야 한다는 논리가 아닌가? 만약 여자들이 악의를 갖고 행동에 나설 경우 죄 없는 사람을 범죄자로 만들어 한 인간을 망칠수도 있다는 것이다.

형사소송법에 보면 "의심스러운 것은 피고인에게 유리하게"라는 법언法諺이 있다. 피고인을 유죄로 하려면 의심할 여지가 없을 정도로 유죄의 입증이 있어야 하며, 그렇지 못한 때에는 피고인에게 유리한 무죄로 추정하여야 한다는 것이다.

성범죄가 이슈로 떠오르면 누구든 가해자(남자)를 비난한다. 그러나 일부 못된 여성은 성을 악의적으로 이용해 남자를 무고 피의자로 만들기도 한다. 불륜 여성에 의해 성폭행범으로 몰려 고초를 겪는 남성들이 있기 때문이다. 성매매 여성과 잠자리를 했다가 성폭행 누명을 쓴 사례도 많다. 일부 여성은 성윤리 기강이 엄격한 직업군인을 꾀어 신체접촉을 하고서 협박하기도 한다. 성폭행 누명 씌우기는 불륜 사실을 들키지 않으려거나 돈을 뜯으려는 의도에서 비롯된다.

성범죄에 있어서 여성 진술의 증거 능력이 워낙 큰 탓에 피해 남성은 옴짝달싹 못 한다. 경찰과 검찰, 법원을 거치며 억울함을 호소하지만 누명을 좀처럼 벗지 못한다. 결백 증거를 확보하면 처벌을 면하지만 몸과 마음은 만신창이가 된 이후다. 성범죄를 저질러서는 절대 안 되겠지만 성범죄 무고로 인해 억울하게 처벌되는 일도 없어야 한다.

『전라매일』 (2019. 12. 20.)

---

* 2017년 11월 26일 새벽 1시, 대전 유성구의 한 곰탕집에서 남성이 여성을 성추행했다는 시비가 발생하였고 이후 사건이 피고인의 주소지인 부산지방검찰청 동부지청으로 이첩되며 재판이 열렸다. 1심은 징역 6월의 실형을 선고함과 동시에 법정구속하였고, 항소심은 징역 6개월에 집행유예 2년을 선고했고, 대법원 역시 징역 6개월에 집행유예 2년을 내린 원심을 확정하며 유죄로 끝이 났다. 물증 없이도 여성의 증언만으로 징역형을 받을 수 있는 현대 대한민국 성범죄 재판의 현주소로 각 커뮤니티에서 분쟁이 있었다.

외로움 · 고독, 개인의 문제가 아니다

가을이 처처에 소리 없이 내려앉았다. 제물에 떨어진 나뭇잎은 땅 위를 제멋대로 구른다. 싱싱하고 아름다운 것들도 언젠가는 흉물이 되고, 계절이 깊어지면 산속 호수도 외롭고 쓸쓸해진다는 것을….

사계절 중 유독 가을이 슬픔으로 다가오는 이유는 무엇일까. 남녀를 불문하고 가을이면 외로움을 부르는 어떤 힘이 존재하는 것 같다. 아무리 둔감한 사람이라도 마음 한쪽에는 고독이 배이고 회상과 상심이 밀려올 듯한 분위기다. 세상 사람 모두가 행복하고 성공적인 인생을 살아가는 것이 아니기에 이런 감정은 어쩌면 자연스러운 것이다.

외로움과 고독. 외로움은 혼자 있기에 어떤 대상을 그리워하는 것이고, 고독은 내가 원해서 스스로 만들어내는 기쁨을 뜻한다. 문제는 찬바람 불고 낙엽 지는 가을이 오면 사람들은 외로움과 고독, 쓸쓸함에 빠진다는 것. 그리고 외로움과 고독이 과열하면 심한 우울증에 빠지게 되고 그것이 결국 자살로 이어질 수 있다고 경고한다.

인간 존재의 근본 구조는 고통으로 얽혀 있다. 독일 철학자 쇼펜하우어는 인생 여정의 99%가 비극의 연속이라고 했다. 쇼펜하우어는 평생 고통 속에 살다가 허망하게 죽어가는 인간의 현실에 일찍 눈을 떴고, 이런 부조리한 현실을 애써 포장하지 않았다. 그의 눈에 비친 세계는 결코 조화롭지 못했을 뿐만 아니라 지극히 불완전하고 고통으로 가득 차 있었다.

그렇다. 결코 비관론은 아니지만 우리 삶은 고통으로 출발해서 비극으로 끝난다. 순간 용기를 내도 인생은 어차피 실패에 가까운 죽음으로 마무리된다. 그게 인생이다.

오늘날 이혼율이 증가하고 독신자들이 늘어나면서 현대인은 더욱 외로움과 고독 속에서 살아간다. 하지만 외로움과 고독이 단순히 정서적인 문제에서 그치지 않고 건강과 밀접하게 연결된다는 연구결과가 있다. 최근에는 고독이 비만이나 골초보다 건강에 더 나쁘다는 연구결과가 나온 데 이어, 2형 당뇨병에 걸릴 위험이 높아진다는 연구결과도 나와 주목을 끌고 있다. 그래서 그럴까. 영국에서는 외로움을 단순히 정서적인 문제로 보지 않고, 사회를 좀먹는 치명적인 '전염병'으로 봐야 한다면서 '외로움부(?)'가 신설되고 2018년 1월, 세계 최초로 '외로움부 장관'이 탄생했다.

도대체 얼마나 많은 사람들이 외로움을 겪고 있기에 외로움부 장관이 있을까. 영국 인구 6,500만 명 중 외로움을 겪는 사람은 900만 명에 이르며, 치명적으로 외로운 사람은 약 110만 명이 넘는 것으로 알려졌다. 무엇보다 외로움부 장관이 여러 국가의 시선을 끌었던 이유는 특이한 장관이 생겼다는 신선함도 있지만, 외로움을 사회적 질병으로 공식 선언했다는 점이다.

그렇다면 한국은 어떤가. 한국리서치에서 작년 5월 실시한 만 19세 이상 전국 1,000명 웹조사 결과를 보면, 강 건너 불구경할 수 없음을 보여준다. 응답자의 7%가 '거의 항상' 외로움을 느꼈다고 답했고, 19%는 '자주' 느끼고 있다고 답해, 4명 중 1명은 상시적인 외로움에 노출되어 있는 셈이다.

이처럼 외로움이 사회적 문제로 대두된 것은 영국만의 특징은 아닐 것이다. 외로움 장관 임명 뉴스를 10개 이상의 매체에서 보도한 국가들의 면면을 보면 미국, 호주, 일본 등 선진국화가 진행된 국가들이다. 외로움의 폐해는 우선, 개인의 근심 걱정과 사회 병리를 유발하고 결과적으로 삶의 질을 피폐화하는 직접적인 원인으로 작동한다는 점이다.

그런데 국내에서도 영국과 궤를 같이하는 신선한 시도가 있었다. 부산시의회가 올해 5월 전국 처음으로 '부산 시민 외로움 치유와 행복증진을 위한 조례'를 제정했다. 아직은 시작 단계지만 선언에만 그쳐서는 소셜 케어라 할 수 없다. 재원과 인력을 들여 외로움 실태조사와 측정을 위한 지표 개발, 치유센터 설치 등 실천으로 옮겨야 한다.

갈수록 증가하는 고독사, 그들은 어떤 삶을 살았기에 가는 길마저 처절하게 외로워야 할까? 그 마지막 가는 길을 지켜주는 사람들, 무연고 장례식을 치러주는 자원봉사자들이 있기에 그나마 위로가 되지만, 과연 이 문제를 해결할 수 있는 방법은 없는 것일까?

인간은 누구나 자신이 지닌 존재의 무게를 느끼며 살아간다. 그리고 삶의 무게와 함께 얽히고설킨 세상 모든 문제는 외로움과 고독으로 연결된다. 따라서 정부는 새로운 '사회적 질병'으로 자리잡아가는 외로움이 더 이상 개인의 문제가 아닌 국가적 문제로 인식하고 이를 적극 관리해 나가야 할 것이다.

『조선일보』·『전라매일』(2019. 11. 7.)

평양 정치 축구가 보여준 남북관계

축구는 단순한 스포츠다. 공 하나만 있으면 남녀노소 누구나 쉽게 할 수 있다. 축구가 전 세계적인 인기를 얻게 된 이유에는 단순함에 있다. 즉 공을 가지고 있는 사람이 뺏는 사람보다 앞서 있으면 되는 것이다. 공은 손이나 몸으로 뺏는 게 아니라 발로 뺏는 것이다. 다시 말해 공과 사람만 있으면 되는 것이다. 고작 어렵다는 룰이라고 해봐야 오프사이드 정도다. 90분 동안 공만 죽어라 쫓아다니면서 상대편 골대에 차 넣으면 된다. 그게 축구의 매력이자 장점이기도 하다.

한국 축구 대표팀이 지난 15일 평양 김일성경기장에서 북한 축구 대표팀과 2022년 카타르 월드컵 2차 예선 H조 조별리그전을 치렀다. 29년 만에 평양에서 열린 남북 남자축구 대결이라는 점에서 많은 축구팬들의 관심과 함께 국내외의 이목이 쏠렸다. 하지만 우리 취재진과 응원단의 입국이 불허되고 선수단만 평양에 들어가는 초유의 사태가 발생했다. 그리고 북한의 비협조로 관중도 없이, 생중계도 되지 않은 상태에서 경기가 열렸다. 축구 역사에 유례가 없는 일이 벌어진 것이다.

특히 북한은 우리 선수들이 자체 식단으로 가져간 고기와 해산물 등 식재료 세 박스를 압수했다. 선수들은 북한 당국이 제공한 숙소인 고려호텔에서 호텔 식단대로 먹었고, 외출은 물론 사소한 대화조차 못했다고 한다. 먹는 것까지 빼앗고 외출도 못하게 하는 북한의 행태가 비열하기 짝이 없다.

더욱 놀라운 건 우리 선수들이 평양 고려호텔에 머무는 동안 도청을 당했다는 것이다. 대표팀 수비수 권경원은(경기 당일 오전) 호텔 방에서 커튼을 걷고 창문을 열어 밖을 구경하며 얘기했는데, 점심을 먹고 오니까 커튼이 열리지 않게 고리가 단단하게 걸려 있었다고 했다. 선수들 숙소에 도청장치까지 설치하고 감시했다는 데 기가 막힐 따름이다. 만약 우리 선수들이 방안에서 말을 잘못했다간 북한 당국에 바로 끌려갈 상황이 아닌가. 21세기 문명국가에서 이런 나라가 지구상에 또 있단 말인가.

이처럼 어려운 상황에서 우리 선수들은 0:0 무승부를 기록했지만, 경기는 심한 욕설 속에 전쟁처럼 진행됐다고 한다. 경기장 관중석엔 북한군들이 일정한 간격으로 배치돼 곳곳을 감시하고 있었고, 선수들은 격렬한 몸싸움으로 물리적인 충돌 위기도 맞았다. 그런데 무관중, 무중계, 무승부로 끝난 남북전을 두고 태영호 전 주영국 북한 공사는

"한국 사람들은 격분했지만 여러 사람 목숨을 살린 경기"라고 했다. 그러면서 "만약 한국이 이겼다면 손흥민 선수 다리가 하나 부러졌든지 했을 것"이라고 했다. 그만큼 북한 선수들이 져야 할 책임과 부담감을 견디지 못했을 것이라는 설명이다.

북한에서 무관중 경기를 진행하고 한국 대표팀의 통신을 차단하며 생중계 불허, 기자단과 응원단 입국 금지 지시를 내릴 수 있는 사람은 누구일까. 당연 김정은 국무위원장이다. 그의 허락 없이 그랬다가는 본인은 물론이고 가족까지 살아남기 어려울 것이다.

그렇다면 김정은은 왜 굳이 이런 행동을 한 것일까. 김일성의 이름이 붙은 경기장에서 남쪽에 패한다면 큰 망신이다. 자신들이 패하는 모습을 인민들에게 보여주기 싫다는 의도도 있을 것이다. 여기에 한반도 정세가 자신들의 전략대로 돌아가고 있지 않은 불만을 축구 경기를 통해 드러낸 것이 아닌가 한다. 말하자면 축구를 정치도구화 한 셈이다. 하지만 국제 룰과 스포츠맨십에 의해 진행되는 운동 경기에까지 정치적 이유로 어깃장을 부리는 북한의 처사는 도저히 이해할 수 없다. 이번 사태를 통해 북한이 여전히 통제와 불통의 국가라는 사실을 전 세계에 보여준 것이다.

문재인 정부의 대북정책과 남북관계는 상당히 우호적이다. 이런데도 북한은 우리 축구 대표팀과 임원들에게 상식 이하의 횡포를 부렸다. 북한 눈치 보며 저자세로만 일관하던 한국 정부를 얕본 게 아니고 무엇이겠나.

내년 2000년 6월 4일에는 한국에서 2차 예선 남북 리턴매치가 있다. 그때 북한이 이번에 한 것처럼 우리 정부가 북한 취재진 입국을 거부하고 북한 선수들의 외출을 못하게 할 배짱이 있을 것인가. 정부가 북한에게 이렇게 저자세로 끌려다니니 북한이 더욱 오만해지는 것이다. 이래서는 문재인 대통령이 추진 의사를 밝힌 2032년 하계올림픽 남북한 공동 개최도 물 건너갈 공산이 크다.

『전라매일』(2019. 10. 25.)

---

* 한국축구대표팀은 2019년 10월 15일 평양 김일성 경기장에서 북한 축구팀과 2022년 카타르 월드컵 2차 예선을 치렀다. 이날 경기에서 남북은 0:0무승부를 기록했지만 전쟁과 같은 거친 경기와 험악한 욕설 등이 난무했다. 북한은 생중계는 물론이고 남측 취재진이나 응원단의 방북도 허용하지 않은 깜깜이 축구로 일관해 국제축구연맹으로부터 비난을 받았다.

자사고는 인재 육성의 첨병, 오히려 늘려야

산짐승을 잡을 때 포획용 함정을 설치하는 게 덫이다. 덫 중에는 철삿줄로 동그랗게 매듭을 지어 나무 등에 묶어 놓는 올가미가 있다. 일단 올가미에 목이나 발이 걸린 짐승들은 빠져나오기 힘들다. 빠져나오려고 안간힘을 쓸수록 자신의 힘에 의해 더욱 조여지고, 조여질수록 고통이 심해진다. 이런 몸부림치는 악순환 속에서 철사가 살 속에 깊이 박힌 채 탈진하게 되고 결국은 죽고 만다.

자율형사립고인 전북의 상산고가 재지정 평가에서 탈락하게 된 것은 전북교육청이 파놓은 덫에 걸려든 꼴이다. 상산고가 재지정 평가에서 받은 점수는 79.61점이다. 전북교육청이 설정한 커트라인 80점에서 불과 0.39점 모자란다. 이 0.39점 차이로 상산고의 운명이 갈렸지만, 아직 목숨은 부지하고 있고 교육부장관의 최종 판단만 남아 있다.

문제는 다른 시 · 도 교육청들은 교육부 권고대로 탈락 기준 점수가 70점임에도 유독 전북교육청만 10점을 높여 평가했다. 여기에 사회통합전형을 통한 학생선발 의무가 없는 상산고 평가에 관련 항목을 넣은 것은 미리 함정을 파놓고 스스로 걸려들게 만든 작전에 불과하다.

교육부장관은 기준 점수 조정은 해당 교육감의 자율권이라고 했다. 교육감이 알아서 점수를 매기려면 교육부 기준 점수 70점은 뭐하러 정했는지 묻고자 한다. 100점을 정하든, 90점을 정하든 교육감 재량으로 하게 놔두지 않고 말이다.

상산고 탈락은 누가 봐도 형평성과 공정성, 적법성을 크게 벗어난다. 전국의 우수한 인재를 양성하는 교육재단을 개인의 편향적인 아집으로 결정한 것은 월권을 넘어 수만 명의 선택권을 박탈하는 만행이다.

전주 상산고는 초엘리트 학교로서 전국적인 명문고로 성장했다. 올해 재수 · 삼수를 포함한 의대에 합격한 총 학생 수는 약 210명으로 전국 1위의 실적을 기록했다. 서울 강남 학생들도 동경하고 유학을 보내는 실정이다. 이런 경쟁력 있는 학교를 스스로 걷어차 버리겠다니, 기가 막힐 일이다.

민주주의는 다양성을 추구하는 백가쟁명百家爭鳴의 사회이다. 어느 국가 어느 사회도 마찬가지지만, 특히 자본주의 사회는 부자와 가난한 사람이 공존해 있다. 동시에 자본주의는 누구든 노력하면 능력에 따라서 억만장자가 될 수도 있다. 그러므로 돈 있고 실력 있는 학생들이 좋은 학교에서 공부하는 것은 지극히 당연한 일이다. 이걸 서열화니, 위화감이니 하는 것은 민주주의와 자본주의를 부정하는 처사나 다름없다. 만약 이걸 부정한다면 왜, 돈 있고 권력 있는 사람들은 거액을 들여서 외국 유명 대학에 유학 보내고, 국내에서 공부 좀 하는 자사고에 가면 안 되는지 묻고 싶다.

군대에는 육해공군 등 다양한 부대가 있다. 이 중에는 특수부대가 있는데, 특수부대는 혹독한 훈련과 강인한 정신력으로 무장된 최정예부대다. 특수부대는 일단 유사시 맨 먼저 적진에 깊숙이 침투하여 주요 군사시설 파괴, 요인 암살 등 특수 임무를 맡는다. 여기서 상산고를 비롯, 전국의 자사고는 교육의 특수부대에 속한다. 그런데 현 정부나 전교조 등 일부 단체는 우리의 교육정책을 놓고 볼 때, 특수부대를 해체하고 육해공군을 섞어서 전부 일반 보병으로 만들자는 논리다.

특수부대가 없는 군대는 사상누각이며 전쟁에서 백전백패한다. 따라서 상산고 같은 특수부대를 전국에 더 늘려서 인재육성의 첨병 역할을 해내야 한다. 그래야 위기에 처한 대한민국을 구할 수 있다.

천재 한 명이 백만 명을 먹여 살린다. 우수한 인력을 확보하는 것이야말로 한 나라를 먹여 살릴 미래 자원이며, 국력의 원천이다. 상산고를 비롯 전국의 자사고를 보전 · 유지해야 하는 이유가 여기에 있다.

상산고 자사고 재지정 탈락은 비단 전주 문제만이 아닌 대한민국 교육 문제로 확대될 사안이다. 유은혜 교육부 장관은 김승환 전북도

교육감의 결정을 결코 수용해서는 안 된다. 만약 자사고 취소에 동의한다면 교육정책에 대한 신뢰를 스스로 무너뜨림은 물론 인재를 말살하는 행위이다.

『전민일보』 (2019. 7. 23.)

---

* 교육부는 전북교육청이 내린 상산고 자사고 지정 취소 결정에 대해 부동의 했다. 이에 따라 상산고는 5년간 자사고로 남게 됐다. 상산고의 자사고 재지정 취소와 번복 사태는 진보 교육감들의 무리한 '자사고 죽이기'의 실체를 드러낸 것이다. 하지만 교육부는 전국의 모든 자사고는 2025년에 맞춰 일반고로 전환하는 방안을 발표했다.

한국 축구 새 역사 쓴 U-20 월드컵 결승 진출

마침내 '4강 신화'가 깨지고 한국 축구 새 역사가 시작되었다. 정정용 감독이 이끄는 한국 축구 대표팀(U-20)은 12일 새벽 폴란드에서 열린 '2019 국제축구연맹(FIFA) U-20 월드컵' 준결승에서 난적 에콰도르를 꺾고 대망의 결승에 진출했다. 한국 남자 축구가 국제축구연맹(FIFA) 주최 세계 대회와 올림픽을 통틀어 결승에 진출한 것은 이번이 처음이다. 역사적인 날이다. 새벽잠을 설치고 중계방송을 지켜봤거나 뉴스로 승전보를 전해들은 사람들은 하루 종일 흥분하며 축구 얘기로 즐거움을 만끽했다.

무엇보다 U-20 대표팀 '간판스타' 이강인의 실력이 빛났다. 이강인은 한국의 메시, 한국의 마라도나였다. 가히 축구천재 소년이었다. 정확한 왼발을 앞세운 매서운 패스와 드리블 그리고 경기 조율 능력까지 모자람이 없었다.

아크 왼쪽에서 얻은 프리킥. 키커로 나선 이강인은 문전으로 크로스할 것처럼 하다가, 문전으로 쇄도하던 최준에게 낮고 빠른 패스를 찔러 넣었다. 에콰도르 수비진이 전혀 예상하지 못한 패스였다. 이강인의 패스는 정확했고, 최준은 성난 사자처럼 달려들어 오른발 슈팅을 날렸다. 마침내 공은 에콰도르의 골망을 흔들었다. 통이 트는 새벽, 중계방송을 지켜보던 국민들의 박수와 환호소리가 울려 퍼졌다.

이강인이 있었기에 한국 축구는 새로운 역사를 썼다. 이런 이강인의 모습은 한국 축구의 미래이자 현재이기도 하다. 이강인을 비롯, 청소년 대표팀을 세계적인 선수로 키워내야 한국 축구가 발전할 수 있다.

수문장 이광연의 '선방'도 빛났다. 이광연은 매 경기마다 신들린 손으로 결정적인 상대 슛을 막아냈다. 가장 빛나는 순간은 종료 휘슬을 앞두고 에콰도르의 캄파니가 헤딩슛을 날렸는데, 그 공이 우리 측 골문으로 들어가는가 싶어 가슴 졸였지만 이광연이 몸을 날려 쳐냈다. '거미손'의 명성을 입증했다.

한국팀이 강력한 우승 후보인 포르투갈, 아르헨티나가 속한 죽음의 조를 통과한 뒤 16강, 8강, 4강전 관문을 차례로 통과해 결승전까지 오르게 된 일이 더욱 값지다. 특히 세네갈과 치른 8강전은 어느 드라마나 영화보다 더 극적인 명승부였다.

후반전 추가시간에 한국팀의 극장골(종료 직전 승부를 결정짓는 극적인 골)이 터져 연장전에 들어갔고, 연장전 추가시간에는 세네갈의 극장골로 승부차기로 승부를 가려야 했다. 승부차기에서는 한국 팀이 처음 두 명의 실축으로 패배의 위기에 몰렸으나 3대 2로 기적같이 승리했다.

이번 대회를 통해 한국 축구가 아시아 무대를 넘어 앞으로 세계 축구 강호로 성장할 수 있는 날이 머지 않았음을 확인할 수 있었다. 이번 대회에서 주목할 점은 한국은 '원팀'으로 전력을 극대화했다는 것이다. 주포가 따로 없이 공격수부터 미드필더, 수비수까지 다양한 포지션에서 득점을 올린 것이다.

여기에는 정정용 감독의 '팔색조 전략'과 용병술이 빛을 발했다. 상대 팀과 한국 선수 개개인의 특성에 따른 맞춤형으로 '카멜레온 전술과 족집게 용병술을 구사한다.'는 현지 평가까지 나왔다. 전반은 철저하게 수비 위주로 대비하고, 후반에 기회가 생기면 역습으로 몰아치는 '선수비 후역습' 전략이 주효했다.

한국팀은 오는 16일 새벽 1시 우크라이나와 우승을 놓고 한판 승부를 펼친다. 한국이 이기면 아시아 최초로 U-20 월드컵 대회 우승국이 된다.

선수들은 '우승할 수 있다.'고 자신감에 차 있다. 내친김에 우승컵까지 거머쥐어 추락하는 경제에 힘들어하는 국민에게 기쁨과 희망을 선사해주기 바란다. 한국팀 파이팅!

『전북도민일보』(2019. 6. 14.)

---

* 한국 축구 대표팀은 2019년 6월 12일 오전 폴란드 루블린의 루블린 경기장에서 열린 2019 폴란드 국제축구연맹(FIFA) U-20 월드컵 준결승에서 에콰도르를 1:0으로 이기고 대망의 결승행 티켓을 따냈다. 하지만 최종 결승전에서 우크라이나에 1:3으로 석패해 준우승에 그쳤다.

슈바이처 박사의 생명 경외사상

시골이 고향인 나는 어렸을 때 어머님께 "아기는 어떻게 생겨요?"라는 질문을 한 적이 있다. 어머님은 "네가 커서 어른이 되어 결혼을 하면 아이를 낳을 수 있다."고 했다. 나는 다시 어머님께 "아기는 어디로 낳아요."라고 되물었다. 어머님은 잠시 난처해 하시면서 "아이는 배꼽으로 난단다."라고 답했다. 나는 이 같은 어머님의 말씀을 의심 없이 믿었다. 그런데 어느 날 몇몇 아이들이 마을 한쪽에 모여 낄낄대며 여러 말들이 오갔다. 그 화두는 다름 아닌 "아이는 어디로 낳느냐는 것"이었다. 당시 애들은 하나같이 "아이는 배꼽으로 난다."는 말을 정석처럼 믿고 있었다. 아마 그 애들도 우리 어머님 말씀처럼 "아이는 배꼽으로 난다."는 말을 자기 어머님으로부터 들은 것으로 생각된다.

인간이 탄생하려면 남자의 정자와 여자의 난자가 결합되어야 하고, 그러기 위해선 남녀 간 사랑이 필요하다. 그리고 아이는 정상적으로 여자의 자궁을 통해서 나온다는 건 인류 시작 이후 지금껏 변함이 없다. 과거 어머님들이 아이는 자궁이 아닌 배꼽을 통해 나온다고 한 말은 여자의 주요 신체 부위의 치부를 감추기 위한 변명이다.

인간 생명은 신비하고 경이롭다. 그 신비한 생명 탄생 과정을 알게 되면 생명에 대한 경외감을 느끼지 않을 수 없다. 수태 순간부터 출산에 이르기까지 엄마 뱃속에서 열 달간 일어나는 '생명의 신비' 과정과 출산의 고통은 겪어보지 않으면 모른다.

불교에서는 나타낼 수 없는 무한한 시간의 개념으로 겁劫을 쓴다. 굳이 숫자의 개념으로 표현하자면 4억 3천2백만 년이 1겁이다. 여기서 부부가 되려면 7천 겁이 흘러야 하고, 부모와 자식이 되려면 8천 겁이 무르익어야 한다. 부모자식의 인연은 겁화劫火(세계가 파멸될 때에 일어난다는 큰불)로도 태울 수 없는 끈질긴 인연이다. 인간생명은 그 무엇과도 바꿀 수 없는 소중한 존재라는 의미다.

2016년 8월 분당차여성병원에서 발생한 신생아 사망사고와 관련 사고 은폐 의혹을 받는 의사 2명이 지난달에 구속됐다. 당시 제왕절개 수술로 태어난 아기를 받아든 의사가 실수로 아기와 함께 수술실 바닥에 넘어져 일어난 일이다.

사람은 누구든 실수할 수 있다. 그렇다면 즉시 실수를 인정하고 산모 가족에게 잘못을 용서받고 그에 따른 적당한 보상을 해주면 해결될 일이었다. 문제는 병원 측이 사망진단서에 사인을 '외인사'가 아닌 '병사'로 기재했고, 이 일을 가족에게 알리지 않고 시신은 부검 없이 즉각 화장했다. 이 사건을 무려 3년 동안 숨겨오다 최근에 들통났다. 생명을 다루는 병원이나 의사들이 의사의 본분을 망각하고 어찌 은폐와 조작에 나섰는지 아무리 생각해도 이해가 안 간다. 이 일을 생각하면 나와는 아무 관련도 없지만 분노가 치민다.

의사는 사람의 생명을 살리는 직업이다. 그들이 입고 있는 흰 가운은 권위의 상징이기보다 모든 색을 받아들이는 흰색처럼 만인을 평등하게 대하고 환자의 건강과 생명을 첫째로 생각하겠다는 또 다른 다짐의 상징이기도 하다.

오늘날 '의술'이 상술됐다는 비난을 많이 받고 있다. 일부 병의원이나 의사들은 단지 환자를 장사를 위한 상품으로 취급한다. 이렇게 하면 의료 매출을 많이 올릴까 궁리하고, 하지 않아도 될 각종 검사를 하라고 종용하기도 한다. 다 돈벌이 수단이다.

인술仁術을 실천한 표상으로 한국의 장기려 박사와 세계적으로는 독일의 슈바이처 박사가 있다. 장기려 박사는 가난한 환자들을 위해 평생 희생과 의료봉사의 삶을 살다 간 참인술인이었다. 슈바이처 박사는 90세에 세상을 떠날 때까지 52년간 아프리카의 흑인을 위한 의료봉사와 선교사업에 전 생애를 바친 인물이다.

오늘날 환자를 돈벌이 수단으로 여기는 일부 의사들은 슈바이처 박사나 장기려 박사가 몸소 실천한 참인술 등, 생명 경외사상을 잊은 건 아닌지 꼭 되짚어봐야 한다.

『전민일보』(2019. 5. 29.)

패스트트랙, 여야 냉정 되찾고 협상 나서야

선거제 개혁안과 고위공직자 범죄수사처(공수처) 설치법안, 검·경 수사권 조정 법안 등 개혁법안이 패스트트랙(신속처리안건)에 올랐지만 그 여정은 가시밭길이다. 더불어민주당은 "촛불혁명 시민의 요청이 법제화되기 시작하는 것"이라며 반기고, 한국당은 "좌파독재가 시작됐고 민주주의는 죽었다."고 강경 투쟁을 선언하고 장외집회에 돌입했다. 하지만 패스트트랙 지정은 어디까지나 입법을 위한 절차다. 미흡한 부분은 여야가 머리를 맞대고 논의와 협상으로 얼마든 조정이 가능하다.

패스트트랙을 놓고 여야의 극한 대립은 내년 총선을 앞두고 금배지 뽑는 룰 싸움이다. 현재 지역구 국회의원 자리는 253개, 비례대표는

47개다. 개혁안은 지역구를 225개로 줄이고, 비례대표를 75개로 늘리자는 것이다. 선거연령은 만 18세로 하향 조정됐다. 각 당이 대립하는 핵심은 이게 전부다.

현행 소선거구제는 승자 독식 구조로 표의 비등가성이 가장 큰 문제로 지적돼 왔다. 지난 20대 국회의원 선거 결과만 봐도 승자 독식의 소선거구제가 얼마나 민심을 왜곡하는지 알 수 있다. 가령 20대 총선 기준으로 더불어민주당은 25.5%의 정당 득표율을 기록했지만 실제 의석은 41.0%를 차지했다. 정도의 차이는 있지만 자유한국당도 마찬가지다. 낮은 득표율로도 당선이 되고, 1등에게 간 표가 아니면 모두 사표死票가 되는 구조다. 거대 양당의 국회 내 목소리는 실제 받은 표보다 더 크게 반영된 반면 적지 않은 유권자의 표는 대표를 내지 못해 휴지통으로 들어간 것이다. 이런 비민주적인 구조를 개선하기 위해 각 정당이 득표한 만큼 의석을 배분받는 것이 연동형 비례대표제다.

그러나 연동형 비례대표 등 선거법이 어떻게 달라지는지 국민들에게 설명이 없고, 그 계산법이 복잡하여 의원들조차 잘 이해를 못하고 있다. 다만 의석수 감축이 제일 많은 호남 지역 의원들의 고심은 깊어질 것이다. 당장 호남 28석 중 25%인 8석을 조정해야 하고 전북은 10석 중 2석, 많게는 3석이 줄어들 모양이다. 이렇게 되면 지역의 대표성이 약화되어 전북은 심각한 정치적 타격을 받을 게 뻔하다.

여야 4당이 내놓은 공수처 법안도 부실하기 짝이 없다. 공수처는 당초 대통령 측근과 친인척, 여당 의원의 권력형 비리를 제대로 수사하기 위해 도입되는 제도다. 그런데 알맹이에 해당하는 대통령 친인척과 국회의원이 기소 대상에서 빠지면서 앙꼬 없는 찐빵이 돼버렸다.

여야 4당이 각자 입맛에 맞게 타협을 하면서 누더기가 돼버린 것이다. 더구나 판검사와 경찰의 경무관급 이상이 기소된 경우에만 공수처에 기소권을 부여키로 했다는 점에서 공수처는 판검사 때려잡는 곳이라는 데에 국민들의 비난이 일고 있다. 이 문제를 반드시 재검토해야 할 것이다.

중요한 것은 공수처는 누구의 간섭도 받지 않는 독립적인 기관이어야 한다. 공수처장이 누군가로부터 임명을 받게 되면 수사에 있어 공정성이 침해될 우려가 있다. 따라서 공수처장을 총선에 묶어 국민이 직접 선출하는 방법도 고려해볼 수 있다.

검찰개혁도 반드시 필요하다. 무소불위의 검찰 권력을 제한할 필요가 있다는 건 많은 국민들도 공감하고 있다. 검 · 경 수사권 조정 법안을 보면 경찰에 수사 자율성을 부여하는 대신, 검찰의 통제권을 유지하는 선에서 절충이 이뤄진 것으로 안다. 이 같은 수사권 조정안에 대해 문무일 검찰총장은 최근 "견제와 균형이라는 민주주의 원리에 반한다."는 입장을 밝혔고, 검찰 간부들도 잇따라 비판 의견을 냈다. 향후 국회 입법 과정에서 상당한 논란이 예상된다. 하지만 수사권 조정은 검 · 경의 조직 밥그릇 싸움이 아닌 국민의 자유 · 권리 · 인권이 침해받지 않는 선에서 조정해 나가야 한다.

한국당은 패스트트랙 지정에 반발해 집단 삭발과 함께 장외투쟁 수위를 높여가고 있다. 그러나 한국당의 극단적인 투쟁은 여론의 지지를 받을 수 없다. 자신들이 만든 국회선진화법에 패스트트랙을 폭력으로 막으려다 실패하자 적반하장으로 '의회 쿠데타' 운운하며 국회를 내팽개치고 거리로 뛰쳐나왔다. 더불어민주당도 게임의 룰인 선거법

만큼은 여야 합의로 처리하는 것이 정치 도의다. 여야가 냉정을 되찾고 한 발씩 양보하여 대치국면을 타개할 협상력을 발휘해야 한다.

「전북도민일보」 (2019. 5. 6.)

미 · 중 · 러 무기 경쟁, 신냉전 시대 오나

군사무기나 군사 관련 정보에 관심을 갖게 되면 흥미로운 부분이 많다. 때문에 나는 간혹 인터넷에서 각국의 군사력과 신형 군사무기 개발에 관한 정보를 얻는다. 특히 유용원 기자의 군사세계 웹사이트나 신인균 자주국방 네트워크 대표가 운영하는 사이트에 접속하면 여러 군사 관련 정보를 쉽게 얻을 수 있다.

그곳에는 미국과 러시아, 중국 등이 만든 무기나 군사 관련 정보들이 많다. 이를 접할 때마다 남북한 군의 전력비교를 하게 되고, 또 미 · 중 · 러의 군사력 경쟁이 한반도에 미칠 영향에 대해서도 걱정하게 된다. 문제는 강대국들이 이러한 신무기를 개발하고 군사력을 증강시키는 이유는 각기 자기 나라 안보를 위한 측면도 있지만 결과적으로 그런 무기를 사용해서 남의 나라를 침략하고 인명을 살상하겠다는 의도가 깔려 있다. 한마디로 강대국들의 무기 경쟁은 군사패권을 앞세워 약소국가를 지배하겠다는 것이다.

미 · 소가 대립하던 냉전 시대와는 달리 신냉전 시대의 미국은 러시아 뿐 아니라 중국도 상대해야 하는 이중 딜레마에 빠져 있다. 중 · 러가 힘을 합치면 미국의 초국가적 위상에 치명적일 수 있기 때문이다. 21세기 초 막강한 경제력으로 미국을 뒤흔든 중국과 미국의 모든 미사일 방어체계를 무력화시킬 수 있는 신형 대륙간탄도미사일(ICBM) '사르맛'과 신형 극초음속 순항미사일 '아방가르드'의 시험발사 성공으로 군사적 우위를 장담하는 러시아가 포진한 현 국제정세는 신냉전 시대를 방불케 한다.

러시아가 개발한 신형 미사일 사르맛은 핵탄두 장착이 가능하고 비행경로를 예상하는 것이 불가능하다. 저고도에서 쾌속으로 날아가기 때문에 현존하는 그리고 앞으로 개발될 모든 미사일 방어망을 뚫을 수 있다고 한다. 히로시마에 떨어진 원폭의 2천 배나 되는 위력을 가진 사르맛1기로 프랑스 전체나 미국 택사스주 크기의 면적을 초토화시킬 수 있다고 한다. 사르맛은 미국의 토마호크 미사일보다 사거리가 수십 배에 달해 지구상 그 어떤 곳도 타격할 수 있는 무한정의 사정거리를 갖고 있는 것으로 알려졌다. 더욱 놀라운 건 이 사르맛이 음속의 20배가 넘는 속도로 날아가기 때문에 미국의 사드(고고도미사일 방어체계)나 그 어떤 요격 시스템으로도 막을 수 없다는 것이다. 참으로 가공할 무기, 공포의 무기임에 틀림없다.

러시아는 사르맛을 2018년 실전 배치했다. 뿐만 아니라 핵 추진 엔진을 장착한 무인 수중 드론도 개발했다. 이 수중 드론은 핵탄두를 장착하고 심해에서 잠수함이나 최신 어뢰보다 훨씬 빠르게 움직여 항공모함이나 해안 시설을 타격할 수 있다 한다.

러시아의 신형 미사일 사르맛 실전 배치로 인해 미국과 유럽은 경악과 충격에 빠졌다. 일부에서는 혹시 거짓이 아닌가 의문을 제기하고 있지만 서방의 군사전문가들은 공개된 실제 무기 시험 영상을 보면서 진짜일 가능성이 매우 높다고 보고 있다. 이렇게 되면 미국의 첨단무기들은 이제 러시아에 비하면 애들 장난감 수준에 불과할지도 모른다. 그렇다고 미국이 마냥 러시아에 당할 수는 없을 것이다. 미국도 천문학적 예산을 투입하여 극초음속 무기와 각종 신무기 개발에 적극 나서고 있다.

중국은 적 항공모함 공격을 위한 대함對艦 탄도미사일 시스템을 세계에서 처음으로 개발해 실전 배치했다. 중국은 또 극초음속 활강 탄두를 장착한 둥펑-17을 2020년까지 실전 배치할 예정이다. 둥펑-17은 서방의 MD로는 포착 · 추적 · 요격이 불가능한 무기로 알려졌다. 이렇게 되면 미국의 항모전단은 큰 위협에 직면하게 될 것이다.

미국은 세계 최강 스텔스 전투기 F-22 랩터 외 2030년대 실전 배치 목표를 두고 6세대 전투기를 개발 중에 있다. 러시아도 5세대 신형 전투기 수호이(Su)-57이 있지만 6세대 전투기를 개발 중에 있다. 중국은 5세대 첨단 스텔스 전투기 젠殲-20(J-20)이 있다. 더구나 중국은 러시아 최신예 전투기 Su-35 도입을 완료하여 러시아와 군사공조를 과시하고 있다. 일본도 F-2 스텔스 전투기를 자체 개발해 실전 배치했고, 성능이 개량된 F-3 스텔스 전투기를 개발 중에 있다.

최근 우리 공군은 미국에서 인수한 F-35A 스텔스 전투기 두 대를 국내로 들여왔다. 한국의 스텔스기 도입은 아시아에서 중국 · 일본에 이어 세 번째다. 스텔스기는 대북 '전략표적 타격' 핵심 전력이다. '하늘의 지배자'로 불리는 스텔스기는 레이더에 쉽게 탐지되지 않는다. 우리 군은 올해 안에 10여 대를 국내로 들여온 후 2021년까지 40대를 도입, 운용할 예정이다. 하지만 미국과 중국, 러시아는 스텔스 전투기에 맞설 수 있는 차세대 전투기용 광자 레이더 개발에 박차를 가하고 있다.

이처럼 군사패권을 노리는 강대국들은 첨단 군사무기 개발의 경쟁이 치열하다. 중국과 러시아가 활개치는 신냉전 시대에 결코 핵을 포기하지 않는 북한마저 떠안은 한반도의 지정학적 운명은 앞으로 어떻게 전개될까. 그러나 인간이 진화된 최첨단 군사무기를 개발할수록 인류는 점점 멸망의 구렁텅이로 내몰린다는 사실을 깊이 명심해야 한다.

『전민일보』 (2019. 4. 15.)

갈등 · 반목 접고 화합과 평화의 시대로 가자

기해년己亥年 새해가 밝았다. 태양은 언제나 뜨고 지는 일을 반복하지만 우리는 거기에 새롭다는 의미를 부여해 '새날', '새달', '새해'라고 부른다. 새롭다는 것은 이전과는 다르다는 뜻이다. 하지만 시간이 새로운 것은 아니다. 새로운 것은 시간을 대하는 우리의 자세와 각오다. 그래서 사람들은 새해를 맞게 되면 왠지 가슴이 부풀어 오르고 뭔가 각오를 새롭게 다지며 새롭게 시작한다. 새롭게 시작한다는 것은 '희망'이란 단어와 맞물린다. 희망이 있기에 우리는 다시 일어설 수 있고 새롭게 시작할 수 있다.

새해를 맞는 마음은 각별하고 기대가 크다. 그만큼 지나간 2018년은 격동激動의 해였다. 북한의 비핵화 문제를 놓고 북 · 미 간 갈등으로 곧 전쟁이 터질 듯 긴장이 고조되었으나 평창동계올림픽을 계기로 일순간 급반전했다. 문재인 대통령과 김정은 북한 국무위원장의 판문점 군사분계선(MDL) 악수와 도보다리 산책, 북한의 비핵화와 남북관계의 획기적 개선을 담은 4 · 27 판문점 선언 그리고 문 대통령의 평양 방문 등 세 차례 남북 정상회담은 세계의 시선을 한반도로 집중시켰다. 이러한 정상회담 성과는 비무장지대(DMZ) 내 감시초소(GP) 철거와 남북 간 철도 · 도로 연결 사업 등으로 현실화했다. 다만 북한의 완전한 비핵화 실천을 놓고 북 · 미 간 협상이 지금도 진행 중이다.

연초에는 2차 북 · 미 정상회담이 열릴 것으로 보인다. 이 회담에서 완전하고 검증 가능하며 불가역적인 비핵화(CVID) 방안에 합의를 이뤄내야 한다. 그래서 남북 화해와 경제 협력을 통해 평화를 증진하고 통일의 기반을 다져나가야 한다.

'미투' 운동이 한국 사회를 강타한 점도 빼놓을 수 없다. 억압적인 분위기에 숨죽였던 여성들이 용기를 내 하나둘 입을 열었고, 가해자로 지목된 인물들은 순식간에 나락으로 떨어졌다. 특히 차기 유력 대권 주자에서 '위계에 의한 성폭행 혐의자'가 된 안희정 전 충남도지사의 추락과 최영미 시인이 한국인 최초 노벨문학상 후보로 거론된 고은 시인의 성추행을 암시하는 시 「괴물」을 발표한 점은 큰 충격이었다.

2018년은 또 사법부의 역사에 지울 수 없는 오점을 남겼다. 양승태 대법원장 시절의 사법행정권 남용 의혹은 상고법원 도입 등 법원 수뇌부가 원하는 것을 얻고자 정권에 유리하게 판결을 왜곡하는 '밀거래'를 했다는 것이 핵심이다. 국민의 법 감정과 사법 신뢰 회복을 위해서도 양 전 대법원장은 반드시 검찰 수사를 받아야 하고, 혐의가 드러나면 법의 심판을 받아야 한다.

지난해 우리는 숱한 어려움을 슬기롭게 헤쳐왔지만 새해에도 만만찮은 도전과 시련이 도사리고 있음을 간과해서는 안 된다. 매번 새해를 맞아 으레 지난해를 되돌아보는 것은 앞날을 헤쳐갈 지혜를 얻기 위해서다. 과거는 늘 현재로 살아나 미래의 갈 길을 일깨운다.

대한민국은 지금 노사갈등, 계층갈등, 세대갈등, 지역갈등의 골이 깊다. 하지만 갈등은 민주사회에서 항상 존재하는 현상이다. 갈등은 더 나은 사회를 향한 진통이자 변화의 원동력이다. 문제는 갈등의 양상이 더 첨예화하고 양극화하고 있다는 점이다.

집권 3년차를 맞은 문재인 정부의 어깨는 무겁기만 하다. 부의 불평등과 고용 감소, 저출산, 노인빈곤, 저성장 등 풀어야 할 난제가 한둘이 아니다. 여기에 한국 경제가 내리막길에 있다는 통계는 우려스럽다. 경제가 어려운 것은 대통령의 책임만은 아니다. 누적된 구조적인 문제가 있다. 이제 문 정부가 가시적인 성과를 보여줘야 할 때이지만 나라 안팎의 여건은 호락호락하지 않다. 그러나 위기는 곧 기회의 포착이라고 했다. 이 아침의 화두는 각 계층 간 갈등을 해소하고 어려운 경제를 살려야 한다는 절박한 목소리다.

새해에는 서로의 손길을 마주잡는 한 해가 되길 소망한다. 있는 사람들은 없는 사람들의 손을, 행복한 사람들은 소외된 사람들의 손을, 건강한 사람들은 아픈 사람들의 손을 따뜻하게 마주잡는 한 해가 되어야 한다. 그리고 마침내는 남과 북이 두 손을 맞잡고 한반도 전체에 평화와 공존, 화해와 상생의 물결이 출렁이며 결국 통일을 향해 나아가야 한다.

올해는 황금돼지해이다. 돼지띠 사람들은 희생정신과 자비심이 많다고 한다. 어려운 환경에 처해도 그것에 쉽게 굴하지 않고 이를 잘 극복해 나가는 성격의 장점을 갖고 있다. 돼지라는 동물이 가지는 은근한 친밀감과 끈기 있는 모습과도 관계가 있어 보인다. 그래서 예부터 우리 조상들은 돼지를 매우 길한 동물로 여겨왔으며, 돼지꿈을 꾸면 재물이 들어온다고 보았다.

새해에는 사회 곳곳에서 어둡고 칙칙하고 음습한 그늘을 걷어내고 밝은 빛을 고르게 비추는 그런 사회가 되었으면 좋겠다. 정의가 강물처럼 흐르고 진실이 햇빛처럼 빛나는 밝고 건강한 세상이 되었으면 한다. 정의가 반칙을 몰아내고 진실이 변칙을 용납하지 않는 사회, 그래서 분열과 갈등구조를 봉합하여 화해와 상생, 평화의 시대를 열어가야 한다.

『전민일보』 (2019. 1. 1.)

범죄한 목사들 교단서 추방해야

어느 종교든 남을 해치고, 도둑질하고, 사기치고, 성폭행하라고 가르치는 종교는 없다. 한자가 의미하는 대로 종교宗敎 자체는 높은 도덕적 가르침을 지향한다. 그런 면에서 오늘의 종교는 종교의 가르침을 품은 성직자나 종교지도자들의 산물이라고 할 수 있다. 다시 말해 종교지도자는 고매한 인격을 바탕으로 행동거지는 물론 한마디 말도 매사 조심해야 한다.

하지만 목사, 신부, 승려 등 '직업 종교인'의 범죄가 해마다 늘고 있다는 통계가 있다. 특히 4대 종교 중 가장 많은 강력범죄를 저지른 종교가 기독교로 나타나 충격이다. 한 매체의 자료에 의하면 목사가 범죄를 저질러 10년간 유죄판결을 받은 것이 1만 2,000건이다. 국내 목회자가 대략 6만 명으로 알려진 것을 감안하면 무려 20%나 된다. 목사 5명 중 1명은 범죄에 연루됐다는 얘기다. 이 정도면 성직자가 아닌 범죄 집단이라는 말이 더 어울린다.

서울의 모 대형교회 목사가 혼잡한 에스컬레이터에서 앞사람 치마 속을 도촬하다가 근무 중인 경찰에 덜미를 잡혔다. 목사의 휴대폰에서는 여성 3명의 신체를 촬영한 사진과 영상이 나왔다. 해당 목사는 "성적 충동을 잘 조절하지 못해서 그랬다."고 했다. 기막힐 일이다.

경기도 한 교회의 목사는 교회 예배실에서 11세의 여아에게 자위와 성행위를 하도록 하는 등 수년 동안 미성년 신도와 여러 차례 성관계를 맺고 10대 남녀 신도를 3차례 성추행한 혐의로 처벌받았다.

한 신학생은 목사에게 수차례 성폭행 당한 일을 비관해오다 자살했다. 목사는 성폭행은 없었고 합의된 관계라고 우기고 있는데, 설령 합의된 관계라도 유부남인 목사가 불륜을 저지른 것 자체가 문제다.

목사가 보이스 피싱에 연루돼 금융사기를 치는 일은 흔한 일이다. 일부 목사는 사기치고, 도둑질하고, 성폭행하고, 그것도 모자라 사람을 죽이기까지 한다. 높은 도덕적 수준을 요구받는 종교지도자가 범죄를 저지른다는 것은 도저히 용납할 수 없다. 이런 자는 목사가 아니라 그야말로 사탄마귀다.

신도 8명을 수십 차례나 성폭행·성추행한 혐의로 기소된 만민중앙교회 이재록 목사가 1심에서 징역 15년의 중형을 선고받았다. 재판부는 이 목사가 절대적인 믿음으로 반항하지 못하는 피해자들을 오랜 기간에 걸쳐 상습적으로 추행했고, 비정상적인 범행을 저지르고도 반성하지 않는 모습을 보였다고 지적했다.

신도 수가 13만 명에 이르는 초대형 교회 담임목사가 부녀자를 수년간 수십 차례 성폭행했다는 사실이 충격이다. 피해자들은 이 목사를 신적 존재로 여기며 "복종이 천국에 가는 길"이라 믿어왔다고 했다. 더욱 놀랄 일은 교단에서는 비슷한 일이 많다는 폭로들이다. 일부 타락한 목사가 하나님을 돈벌이 수단으로 이용하는 것도 부족하여 섹스의 매개체로 이용하다니, 추잡하고 더러운 행태이다.

최근 교회 내 성폭력 폭로가 잇따르는 가운데 법원이 종교계의 이른바 '그루밍 성범죄'를 인정했다는 점에서 의미가 크다. 교회 그루밍 성범죄란 목회자가 자신의 지위를 이용해 여신도를 길들인 뒤 심리적 우위 상태에서 성폭력을 가하는 행위다.

한국처럼 종교가 극성을 부리는 나라도 없다. 한국이 어쩌다 종교의 천국이 되었을까. 종교의 사유가 보장되는 나라다 보니 그렇겠지만, 한국인의 비뚤어진 종교관이 큰 문제라고 본다. 여기에는 부화뇌동하는 일부 신앙인의 객관적 합리적 사고의 결여 탓이다.

어떤 생명이든 고난을 극복하지 않고는 성장할 수 없다. 일부 목사는 탁월한 영적 투시력으로 병도 낫게 해주고, 고난을 면죄해 주겠다고 신도들에게 접근하여 돈을 요구하거나 성폭행을 저지르기도 한다. 이런 사람은 목사가 아니라 완전 사기꾼이다. 종교는 고난을 얼렁뚱땅 넘기는 수단 아니다. 제대로 돌파하는 힘과 지혜를 얻는 것이다. 마하트마 간디는 '자기 희생이 없는 종교'를 사회악으로 보았다. 고난을 외면해 자기 희생이 없는 종교는 사회악이 될 뿐이다.

이 땅의 교회가, 특히 목회자들이 바른 교리, 바른 신앙으로 그 책임과 사명을 다하지 못한 것은 직무유기에 해당한다. 목사는 상전이 아니다. 목사도 똑같은 사람이다. 지금까지 상전처럼 여기고 성도들에게 섬김을 받았던 행위는 하나님 앞에 죄악이다. 따라서 중대한 범죄를 습관적으로 저지르고 회개하지 않는 교역자는 교단에서 당장 추방시켜야 한다.

『전민일보』 (2018. 12. 7.)

---

* 누구보다 엄격한 윤리적 덕목과 도덕성이 요구되는 목사 · 신부 · 스님 등 종교인들의 범죄가 도를 넘었다. 특히 일부 목사들의 성폭력 범죄가 심각하다. 이를 계기로 성직자 등, 종교인들의 신뢰도가 급격히 추락하는 한편, 사회문제로 비화돼 지탄을 받고 있다.

죽여도 죽일 수 없는 사람들

유영철, 강호순, 오원춘, 임도빈. 이 인물들의 공통점은 무엇일까? 모두 살인범들이다. 이들 중에는 수십 명을 잔혹하게 살해한 사람도 있다. 그리고 이들은 하나같이 삶과 죽음의 경계에 있는 사람들이다. 법적으로는 죽은 목숨이지만 아직 죽지는 않았다.

우리나라에서 올해 초까지 사형 선고를 받고 형 집행을 기다리는 사람은 총 61명인 것으로 안다. 하지만 지난 1997년 이후 20년 넘게 단 한 건의 사형도 집행되지 않았다. 특히 문재인 대통령이 오는 12월 10일 '세계 인권의 날' 70주년을 맞아 사형 집행 중단(모라토리엄) 선언을 추진할 것으로 알려졌다. 이렇게 되면 우리나라는 '사실상 사형 폐지국'이 아니라 '완전한 사형 폐지국'으로 나아가는 수순을 밟겠다는 것이다. 이를 둘러싼 국민들의 반응은 엇갈리고 있다.

내가 누군가를 죽여도 나는 죽지 않는다는 생각을 가질 수 있다. 어린애를 강간하고 죽이고, 돈과 귀중품을 빼앗고 죽이고, 심지어 임신부를 강간하고 죽이는 등 세상에 단 하나밖에 없는 귀한 생명을 해치는 범죄는 도저히 용서가 안 된다.

자고 나면 터지는 각종 강력사건들. 소름끼치는 이 흉악범죄가 거의 매일 전국 곳곳에서 발생해도 이를 막아낼 뚜렷한 방도가 없다. 범인들을 잡아 감옥에 가둬도 법원에서는 집행유예로 풀어주거나, 벌금을 내면 놓아주는 경우가 흔하다. 설사 실형이 선고된다고 해도 기껏 몇 개월, 길어봤자 2~3년만 살고 나오면 된다. 성폭행범에 있어서 전자발찌를 채우는 제도가 있지만, 전자발찌를 차고 돌아다니며 같은 범행을 되풀이하고 있으니, 기가 막힐 따름이다.

인권론자들은 사형은 국가 권력에 의해 이뤄지는 야만적인 제도라고 한다. 그들은 민주주의 국가에서 개인은 물론 국가도 인간의 생명을 박탈할 권리는 없다고 주장한다. 더구나 과거 군사독재정권 아래서는 사형이 정적을 제거하는 수단으로 악용되기도 했다. 이승만 정권 시절 독립운동가 조봉암 선생이 간첩 혐의를 받고 사형당한 사건이나, 유신 체제 아래서 대법원이 상고를 기각한 뒤 19시간 만에 사형을 집행한 인혁당 재건위 사건처럼 말이다.

사실 사형제가 유지된다고 해도 흉악범죄가 줄어든다는 근거는 없다. 1997년 마지막 사형 집행 이후에도 극악무도한 범죄는 꾸준히 발생하고 있다. 여기에 법관이 오판을 내릴 경우 회복할 수 없는 결과를 초래한다. 그러나 정의사회를 만들기 위해서는 그 죗값을 단단히 치르게 해야 한다. 다만 정치범에 의한 사형선고는 없어야 하고 흉악범에 대해서는 반드시 그 형을 집행해야 한다고 본다.

최근 서울 강서구에서 발생한 PC방 아르바이트생 신 모씨 피살 사건에 대한 여론의 분노가 들끓고 있다. 청와대 청원 게시판에 이 사건에 대한 글이 올랐고, 약 100만 명이 동의했다. 게시판 개설 이후 최대 규모다. 이 사건이 국민의 분노를 키운 데에는 피의자가 심신미약을 주장하며 정신감정을 의뢰한 때문이다. 피의자가 우울증 약 복용을 악용해 감형을 받을지도 모른다는 우려 때문이다.

피의자 김 모씨는 앞길이 창창한 한 청년을 흉기로 30여 차례 이상 찔러 살해했다. 날카로운 칼끝이 살 속으로 들어왔을 때 얼마나 무섭고 아팠을까. 범행 동기는 단순 불친절이었다. 자신이 게임을 하기 위해 앉은 자리가 더러웠고, 게임에서 지고 난 뒤 환불을 요구했지만 환불은 매니저만 가능하다고 한 데서 비롯됐다.

동학東學에 인내천人乃天사상이란 게 있다. 사람인, 이에내, 하늘천…. "사람이 곧 한울님"이라는 뜻이다. '한울님'은 동학에서 부르는 신의 이름으로 '하느님'과 같은 대상을 말한다. 그만큼 사람은 하느님과 똑같은 인격체이다.

사람의 목숨은 단 하나밖에 없다. 사람뿐만이 아니라 살아 있는 모든 생물에게도 목숨은 하나뿐이다. 그 하나 있는 목숨이 끊어지면 영원히 회복하지 못한다. 그래서 세상에서 가장 귀한 것은 사람의 목숨이다. 목숨은 곧 생명이다. 생명은 주어진 시간부터 하늘이 거두어가는 그 시간까지 가장 가치 있는 것으로 우주보다 더 귀한 존재이다. 이런 고귀한 생명을 인위적으로 끊는다는 것은 하늘의 이치를 거부하는 것이다.

죽여도 죽일 수 없는 사람들…. 매일같이 살인사건이 난무하고, 그래서 사형수가 늘어나는 사회는 이미 병든 사회다. 병든 사회를 치유할 근본 대책을 세워야 한다.

『전민일보』(2018. 10. 26.)

인생을 알려면 쇼펜하우어를 읽어라

사람마다 호불호가 있겠지만 누구든 좋아하는 철학자가 있다. 내가 20대 때 좋아한 세 명의 철인은 니체, 스피노자, 쇼펜하우어였다. 이 중 쇼펜하우어를 가장 좋아했다. 내가 쇼펜하우어를 좋아한다고 하니까 어떤 사람은 나한테 염세주의에 빠졌다고 한다. 그 많은 철학자 중 왜 하필 쇼펜하우어냐는 것이다. 하여간 나는 한때 쇼펜하우어에 빠졌었고, 물론 지금도 쇼펜하우어를 좋아하며 나 자신을 한국의 쇼펜하우어라고 자처한다. 내 사상이 어쩌면 그와 비슷하기 때문인지도 모른다.

쇼펜하우어는 "태어난 이유도 없고 사는 이유도 없고 죽는 이유도 없는 우리의 삶은 고통으로 가득 차 있다."고 했다. 그는 또 욕망이 있으면 채우지 못하는 괴로움에 시달리고 욕망이 없으면 욕망이 없음으로 인해 삶의 무의미에 시달리는 것을 기본적인 인간의 속성으로 파악했다. 이런 평가를 두고 그를 염세주의자라고 했다. 그러나 결론적으로 말해 쇼펜하우어는 우리가 생각하는 염세주의자는 아니다. 염세주의厭世主義, 또는 비관주의라 함은, 세상을 괴롭고 귀찮은 것으로 여김을 말하는데, 쇼펜하우어는 세상을 싫어하는 사람이 아니었다. 만약 쇼펜하우어를 염세주의자로만 알고 있다면 그건 그의 철학을 전혀 모르는 오해에 사로잡혀 있는 것이다. 쇼펜하우어는 행복을 인생의 가장 큰 목적으로 바라본 철학자이다. 고통으로 가득찬 우리의 실제 삶을 똑비로 응시하고, 그 절망적인 세상 안에서 누릴 수 있는 진정한 즐거움과 기쁨을 누리며 당당하게 살아갈 것을 강조한 것이 쇼펜하우어의 가르침이다.

쇼펜하우어는 어머니와의 아픈 추억이 있다. 그의 아버지는 돈 많은 상인이었는데 낭만파 시인이었던 젊은 어머니(17세 연하)와 결혼하여 쇼를 낳았다. 쇼의 어머니가 왜 나이 많고 못생긴 쇼의 아버지와 결혼했을까는 아마 많은 재산 때문이었을 것이다.

쇼가 17세 때 아버지가 창고에서 떨어져 죽었다.(자살로 추청) 쇼는 아버지의 죽음을 어머니 탓으로 돌렸다. 이후로 쇼와 어머니와는 유산 문제 등으로 갈등이 심했고, 결국에는 쇼가 박사학위 논문을 어머니에게 보여드렸을 때 문제는 폭발했다. 쇼의 논문을 본 그녀는 "한마디로 쓰레기 같다."라는 혹평을 했고 둘 사이는 이후로 영원히 갈라서게 되었다.

쇼펜하우어 철학의 핵심은, 모든 사물은 그 본질이 객관적이고 구체적인 것으로 변환된 '전체적 의지'에 불과하다는 것이다. 예를 들어 인간의 탄생은 탄생 이전부터 있었던 우리의 의지 때문에 이루어진 것이고, 눈에 망막이 형성된 것도 우리 자신이 무언가를 보고자 하는 의지가 있었기 때문이라는 것이다. 이것은 동 · 식물뿐만 아니라 자연 현상, 즉 물이 바다로 흐르는 것, 자석이 쇠를 끌어당기는 것조차도 그 개체들의 의지의 발로 때문이라는 것이다.

그가 말하는 '전체적 의지'라는 것은 만물 생성의 근원이며 모든 악과 고통의 원천이기도 하다. 그는 고통에서 벗어나는 길은 오직 금욕적인 생활을 통하여 불교의 열반과 같은 경지에서만 얻을 수 있다고 했다. 따라서 '전체적 의지'가 남아 있는 한 세계와 생명은 지속된다는 게 그의 주장이다.

쇼펜하우어의 철학은 『의지와 표상으로서의 세계』한 권에 모두 집약되어 있다고 해도 과언이 아니다. 그는 이 책을 통해 칸트철학이 남겨두었던 '물자체物自體'라는 난제의 진정한 해결책을 제시했다고 믿었다. 칸트는 우리에게 주어진 현상적 세계, 즉 표상으로서의 세계의 배후에는 '사물 자체'가 있지만 그것이 무엇인지는 알 수 없다는 입장을 가졌다. 쇼펜하우어는 현상, 또는 표상으로서의 세계 배후에 있는 물자체의 정체는 바로 '의지'라고 말한다. 하지만 쇼펜하우어가 31세에 쓴 그의 주저主著 『의지와 표상으로서의 세계』는 출간 당시 큰 주목을 받지 못했다. 바그너 · 톨스토이 등 많은 사람들이 그의 사상을 추종하고 존경을 표했지만, 그의 사상은 당대보다도 후대에 큰 영향을 미치게 된다.

쇼펜하우어의 철학은 현실을 마주한다. 낭만에 빠져 헛된 희망을 꿈꾸게 하지 않는다. 오히려 진실 그대로를 보여주기 위해 일종의 비관주의 철학으로 힘을 길러 준다. 쇼펜하우어 철학은 부정과 거부의 방법을 통해 속박에서 벗어나는 방법을 가르쳐 준다. 이것이 바로 삶에 대한 수많은 독설에도 불구하고 독자층을 형성할 수 있었던 이유다.

많은 사람들이 쇼펜하우어를 염세주의자로 매도했지만 그는 매서운 인간 현실에 맞대어 명랑하고 건강한 인간상이 중요하다고 역설한다. 때로는 『논어』처럼 깊은 통찰력으로, 때로는 마키아벨리의 『군주론』처럼 냉철하게 정곡을 찌르는 쇼펜하우어의 논리와 어조는 매력적이다. 세상과 인간의 본질을 통찰하는 잠언들은 세상을 보는 지혜이자 처세서로도 읽힌다.

가을은 철학의 계절이다. 철학은 인생의 신비를 탐구하는 학문, 또는 세계의 깊고 오묘한 이치를 밝히는 학문이다. 이 가을, 인생의 진정한 의미를 알려면 쇼펜하우어의 저서를 읽으라고 권하고 싶다.

『전민일보』 (2018. 10. 5.)

소소한 행복

비가 그치고 난 뒤 바람이 한결 선선해졌다. 초저녁에 잠시 삼천천 변을 산책하는데, 무리지어 늘어선 푸른 억새들이 바람에 나부낀다. 비에 젖은 바람은 어느새 추색이 묻어 있다.

도시 건물에서 쏟아진 불빛이 삼천천 물 위를 화려하게 수놓는다. 어둠 속에서 물에 빠진 빛은 한 편의 추상화 같다. 그 천변길을 걷는 사람들의 표정이 여유롭다.

바쁜 일상이지만 순간순간 느끼는 작은 즐거움이 있다. 일본 작가 무라카미 하루키는 수필, 「랑겔한스섬의 오후」에서 "막 구운 따끈한 빵을 손으로 뜯어 먹는 것, 오후의 햇빛이 나뭇잎 그림자를 그리는 걸 바라보며 브람스의 실내악을 듣는 것, 서랍 안에 반듯하게 접어 넣은 속옷이 잔뜩 쌓여 있는 것, 새로 산 정결한 면 냄새가 풍기는 하얀 셔츠를 머리에서부터 뒤집어쓸 때의 기분을 작지만 확실한 행복"이라고 표현했다. 1970~80년대 힘들게 살아온 경험을 토대로, 소소한 행복을 추구하는 심리가 담긴 용어다.

그렇다. 행복은 반드시 50층 타워벨리스에 있는 것도 아니며, 고급 승용차 뒷좌석에 있는 것도 아니다. 한여름 힘껏 일한 뒤 샤워를 하고 먹는 시원한 소바 한 그릇에도 행복이 담겨 있고, 땀이 조금 흐르는 산책 후의 막걸리 한 잔에 더없는 행복을 느낄 수도 있다. 또 추운 겨울 언 몸을 녹이는 따끈한 수제비가 목구멍에 넘어갈 때도 행복을 느낀다. 어쩌면 행복은 들에 핀 작은 꽃 한 송이를 보는 순간, 갈증을 풀어주는 물 한 모금에서도, 소나기를 피해 들어간 이름 모를 카페에서 마시는 한 잔의 모과 커피에 녹아 흐르고 있을지도 모른다.

셰익스피어의 4대 비극 중 하나인 『맥베스』에는 인간의 끝없는 욕망과 탐욕이 드러난다. 맥베스와 그의 부인의 끊임없는 욕망은 그들을 왕과 왕비로 만들었다. 그러나 부부는 행복이 아닌 허무와 죄책감을 느낀다. 게다가 언제 그 자리에서 쫓겨날지 모른다는 불안까지 덮치면서 마침내 그들은 비극을 맞이한다.

모든 인간은 세상에 태어나면서부터 '행복'을 찾아 질주한다. 현재의 상황에 안주하지 않고, '더 큰 만족과 기쁨'을 갈구하며 끊임없이 내달린다. 하지만 『맥베스』에서도 볼 수 있듯이 인간의 욕망은 끝이 없고, 행복이라는 개념은 상대적인 것이기에 스스로를 만족시키기는 어렵다.

대다수의 사람들은 권력과 명예와 많은 돈을 갖는 것이 행복이라

여긴다. 이 말에 이론이 없다. 필시 돈을 벌기 위해서 사는 사람들이 절대 다수이기 때문이다. 어쩌면 인간이 추구하는 최상의 행복은 부귀영화다. 자본주의 사회에서 돈과 행복을 따로 놓고 생각할 수는 없다. 그만큼 인간 삶에서 돈의 힘은 막강하다.

과연 진정한 행복은 어디에서 오는 걸까? 누군가는 명예를 얻는 것으로부터 올 수도 있고, 다른 누군가에게는 많은 부를 축적하는 것으로부터 올 수도 있다. 반대로 남을 위해 봉사를 하거나 베푸는 것을 통해 행복을 느끼는 이들도 있을 것이다. 이처럼 '행복'이라는 것은 사람에 따라 다양한 곳에서, 다양한 시점에서 온다.

그런데 작은 행복이 무엇이냐는 어느 설문조사에서 절반이 '혼술'이라고 대답했다는 건 좀 서글픈 현실이다. 꼭 혼자 술을 마실 때가 행복한지는 모르겠지만, 아마 일부 의식 있는 수당들의 술에 관한 기분 좋은 얘기가 아닌가 생각한다.

비단 술이 아니더라도 문득 소소한 행복이 바로 내 곁에 있음을 느낄 때가 있다. 빛바랜 고전의 한쪽을 읽을 때나, 내 사고와 비슷한 신문 사설이나 칼럼을 읽을 때, 서투른 창작물을 완성하고 창밖 하늘에 떠 있는 흰 구름을 물끄러미 바라볼 때, 휴대폰에서 좋아하는 노래를 다운받아 그 음악에 빠져들 때, 순간순간 행복을 느낀다.

행복에 대한 정의는 사람마다 다르다. 행복의 정의는 지극히 주관적이다. 세상에 100명의 사람이 있다면, 그 100명이 생각하는 행복이란 모두 다를 것이다. 그렇기에 스스로 무엇에 어떤 의미를 두느냐에 따라 자신의 인생관도 다르다. 행복이라는 보편적인 가치를 두고, 개개인이 다르게 접근하여 자기 나름대로 자신의 행복을 추구하며 열심히 사는 것이 결국 이 세상과 사회를 이루는 것이 아닌가 생각한다.

행복은 일생에 몇 개 안 되는 큰 사건과 결과로 얻어지는 것이 아니다. 일상의 작은 일에서 느끼는 소소한 기쁨들이 하나둘 모여져 행복지수를 높인다.

『전민일보』(2018. 8. 31.)

노회찬 의원의 죽음, 헛되지 않게 해야

노회찬 정의당 의원이 아파트에서 투신해 사망한 사건은 한국 정치사에 큰 불행이다. 그가 온몸이 박살나는 고통을 무릅쓰고 스스로 목숨을 끊은 이유는 '드루킹' 김동원 씨가 이끈 경공모(경제적공진화모임)로부터 두 차례에 걸쳐 불법 정치자금 4,000만 원을 받았다는 죄책감 때문이다. 그는 유서에서 청탁과 대가가 없었지만 정치자금 수수 자체에 대해서는 '후회한다.'는 말을 남겼다.

노 의원은 죽기 전 "어떠한 불법적인 정치자금을 받은 적이 없다."고 극구 부인해왔다. 결국 거짓말을 하게 된 것이다. 이런 거짓말이 그의 무너져 내린 명예와 양심을 인내하기 어려웠을 것이다. 생각하면 그가 속으로 얼마나 괴로워 몸부림쳤겠는가. 정의당 당원들 앞에 얼굴을 들 수 없다는 유서가 이를 증명한다. 노 의원이 처음부터 돈 받은 것을 솔직히 시인하고 용서를 구했더라면 이런 비극은 일어나지 않았을 것이다. 그러나 정의를 외쳤던 그로선 이 말을 뒤집고 잘못을 인정해야 하는 상황에 누구보다 양심의 가책을 느꼈을 것이다.

노회찬 의원은 국민들에게 아주 양심적이고 청렴한 사람으로 인식돼 있다. 그는 자기 신념과 원칙과 확실한 철학을 가지고 있다. 평생을 군부독재 정권과 싸우며 진보 가치 확산에 힘썼던 사람이다. 평생을 약자의 편에 서서 노동자의 권리를 찾아주기 위해 투쟁했던 사람이다. 있는 자가 아닌 없는 자의 편에 서서 강자를 대적하고 서민과 가까웠던 정치인이었다. 그렇기에 그의 죽음은 더욱 애절하고 슬프다.

노 의원은 생전에 정계에서 숱한 어록을 남긴 '비유의 달인'으로 통한다. 일명 사이다 발언이다. 17대 총선 당시 한 방송사 토론회에서 "50년 동안 한 판에서 계속 삼겹살을 구워 먹어 판이 새까맣게 됐으니 삼겹살 판을 갈아야 한다."는 '판갈이론'을 펼친 일화는 유명하다. 또한 17대 국회 법제사법위원회 첫 국감에선 "법 앞에 만인이 평등하다고 하는데 1만 명만 평등한 것 아닌가."라는 발언으로 사법부를 질타해 주목을 받았다. 특히 2013년 '삼성 X파일' 폭로와 관련해 대법원에서 통신비밀보호법 위반 혐의로 4월(집행유예 1년)형이 확정돼 의원직을 상실했다. 뇌물을 주고받은 재벌과 검사는 피해자로 감싸면서 비리를 고발한 의원은 가해자로 처벌하는 본말이 전도된 판결이었다. 그때 노 의원은 "폐암환자를 수술하면서 폐는 놔두고 멀쩡한 위를 들어냈다."고 당시의 사법부의 잘못된 판결을 강하게 비판했다.

우리 사회의 일부 고위 공직자, 국회의원, 자치단체장들이 뇌물 수수 혐의로 구속된 사례들이 많다. 이들은 증거가 확실하여 변명의 여지가 없는데도, 양심을 들먹이며 법정싸움이 벌어지기도 한다. 그야말로 거짓을 진실인 양 포장하며 살아가는 사람들이다.

여기에 비하면 노회찬 의원은 어떤가. 돈 4,000만 원 때문에 하나밖에 없는 목숨까지 버렸다. 그것도 아무 대가성 없는 돈 몇 푼 받은 걸 고민해오다 그 처절한 죽음으로 양심을 갚았다. 누구는 매일 거짓으로 살면서도 당당하고, 누구는 단 한 번의 거짓으로 괴로워하다 목숨을 내놨다. 옥에 티 때문에 목숨까지 접은 노회찬 의원의 최후가 너무도 비통하다.

물론 노 의원이 떳떳치 못한 돈을 받았음은 잘못이다. 그렇다고 죽음으로 자신의 잘못을 용서 받으려는 것도 온당치 못하나. 양심의 가책을 느꼈으면 의원직을 사직하는 방법도 있을 것이다. 처벌을 달게 받고 모든 정치일선에서 물러나 조용히 살면 된다. 하지만 그의 자존심은 이를 허용치 않았다. 양심의 가책을 단 하나밖에 없는 목숨으로 갚았다. 이런 극단적인 선택을 할 수 있는 국회의원이 몇 명이나 될까? 뇌물을 받고도 오리발 내미는 정치인도 있을진대 말이다.

대한민국 국회의원들, 제발 노회찬 의원의 정신을 본받았으면 한다. 그가 비록 불법 정치자금 수수의 오점을 남기는 정치인이 될지는 모르지만, 그는 우리나라 진보정치의 상징으로서 정치인이기 전에 시대정신을 꿰뚫는 탁월한 정세분석가였다. 여야 정치인과 많은 국민들이 한결같이 그의 죽음을 안타까워하는 까닭이다. 그의 죽음이 헛되지 않으려면 그가 지향했던 진보와 민주주의 가치와 뜻을 후배 정치인들이 이어받아야 한다. 훌륭한 정치인 한 명이 떠났음을 가슴 아파하며 삼가 고인의 명복을 빈다.

『전민일보』 (2018. 8. 3.)

세계가 놀란 한국 축구

사람들은 왜 축구를 좋아할까. 도대체 축구가 무엇이기에 인류는 이토록 축구에 열광하는가. 우선 이 스포츠 종목이 인간의 본능과 관련이 있다는 시각이 있다. 굴러다니는 공을 보게 되면, 축구가 뭔지 모르는 어린아이라 하더라도 본능적으로 발로 찬다고 한다. 우리가 거리를 걷다가 빈 깡통이라도 발견하면 발로 차고 싶은 심정과 똑같다. 게다가 축구는 오프사이드라는 규칙만 제외하면, 누구든 쉽게 할 수 있는 경기이다. 육상이나 수영과 같은 기본 종목들을 빼고 나면 가장 단순한 형태의 스포츠라고 할 수 있다.

그래서 축구는 단결과 애국심을 불러일으키는 상징이다. 정치나 종교보다 더 완벽하게 전 국민을 하나로 통합시키는 매개체다. 특히 월드컵은 모든 국민이 갖고 있는 많은 사회적 · 정치적 고민에도 불구하고 잠시나마 전 국민을 하나로 묶어 주는 꿈의 무대이자 축제이기도 하다.

영국 어느 축구광은 "아들의 결혼식과 잉글랜드 대표팀의 월드컵 경기가 겹친다면 아들의 결혼식은 비디오로 보겠다."고 고백했다.

남미에서 강도를 당한 독일 관광객이 순간 기지를 발휘해 "베켄바우어!"라고 외치자 강도가 칼을 내려놓고 축구 전문가로 돌변, 펠레와 베켄바우어 중 누가 더 위대한 선수인가를 두고 설전을 벌였다는 증언도 있다. 문제는, 축구에 대해 이러한 '비정상적' 열정을 드러내는 사람들이 지구상에는 너무 많다는 사실이다.

한국 축구 대표팀이 세계 축구 최강 독일을 꺾었다. 지난달 28일 끝난 러시아 월드컵 F조 마지막 경기에서 한국은 피파(FIFA) 랭킹 1위 독일을 2:0으로 격파했다. 축구 전문가들은 한국은 독일에 감히 상대가 안 될 거라 했다. 한국의 2:0 승리보다 독일의 7:0 승리에 베팅하는 도박사가 더 많았다. 경기 종료 후 외신들은 절대 일어날 수 없는 세상의 종말 같은 일이 벌어졌다고 했다. 그만큼 독일 축구는 공포의 대상이었다.

그러나 경기 내내 초인적인 투혼을 발휘한 태극전사들은 후반 추가 시간 문전 혼전 상황에서 김영권 선수가 찬 볼이 골로 연결되어 승기를 잡았다. 이후 경기 막판 손흥민 선수가 60m 이상 전력 질주해 쐐기 골을 넣는 모습은 10년 가뭄에 소낙비가 내리듯 통쾌했다. 특히 육탄으로 상대의 슈팅을 막아낸 골키퍼 조현우도 승리의 1등 공신이다. 우리는 비록 월드컵 16강 진출에는 실패했지만 16강 진출보다 훨씬 의미 있는 축구 역사를 썼다.

한국팀이 독일전처럼 사활을 걸고 뛰었더라면 스웨덴전도 이길 수 있었을 것이다. 그런데 왜 첫 경기인 스웨덴 전에서 졸전을 했는지 아쉬움이 남는다. 선수와 감독이 좀 느슨한 생각을 갖고 있었던 게 아닌가 생각한다.

독일전 승리로 유종의 미를 거두기는 했지만 이번 월드컵을 통해 한국 축구의 문제점도 적지 않게 드러났다. 스웨덴전 유효 슈팅이 단 한 개도 없을 만큼 무기력했던 점과, '전술 · 전략 실패'라는 지적이 많다는 것이다.

또한 손흥민 선수에게 의존하는 경향이 너무 지나치다는 것이다. 축구는 11명의 선수가 고른 기량을 보여야 명실상부한 강팀이 될 수 있다. 제2, 제3의 손흥민도 키워내야 한다. 수비 불안과 골 결정력 부족도 해결해야 한다. 세계 축구의 흐름에 맞는 외국인 명감독을 영입해야 한다. 한국 축구의 전술 · 정신 · 체력적 고질병을 고쳐 4년 뒤 카타르월드컵을 대비해야 한다.

『전북일보』 (2018. 7. 4.)

---

* 2018년 6월 27일, 러시아 카잔에서 열린 2018 FIFA 월드컵 F조 조별리그 마지막 경기로 일명 카잔의 기적으로 불리는 경기. FIFA 랭킹 57위이자 3전 전패로 조 최하위 탈락이 예상되었던 한국이 디펜딩 챔피언이자 FIFA 랭킹 1위였던 독일을 상대로 2:0의 승리를 거둔 대사건이다. 모든 축구 역사를 통틀어서 세네갈 쇼크, 미네이랑의 비극 등과 더불어 전 세계를 경악시킨 축구 역사상 최고의 이변 중 하나로 평가된다.

제2부

미인은 박명薄命한가

월드컵 16강 진출의 꿈, 아직 살아 있다

전 세계 축구팬들의 축제인 '2018 러시아 월드컵' 열기가 점점 뜨겁게 달아오르고 있다. 이번 러시아 월드컵은 북 · 미 정상회담과 지방선거에 묻혀 지난 대회에 비해 상대적으로 무관심 속에 개막했다. 이로써 월드컵은 7월 16일 새벽 결승전까지 한 달간 이어졌고 지구촌은 축구공에 울고 웃는 잠 못 이루는 여름밤을 보냈다.

한국은 1986년 멕시코 대회 이후 9회 연속 월드컵 본선에 올라 2010년에 이어 사상 두 번째 원정 16강 진출을 겨냥하고 있다. 하지만 '죽음의 조'에 속한 한국은 스웨덴과의 첫 경기에서 페널티킥을 허용해 아쉽게 0:1로 패해 16강 진출에 빨간불이 켜졌다.

한국팀이 16강행을 위해서는 최소 1승 1무 1패 이상의 성적을 거둬야 했다. 물론 스웨덴전을 반드시 이긴다는 전제였다. 그러나 우리가 1승 사냥의 확실한 제물로 생각했던 스웨덴에 패함으로써 16강 진출에 먹구름이 드리워졌다. 더구나 세계 최강 독일이 멕시코에 1대 0으로 패하는 대이변이 일어났다. 이래서 독일은 우리와의 경기에서 사력을 다해 뛸 것이고, 우리는 독일전에서 힘겨운 싸움이 예상된다.

한국팀은 역대 최약체로 꼽힌다. 그간 여러 평가전에서 국민들에게 실망을 안겨줬을 뿐 아니라 현 대표팀의 전력이 팬들의 관심을 끌어오지 못했기 때문이다. 그래서인지 한국 갤럽이 실시한 여론조사도 한국이 16강에 진출할 것이라 응답한 비율은 37%다. 인공지능이 예측한 우리나라 대표팀의 16강 진출 확률도 20%가 채 되지 않는다. 국내에서도 대표팀에 거는 기대보다 우려가 많은 게 사실이다. 같은 조에 속한 북중미의 강호 멕시코와 두 대회 연속 우승을 노리는 독일의 전력을 감안할 때 더욱 그렇다.

그러나 아직 조별 예선 두 경기가 더 남아 있는 만큼 미리 포기하거나 실망할 필요는 없다. 더욱이 대표팀을 향한 섣부른 비난은 금물이다. 국제축구연맹(FIFA) 회원국 중 본선에 9회 이상 연속 출전한 나라는 한국을 포함해 6개국뿐이다. 이런 저력만 봐도 한국이 쉽게 무너질 리가 없다고 본다.

특히 신태용 감독은 "국민들이 선수들에게 힘을 실어주면 없던 힘도 생기고 갖고 있는 능력도 120%가 될 것"이라며 이를 바탕으로 '통쾌한 반란'을 일으키겠다는 다짐을 했다. 선수들이 투혼을 발휘한다면 불가능이라는 예측을 뒤집는 쾌거를 이룰 수 있다. 누구보다 선수들이 자신의 욕심보다 팀을 생각하는 정신으로 경기에 임한다면 분명 기대 이상의 결과를 거두리라고 확신한다. 따지고 보면 2002년 4강, 2010년 16강도 코칭스태프와 선수들이 똘똘 뭉쳐 '절대 불가능'하다던 예측을 보란 듯이 뒤집은 쾌거였다.

한국은 24일 일요일 밤 0시 멕시코와 2차전을 치른다. 여기서 패하면 사실상 탈락이다. 사력을 다해 죽기 살기로 뛰어야 한다. 최소한 남은 경기에서 1승 1무를 거둬야 16강 진출이 가능하다. 이는 멕시코를 잡고, 독일에 비기는 전략이다.

물론 전력 면에서 멕시코(15위), 독일(1위)에 크게 뒤진다. 하지만 축구공은 둥글다. 득점이 많이 나지 않는 축구의 특성을 고려하면 이변의 가능성은 충분하다. 과거 월드컵에서도 기량과 전력이 열세인 팀이 '각본 없는 드라마'를 쓴 이변이 수없이 되풀이됐고, 이번 러시아 월드컵도 이변이 연속됐다. 국제축구연맹(FIFA) 랭킹 1위 독일이 멕시코에 패했고, 강력한 우승 후보 브라질도 스위스와 1:1로 비겼다. 그러므로 16강 진출의 꿈이 완전히 사라진 것은 아니다. 우리가 멕시코와 독일을 잡는 이변의 주인공이 될 수도 있다.

월드컵은 지구인의 대축제다. 4년마다 찾아오는 세계인의 축구 축제에 우리 함께 어울려보자. 그래서 그간 우리의 정치 이슈로 갈라진 민심을 하나로 통합하고 치유하는 계기를 만들자. 온 국민과 함께 한국팀의 멕시코전 승전고가 울리기를 간절히 기원하며 축구 열기에 빠져보자.

『전민일보』(2018. 6. 22.)

6 · 13 민심, 여야 무섭게 받아들여야

6 · 13 지방선거와 국회의원 재 · 보궐 선거가 끝났다. 선거판은 일찌감치 기울었다. 여당의 압도적 우세가 선거 기간 계속됐다. 유권자들에게는 '하나 마나 한 선거'라는 의식이 번졌다. 모든 여론조사가 이를 증명하고 있었다.

아니나 다를까. 뚜껑을 열어보니 예상이 적중했다. 더불어민주당의 압승과 자유한국당의 궤멸적 참패였다. 광역단체장 17곳 중 14곳을 민주당이 차지했고 기초단체장도 226곳 가운데 151곳에서 승리했다. 국회의원 재보선도 12개 선거구 중 11곳에서 민주당이 당선됐다. 또 서울시 25개 구청장 가운데 민주당이 24개를 싹쓸이했고, 서울시의원 100명 중 민주당은 97명이 당선됐지만 한국당은 3명에 불과했다.

경기도의회 역시 129명의 도의원 가운데 민주당은 128명이 당선됐고, 한국당은 단 1명에 그쳤다.

전북도 민주당 일색이다. 전북도지사 송하진 후보와 전주시장 김승수 후보가 압도적으로 당선됐다. 전북도의원 역시 지역구 35석 가운데 민주당이 34석을 휩쓸었다. 순창군 의회는 민주당이 100% 장악한 상태다.

바른미래당과 민주평화당의 성적은 더욱 참혹하다. 미래당은 광역단체장, 기초단체장, 국회의원 재 · 보궐 선거 모두에서 전멸했다. 평화당은 도내에서 익산시장과 고창군수 등 기초단체장 2석과 전남에서 3석을 건졌지만 정당득표율에서 정의당에 뒤져 존폐를 걱정해야 하는 처지가 됐다. 일각에서는 민주당과 평화당의 통합을 제기하기도 한다.

6 · 13 선거에서 한국당은 마치 물먹은 흙담처럼 처참하게 무너졌다. 그 원인은 자업자득이다. 북핵 이슈는 하루가 다르게 변모해 가는데 색깔론 공세만 되풀이했다. 한국당의 "나라를 통째로 넘기겠습니까."라는 구호는 마치 이 나라가 곧 공산화될 것처럼 비춰져 한심하기까지 했다. 최순실 · 박근혜 국정농단에 진심으로 사죄하지 않고 태극기 부대용 호소로 일관했으니 누가 표를 주겠는가. 홍준표 전 대표의 막말이 나올 때마다 표 떨어지는 소리가 낙엽 지는 소리처럼 들렸다. 그들은 여전히 빨갱이 타령이나 하고 사사건건 여당 발목 잡고 시대의 흐름을 읽지 못했다. 만날 도랑에서 놀던 식으로 정치를 하고 있으니 그 큰 격랑 속에 휩쓸려가는 건 당연한 결과가 아닌가. 한국당이 새로운 수영법을 찾지 못하면 평생 우물 안 개구리 신세를 면치 못할

것이다.

문제는 견제와 균형이다. 민주주의는 견제와 균형의 원리, 또는 보수와 진보라는 두 개의 축이 균형을 잡아야 제대로 굴러가는 체제다. 지금 그 한 축이 완전히 무너졌다. 과연 민주당 독식으로 이뤄진 지방의회가 도정과 시정을 제대로 견제할 수 있을지 의문이다. 민주당은 독선과 오만에 빠지지 않도록 스스로 경계해야 한다. 거꾸로 보면 민주당에 대한 경고일 수도 있다. 민심을 거스르면 민주당 또한 언제든 철저히 외면받을 수 있다는 것이다.

전북 광역의회와 기초의회에 바란다. 도의원과 시 · 군의원이 제대로 역할을 해야 전북이 발전할 수 있다. 그러자면 민주당 일색의 의회가 광역 · 기초단체장 거수기 노릇에서 과감히 탈피해야 한다. 광역 및 기초단체장의 행정을 비판하고 감시함으로써 지역 주민의 삶의 질을 높이는 게 지방의원들에게 맡겨진 사명이다. 나아가 적극적인 조례 제정으로 자신을 뽑아준 유권자들의 삶이 나아지도록 뒷받침해야 한다.

『전북일보』 (2018. 6. 19.)

---

* 2018년 6월 13일 치러진 지방의회 의원 및 지방자치단체의 장을 선출하기 위한 선거에서 민주당이 기록적 압승을 거뒀다. 광역단체장 민주 14, 한국 2, 무소속 1명 당선.

광주형 일자리

청년실업이 사회 문제화된 것은 어제 오늘 일이 아니다. 20년 가까이 지속되고 있고 갈수록 심화하고 있다. 역대 정부에서 꾸준히 일자리 대책을 마련하고 있지만 여전히 뾰족한 대안은 없어 보인다.

이러한 실업률을 풀기 위한 대비책으로 광주광역시에서 추진 중인 '광주형 일자리' 만들기가 독특한 시책으로 주목받고 있다. 광주형 일자리는 친환경차 생산설비를 광주에서 조성 중인 '빛그린산업단지'에 유치하는 것이 골자다. 노동자들의 임금을 현대 · 기아자동차 절반도 안 되는 수준(연 4,000만 원대)으로 낮추는 대신 중앙정부나 광주시가 노동자들에게 주택 · 육아 · 교육 · 의료 등을 지원해주는 내용이다.

광주형 일자리는 이미 완성차 위탁 생산 공장을 위해 현대자동차가 참여 의향서를 접수해 탄력을 받게 됐다. 현대차는 수천억 원~1조 원의 투자를 할 것으로 알려졌다. 현대차는 일정 지분 투자를 하지만 경영 참여는 안 하고 신규 차종의 합리적 물량 생산을 위탁하겠다는 입장이다. 합작법인은 시가 주도하고 지역사회, 공공기관, 여러 기업이 지분 참여를 하는 방식이다. 침체기에 접어든 국내 자동차산업에 새 바람을 일으킬 만하다.

여기에 윤장현 광주광역시장은 현재 중국 전기차 전문업체 ㈜조이롱과 연산 10만대 규모의 투자유치를 협의 중이다. 성사될 경우 새 일자리 6,000개가 만들어진다.

윤장현 광주시장은 2014년부터 반값 임금이 핵심인 '광주형 일자리 사업'을 제안했다. 윤 시장이 이러한 발상을 하게 된 것은 당시 대학생들을 대상으로 희망직장 조사를 한 결과 연봉 3,600만 원짜리 대기업이면 좋겠다는 바람이 많았기 때문이라고 한다. 윤 시장은 당시 대기업의 절반 수준 임금으로 청년일자리 1만 개를 만들겠다는 계획을 현대차에 전달했으나 노동단체 반발로 무산됐다. 이번에 신규 공장 사업이 본격화된 것은 광주시가 여러 투자사들과 합작법인을 설립하고 대주주가 돼 경영을 주도하는 방식으로 전환하며 기업 부담을 덜어줬기 때문이다. '광주형 일자리 모델'은 노사 간 합의를 통해 새로운 형태의 일자리를 창출할 수 있을 뿐 아니라 지역경제를 살리는 절호의 기회가 될 것이다.

그러나 광주형 일자리 모델이 성공하기 위해서는 아직 넘어야 할 산이 많다. 무엇보다 노동계를 설득하는 일이다. 민주노총과 금속노조는 광주형 일자리 논의에 공개적으로 참여하지 않고 있다. 노조가 자사의 생산 물량 일부를 외부에서 싸게 생산하는 체계에 쉽게 동의할 리 없다. 당장 현대차 노조가 사업 참여 의향서 철회를 사측에 촉구하며 이 합작법인을 반대하고 나섰다. 하지만 이 합작법인이 성공하면 지역 경제에 미칠 긍정적인 영향은 물론 자동차산업계와 산업계 전반에 신선한 파장이 분명하다.

광주형 일자리 사업을 보면서, 전북은 왜 이런 신선한 발상을 못하는지 모르겠다. 요즘 지방선거 이슈로 등장한 '병든 전북'을 떠올리지 않을 수 없다. 특히 군산은 경제 참사라 할 정도로 비참한 실정이다. 군산지엠 폐쇄 후 협력업체 154곳 중 17곳이 문을 닫았고, 나머지 업체들도 폐업이 줄을 잇고 있다. 이대로 방치하면 군산지역 제조업 종사자 절반이 일자리를 잃고 생계가 위협받을 수 있다. 사정이 이런데도 정부는 부너신 군산지엠을 살릴 생각은 않고 달콤한 말잔치만 늘어놓는다. 6 · 13지방선거를 틈타 더불어민주당이 군산에서 중앙선대위 회의를 열며 "지엠 공장이 다시 가동되도록 하겠다."고 지원 의지를 보여줬지만 여론은 싸늘하다.

문재인 정부에게 묻는다. 군산 현대조선소와 한국지엠 군산공장이 문을 닫는 등 전북 경제가 휘청거리고 있는데 대책은 무엇인가. 대우해양조선은 국민 세금으로 살리면서 군산 현대조선소는 왜 정부가 못 살리는 것인지, 지엠 부평공장과 창원공장은 살리면서 왜 군산공장만 살리지 못하고 수수방관하는가. 물론 이런 사태가 발생한 데에는 전북의 지자체와 경제계, 정치인들의 책임이 크다. 하지만 더 큰 책임은 분명 정부에 있다.

지난 19대 대선 때 전북도민은 당시 문재인 후보에게 64.8%라는 전국 최고의 표를 줬다. 이런 결과는 광주(61.1%)와 전남(59.9%)에 비해서도 4% 포인트 정도 높은 수치다. 이 보답이 기껏 지엠군산공장 폐쇄로 이어졌는지 의아하다. 생각해 보면 은혜를 원수로 갚은 배은망덕이 아닐 수 없다.

정부는 군산 현대조선소와 지엠을 살릴 방안을 마련해야 한다. 한국지엠 경영 정상화 방안으로 공적자금 투입을 결정했다지만 이는 미봉책에 불과하다. 군산을 살리고, 전북이 살 수 있는 보다 근본적이고 항구적인 대책을 속히 마련해야 한다.

『전북금강일보』(2018. 6. 14.)

* 광주형 일자리는 기업이 낮은 임금으로 근로자를 고용하는 대신, 이를 정부와 지방자치단체가 주거, 복지, 보육 시설 등의 복리 · 후생 비용 지원을 통해 보전한다는 일자리 창출 사업이다.

정치 상품과 소비자 선택권

6월 13일 실시하는 제7회 전국 동시 지방선거 및 국회의원 재보궐 선거가 2주 앞으로 다가왔다. 선거에 나온 후보들은 거리에서 명함을 돌리거나 출퇴근길에서 90도로 고개 숙여 인사하는 모습이 눈에 띈다. 지역을 위해 봉사하겠다는 각오로 출사표를 던진 후보들은 그야말로 사활을 건 한판승부를 펼치고 있다.

내가 사는 효자동도 그렇다. 이 지역 한 후보는 출퇴근길에서 지역민과 자주 마주친다. 그는 매일 출퇴근 주요 네거리에서 자신의 이름과 소속 정당, 기호가 새겨진 피켓을 목에 걸고 신호등이 바뀔 때마다 방향을 바꿔 허리 굽혀 인사한다. 어쩌다 비가 오는 날이면 우비를 입고 서 있다. 빗물에 흥건히 젖은 그 모습이 애처롭기도 하지만 한편으론 정성이 갸륵하고 부지런한 후보라고 여겨진다.

선거는 '대중을 설득하여, 결국 자신을 선택하게 해야 한다.'는 광고와 동일한 목적을 가지고 있다. 대부분의 후보자들은 선거와 관련하여 SNS 채널을 통해 자신을 알리고 있다. 민심을 흔들 수 있는 콘텐츠 SNS를 통하여 공략한다면 선거 승리에 큰 도움이 될 수 있기 때문이다. 선거는 민주주의의 꽃일 뿐 아니라 광고 마케팅의 꽃이기도 하다. 각종 선거에 나온 후보자들이 자신을 알리는 데 혼신의 힘을 쏟는 이유도 여기에 있다.

선거에서 유권자는 정치란 서비스의 소비자다. 우리가 시장이나 마트에서 물건 하나 살 때도 요모조모 따지고, 또 옆집 가게 물건과 값도 질도 비교한다. 부피가 크고 값싼 물건이라고 해도 선뜻 사지 않는다. 그 물건이 자기 생활에 앞으로 얼마나 유용한 것인지를 따지는 법이다. 보다 중요한 소비자의 기준은 한번 사다 쓴 상품의 질이다. 비싼 값에 주고 산 물건이 질도 형편없을 때 소비자는 속았다는 사실에 분노하기 마련이다. 설령 싼값이었다 해도 질이 나쁘다면 실망하고 만다. 분노하고 실망한 소비자가 다시 그런 물건을 사리라고 생각하는가. 소비자를 가볍게 봐서는 안 된다. '소비자 정치'의 원리는 바로 여기에 있다.

이처럼 시장에서 유통업자들이 매출을 올리기 위해 소비자들이 원하는 상품을 골라 마케팅하는 것처럼 정당은 정치 상품의 유통업자이기도 하다. 1인 1표로 사는 정치 소비자들이 가장 선호하는 서비스는 값도 싸고 질도 좋은 상품을 고르는 일이다. 그래서 정치 상품을 가장 많이 파는 정당이 장사를 가장 잘하는 정당이고, 유권자의 구매력을 높이는 후보자가 당선될 가능성이 높다.

물론 과거에는 특정 정당 간판만 달고 나오면 동네 개라도 당선됐다. 하지만 지금은 민주화가 정착돼 있고, 우리의 정치문화도 많이 바뀌었다. 따라서 정치도, 경제도, 문화도 다 사람이 하는 일이라 그 후보자가 어떤 정치 · 정책적 콘텐츠를 가지고 있느냐에 따라서 그 콘텐츠는 생활정치로 이어지고 그것이 곧 지역 주민의 삶과도 연결된다.

예부터 어느 선거를 막론하고 2등을 목표로 출마하는 후보자는 아무도 없다. 선거에 나선 후보자들은 당선을 위해서 수단 방법을 가리지 않는다. 지방선거에서 단 한 표 차이로 당선, 또는 낙선이 엇갈리더라도 그들 사이 4년간 대우는 하늘과 땅 차이기 때문이다. 당선자는 천당행 티켓을, 낙선자는 지옥행 티켓을 받는다 해도 과언이 아닐 정도다.

이번 지방선거에 나온 후보자 선택 기준 조사 결과를 보면, '정책 · 공약'이 가장 높게 나타났다. 그다음이 '도덕성', '정치적 경험 · 경력' 등의 순이다. 지방선거는 지역 살림꾼과 이를 견제할 파수꾼을 뽑는 일이다. 환경, 상하수도, 공원, 주택 등 생활경제와 직결되는 정책을 결정할 사람들을 선택하는 것이니 생활정치를 구현하는 길이다.

이번 지방선거에서 최대 변수라고 하면 북미 정상회담이 아닐까 싶다. 취소된 회담이 다시 되살아난 탓이다. 그러나 이로 인해 유권자들이 제대로 된 지역 일꾼을 뽑는 데 소홀해서는 안 된다. 인물과 정책 검증 없이 정당만을 보고 투표하는 깜깜이 선거는 그 피해가 고스란히 유권자인 주민들에게 돌아간다는 사실을 명심해야 한다. 그동안 지역 일에 전혀 참여하지 않았던 후보자가 정당 지지율에 편승해 당선되는 것은 곤란하다. 이럴 때일수록 유권자들은 후보자의 자질과 자격, 정책을 꼼꼼하게 따져야 한다.

투표는 총알보다 강하다는 말이 있다. 총알은 무력으로 상대를 제압하고 쓰러뜨릴 수 있지만, 투표는 소리 없이 세상을 바꿀 수 있다는 뜻이다. 정정당당한 후보, 부지런한 후보, 공약을 실천하는 후보가 누구인지 객관적인 눈으로 잘 살펴 내 소중한 한 표를 행사하는 현명한 유권자가 되어야 한다.

『전민일보』 (2018. 6. 1.)

국회의원 불체포특권

'가재는 게 편이고 초록은 동색'이라고 끼리끼리 봐주는 한통속이 됐다. 범죄 혐의를 받는 의원은 안도했고, 자유한국당 의원들은 개선장군처럼 환호성을 울렸다.

국회는 21일 본회의에서 뇌물 · 횡령 · 배임 혐의 등을 받고 있는 자유한국당 홍문종 · 염동열 의원의 체포동의안을 부결시켰다. 만약 두 의원의 혐의가 일반인이라면 즉각 체포하여 구속시켰을 것이다. 참으로 범죄자에게 면죄부를 주는 국회가 제정신인지 국민의 한 사람으로서 분노를 느낀다. 홍 · 염 의원의 체포동의안 부결은 바른미래당 · 민주평화당은 물론 여당인 더불어민주당 의원들도 상당수 반대표를 던진 것으로 분석된다. 표결에 참여한 한국당 의원 108명 전원이 반대표를 던졌다고 해도 다른 정당에서 수십 표의 반대표가 나왔다. 따라서 홍 · 염 의원 체포동의안 부결의 책임은 전적으로 더불어민주당에 있다. 민주당 의원의 이탈표가 없었다면 불가능한 일이다. 겉으론 싸우는 척하면서 뒤에선 서로 짝짜꿍하여 감싸줬다. 초록은 동색이라는 말이 나오지 않을 수 없다.

범죄자를 구제하기 위해 '방탄국회'를 자임한 정치권은 여야를 떠나 국민들에게 석고대죄해야 한다. 추악한 동료 감싸기로 일관한 국회가 무슨 낯으로 국민을 대할 셈인가. 이런 잘못된 일의 저간에는 자신들은 그 어떤 특권을 가지고 있다는 의식이 자리잡고 있다.

법무부는 강원랜드 채용비리 혐의를 받는 자유한국당 권성동 의원 체포 동의 요구서를 국회에 냈다. 권 의원은 국회 법사위원장으로 이번 수사에 직간접적으로 영향력을 행사했다고 의심받는 사람이다. '방탄국회'라는 오명을 쓰지 않으려면 여야는 엄정히 대처해야 한다. 헌법이 국회의원들에게 불체포특권이나 면책특권을 부여한 것은 행정부로부터 의회의 독립성과 자율성을 보장하려는 취지에서 도입된 것이다. 범죄자를 감싸라고 특권을 부여한 게 아니다. 그럼에도 국회의원들이 이러한 정당한 힘을 국민들을 위해 쓰지 않고 자신들의 특별한 권력인 양 남용한다면 이러한 특권은 당연히 빼앗아야 할 것이다.

더불어민주당 의원들에게 묻는다. 아직도 국민을 우습게 보는 것인가. 지지율이 높으니까 눈에 보이는 게 없는 것인가. 적폐 청산하려는 대통령의 인기 뒤에 숨어, 범죄자를 감싸는 일부 정신 나간 의원들은 각성해야 한다.

법은 만인 앞에 평등하다고 배웠다. 하지만 실제 국민들이 느끼는 법 앞의 평등은 그리 실감나지 않는다. 법이 권력이라는 큰 벽 앞에서 그 기능을 제대로 구현하지 못하고 있다. 일반 사람들은 조그마한 죄를 지어도 철창신세를 지는 데 반해 정치인은 수많은 돈을 불법으로 받고도 처벌받지 않는 사례가 있다. 설사 어느 정치인이나 재벌이 죄를 짓고 구속되어 여론의 비난이 들끓어도 시간이 지나면 솜방망이 처벌로 조용히 넘어간다. 가진 자, 힘 있는 사람, 소위 사회지도층에게는 법이 관대하고 사회적 약자에게만 법이 추상같으면 법과 정의는 사라지고 공정사회는 요원해진다. 민주화가 정착돼 가고 있는 지금은 권위주의 시대가 아니다. 국회의원이라고 특권을 주면 안 된다. 죄를 지으면 국민 누구나 처벌을 받는 것이 법치주의의 근간이다.

때마침 청와대 국민청원 게시판에는 국회의원의 체포동의안 폐지 관련 청원이 100여 개 이상 올라왔다. 범죄자를 보호하고 감싸는 국회의원이 과연 신神(?)이냐는 것이다. 죄를 짓고도 버젓이 활동하며 국민이 낸 세금으로 세비를 꼬박꼬박 챙긴다는 건 용납할 수 없는 일이다. 반드시 법의 심판을 받아야 한다.

국회의원들의 권한이 너무 막강해서 정치가 바로서지 않는다는 건 다 아는 사실이다. 그 적폐가 너무 심하기에 바로잡을 필요성이 있으나 지금껏 흐지부지되고 말았다. 그런데 이번처럼 불체포특권을 방패막이로 쓰면 폐지론에 힘이 실릴 수밖에 없다. 다음 개헌 때 국회의원 불체포특권 폐지는 반드시 포함되어야 한다. 『새만금일보』(2018. 5. 29.)

---

* 2018년 5월 21일 국회 본회의에서 뇌물 · 횡령 · 배임 혐의 등을 받고 있는 자유한국당 소속 염동열 · 홍문종 의원에 대한 체포동의안이 부결되면서, 비리 국회의원의 보호막이 되고 있는 불체포특권을 제한해야 한다는 목소리가 컸었다.

국가 안보와 판문점 선언은 별개다

지난달 30일부터 5월 초까지 주한미군 철수설로 정국이 다소 혼란스러웠다. 그 중심에는 문정인 대통령 통일외교안보특보가 있다. 그는 미국의 외교전문지 『포린 어페어스』에 기고한 글을 통해 “평화협정이 채택된 후에는 주한미군의 지속적 주둔을 정당화하기 어려울 것”이라고 전망했었다.

문 특보의 글이 논란을 일으킨 상황에서 때마침 진보 성향의 뉴욕타임스(NYT)도 도널드 트럼프 미국 대통령이 미 · 북 정상회담을 앞두고 국방부에 주한미군 병력 감축 옵션을 준비하라는 명령을 내렸다고 보도했다. NYT의 보도를 접한 펜타곤 측은 한국 내에서의 주한미군 임무와 병력태세에 변함이 없다는 입장을 밝혔다. 청와대도 백악관

국가안보회의(NSC) 관계자의 발언을 인용해 이를 공식 부인했다.

문 특보는 자신의 글이 논란에 휩싸이자 미국 뉴욕 맨해튼에서 한국 기자들에게 "평화협정 이후에도 동북아의 전략적 안정과 우리의 국내적 정치 안정을 위해 주한미군의 지속적 주둔이 바람직하다고 생각한다."고 말했다. 그러면서 자신은 주한미군 철수를 이야기한 적이 없다고 꼬리를 내렸다.

이 같은 문 특보의 적극적 해명은 미 · 북 정상회담 개최를 앞두고 한반도 정세가 극도로 민감한 국면에서 '대통령 특보' 직함을 가진 자신의 발언이 자칫 부정적 영향을 끼치는 것을 막기 위한 차원으로 해석된다. 주한민군 철수 논의가 터져 나온 건 이번이 처음은 아니다. 트럼프 대통령은 여러 번 주한미군 철수를 거론해 한국인의 감정을 건드렸다. 이는 트럼프 대통령이 미국의 이익과 자신의 정치적 목적을 달성하기 위해 가용할 수 있는 모든 카드를 꺼내 드는 전략적 성향이 반영된 결과다.

트럼프 대통령은 언제든 자국의 이익에 따라서 한국에서 주한미군을 철수할 수 있다는 생각을 가지고 있다. 우리는 이러한 트럼프의 사고에 대해 사전 대비를 철저히 하지 않으면 안 된다. 만약 미군이 떠나면 그 전력 공백은 당연히 우리 군으로 채워야 한다. 미군의 전략자산을 조금이라도 만회하기 위해서는 전투력을 강화해야 함은 물론이다. 군 복무기간을 늘려야 하고 전투에 임할 각종 군장비도 현대화해야 한다. 그런데도 국방부는 군 복무기간을 21개월에서 18개월로 줄이는 방안을 이달 내로 청와대에 보고할 예정이다. 복무기간이 긴 해군(23개월)과 공군(24개월) 병사에 대해서도 형평성 차원에서 함께 축소

할 방침이다. 이는 문 대통령의 '임기 내 병사 복무기간 단축 완료'라는 대선 공약의 일환이다.

모든 대선공약은 반드시 지켜져야 한다는 당위성은 없다. 잘못된 공약은 국민에게 물어서 재검토 하는 게 맞다. 중요한 것은 우리 군의 복무기간과 병력은 줄이면서 주한미군이 철수할까 봐 나라 안이 발칵 뒤집히는 꼴이 가관이라는 것이다. 이는 국가안보를 위해 윗돌 빼서 아랫돌 괴는 격이다.

주한미군은 한·미 동맹의 근간이며 미국의 동북아 패권전략을 위한 전초기지다. 이는 주한미군이 남북한 평화협정 체결 뒤에도 상당 기간 주둔해야 할 필요성이 있다. 설혹 한반도에서 군사적 긴장이 사라진다 해도 중국을 견제할 균형자로서 주한미군의 역할은 필요하다. 만약 주한미군이 철수하면 동북아의 패권은 중국으로 넘어간다.

중국은 틈만 나면 한국의 방공식별구역(KADIZ)에 무단 진입하고 있다. 심지어 정신 나간 어느 중국 장성은 "미국만 없었다면, 한국은 진즉에 우리가 손봤을 것"이라면서 한국을 위협하기도 했다. 자기네 군사력과 경제력이 미국을 위협할 정도로 강해졌으므로, 거기에 걸맞게 한국을 자신들의 발 아래로 두고 싶어한다. 이런 호전적인 중국을 견제하기 위해서도 주한미군은 절대 필요하다.

모처럼 남북 정상이 마주앉아 판문점 선언을 했다고 해서 곧 평화와 통일이 오는 건 아니다. 이제 첫 걸음을 뗐을 뿐이다.

아직도 갈 길은 멀고 험하다. 국가 안보와 판문점 선언은 별개의 문제다.

『전민일보』(2018. 5. 18.)

전북지역 로스쿨 전국 꼴찌, 더욱 분발해야

변호사 시험이 시행된 지 7년 만에 법무부가 전국 25개 법학전문대학원(로스쿨)별 변호사 시험(변시) 합격률을 처음 공개했다. 대한변호사협회가 법무부를 상대로 낸 정보공개 소송이 최근 서울고법에서 변협 승소로 확정된 결과에 따른 것이다.

공개된 자료를 보면 전북대와 원광대 등 전북권의 로스쿨 졸업생 합격률은 전국 대학 중 최하위권으로 나타났다. 전북대는 누적 합격률이 69.62%, 올해 합격률은 27.43%였다. 원광대는 누적 합격률이 62.6%, 올해 합격률은 24.63%에 불과했다. 이는 전남대 로스쿨 누적 합격률 79.8%, 영남대 86.71%, 충남대 75.69%, 충북대 72.87%, 강원대 75.68%보다 낮고 심지어 올해 합격률(전북대 27.43%, 원광대

24.63%, 제주대 28.41%)이 제주대보다 낮아 충격을 주고 있다. 전체 25개 대학 중 각각 24위 25위를 차지했다. 전북대 · 원광대 로스쿨 중 10명 가운데 2명이 합격하고 8명은 변호사가 못 된다는 것이다. 이런 성적이라면 앞으로 전대 원대 로스쿨은 하나의 지역으로 통폐합될지 모를 일이다. 합격률이 저조한 지역 로스쿨은 구조조정 대상이 될 수 있다는 우려 때문이다.

벌써부터 대한변협은 25개 로스쿨을 통폐합하고 정원도 감축하자고 주장한다. 역대 사법시험 합격자 수는 전북대가 충남대, 충북대보다 두 배 이상 많았고, 강원대나 제주대와는 비교가 되지 않았다. 그런데 사법시험이 폐지되고 로스쿨로 바뀐 후 전북대가 이들 대학보다 합격률이 뒤처지고 있다. 역대 변시에서 누적 합격률이 가장 높은 대학은 연세대다. 석사학위 취득자 786명 중 718명이 합격했다. 94.02%의 합격률을 보였다. 서울대가 93.53%의 합격률로 뒤를 이었다. 이어 고려대(92.39%), 아주대(91.90%), 성균관대(90.43%) 순이었다.

올해 제7회 변시 합격률은 49.35%로 사상 처음 50%를 밑돌았다. 이 때문에 갈수록 합격률이 떨어져 '로스쿨 낭인'을 양산한다는 우려가 나온다. 더 심각한 건 로스쿨 간 지역별 편차다. 1~7회 시험의 누적 합격률을 보면 상위 10위권은 모두 수도권 로스쿨이 차지한 반면, 하위 10위권은 지역 로스쿨이 자리하고 있다. 따라서 공개된 변시 합격률을 보고 지방 로스쿨은 성적 우수자들이 잘 지원하지 않을 거란 우려가 앞선다. 일부 로스쿨은 정원 40명 안팎의 '미니 로스쿨'이 많다는 게 한계다. 학생 수가 적다 보니 강의 개설 자체가 어려운 형편이고 이것이 교육 부실과 합격률 저하로 이어질 수 있기 때문이다.

문제는 변시 합격률에서 보듯 특정 명문 로스쿨의 변시 합격 독식 현상이 두드러진 점이다. 또한 로스쿨 준비 학원 수강료와 로스쿨의 연간 등록금이 많아 돈이 없는 사람은 좀체 들어가기 힘든 게 현실이다. 로스쿨은 '돈스쿨(?)'이라는 오명까지 붙는다. 그래서 일부에서는 지금도 사법시험 존치 목소리가 나온다. 법대 출신에게 30~40%의 사법시험 응시를 허용하고 로스쿨에서 1년간 실무연수를 받는 방안이다. 로스쿨을 흔들기 위해서가 아니라 로스쿨 제도의 문제점 때문이다. 뭐든지 독점은 부패를 낳는다. 로스쿨이 없는 전국 135개 법과대학 학생들은 법조인의 꿈을 잃었다. 누구든 실력만 있으면 법조인의 꿈을 이룰 수 있는 제도가 필요하다. 가난한 사람도 독학해서 사법시험 붙으면 노무현·문재인 대통령처럼 대통령도 해보고 얼마나 좋은가. 지금처럼 로스쿨 출신만 법조인이 된다면 돈 있는 집 아니면 로스쿨 진학 못 시킨다. 로스쿨 출신의 새로운 법조 카르텔 형성 견제 장치로서 로스쿨과 사법시험 이원화를 추진해야 한다.

지난 7년간 변시 시험에서 로스쿨의 부작용이 드러났다. 특히 지역 로스쿨의 부진은 지방 경쟁력 약화를 의미한다. 이에 유능한 교수진을 영입하는 등 교육의 질을 높이고 합격률을 제고할 수 있는 대책을 마련해야 한다. 이런 면에서 전북대·원광대 등은 로스쿨 전국 꼴찌라는 오명을 벗기 위해 로스쿨 실태 점검과 함께 합격률 제고를 위해 더욱 분발해야 한다.

『전주일보』(2018. 5. 9.)

---

* 최근 전북지역 법학전문대학원(로스쿨) 졸업생의 변호사 시험 합격률이 전국 최하위권으로 드러나면서 전북대·원광대의 자존심을 구겼다.

판문점 선언 이젠 실천으로 보여줘야

남북이 70년 분단과 대결의 역사에 종지부를 찍고 새로운 평화의 시대를 여는 역사적인 '판문점 선언'이 발표됐다. 남북정상회담과 판문점 선언은 그 자체로도 국민들에게 가슴 벅찬 감격을 주었고, 평화를 갈망하는 전 세계인의 이목을 끌었다. 지구에 하나밖에 없는 분단국가이자 냉전 잔재가 남아 있는 한반도에서 정전체제가 끝나고 평화체제로 들어가는 첫발을 뗐다는 의미가 있다.

문재인 대통령과 김정은 북한 국무위원장은 4월 27일 판문점 남측 평화의 집에서 완전한 비핵화를 통한 핵 없는 한반도라는 원칙에 원론적으로 합의했다. 남북 정상은 또 정전협정 체결 65주년인 올해 종전선언을 하고 정전협정을 평화협정으로 전환하고, 이를 위해 남·

북 · 미 또는 남 · 북 · 미 · 중 정상회담을 추진키로 했다. 첨예한 긴장을 완화하고 전쟁 위협을 해소하기 위해 어떤 무력도 서로 사용하지 않는 불가침 방침도 확인했다.

또 오는 8월 광복절을 계기로 이산가족 상봉을 추진키로 합의했고, 문재인 대통령이 오는 가을 평양을 방문해 김정은 북한 국무위원장과 남북정상회담을 갖기로 했다. 이밖에 적대행위 금지와 서해 북방한계선 일대에 평화수역을 만들어 군사적 충돌방지, 동해선과 경의선 철도와 도로를 연결키로 하는 등 남북 관계 개선과 관련된 다양한 내용들이 포함됐다.

이번 남북정상회담의 최대 관심사는 북한의 완전한 비핵화에 있다. 하지만 남북 합의문에는 비핵화가 명문화됐지만 이를 '남북 공동의 책임'으로 뭉뚱그리는 등 북한이 취할 구체적인 조치의 언급은 없었다. 일각에서는 이를 두고 북한의 진실성에 대해 의문을 품고 있다. 북한은 2000년, 2007년에 있은 1, 2차 남북정상회담 때에도 항구적인 평화를 약속했다. 국제사회와 비핵화에 합의하고도 시간을 끌면서 제재해제 등 보상만 챙기다가 검증 · 사찰 단계가 오면 어김없이 약속을 깨뜨렸기 때문이다.

그러나 합의문에 '완전한 비핵화'라고 못 박은 건 비핵화 언급 가운데 가장 진전된 표현이다. 일단 믿고 지켜보는 수밖에 없다. 첫술에 배부를 수 없다. 북한의 완전한 비핵화는 북 · 미 정상회담에서 최종적으로 타결돼야 할 사안이다. 도보다리에서의 벤치회담 등을 통해 확인한 김정은 위원장의 비핵화 의지와 구체적 방식 등을 트럼프 대통령과 공유해 북 · 미 정상회담이 성공을 거둘 수 있도록 해야 한다.

특히 북한이 5월 중 풍계리 핵실험장을 폐쇄하기로 하고 이 과정을 국제사회에 투명하게 공개하기 위해 한 · 미 핵사찰 전문가와 언론인들을 북한으로 초청하기로 한 것은 비핵화를 위한 진일보한 일이다.

만약 북한이 과거처럼 핵을 포기하는 거짓 공세로 장난을 친다면 남북 정상이 합의한 평화는 결코 도래하지 않을 것이다. 국제사회는 대북 제재의 고삐를 더욱 바짝 죄고, 트럼프 대통령은 대북 군사옵션 카드를 만지작거릴 수밖에 없다.

이제부터는 남북 모두 합의와 선언에서 이를 이행하고 실천해야 한다. 이 역사적 합의들이 실천되지 않으면 다시는 기회가 없을지도 모른다. 남북 모두 세계사적 의미에서 엄중한 국면에 처해 있다는 사실을 깨달아야 한다. 한반도는 물론 동북아와 세계의 평화와 안정을 위해 차질 없는 실천은 그만큼 중요하다. 지금까지 실천되지 않았던 원인들을 차분하게 분석, 이를 제거하거나 피해가는 방안들을 남북이 함께 찾아봐야 한다.

판문점은 지구촌에 마지막 남은 냉전의 현장이다. 한반도에서 더는 전쟁의 비극이 없어야 한다. 따라서 이번 판문점 선언에서 합의된 남북관계 개선, 전쟁위험 해소, 항구적 평화체제 구축 등 3대 의제와 군사 · 안보 · 교류 · 협력 등 각 분야에서 다양한 합의 사항이 실천되기를 기대한다. 이의 과제로서 신속하고 완선한 북핵 폐기가 본질이자 목표임을 한시도 잊어서는 안 될 것이다. 『전북도민일보』(2018. 5. 2.)

---

* 2018년 4월 27일 판문점 평화의 집에서 문재인 대통령과 북한 김정은 국무위원장이 합의해 발표한 공동 선언. 판문점 선언은 "한반도의 항구적이며 공고한 평화 체제 구축을 위하여 적극 협력해 나갈 것"을 추구하였다.

軍 감축과 복무 단축, 안보 공백 우려된다

사병들의 복무기간이 단축될 것으로 알려졌다. 정부는 현재 61만여 명인 병력을 2022년까지 50만 명 수준까지 단계적으로 감축하고, 병사 복무기간도 단계적으로 18개월로 단축할 계획이다. 병력은 육군 위주로 감축되며 해 · 공군 병력은 현재 수준으로 유지된다. 이는 문재인 대통령의 대선 핵심공약인 '군복무 단축' 이행을 위한 국방개혁 과제의 일환이다.

군 복무기간 18개월이면 옛날 단기사병인 방위병 복무기간과 같다. 현재 35만 명가량인 20세 남자는 2022년 이후 22만~25만 명으로 줄어들 전망이다. 매년 2개 사단이 없어진다는 애기다. 복무기간 단축은 전투력이 숙련되자마자 전역시키는 꼴이다.

가장 우려되는 것이 병사들의 질적 저하다. '군대의 꽃인 병장이 없어진다.'는 우스갯소리마저 나온다. 복무기간은 이등병이 3개월, 일등병과 상등병이 각 7개월, 병장이 4개월이다. 현행 계급 기준대로라면 병장을 1개월만 하고 제대를 하는 셈이다. 군대에서 가장 경험이 풍부한 병장의 노하우가 제대로 활용되지 못할 수 있다.

정부의 이 같은 군 복무기간 단축안과 병력 감축안에 대해 많은 국민들은 불안해하고 있다. 18개월(1년 6개월) 군복무로 어떤 군인을 만들 수 있다는 건지 이해가 안 간다. 문재인 대통령은 대학에서 유신독재에 반대 데모하다 투옥되고 출소 후 강제 징집된 특전사 출신이다. 소위 특전사 출신이 18개월 복무로 강한 군인이 될 수 있다고 생각한다는 세 어이없다.

북한군 기본 복무기간은 10년이고, 병력은 128만여 명으로 우리의 2배가 넘는다. 현대전에서 병력 규모의 중요성이 상당히 줄었다고는 하나 전쟁을 끝내는 병력은 결국 지상군이다. 그런데 고작 18개월 군복무를 한 군대가 어찌 적과 상대가 되겠는가. 개인적 생각이지만 숙련된 병사를 유지하려면 최소한 군 복무기간이 24개월은 돼야 한다.

지난 참여정부 시절 '국방개혁 2020'을 발표하면서 군 복무기간을 18개월로 단축하겠다고 하여 현재는 21개월까지 줄어든 상태다. 하지만 복무기간 18개월은 군의 전투력을 약화시킬 수 있다는 지적이 군 내부는 물론 전문가들 사이에서 꾸준히 제기돼 왔었다.

많은 국민들이 군 복무기간 단축을 우려하는 이유는, 우선 병역자원의 부족이다. 병역자원이 급감하고 있는 것은 저출산과 고령화가 그 원인이다. 이는 상당기간 지속될 것으로 보이고, 병역자원이 갈수록 부족해지는 상황에서 복무기간을 줄이면 전역주기가 빨라져 50만 병력 수준도 유지할 수 없을 것이다.

다음은 병사들의 숙련도 부족이다. 차기 보병전투 장갑차나 대포병 탐지레이더 등 차세대 첨단무기들을 다루기에는 18개월의 복무기간이 너무 짧다는 것이다. 병사들이 자기 업무에서 숙련도를 발휘하려면 최소 16개월가량이 필요하다.

북한은 전력의 80%를 최전방에 배치해 두고 있을 뿐 아니라 매우 호전적이다. 6 · 25전쟁은 물론 그 이후에도 수많은 도발을 일으켰다. 핵무기와 다량의 생화학무기 등 비대칭무기도 보유하고 있다. 이런 북한이 공격해 올 때 우리가 입을 피해는 막대하다. 그래서 강한 전투력과 함께 한 · 미 동맹이 중요한 것이다. 따라서 '전쟁은 곧 패망'임을 북한이 철석같이 믿도록 해야 감히 도발을 못한다. 중요한 건 최첨단 무기가 아무리 많고, 한 · 미 동맹이 굳건하다 해도 싸워서 이길 수 있다는 정신무장이 돼 있지 않으면 그 전쟁은 불리하게 전개된다. 곧 정신력이 승패를 좌우한다. 우리의 정신무장을 새롭게 다져야 할 때이다.

한반도에서의 전쟁은 이겨도 망하는 것이고, 져도 망하는 것이다. 그러므로 어떻게든 전쟁의 비극은 막아야 한다. 그러나 만약 전쟁이 발발한다면 한국 단독이 아니라 한미동맹의 바탕 위에서 초전에 승기를 잡고 적의 기선을 꺾어야 한다.

군 전투력은 강인한 정신력과 거듭된 훈련을 통해 병사들의 손끝, 발끝에서 나온다. 그런데 훈련은 하루아침에 끝나지 않고 장기적인 시간이 필요하다. 반복된 훈련을 거듭함으로써 정예군대를 양성할 수 있는 것이다. 따라서 군 복무기간 18개월로는 강한 군대를 양성할 수가 없다. 전투력만 약화시킬 뿐이다. 뿐만 아니라 복무기간 단축은 병력의 질적 저하를 초래하고, 질적 저하는 곧 심각한 안보 공백으로 이어질 수 있다.

『전민일보』 (2018. 1. 26.)

* 국방부가 병사의 군 복무기간을 육군 기준 현행 21개월에서 18개월로 단축하는 것과 관련해 2018년 5월 중 확정안을 최종 보고할 예정인 것으로 전해졌다. 문재인 대통령 임기가 2022년 5월 끝난다는 점을 감안하면 2020년 11월 입대자부터 적용되는 셈이다.

한 해의 끝자락과 새날

한 해가 저물고 겨울이 깊어간다. 서편 하늘은 노을 속에 잠기고 강물은 산 그림자를 싣고 멀어져간다. 세월은 가고 오는 것이지만 저물어가는 한 해의 끝자락에 서면 만감이 교차하는 심정은 누구나 마찬가지일 성싶다.

하루가 지나 한 달이 되고, 한 달이 거듭하여 한 해가 지나간다. 시작할 때는 희망을 가졌는데, 지나온 날들을 돌아보니 아쉬움이 적지 않다. 후회 없이 산다는 것은 참으로 어렵다. 한 해의 끝날에 닿으니 마음이 울적하다. 왠지 모르게 이상적인 꿈도 현실적인 꿈도 다 허사가 된 듯하다. 아무것도 이룬 것 없이 허송으로 보낸 것 같은 후회와 안타까움이 인다. 왜 그렇게밖에 못했을까. 조금만 더 인내하고 노력했더라면 이 지경에 이르지는 않았을 텐데….

시간은 흐르는 물과 같다. 흘러간 물이 돌아오지 못하는 것처럼 지나간 시간 역시 되돌릴 수 없다. 이 돌이킬 수 없는 불가역성 때문에 누구에게나 시간은 소중하다. 소중한 시간을 값있게 사용해야 하는데 그러지 못했다.

그러나 어찌하랴. 모든 것에는 끝이 있고 매듭이 있기 마련이다. 한 번 지나가면 어느 것이나 다시 돌아오지 않는다. 그런 게 세월이요 인생이다. 서글픔이 앞서는 것도 어쩔 수 없는 일이다.

인간은 과거와 현재, 미래에 갇혀 산다. 과거와 현재, 미래는 시간이라는 명확한 개념을 내포하고 있다. 그 속에 살고 있는 인간은 별 생각 없이 지니치지만 사실은 과학, 종교, 철학 등 모든 면에서 핵심적인 화두가 된다. 과연 이 시간을 개념적으로 정의할 수 있을까?

그러나 깊이 생각해보면 과거 · 현재 · 미래는 한몸이며, 시간은 존재치 않는다. 시간이란 인간의 편리에 의해 인위적으로 만들어놓은 매듭일 뿐이다. 하루를 스물네 시간으로 묶고, 서른 날을 모아 한 달로 묶는다. 한 달 두 달이 열두 달이 되면 다시 한 해로 매듭지어지는 구조다. 그 한 해 한 해가 쌓여 사람의 인생을 이루지 않던가. 인간의 삶이란 시간의 끈을 씨줄과 날줄 삼아 엮어 나가는 매듭공예 같은 것인지도 모른다.

그렇다. 인간은 흐르는 시간의 힘을 빌려 삶의 매듭을 만들어 살아간다. 일상 하나하나가 모여 한 사람의 삶을 이루는 것처럼, 작은 시간의 매듭들이 모여 인생이라는 큰 작품을 완성하게 된다. 만약 시간의 매듭이 없다면 앞뒤 없이 밀려드는 시간의 홍수 속에서 우리의 일상은 부운浮雲처럼 떠다닐 수밖에 없을 것이다.

사람은 누구나 하루 24시간을 산다. 시간의 세계에서는 천재라고 해서 1분 1초 더 받는 것도 아니고, 바보라고 해서 덜 받는 것도 아니다. 또한 미래의 시간을 앞당겨서 쓸 수도 없다. 단지 지나가는 시간만을 쓸 수 있을 뿐이다. 따라서 인간은 시간 속에 살다가 시간 속에 생을 마감한다. 시간은 모든 원료와 같은 것이다. 시간이 있으면 모든 것이 가능해지고, 시간이 없으면 모든 것이 불가능해진다.

이제 이틀 후면 2017년은 역사의 뒤안길로 사라진다. 올 한 해 대한민국은 그야말로 격동의 한 해였다. 최순실 국정농단으로 촉발된 촛불혁명으로 사상 초유의 대통령 탄핵과 조기 대선을 경험했다. 탄핵과 별개로 국정농단 수사 결과 박근혜 전 대통령은 파면 후 검찰에 구속됐다. 최순실 국징농단 사태가 촉발한 촛불 혁명으로 5월 9일 '장미대선'을 치른 결과 문재인 정부가 들어섰다. 문 대통령은 국정과제 1호로 '적폐 청산'을 선언했고, 검찰은 이명박 · 박근혜 정부의 각종 의혹을 파헤쳤다.

국제사회의 관심은 한반도에 집중됐다. 북한의 6차 핵실험과 잇단 미사일 도발에 국제사회가 강도 높은 제재를 가하면서 한반도 전쟁 가능성이 우려됐고, 한 · 중 관계는 사드배치 문제로 인해 갈등이 계속됐다.

그러나 세상이 아무리 요동쳐도 세월은 간다. 속절없이 흘러간 올 한 해를 되돌아보면 언제나 힘든 건 서민들의 삶이다. 서민들은 경제적 추위, 정신적 추위, 영혼의 추위까지 감내하면서 살아야 한다. 그렇다고 희망의 끈을 놓으면 안 된다. 덧없이 흘러간 1년을 돌아보며 자신을 가다듬자. 100미터 달리기 선수가 출발선상에서 웅크리고 있듯 그런 자세가 필요한 시점이다.

세월의 강물은 덧없이 흐른다. 한 해가 지나면 다시 한 해가 떠오른다. 저무는 노을이 밤을 지나 다시 밝은 새날은 반드시 온다.

『전민일보』(2017. 12. 29.)

바뀌어야 할 한국인의 술 문화

우리의 회식 문화는 폭음으로 얼룩지는 경우가 많다. 직장이든 어떤 모임이든 술 없인 판이 안 돌아갈 정도로 술을 많이 마신다. 한국인의 핏속에 음주 가무를 즐기는 DNA가 대단히 발달되어 있는 것이 아닐까 싶을 정도다.

물론 이런 문화를 근절하자는 의식이 예전보다 확산되면서 회식 때 술보다는 차茶를 마시자는 모임이나 문화생활을 하자는 직장인들의 움직임도 많아졌다. 하지만 여전히 '폭음하는 회식 문화'는 사라지지 않고 있다.

특히 요즘은 골드미스, 골드미스터들이 많아지면서 외로움을 달래기 위해 혼자 술을 즐기는 이들이 늘고 있다. 혼자 술을 마시는 습관은 알콜중독을 초래하기 쉬우며, 혼자 술을 마시게 되면 대화 상대가 없어 술을 마시는 속도가 빨라지게 되고 쉽게 취하게 된다. 또한 잠이 안 온다고 술을 먹고 잠을 자는 경우도 있다. 이럴 경우 오히려 잠을 빨리 깨워 불면증을 악화시키고 숙면을 취하기 어렵다고 한다.

우리의 음주 문화 중 술을 단번에 마시는, 원샷을 권하기도 한다. 또 술이 약한 사람에게 억지로 권하거나 술자리를 즐기기 위해서 큰 잔에 많은 양의 술을 한꺼번에 마시게 하는 등 벌칙주酒로 변질하고 있다. 자신의 음주량과 상대방의 주량을 고려치 않고 억지로 술을 권하게 되면 쉽게 취하게 되고 결국 필름이 끊기는 일이 생길 수 있다.

술을 잘 마시는 것은 자랑이 아니다. 그럼에도 누가 먼저 취해서 떨어지는지, 누가 술이 더 센지, 밤새 술을 마시며 주량을 뽐내기도 한다. 참 미련한 짓이다. 자신의 주량을 믿고 폭음을 하거나 경쟁하듯이 마시기보다는 분위기에 맞춰 자연스럽게 마시며 담소하는 게 지나친 알콜로 몸과 마음이 상하는 것을 막는 방법이다.

우리나라는 술에 취해 일으킨 일에 관해서는 아주 관대하게 처리해주는 것이 사회통념으로 되어 있다. 심지어 법원 판결에서도 형량을 감형해주고 있으니 말이다. 간혹 TV 뉴스에서 취객이 경찰 지구대로 찾아가 행패를 부리고 심지어 경찰에게 폭행까지 하는데도 이를 묵과하는 것을 보여준다. 미국에서는 상상할 수 없는 일이다. 미국에서는 취객이 경찰에 행패를 부리거나 폭행을 하게 되면 형사 범죄로 처벌받게 됨은 물론 까딱하면 총격을 당할 수도 있다.

우리의 이러한 음주 문화에 대해 작년 초 카타르 민영 위성 TV 방송사 알자지라는 한국을 '세계 최악의 음주 문화를 가진 나라'로 소개하기도 했다. 알자지라는 방송에서 한국을 '알콜중독자가 많고 술과 관련한 사회적 비용이 연간 200억 달러(23조 9,500억 원)에 달하는 나라'로 설명했다. 알자리라는 영상에서 술에 취해 커피숍의 변기를 부여잡고 구토하는 20대 여성의 모습, 10여 잔의 폭탄주를 만드는 모습, 술집에서 술병을 들고 노래하는 회식자리 풍경, 술에 취해 차가 오가는 도로에서 위험하게 서성이는 행인들의 모습을 담았다. 국제적으로도 수치스럽다.

술은 세계보건기구에서 규정한 1급 발암물질로, 알코올은 특히 암 발병과 관련이 높다. 술을 하루 한 잔만 마셔도 식도암 발생 위험은 30%, 구강인두암 17%, 간암 8%, 대장암 7%, 유방암은 5% 각각 높아진다는 결과가 있다.

술을 많이 마시든 적게 마시든 안 마시든 그것은 자기 자유다. 다만 술에 취해 꼬장부리거나, 주사를 하거나, 토하거나 하는 것은 남에게 피해를 주는 일이다. 그리고 각종 회식자리에서 남에게 강제로 술을 권할 어떠한 권리도 없다. 주는 술을 마다하지 않고 마셔야만 관계를 인정한다는 것도 잘못된 것이다. 술을 먹지 않고도 얼마든지 친화력을 높일 수 있고 관계를 돈독하게 할 수 있다.

술은 슬프거나 화날 때, 또는 기분이 좋다고 먹는 것이 아니라 음식이다. 과거에는 선비가 술과 풍류를 즐기는 것을 하나의 멋으로 생각했었고, 그 당시만 해도 예의라는 것이 있었다. 하지만 지금은 우리의 술 문화가 변질되면서 예의라는 것은 사라지고, 마치 술을 많이 마시는 것을 자랑이나 남자다움으로 여기게 되었다.

이제 곧 연말이 다가온다. 매년 연말연시가 되면 각종 모임이나 회식 등 술자리가 늘어난다. 함께 모여 한 해를 정리하며 회포를 푼다는 의미는 좋으나 한국의 송년회는 아직도 술로 시작해 술로 끝나는 경우가 많다. 주의할 점은 폭탄주 돌리기, 음주 강요하기, 2~3차 가기 등인데, 이러다 보면 각종 음주 관련 사건사고로 이어질 수도 있다. 이제는 이런 악습을 과감하게 버려야 한다. 적당한 양의 술은 친목 도모에 좋지만, 폭음을 부르는 경우가 다반사라면 연말 모임의 좋은 취지도 무색해진다. 우리 모두 책임 있는 음주 문화를 정착시켜나가자.

『전민일보』 (2017. 12. 1.)

국민 독서량과 책의 미래

책은 지식산업의 기반이다. 잘 만들어진 책은 엄청난 지식을 전달해 준다. 책은 1500년에 활자 기술의 발달로 인해 급격하게 일반 서민들에게 증가되었으며, 단순 노동하던 인간에게 글이 담긴 책은 곧 인생의 성공, 성장, 끝없는 배움을 의미했다. 지금의 나를 벗어날 수 있는 도구, 그것이 바로 책이었다. 그러므로 책은 우리의 훌륭한 스승이자 인생의 멘토라고 할 수 있다.

그러나 해마다 책 읽는 독자들은 줄어들고, 문 닫는 서점과 출판사들이 늘어나고 있다. 독자가 줄고 서점이 없어지면 당연히 출판사도 없어진다. 따라서 저자, 출판사, 서점, 독자는 떼려야 뗄 수 없는 공생관계이다. 이 네 곳은 상호 협력관계이며 보완 관계이다. 작가가 쓴 글을 책으로 엮어 서점에 내놓지 않으면 무용지물이 된다. 출판사 또한 아무리 책을 잘 만들어도 읽어줄 독자가 없으면 의미가 없다.

문제는 국민 독서량이다. '먹고 살기도 힘든데 책 읽을 여유가 어디 있느냐.'는 이유를 댈 수도 있다. 책을 읽지 않아도 먹고 사는 데는 전혀 지장이 없을 것이다. 생활이 곤궁하면 문화적 소비도 줄어드는 게 당연하기 때문이다.

한국인은 1년에 책 한 권도 읽지 않는 사람이 많다. 통계청이 발표한 2015년 '한국인의 생활시간 변화상' 보고서에 따르면 우리나라 국민의 하루 평균 독서 시간은 6분(평일 기준)에 불과하다. OECD 국가 중에서도 최저다. 이 정도면 거의 책을 읽지 않는다고 봐야 한다. 지자체마다 독서 환경 조성을 위해 공공도서관을 확충하고 있지만 독서량은 늘지 않고 있다.

서울에서 지하철을 타면 전철 안에서 종이책을 보는 사람은 거의 없다. 대부분 스마트폰이나 태블릿PC를 들여다보고 있다. 휴대폰으로 글을 읽고 게임을 하는 것이다. 이러다 종이책은 사라질지 모른다. 종이책은 읽으면서 필요한 부분은 밑줄도 치고 저자와 하나가 되는 느낌을 갖는다. 그리고 나중 서고에 꽂아두고 이따금씩 펼쳐볼 때는 오래전 추억을 떠올리게 하는 묘미가 있다.

하긴 많은 사람들이 종이책의 미래를 어둡게 보고 있다. 우선 전자책의 확산이 만만치 않다. 통계에 의하면 2016년까지 종이책 시장은 매년 2.3%씩 감소하지만 전자책 시장은 매년 30.3% 증가하는 것으로 예측됐다. 따라서 출판업계 종사자들은 "이제 출판은 사양산업"이라며 미래가 어둡다고 말한다. 책의 유통 구조뿐 아니라 출판 기술이 발전하면서 '1인 출판'이 늘어나는 등 출판 환경 또한 급변하고 있다. 너도나도 종이책을 수집하듯 사던 시대를 이제 더 이상 떠올리지 않기에 대량 출판 욕심을 접은 지 오래다. 다만 좋은 책은 여전히 종이책으로 살아남을 것이고, 디지털 시대라 해도 종이책을 선호하는 사람은 서점을 찾아 구입할 것이다.

출판시장과 독서 문화는 그 사회의 지적 인프라다. 출판 산업이 무너지고 '책 읽는 문화'가 사라지는 것은 그 사회의 정신적 황폐화를 의미한다. 그것이 전자책이든 종이책이든 출판사, 서점, 저자를 살리는 길은 오직 독서밖에 없다. 독서는 개인의 성취를 뛰어넘어 소득 양극화 시대에 사회적 칸막이를 뛰어넘는 '사다리 역할'을 한다. 문화가 힘, 문화가 경쟁력이라고 떠들지만 정작 그 근간인 출판 · 독서 문화, 인문학 등은 위기에 처해 있다. 이런 상태로는 우리의 미래는 '지식경제' 사회로 나아갈 수 없다. 어려울 때일수록 독서만 한 투자가 없다. 책 읽기를 권장하는 기업은 희망이 있다. 성공한 리더들은 한결같이 부단한 독서 습관에서 동기를 얻었다고 말하지 않는가.

독서는 아무리 강조해도 지나침이 없다. 독서 없이는 훌륭한 아이템을 개발할 수가 없다. 책을 읽으면 마음이 평화롭고 감정이 풍부해지며 겸손한 사람이 된다. 지식이 축적되고 상상력이 풍부해진다. 결국 논리적이고 똑똑한 사람이 된다.

정부는 구호로만 문화입국을 외칠 게 아니라 출판계에 대한 지원은 물론 도서관 활성화 등 국민독서문화증진에 노력해야 한다. 출판인들도 절체절명의 사명감을 갖고 분발해야 한다. '책 읽는 사회'에 우리의 미래가 걸려 있음을 모두가 직시해야 할 것이다. 『전민일보』(2017. 10. 27.)

딜레마에 빠진 전술핵 재배치

북한의 연이은 미사일 도발과 6차 핵실험으로 한반도 전술핵 재배치론이 거론되고 있다. 미 NBC방송은 "도널드 트럼프 행정부가 한국내 전술핵 재배치와 한-일 독자 핵무장 허용을 검토하고 있다."고 보도했다. 방송은 "많은 사람이 한반도 전술핵 재배치를 '가망 없는 일'로 보고 있지만 한국이 요구한다면 배제하지 않는다는 분위기"라고 전했다. 존 매케인 미국 상원 군사위원장도 최근 "한반도 전술핵 재배치를 심각하게 검토해야 한다."고 말했다. 미 행정부에 이어 의회에서도 한반도 전술핵 재배치를 공론화하고 있다. 미국의 이런 움직임을 두고 일부에선 북한과 중국을 압박할 비장의 카드라고 주장한다.

정치권과 국민 여론도 급속히 변하고 있다. 송영무 국방장관은 한 · 미 국방장관회담에서 전술핵 재배치를 거론했고, 국회에서 또다시 재배치가 소신이라고 주장했다. 자유한국당은 전술핵 재배치를 당론으로 정하고 1,000만 명 서명운동에 돌입했다. 바른정당과 국민의당 일부도 공감 목소리가 커지고 있다. 각종 여론조사 결과도 찬성 여론이 60%를 훌쩍 넘었다. 북한이 비핵화 의지를 보이지 않는 만큼 핵에는 핵으로 맞서야 한다는 논리다.

전술핵 재배치 근거는 남한 핵무장을 통해 북한의 핵 억지를 끌어낼 수 있을 것이다. 북한의 핵 공격 능력이 현실화한 상황에서 더 이상 재래식 무기에만 의존하는 방식으로는 우리 안보를 지킬 수 없다. 북한이 핵을 사용하면 우리도 핵을 쓸 수 있는 '공포의 균형'이 이뤄지지 않는다면 우리는 가만히 앉아서 당할 수밖에 없다. 이런 면에서 자위권 차원에서 우리도 핵무장을 해야 한다는 데에는 공감이 간다.

하지만 예상되는 엄청난 부작용도 간과해선 안 된다. 전술핵을 들여오면 우리가 그토록 열망해 온 한반도 비핵화의 명분이 사라지게 된다. 북한이 핵보유국임을 인정하는 꼴이 됨은 물론 북한에 핵을 포기하라고 압박하기도 어렵게 된다. 무엇보다 한반도 비핵화 원칙을 깨뜨리고 동북아 핵경쟁을 촉발할 수도 있다. 잘못하면 한반도는 핵전쟁의 공포에서 벗어날 길 없는 핵지대로 굳어지게 된다. 사드 배치조차 현지 주민들의 반발로 진통을 겪고 있는데 전술핵을 어디에 재배치할지 가늠하기조차 어렵다.

북한의 핵과 미사일 능력을 생각하면 전술핵 재배치는 당연한 조치다. 그렇다고 전술핵을 배치하면 비핵화 원칙에 어긋나는 데다 미국에 제공해야 할 반대급부와 동북아시아 군비 경쟁이라는 부작용을 낳을 수 있다. 놓자니 깨지고 들자니 무겁다. 이래저래 딜레마에 빠진다.

물론 청와대는 전술핵 재배치 반대 입장을 밝히고 있다. 이런 상황에서 우리가 취할 수 있는 방법은 무엇인가. 필자 생각인데, 북한은 하늘이 두 쪽 나도 절대 핵을 포기하지 않을 것이다. 한반도 비핵화가 원칙이라고 하지만 북이 핵을 가진 이상 한반도는 이미 비핵지대가 아니다. 지난 몇 년간 6자회담을 통해 북핵문제를 풀려고 했지만 해결된 것은 아무것도 없다. 북한은 그간 미국이, 또는 국제사회가 뭐라고 하든 말든 김일성, 김정일, 김정은 등 3대에 걸쳐 핵무기를 꾸준히 개발해왔다. 자기 나라 백성 밥도 못 먹이고 굶겨 죽이는 북한이 어떻게 핵무기와 대륙간탄도미사일을 개발해 왔을까? 그 비결은 실패의 축적이다. 다시 말해 북한은 핵미사일 개발을 국가의 제1의 목표로 삼고 내부 역량을 총동원해 수많은 시행착오를 거치며 개발을 이어왔다. 우리는 이런 사실을 까맣게 잊고 별 문제 아닌 듯 과소평가해 왔다.

그렇다면 북한이 자기 기술로 개발했다고 큰소리치는 수소탄과 대륙간탄도미사일 수준은 어느 정도일까? 아직까지 북한의 핵능력, 즉 무기화 성공 여부에 대해 의심하는 사람들이 많다. 탄두의 소형화가 어느 정도고, 미사일의 대기권 재진입 장치가 만들어져야 대륙간탄도미사일(ICBM) 체제가 완성이 되는데, 추측만 무성할 뿐 정확한 건 아무도 모른다. 그러나 대부분 전문가들이 상당한 수준으로 발전했다고 보고 있다.

문제는 북한이 핵무기를 미사일에 실어 누구에게 쏘느냐이다. 일부에서는 북한의 핵은 미국에 맞서기 위한 것일 뿐이라고 하지만 일단 유사시엔 우리에게 핵을 쏠 수도 있다는 것이다. 자기 국민도 수백만을 참혹하게 굶겨 죽인 사람들이 새삼스럽게 같은 동족을 생각이나 하겠는가?

북한이 핵 · 미사일 위협을 멈추지 않는 상황에서 우리만 대화를 구걸한다고 문제가 해결되지 않는다. 방법은 어떤 식으로든 핵 균형을 이루는 것이지만 그것도 쉽지만은 않다. 정부는 무엇이 현명한 선택인지 미국 · 중국 · 일본과 진지하게 협의하고, 또 국민에게 물어서 그 해답을 속히 내놔야 한다.

『전민일보』 (2017. 9. 15.)

---

* 북한의 연이은 미사일 도발과 핵실험으로 인해 보수 진영을 중심으로 '핵 균형론'이 고조된 가운데 전술핵무기 재배치, 핵잠수함 도입, 한 · 미 · 일 핵무기 공동관리 등 다양한 방안이 거론됐었다.

죽음의 백조

백조는 우아하다. 사람으로 치면 최고의 품격을 갖췄다. 눈부신 하얀 깃털과 긴 목을 흔들며 호수에 유영하는 모습은 사뭇 낭만적이다. 백조의 모습은 또 평화롭고 여유롭다. 잔잔한 호수 한가운데 백조 한 쌍이 한가롭게 노니는 모습은 평화 그 자체다.

하지만 백조는 아름다운 자태로 물 위에 떠 있지만 수면 아래서는 발놀림이 분주하다. 멀리서는 한가하고 우아하게 보이지만 실제로는 생존을 위한 처절한 몸부림을 하고 있는 셈이다.

엄밀히 말하면 사실 '백조白鳥'라는 새는 존재치 않는다. 한자로만 보면 거위든 오리든 비둘기든 하얗기만 하면 모두 백조인데, 백조의 순우리말은 고니다. 이 중 우리나라에서는 큰고니, 고니, 혹고니 등 3

종이 있다. 고니는 목이 길고, 하얀 깃털을 가지고 있어 흰 새라는 의미로 알려져 있다. 물 위에 떠다니는 자태가 우아하고, 슬프고 외로운 모습이 있어 일찍부터 우아함을 상징하는 소재로 예술가들이 활용하기도 했다.

그런데 일반적으로 '백조'라고 하면 우아한 이미지가 떠오르지만, 사실 백조는 굉장히 공격적인 새 중 하나이다. 특히 뽀송하고 귀여운 회색 새끼를 지키기 위한 백조의 공격성은 매우 날카롭다. 위협을 느낀 백조는 무시무시한 경계음을 내며 상대를 날개로 후려치거나 부리로 물어 공격하는 습성이 있다. 과연 누가 백조를 온순한 새라고 할 것인가. 독버섯이 화려하듯 아름다움엔 치명적인 독이 숨어 있다. 미국의 장거리 전략폭격기 B-1B 랜서가 '죽음의 백조'로 불리는 것도 같은 맥락에서 이해된다. 모양이 우아한 백조를 닮았으나 그런 모습과는 전혀 어울리지 않게 가공할 파괴력을 지니고 있다.

B-1B 랜서는 B-52, B-2 '스피릿'과 함께 미국의 3대 전략폭격기로 꼽힌다. 한 번의 출격으로 대량의 재래식 폭탄을 융단폭격할 수 있다. 스텔스 성능까지 갖추고 있고 최대속도인 마하 1.25로 비행하면 괌 기지에서 출격한 지 2시간 만에 평양을 폭격할 수 있다. 이른바 '참수작전'을 펼칠 수 있어 북한에는 공포의 대상이다. 실제 이 폭격기가 한반도에 출격하면 북한은 민감하게 반응하고 있다.

미국의 전략자산인 B-1B '랜서' 2대가 지난 8일 한반도 상공에서 실탄 폭격 훈련을 실시했다. 북한의 '화성-14형' ICBM (대륙간탄도미사일) 발사에 대응해 이뤄진 조치다. 이에 맞서 북한군 전략군은 자신들이 개발 중인 대륙간탄도미사일(ICBM)인 화성-12호로 미국의 태평양 군사기지가 있는 괌을 향해 포격할 수 있다고 위협했다. 트럼프 대통령은 북한이 '화염과 분노'에 직면할 것이라고 강력히 경고했다. 그러자 김정은은 "당분간 미국의 행태를 지켜보겠다."며 한발 물러섰다. 그렇다고 한반도 위기설이 완전 끝난 건 아니다. 한 · 미 연합 을지프리덤가디언(UFG) 훈련이 21일부터 시작돼 긴장은 여전하다. 북한은 이번 합동 훈련이 "불에 기름을 끼얹는 격"이라며 보복을 면치 못할 것이라고 위협했다.

특히 한반도 유사시 미국의 핵전력, 미사일 방어 전력의 작전을 각각 지휘할 해리 해리스 미 태평양사령관, 존 하이튼 미 전략사령관, 새뮤얼 그리브스 미 국방부 미사일방어국(MDA) 국장 등 3대 핵심 지휘관이 방한해 UFG를 직접 참관하고 있다. 이 자리에서 해리스 사령관은 "북한의 도발을 억제할 수 있다면 전략사령부가 갖고 있는 모든 자산을 한반도에 제공할 것"이라고 말했다. 그는 "미국의 동맹국 보호는 계속될 것."이라면서 "미국은 동맹국들을 방어할 수 있는 충분한 준비태세가 돼 있다."고 강조하기도 했다. 북한에 보내는 강력한 경고의 메시지가 아닐 수 없다.

그러나 가공할 파괴력을 지닌 미국의 전략자산인, 이른바 B-1B 랜서, B-2 스텔스폭격기, 스텔스전투기 F-22(랩터), 핵추진 항공모함과 오하이오급 핵 잠수함 등이 총 출동한다 해도 촘촘한 북한의 지하방공망을 파괴할지는 미지수다.

북한군의 무기 중 가장 위협적인 것은 전방에 배치된 1만 3,000문 정도의 장사정포다. 이 장사정포는 모두 38선 북측 지하 갱도에 숨어 있다. 북한의 장거리 탄도미사일 또한 지하에 들어가 있고, 이동할 때도 지하통로로 움직인다. 말하자면 북의 핵심 군사 시설은 전부 지하에 있다. 갱도의 길이는 무려 500km가 넘고 그 깊이는 200미터 이상이다. 유사시 전 인민군과 북 주민 전체가 들어갈 정도의 넓이라고 한다. 이렇게 되면 미국의 최신예 지하시설물 파괴용 벙커버스터도 파괴할 수 없을 것이다.

지금 한반도는 북한의 핵탄도미사일 발사와 함께 북한과 미국의 '말폭탄'전쟁으로 연일 긴장이 고조되고 있다. 이러다 정말 전쟁이 터지는 건 아닌지 심히 우려된다. 그러나 어떠한 일이 있어도 전쟁만은 막아야 한다. 문재인 대통령도 한반도에서의 무력충돌을 불허하겠다는 원칙을 재천명했다. 전쟁은 승패를 떠나 서로에게 비극이자 상처만 안겨준다.

『전민일보』(2017. 8. 25.)

---

* 죽음의 백조로 불리는 B-1B 랜서는 기체 내부에 34톤, 외부에 27톤, 최대 61톤의 폭탄을 적재하고 투하할 수 있는 미국의 전략폭격기이다. 그 위력도 위력이지만, 비상시 괌에서 가장 빨리 한반도에 도착할 수 있는 전략 자산이기도 하다.

시간 함부로 쓰는 건 재산 탕진과 같다

꿈과 희망이 부풀어오르는 젊음의 달 7월, 시원한 바람이 그리운 달 7월, 7월도 어느덧 중순을 넘어 하순으로 향하고 있다. 한 해의 반환점을 돌아 결승점으로 향하고 있다.

7월은 지루한 장마와 함께 본격적인 여름을 알리는 달이지만 비다운 비가 내리지 않는 지역도 많다. 극심한 가뭄에 장맛비가 골고루 내려줬으면 좋았을 텐데, 특정 지역에만 비가 집중되고 있다. 같은 충청권에서도 물폭탄이 떨어진 지역이 있는가 하면, 되레 폭염이 기승을 부리는 곳도 있다.

요즘 연일 푹푹 찌는 가마솥더위가 이어지고 있다. 태양에 달궈진 도로를 걸을 때면 숨이 턱턱 막힌다. 땡볕에 녹아내린 아스팔트는 더운 김을 모락모락 피워 올리고 있다. 그 위를 각종 차량들이 엔진 열기를 내뿜으며 쏜살같이 질주하고 있다.

정말 가만있어도 몸에서 땀이 줄줄 샌다. 습도는 높고 몸은 끈적거리고 후텁지근하다. 여름이라 무더운 것은 당연한 이치이다. 그런데도 사람들은 더워서 못 살겠다며 무더위를 지긋지긋하게 생각한다. 하지만 이 위대한 여름이 있기에 오곡백과가 순조롭게 익어간다. 새싹이 꽃을 피우고 열매를 맺는 단계까지 가려면 햇빛과 양분과 물이 필요하다.

삶은 죽음이 있어 소중하고 사랑은 이별이 있어 아름답다. 만약 삶에 죽음이 없다면 삶은 그 의미를 잃게 될 것이다. 죽음이 삶을 받쳐주기 때문이다.

인생에는 왕복 차표가 발행되지 않는다. 일단 한 번 떠나면 다시 돌아오지 못한다. 살아 있는 모든 것은 때가 되면 반드시 소멸하는 게 철칙이다. 그런데도 시간을 놓쳐버리고 후회하는 사람들이 많다. 시간을 현명하게 사용할 줄 아는 것이 부富나 재산을 슬기롭게 사용하는 것보다 더욱 중요하다.

시계를 본다. 밤 10시 2분. 잠시 후 10시 3분이 되었다. 다시 3분을 지나 10시 4분, 5분이 되었다. 한순간도 멈추지 않는 시간. 시간이 흐를 때마다 나도 어디론가 떠나가고 있다. 따라서 10분쯤이야, 또는 20분 정도는 대충 보내도 괜찮다고 가볍게 여기면 엄청난 손실이 된다.

시간은 아무리 사용해도 없어지지 않을 것이라고 착각하기 쉽다. 그러나 시간을 함부로 써 버리면 그것은 많은 재산을 탕진해 버리는 것과 마찬가지고, 그것을 깨달았을 때는 이미 되돌릴 수가 없다. 시간을 귀히 여기고 값지게 사용해야 하는데 우선 나부터 그러지 못했다. 후회막심해도 이미 흘러간 물이다. 정말 시간이란 황금 같은 것이다. 그러므로 아무리 짧은 자투리 시간이라도 소중히 써야 한다. 그러한 시간들을 평생 모아 둔다면 헤아릴 수 없을 만큼의 엄청난 양이 되기 때문이다.

그렇다면 사람이 평생 쓸 수 있는 시간은 얼마인가? 우선 한국인의 평균 수명을 기준으로 계산해보자. 2015년 기준 통계청이 발표한 한국인 기대수명은 남자 78.98세 여자 86.17세다. 남녀 평균 82.06세이다. 하지만 기대수명을 2~3년 더 늘려 85세로 잡아보자. 하루 24시간을 30일 동안 쓴다고 했을 때 한 달 사용시간은 7백20시간이다. 1년 365일을 사용하면 8천7백6십 시간이다. 이것을 85년간 사용했을 때, 인간이 평생 쓸 수 있는 시간은 74만 4천6백 시간이다. 그러나 우리가 이러한 시간을 노동이나 기타 여가에 다 사용할 리가 없다. 잠자는 시간은 죽은 시간이기에 빼야 한다. 하루 평균 수면시간이 7시간이라고 할 때 85년간 잠자는 시간은 21만 7천1백75시간이다. 이렇게 되면 우리 인간이 생존 시 사용할 수 있는 시간은 수면 시간 빼고 총 52만 7천4백25시간이란 계산이 나온다.

시간은 인간의 운명은 물론 삼라만상의 생사까지 지배한다. 사람은 태어나 죽을 때까지 시간이라는 족쇄를 찬 죄수다. 그 고달픈 세상살이의 수갑을 풀고 탈출하는 것은 죽는 것이다.

그래서 '물샐틈없이 조여오는/ 시간의 포위망을 뚫고/ 이웃집 아저씨가 달아났다/ 그는 지금 용인 공원묘지 산1번지/ 양지바른 곳에 반듯이 누워/ 안도의 숨을 쉬고 있다'(이상호 ·「이웃집 아저씨의 탈출」).
시간과 운명에 대한 무시무시한 비유다.

『전북일보』(2017. 7. 25.)

거짓말, 거짓말에 속은 국민들

조선 후기 정수동鄭壽銅이라는 시인이 있었다. 그는 성격이 자유분방하여 여러 사람들과 어울리길 좋아했다. 특히 당대의 명사였던 추사 김정희, 영의정을 지낸 김홍근 등과 친분이 두터웠다.

그는 분방한 성격 탓에 집안 살림에는 소홀하였는데, 출산하는 아내를 뒤로하고 금강산 유람을 떠났다는 이야기는 유명하다. 반면에 그런 자유스런 성격 탓에 당시 사회의 보순에 대해 거리낌없이 독설을 퍼부을 수 있었다.

그의 어릴 적 이야기다. 어느 무더운 여름날, 정수동은 서당에서 더위로 인해 졸고 있었다. 이 모습을 본 훈장이 불호령을 내리며 매를 들었다.

며칠 후, 정수동은 훈장님이 졸고 있는 모습을 보게 되었다. 정수동은 훈장님을 조용히 깨우며 물었다.

"훈장님! 훈장님은 왜 주무십니까?" 그러자 멋쩍은 훈장이 둘러댔다.

"나는 잠을 자는 것이 아니라 나이가 먹어 자꾸만 잊어버려서 잊어버린 것을 물으러 잠시 공자님께 다녀왔다. 그것이 너에겐 자는 것으로 보였느냐?"

정수동은 순간 훈장님이 거짓말을 하고 있다는 것을 느꼈다. 다음 날 정수동은 훈장님이 보는 앞에서 자는 척했다. 또다시 잠자는 모습을 본 훈장은 큰소리로 말했다.

"수동이 이놈! 또 잠을 자는구나!"

훈장의 큰소리에 정수동은 깨는 척하며 말했다.

"훈장님! 저는 잠을 자는 것이 아닙니다. 저도 공자님을 뵈러 갔을 따름입니다."

훈장은 내심 뜨끔해 하며 다시 물었다.

"그래? 공자님이 네게 무슨 말씀을 하시더냐?"

"네. 공자님께 며칠 전 훈장님이 다녀가셨느냐고 물었더니 오신 적이 없다고 하시더군요."

거짓말은 순간적인 위기에서 잠시 벗어나기 위해서나, 혹은 자신의 목적을 이루기 위해 하게 된다. 하지만 거짓말은 또 다른 거짓말을 낳게 되어 눈덩이처럼 커진다.

단군 이래 최대 규모의 사기행각을 벌인 조희팔을 모르는 사람이 없을 것이다. 조 씨는 2004~2008년까지 다단계 사기로 4조 원, 신고

되지 않거나 소송을 포기한 것들까지 포함하면 10조 원으로 추정되는 금액을 사기친 것으로 알려졌다. 실로 천문학적인 금액이다. 이 사건의 피해자만 3만 명으로 추산될 정도이며, 그의 거짓말로 인해 자살이라는 극단적인 선택을 한 피해자도 2016년 기준 10명이나 된다고 한다.

조희팔은 희대의 사기꾼이자 지능적인 범죄자다. 그는 사람들이 가지고 있는 욕구를 예리하게 파고들 줄 알았다. 사람은 누구나 미래에 대한 불안감을 가지고 있다. 아무리 돈이 많은 사람이라도 언제 자신의 재산이 바닥날 지 예측할 수 없다. 이러한 미래에 대한 불투명한 상황에서 사람들은 안정된 생활을 꾸리고자 전전긍긍한다. 조희팔은 사람들의 이러한 불안감을 자극했고, 동시에 자신이 신뢰할 수 있는 사람이라는 것을 오랜 시간에 걸쳐 보여줬다. 바로 여기에 한국인들이 잘 속는 이유가 숨어 있다.

사기꾼들은 이런 한국인의 심리를 똑똑하게 알고 있다. 그들은 5억 원을 투자하면 몇 달 이내로 20억을 벌 수 있다고 부추긴다. 그리고 지금 아니면 기회는 두 번 다시 오지 않는다고 협박한다. 또 어떤 사기꾼은 극소수만 알고 있는 정보인데 지금 이 장외주식이 몇 달 내로 코스닥에 상장된다고 호언장담하면서 사람들의 한탕 욕구를 자극한다. 한국인들에게는 자신만 모르는 거대한 거짓말이 한국을 움직이고 있다는 어떤 공포와 의심이 있다.

어느 나라, 어느 시대를 막론하고 권력자들이나 있는 자들은 거짓말을 잘한다. 한국의 현실이 그렇다. 박근혜 전 대통령이 거짓말로 탄핵당해 구속됐고, 권력을 옹위하기 위해 황당한 궤변으로 국민을 속여 왔던 실세 참모들도 줄줄이 구속돼 재판을 받고 있다. 그들은 법정에서도 거짓말을 하고 있다.

국회인사청문회 과정에서 도덕성과 자질, 거짓말 등 중대 흠결이 드러난 일부 장관 후보자가 있다. 음주운전, 위장전입, 논문표절이 명백한데도 그럴듯하게 둘러대며 거짓말을 하고 있다. 거짓말은 '모든 사기의 최초이자 최악'이다. 아주 몹쓸 짓이다.

그런데 문제는 이런 거짓말을 잘하는 사람들이 아무 문제없이 잘 살고 있다는 것이다. 이들의 거짓말을 용인하는 권력 집단과 이들을 다시 국민들이 지지하면서 생긴 악순환이다. 거짓말과 도덕 불감증이 그만큼 심하다는 얘기다.

"새는 궁하면 아무거나 쪼아 먹게 되며, 짐승은 궁하면 사람을 해치게 되며, 사람은 궁하면 거짓말을 하게 된다."공자의 말이다.

『전민일보』(2017. 7. 7.)

웜비어의 죽음

북한에 17개월간 억류됐다가 식물인간 상태로 송환된 미국 대학생 오토 웜비어가 끝내 숨졌다. 멀쩡한 20대 청년이 북한에 들어갔다가 느닷없이 혼수상태로 돌아와 죽음에까지 이르게 된 것이다.

미국인은 물론 전 세계인이 웜비어의 죽음을 애도하고 북한의 반인권적 행태에 분노하고 있다. 무고한 관광객을 억류하다 숨지게 만든 북한의 야만적 행태는 어떤 이유로든 합리화될 수 없다.

오토 웜비어는 지난해 1월 평양 여행 중 호텔에서 정치 선전물(포스터)을 훔치려다 체포돼 억울하게 체제전복 혐의로 누명을 쓰고 15년의 노동교화형을 선고받았다. 북의 주장대로 웜비어가 실제 정치선전물을 훔치려 했는지는 알 수 없다. 설사 그렇다 해도 15년의 노동교화형에 처할 수 있다는 건 아무리 북한의 관점에서 범죄에 해당한다 해도 턱없이 과중한 혐의를 뒤집어씌운 것으로 의심하지 않을 수 없다. 포스터 한 장 훔치려 했다고 15년의 교화형에 처해진다는 건 민주국가에선 상상할 수 없는 일이다. 한국에서는 고의로 사람을 죽였어도 15년까지의 징역형에 처하지 않는 경우도 있다.

북한은 웜비어가 식중독에 걸린 뒤 수면제를 복용했다가 혼수상태에서 빠졌다고 했다. 하지만 웜비어를 진단한 미국 의사들은 식중독의 증거를 찾지 못했다고 반박하고 있다. 가족들은 웜비어가 혹독한 고문과 학대를 받았을 것이라고 확신하고 있다. 그렇지 않다면 그토록 건강하던 그가 갑자기 혼수상태에 빠질 리 없다고 주장한다. 누구라도 웜비어 가족의 주장에 공감할 것이다.

북한에는 현재 우리 국민 6명과 미국인 3명이 체제전복 혐의로 억류돼 있다. 이들이 어떤 상황에 놓여 있는지 도무지 알 길이 없다. 우리 정부도 이들의 송환을 위해 어떤 조치를 하고 있는지도 궁금하다.

북한은 참 이해할 수 없는 나라다. 순수한 관광객에게 사소한 행위를 트집잡아 '체제전복 혐의'를 덮어씌워 15년을 선고하다니, 도대체 이런 나라가 지구상에 존재한다는 그 자체가 부끄러운 일이다. 익히 알려진 일이지만 북한으로 여행을 갈 때는 주의할 점이 한두 가지가 아니다. 일단 평양에 도착하면 공항 직원들은 관광객의 노트북을 열어 전면적인 검사를 한다. 인터넷 브라우저 검색기록 및 쿠키파일도 수색 대상이다. 외장하드, CD, DVD, 핸드폰, 태블릿 PC도 검사 대상이다. 북한에 대한 비판적인 자료, 한국의 물건, 성경 등은 압수된다.

입국심사까지 마친 후 관광객은 현지 가이드의 안내 없이는 마음대로 여행할 수 없다. 가이드 없는 상황에서 여행하면 자칫 간첩으로 의심을 받을 수 있다. 가이드와 함께 있는 동안에는 사진을 자유롭게 찍을 수 있다. 다만 거리의 쓰레기나 행색이 남루한 모습을 찍는 것은 안 된다. 출국 시 세관원이 디지털 카메라에 찍힌 사진을 보겠다고 할 수도 있다. 적발 시 처벌 대상이다.

또 관광 중에 북한 사람과 함부로 얘기를 해서는 안 된다. 정치, 혹은 종교 색채를 띤 발언이나 행동을 해서도 안 되고, 이 같은 메시지가 담겨 있는 옷을 입어서도 안 된다. 특히 '백두혈통'에 대한 실례나 험담은 절대 금지된다. 백두혈통은 김일성, 김정일과 김정은을 칭한다. 만약 이를 어길 시는 엄중한 처벌을 받는다.

물론 북한에 가서 '한국'이라는 두 글자를 말해도 안 된다. '남조선'이라고만 해야 된다. 한국산 물건은 소지해선 안 된다. 정작 북한이 살기 좋은 나라이고, 국제사회에 떳떳하다면 왜 이런 제재를 가하겠는가. 그럼에도 북한은 자유와 인권이 보장된 나라이며, 우리식 '사회주의'가 자본주의보다 우월하다고 선전하고 있다.

웜비어 사망사건으로 미국 국민들의 북한에 대한 여론이 거세질 것으로 보인다. 렉스 틸러슨 국무장관은 북한에 책임을 물을 것이라고 했다. 그렇지 않아도 이미 긴장상태인 북 · 미 관계를 더욱 악화시킬 가능성이 크다. 다음 주 열릴 문재인 대통령과 도널드 트럼프 미국 대통령 간 첫 한 · 미 정상회담에도 부정적인 영향을 미치지 않을까 우려된다.

북한은 미국 대학생 오토 웜비어의 억울한 죽음에 대해 그 진상을 낱낱이 밝히고 유가족에 사죄해야 한다. 아울러 북한은 한국인 6명과 미국인 3명 등 현재 억류 중인 모든 인사를 즉시 풀어줘야 한다. 그래야 국제사회에서 최악의 인권 유린국이라는 비판에서 다소나마 벗어날 수 있을 것이다.

『전민일보』 (2017. 6. 23.)

* 미국 대학생 웜비어는 2016년 1월 관광차 평양을 방문했다가 호텔 벽에 붙어 있는 김정일 국방위원장 이름이 들어간 정치 선전물을 가져가려다 붙잡혀 체제전복 혐의로 15년 노동교화형을 선고받았다. 그렇게 1년5개월간 복역하다 13일 풀려났지만 이미 혼수상태였고, 고향에 돌아온 지 엿새 만에 사망했다.

논란이 된 김무성 캐리어

우리는 사람을 처음 만났을 때, 어떤 기준을 가지고 그 사람이 좋다, 싫다를 결정하게 될까? 그건 상대의 인상을 본 느낌, 즉 호감인가 비호감인가, 또는 말하는 태도, 매너 등을 보고 앞으로 계속 만날 건지 아닌지의 여부를 결정하게 된다. 다시 말하면 그 사람이 싸가지가 있냐, 없냐를 가지고 사람을 판단한다.

흔히들 싸가지가 없다고 하면 버릇이 없거나 예의 없는 사람을 말한다. 그러면 싸가지의 정확한 뜻은 뭘까? 싸가지는 움터 나오는 새싹의 여린 모가지가 싹아지, 즉 싸가지다.

사실 싸가지는 전라도 방언이고 '싹수'가 맞다. 싸가지가 없으면 기르나 마나다. 곡식도 싸가지가 있어야 하지만 사람도 싸가지가 있어야 한다. 어려서부터 싸가지가 있어야 잘 자라서 크게 성공한다. 그래서 될성부른 나무는 떡잎부터 알아본다고 하지 않던가.

정치인의 본심을 알려면 말과 행동을 봐야 한다. 정치인의 말과 행동은 매우 중요하다. 정치라는 것이 인류의 존재와 함께하는 것이니 그럴 수밖에….

공자는 제자 자장子張이 벼슬을 구하는 방법을 물었을 때 "많이 듣고 조금이라도 의심이 나거든 뱉지 말고, 나머지도 조심조심 살펴 말해야 한다."고 가르쳤다. 특히 공자는 교묘하게 말하고 얼굴을 아름답게 꾸미는 사람을 싫어했다. "교언영색하는 사람은 어진 사람이 드물다."고 할 정도로 말 잘하는 사람을 경계했다.

사실 말재주가 뛰어난 사람은 말로 감동을 주지만 행동이 미치지 못할 때가 많다. 그럴싸한 말을 모두 행동으로 옮기려면 시간이 모라란다. 공자는 달변보다 눌변을 칭찬했다.

그런데 요즘 사회는 말이 어눌하거나 더디거나 하면 답답해한다. TV에 나오는 수많은 명강사들을 보면 하나같이 달변이다. 푹 빠져들게 말을 잘하고 그것을 리더의 덕목으로 여긴다. 그러다 보니 정치가나 리더 등, 일이 많은 사람들은 화려한 수사를 동반한 화술을 사용해 사람들의 마음을 얻고 인기몰이를 한다. 하지만 오랜 세월 현자들이 강조하는 것은 말을 조심하고 삼가는 것이었다.

중국 전국 초기의 사상가인 묵자는 말에는 세 가지 법도가 있다는 '언유삼법言有三法'을 말했다. "말에 세 법도가 있으니 성인의 말과 행동에 어긋남이 없는지 생각한 후 말하고, 듣는 사람이 어떻게 받아들일지 헤아린 후 말하며, 정치와 백성의 실상에 비추어 실천 전망을 세운 후 말하라."는 것이다.

『성경』 잠언에는 말에 대한 격언이 많다. 그중 "입과 혀를 지키는 자는 그 영혼을 환란에서 보전한다."는 문장이 있다. 입과 혀를 지킨다는 것은 언제 어디서나 신중하게 말하는 것을 의미한다.

최근 김무성 바른정당 의원의 이른바 '김무성 공항 캐리어 영상'이 회자되며 웃음과 함께 논란이 되고 있다. 김 의원은 5월 17일 일본으로 여행을 떠났다가 23일 입국했다. 하지만 그가 김포공항에 도착해 입국장을 빠져나오면서 쳐다보지도 않고 여행용 연두색 가방을 수행원에게 쑥 밀어서 건네는 장면이 포착돼 '역시 킹무성'이란 찬사가 나왔다.

해당 장면은 짤방으로 제작돼 '김무성 노룩패스'란 제목으로 인터넷 커뮤니티에서 화제가 됐다. '노룩패스(No Look Pass)란 축구나 농구 등 구기 종목에서 상대방을 쳐다보지 않고 패스하는 것을 말한다.

김무성 캐리어 영상을 본 미국의 소셜 뉴스 웹사이트 레딧(Reddit)에는 「한국 정치인의 허세」라는 제목의 글이 게시됐다. 허리를 숙이고 달려오는 수행인의 얼굴도 쳐다보지 않은 채 당연한 듯 자신의 가방을 밀어 보내는 장면이 미국인들에게도 꽤 충격이었나 보다. 1,500개 이상의 댓글이 순식간에 달렸다. "가방 받아라 머슴아." "걸음도 안 멈췄다." "눈도 안 마주쳤다."라는 댓글이 베스트 댓글이다. 일부 네티즌은 영화 포스터 형태나 동영상으로 패러디물을 만들어 비판하기도 했다.

사실 김무성 캐리어 영상은 책잡힐 일은 아니다. 바퀴달린 가방을 쓱 밀어 상대에게 건네주는 게 크게 문제될 리 없다. 가방의 바퀴를 이용해 보다 신속하고 편리하게 전달하는 장면이다. 그런데 왜 논란이 됐을까. 그건 상대를 보지 않고 노룩패스한 탓이다. 물론 김 의원은 먼발치에서 보좌관을 보고 가방을 굴렸을 것이다. 그럼에도 김무성 캐리어가 회자되고 논란의 소재가 된 이유는 정치인의 말과 사소한 행동거지가 그 사람의 인격과 성품과 자질을 보는 데 중요한 키워드가 되고 있기 때문이다. 따라서 정치인들의 말과 행동은 그 자체로 지탄의 대상이 되기도 하고 존경심을 불러일으키기도 한다. 당사자가 지도자일 경우엔 더욱 그 강도가 커진다. 그러므로 정치인은 사소한 행동도 늘 살피며 조심해서 행해야 한다. 싸가지 있는 정치인이 되기 위해서는 더 숙이고 더 낮은 자세로 엎드려야 한다.

『새만금일보』 (2017. 5. 31.)

* 김무성 바른정당 의원은 2017년 5월 23일 오후 일본에서 휴가를 마치고 서울 김포공항을 통해 귀국하면서 자신의 캐리어를 마중 나온 관계자에게 밀어 '태도 논란'에 휩싸였다.

미인은 박명薄命한가

예로부터 미인박명美人薄命이란 말이 있다. 용모가 아름다운 사람은 운명이 기박하거나 가혹하다는 말이다. 한마디로 '얼굴이 예쁘면 팔자가 사납다.'라고 보는 것이다. 얼굴이 예쁘면 팔자가 사납다니, 그 이유가 무엇인가.

중국 북송 시대의 시인이자 문장가인 소동파의 칠언율시인 「박명가인薄命佳人」에서 나온 말이라 한다. "예부터 아름다운 여인의 운명은 짧다더니 문 닫고 봄 다하자 버들꽃 떨어진다."는 말에서 유래한 것이다. 소동파가 항주杭州와 양주楊州의 지방 장관으로 있을 때 우연히 들른 절간에서 나이 팔십을 넘긴 여승을 봤는데 그렇게 많은 나이에도 불구하고 용모가 꽤나 출중했었기에 젊었을 때는 얼마나 더 아름다웠을까를 생각하며 그녀의 아리따웠을 소녀 시절을 회상하며 미인의 박명함을 지은 것이라 한다.

소동파는 북송北宋 때 사람이니 이미 중국의 4대 미녀라 불리는 서시 · 왕소군 · 초선 · 양귀비의 경우를 보아 미인박명을 시로써 읊은 것이다. 다들 경국지색傾國之色의 대표적 예로 불리는 인물들이며 지극한 총애를 받았으나 말로는 모두가 비참했다.

물고기가 호수에 비친 아름다운 여인을 보고 넋을 잃어 헤엄치는 것조차 잊었다는 서시西施, 기러기가 구슬프게 비파를 연주하는 아름다운 여인을 보고 날갯짓하는 것조차 잊어버려 그만 땅으로 떨어져 버렸다는 왕소군, 밝은 달도 아름다운 여인의 모습에 구름 뒤로 숨어 버리게 했다는 초선, 꽃조차 양귀비의 미모 앞에서는 부끄러워했다는 묘사는 서로 다른 시대를 산 절세미녀들이었지만 한결같이 삶은 비극적이었다.

또한 꽃다운 나이에 쓰러져간 이집트의 클레오파트라와 조선의 장희빈, 황진이의 삶, 에비타, 마타하리 등등 미녀들의 슬픈 운명이 영화나 드라마, 소설 속에서 끊임없이 리바이벌되다 보니 부지불식간에 '미인박명'이란 말이 진리처럼 행세를 하게 된 것으로 보인다.

미인박명美人薄命, 과연 얼굴이 예쁜 사람은 빨리 죽는 것인가? 박명薄命은 '명이 짧다' 라는 의미 외에 '운명이 기구함'이란 표현도 가지고 있다. 명 짧은데다 운명까지 기구하니 기가 막히고 코가 막힌다. 수명도 짧지, 팔자도 기구하지 정말 가련한 운명이다.

하지만 오늘날에는 '미인박명'이란 말이 시대에 뒤떨어지고 어디에서도 통하지 않는다. 어쩌다 비련의 인생을 살다 요절하는 미인도 있고, 이런 사람을 다룬 영화나 소설도 있지만 실제로 미인들은 '미인이 아닌 사람'보다 더 오래 살 가능성이 높다. '미인'이라는 스펙을 최대한 활용해서 남보다 더 좋은 주거환경과 최상의 의료혜택 속에서 '굵고 길게' 살 수 있기 때문이다.

'미인박명', 어림없는 말이다. 요즘 여성들은 예뻐지기 위해 성형수술을 하지 못해 안달이다. 심지어 중국이나 일본에서는 값싸고 실력이 좋은 한국의 성형기술을 믿고 성형관광을 올 정도다. 이러한 세태는 급기야 몇 년 전부터 너나 할 것 없이 광풍으로 몰아치고 있는 소위 '얼짱', '몸짱' 열풍으로 이어졌다.

예뻐지겠다는데 성형수술을 반대하고픈 마음은 없다. 문제는 성형수술로 인해 얼굴이 붕어빵 찍어내듯 획일화가 이뤄지고 있다는 것이다. 서울 강남엔 여자들이 마치 한부모 안에서 태어난 딸처럼 닮아 있다. 미인은 박명하는데 왜 이리 자신의 얼굴을 뜯어 고칠까. 만약 '미인박명'이 사실이라면 성형수술을 한 사람들은 자신의 수명을 재촉했다고 봐야 할 정도다.

사람들은 모두 준수한 외모를 선호한다. '미인박명'이란 지금 시대엔 통하지 않는다. 오히려 미인박명이 아니라 미인장수美人長壽라고 봐야 한다. '미인박명'이라는 말은 과학적인 근거에 의해서 나온 것이 아니다. 못난 사람들이 미인을 시샘하여 지어낸 것이 아닌가 추측을 해본다. 또는 그러한 미인을 사회적으로 가만두지 않았을 것이라는 생각과 그로 인하여 역사의 희생양이 되어 비극적으로 생을 마감했을 것이라는 가정에서 나온 속설들이 굳어져 지금까지 사용되어지는 것이 아닌가 싶다.

예쁘고 젊게 사는 것이 인간으로서의 당연한 본능일 것이다. 그래서 남자들은 예쁜 여자만 보면 환장한다. 남자들은 화려한 미인을 보는 순간 금세 마음이 통한다. 자신의 반려자로 미인을 찾는 데 혈안이 되어 있다. 물론 여자들도 그렇다. 다만 여자들은 남자의 재력을 보거나 전문직인지 여부를 확인한다.

대기업의 기획실 근무자는 인물이 하나같이 훤하다. TV 여성 뉴스 진행자들은 젊은 미녀 일색이다. 방송사 여성 아나운서 소개 사이트에 들어가면, 미스코리아 빰치는 미녀들이 많다. 심지어 학원에서 학생들을 가르치는 강사의 얼굴이 예뻐야 학생들이 몰려올 정도라고 한다. 이러고도 미인박명인가? 미인박명이 아니라 미인만세다.

『새만금일보』 (2017. 5. 19.)

제3부

권력은 국민이 잠시 빌려주는 것

문 대통령에게 바란다

문재인 대통령이 10일 국회에서 취임 선서를 하고 임기 5년의 19대 대통령에 공식 취임했다. 문 대통령은 취임 일성으로 "(나를) 지지하지 않은 분도 국민"이라면서 "국민 모두의 대통령이 될 것"이라고 선언했다. 또 "분열과 갈등의 정치도 바꾸겠다. 야당과 대화를 정례화하고 수시로 만나겠다."고 밝혔다. 무엇보다 마음에 꽂히는 말은 "기회는 평등할 것, 과정은 공정할 것, 결과는 정의로울 것"이라는 대목이다. 가난하다고, 빽이 없다고, 자란 환경이 다르다고, 기회나 과정, 결과를 박탈당해서는 안 된다. 이는 5년 전 대선 때 메시지가 그대로 담겼다.

문재인 대통령의 취임 첫날의 행보는 파격의 연속이었다. 환영 나온 시민들에게 격의없이 두 손을 흔들고, 취임에 앞서 야 4당 지도부와 만나 국정운영의 협조를 요청했다. 현직 대통령이 야당 당사를 방문한 것은 이번이 처음이다. 오후에는 청와대 춘추관에 나와 국무총리 내정자와 국정원장, 청와대 비서실장 등의 인선을 밝히는 기자회견을 열었다. 대통령이 인선에 대해 직접 설명하는 것은 드문 일이다.

문재인 정부는 광장의 촛불민심을 등에 업고 출범했다. '박근혜 · 최순실 국정농단 파문' 등으로 무너진 나라의 근간을 다시 일으켜 세우고 멈춰선 국정을 본궤도에 올려야 하는 막중한 과제를 안고 있다. 그의 말대로 "정의가 바로 서는 나라, 나라다운 나라"를 만들어야 한다. 그러려면 자신이 한 말을 몸소 실천해야 한다. 대통령의 말은 곧 행동이기 때문에 말과 행동을 분리하기는 쉽지 않다.

대통령이란 군림하는 직업이 아니라 봉사하는 직업이다. 자기의 사상과 아량과 식견 등, 국민에 이로운 정책을 펴서 국민을 행복으로 인도하는 직업이다. 그러므로 대통령이란 직업은 어렵고 힘들다. 일단 대통령에 취임했다면 국가발전과 국민 행복을 위해 충실해야 하는데, 겨우 자기 측근이나 출세시키고 기업에서 돈이나 뜯어 부를 축적한다면 어디 대통령이라 할 수 있겠는가. 따라서 대통령의 자질로는 높은 도덕성, 국민통합 능력, 국정운영 능력을 꼽을 수 있다. 도덕성은 항상 문제가 되지만 항상 높이 요구되는 능력이다.

대통령의 가장 중요한 것은 인사다. 대통령은 수천 명을 임명할 수 있는 인사권을 가지고 있다. 대통령은 쉬지 않고 산더미 같은 서류를 결재하고 참모들의 의견을 들어야 하고, 참모들은 매 분마다 일정을 확인하고 미리 파악한 정보를 대통령에게 보고해야 한다.

이런 면에서 문재인 대통령의 사명감은 실로 막중하다. 우선 문 대통령이 할 일은 분열된 국론을 하나로 모으는 통합과 협치가 필요하다. 일자리를 만들고 경제도 살려야 한다. 북핵문제를 비롯한 사드문제 등 안보불안도 해소시켜야 한다. 하나같이 국민들의 삶과 직결된 사안이다.

문재인 대통령은 이번 선거에서 역대 어느 대통령보다 전국적으로 고른 지지를 받았다. 특히 전북에서 64.8%라는 전국 최고 득표를 했다. 이웃 광주(61.1%), 전남(59.9%)에 비해 더 많은 표를 전북에서 얻었다. 문 후보에게 60% 이상 득표율을 안긴 곳은 호남이 유일하다.

이제 문재인 대통령은 전북에 답해야 한다. 그 답은 전북 출신을 정부 요직에 중용하는 것이다. 호남이란 이름으로 광주 · 전남만 생각해서는 안 된다. 벌써 국무총리는 전남 영광 출신 이낙연 전남도지사가 내정됐고, 비서실장 역시 전남 장흥 출신 임종석 실장이 임명됐다. 다만 청와대 홍보 수석에 전주 출신 윤영찬 전 네이버 부사장을 임명한 것은 잘한 일이다.

지금까지 정부 정책을 보면 영남은 TK, PK로 구분해 정책과 예산은 물론 정치적 대우에 이르기까지 대구 · 경북과 부산 · 경남을 독자적인 지역권으로 인정하고 있다. 하지만 호남은 문화와 정서가 확연히 다른데도 전북과 광주, 전남을 하나로 묶어 지역적인 차별을 해온 게 사실이다. 말하자면 광주 · 전남은 주류이고 전북은 비주류로 여겨 광주와 전남에 편중된 지원을 해놓고 호남 몫을 챙겨줬다고 했다. 가당찮은 일이다.

문재인 대통령에게 바란다. 이번 19대 대선에서 문 후보에게 전국 최고의 지지를 보내준 전북인을 챙겨달라는 것이다. 그래야만 진정한 호남 인사라 할 수 있다. 만약 광주 · 전남 사람을 기용해놓고 호남 인사라고 한다면 그건 또 다른 전북 차별이다. 전북인을 배제한 호남 인사는 진정한 호남이라고 말할 수 없다. 그냥 광주 · 전남일 뿐이다. 역사적으로 전라도와 호남의 원조 도시는 전주와 전북이다.

『전민일보』(2017. 5. 12.)

---

* 제19대 대통령을 선출하는 선거로, 사전투표는 2017년 5월 4일과 5월 5일, 본 투표는 2017년 5월 9일 실시되었다. 투표 결과 더불어민주당의 문재인 후보가 총 유효투표수의 41.09%인 13,423,800표를 득표해, 2위 홍준표 자유한국당 후보(24.04%)와 3위 안철수 국민의당 후보(21.42%) 등을 제치고 대한민국의 제19대 대통령에 당선되었다.

법 지키면 나만 손해라는 한국인

도로에서 운전을 하다 보면 쉽게 볼 수 있는 광경이 있다. 앞에 가는 운전자가 담배를 피우고 불붙은 담배꽁초를 차창 밖으로 내던지는 장면이다. 일부 운전자는 가래침을 뱉거나 휴지를 버리기도 한다. 주로 젊은 사람들의 소행이다. 그 모습을 볼 때면 '저 자식을 그냥 앞지르기해서 차를 세우게 하고 한마디 해줄까?' 속으로 이런 생각을 할 때가 있지만, 한편으론 내가 무슨 의인이라고…. 사소한 일로 시비를 걸다 자칫 싸움으로 번질 우려 때문에 그냥 지나쳐 버린다.

차 안에 엄연히 재떨이가 있는데도 담배꽁초를 차창 밖으로 버리는 사람들. 그것이 습관이 된 사람들의 뇌 구조는 도대체 어떻게 생겼을까?

담배를 피우고 담배꽁초를 길거리에 버리다 적발되면 경범죄처벌법으로 인해 과태료 5만 원을 내야 한다. 이런 처벌 규정이 있는데도 사람들은 스스럼없이 도로나 하수구에 담배꽁초를 버린다.

경범죄처벌법은 "공공기관이나 단체 · 개인이 하는 행사 · 의식을 '못된 장난'으로 방해하는 자"를 처벌 대상으로 삼아 10만 원 이하 벌금을 부과하고 있다. '못된 장난'으로 다른 사람의 업무를 방해하면 20만 원 이하의 벌금형이다. 이뿐이 아니다. 신체의 과다노출, 즉 여러 사람의 눈에 띄는 곳에서 '가려야 할 곳'을 내놓아 다른 사람에게 부끄러운 느낌이나 불쾌감을 준 사람은 10만 원 이하의 벌금형에 처한다. 또 "공공장소에서 고의로 험악한 문신을 드러내 다른 사람에게 혐오감을 준 사람"도 처벌대상으로 삼는다.

이렇게 준수해야 할 규범이 있는데도 우리는 그걸 제대로 지키지 않고 있다. 준법정신이 없는 사람은 마음이 비뚤어졌다. 마음이 비뚤어진 사람의 인생은 마치 항해하는 배 밑에 구멍이 나서 물이 새는 배를 타고 가는 것과 같다. 물이 서서히 차오르다 보면 그 배는 반드시 침몰하게 돼 있다. 만약 비뉼어진 생각을 가진 사람들이 잘 살아간다면 이는 분명 정상적인 사회가 아니다.

법이란 사회 질서 유지와 정의 실현을 위해 국가가 공권력을 동원하여 강제하는 일종의 사회 규범이다. 만약 법이 없다면 사람들은 제 마음대로 하고 싶어할 것이고, 그러면 세상은 제멋대로 돌아가게 될 것이다. 다시 말하면 힘 있는 자만 살아남고 나약한 자는 죽어가는 약육강식의 사회가 된다.

지난달 25일은 법의 날이었다. 법의 날이 제정된 지 반세기가 넘었지만 유감스럽게도 사회 전반의 법 경시 풍조는 좀처럼 나아질 기미를 보이지 않고 있다. 법을 지키면 오히려 손해라고 생각하고, 불법 행위를 하다 적발되면 부끄럽기는커녕 억울하다는 생각을 하는 국민이 많다.

한 설문에서 우리 국민 2명 중 1명은 "우리 사회에서 법이 잘 지켜지지 않는다."고 느끼는 것으로 조사됐다. 가장 큰 이유로는 '법을 지키면 나만 손해'라는 점이다. 이것이 우리 국민 법의식의 현주소다. 이리 된 원인은 인문학이나 역사에 대한 교육 부족 탓이고 국민 의식은 아직도 후진국이라는 것이다.

법을 지켜야 한다는 것을 알면서도 지키면 손해라는 의식은 곧 아는 것과 행동하는 것은 별개라는 뜻이 되고, 나는 손해 보니까 안 지키지만 너는 지키라는 뜻과 다름 아니다. 기초질서 위반자가 단속 때마다 수만 명이 적발되고, 단속을 해도 해도 근절되지 않는 것도 국민 의식의 밑바닥에 이런 생각이 있기 때문일 것이다.

경미한 법이라도 제정된 이상 법이다. 법은 위로는 대통령으로부터 아래로는 유치원생에 이르기까지 누구나 지켜야 한다. 법이 제대로 지켜지지 않고 불법, 탈법, 초법이 횡행하는 나라는 무법천지가 돼 사회는 큰 혼란에 빠지게 된다.

법을 지키면 나만 손해라는 생각, 이런 생각을 불식시키려면 법을 잘 지키는 사람이 존경받고, 모든 면에서 성공하고, 덕을 보는 사회가 되도록 여건을 만들어가야 한다. 아니, 법을 지키는 게 손해가 아니고 오히려 자기한테 이득이 된다고 생각할 수 있도록 해야 한다. 따라서 법을 지키는 사람이 법을 지키지 않는 사람보다 손해를 본다는 생각이 들지 않게 해 주어야 할 책임은 법을 제정하고 집행하는 국가에 있다. 국가는 국민으로 하여금 법을 지키는 사람이 법을 지키지 않는 사람보다 손해를 본다는 생각이 들지 않게 제도적 장치를 마련하여 지속적으로 시행하여야 할 것이다.

「전북매일신문」 (2017. 5. 1.)

사주四柱와 운명

‘나는 왜 이렇게 돈이 없을까.’, ‘나는 왜 이렇게 사는 게 힘들까.’, ‘나는 왜 이렇게 박복한 운명을 타고 났을까.’

이는 삶이 팍팍한 사람들의 하소연이다. 그런데 우리 사회 열 명 중 여덟 명은 자신의 운이 별로 신통치 않다고 말한다. 열심히 잘 살아보려고 노력해도 결과가 마땅치 않다. 그 이유는 무엇인가? 다 원인이 있을 것이다. 하나는 태어날 때부터 이미 정해진 박복한 운명 탓이고, 또 하나는 노력이 부족한 것도 있지만 불교에서 말하는 복福을 심지 않아서 그렇다.

이 세상에서 아무리 악착같이 노력해도 일이 잘 풀리지 않고 못사는 사람이 있다. 이는 전생에 지어놓은 악업 때문이다. 이런 사람은 선업을 베풀면 잘살게 된다. 반면 악행을 거듭하며 살아도 잘사는 사람이 있다. 이는 전생에 지어놓은 선업 때문이다. 이런 사람은 선업이 지나면 다시 악업으로 돌아간다. 이는 불교의 가르침이다.

그렇다면 과연 운명運命이란 게 존재하는가? 운명의 사전적인 의미를 보자. 인간을 포함한 모든 것을 지배하는 초인간적인 힘, 또는 그것에 의하여 이미 정하여져 있는 것이다. 다시 말해 인간의 의도나 일을 포함하는 우주 전체가 인간의 자유의지와 관계없이 움직이기 어려운 궁극적인 결정에 의해서 규제되고 있다고 생각할 때 우리는 운명론을 들먹인다. 많은 역술인들은 천지만물, 곧 존재하는 모든 것에는 다 운명이 있다고 한다. 그래서 사람들은 일이 뜻대로 되지 않을 때면 사주도 보고, 관상도 보고, 또 조상 묘를 이전하는가 하면, 하다못해 움직이지 않는 돌에다 소원을 빈다.

옛날 어떤 사람이 용한 점쟁이로부터 사주를 봤다. 점쟁이는 그에게 죽는 날짜를 정확하게 알려줬다. 고민에 빠진 그는 죽는 날에 이르자 죽음을 모면하려고 문밖 출입을 금하고 아침부터 이불을 뒤집어쓰고 아랫목에 누워 있있다. 하루 종일 누워 있었지만 저녁 무렵까지 아무 이상이 없었다. 그래서 '무사히 죽음을 넘겼구나.' 안도하고 있는 순간, 갑자기 시렁에 메달아 놓은 메주가 머리 위로 떨어져 그만 뇌진탕으로 죽었다. 이것이 사실인지, 꾸며낸 얘긴지는 모르지만, 사주팔자는 생년월일시를 간지로 인생의 행 · 불행을 규정하는 동양적인 운명론이다.

한때 국내 유수의 대기업 총수는 역술인과 지관에게 사옥 터를 봐달라고 청하고, 직원을 뽑을 때 관상 전문가를 대동하는 것으로 알려져 있다. 그러나 사주와 운명은 아직까지도 '미신' 정도로 취급받는 것이 현실이다. 운의 원리는 무엇이고, 좋은 운을 끌어당기려면 어떻게 해야 하는가? 또 타고난 운은 과연 바꿀 수 있는가?

운명철학에서는 "인간의 운명은 정해져 있다."고 말한다. 사주와 점성술의 가장 큰 문제점은 그것이 운명론적(태어날 때 모든 것이 정해진다.)이며, 그것은 평생 변하지 않는다는 것이다. 이것은 현실 문제에 해결책을 제시해주지 못한다는 한계를 갖는다. 자신의 운명이 태어나면서부터 정해져 있다면 우리의 어떠한 노력도 다 허사가 될 것이다. 만약 인간의 운명이 사주나 점성술에 의해 정해진다면 인간의 삶은 참으로 비참해진다. 인간은 단지 정해진 각본대로 움직여야 하는 로봇에 불과하기 때문이다. 결국 정해진 운명으로 인해 인간은 자신의 자유를 빼앗기는 것이다.

반대로 정해진 운명이란 본래 없는 것이고, 인간의 미래가 인간 스스로의 불굴의 개척정신과 노력에 의해 좌우된다면, 과연 인간의 삶은 비참한 상태를 벗어나게 되는 것일까? 그렇다고 하면, 노력을 하는 사람은 모든 게 노력대로 다 이뤄져야 한다. 하지만 현실은 그렇지 않다. 죽어라 노력해도 안 되는 사람은 안 된다. 이것이 사주와 운명론이다.

사주를 신뢰하는 사람들은 사주가 곧 자신의 운명이라고 생각한다. 물론 필자도 사주를 전혀 무시할 수는 없다고 본다. 사주는 현상학이며 초과학이기 때문이다. 그러나 아무리 사주가 좋아도 환경을 무시하거나 노력하지 않으면 성공할 수 없다. 따라서 운명(사주), 환경, 노력 등 3박자를 두루 갖춰야 한다. 그러므로 사람의 운명은 태어날 때부터 정해진 것이 아니라, 스스로 자신의 운명을 만들어가야 한다. 운명이란 외부에서 오는 것 같지만, 알고 보면 자기 자신의 약한 마음, 비관론, 게으른 마음, 성급한 버릇 등 이러한 요소들이 만들어낸다. 어진 마음이나 부지런한 습관, 남을 돕는 마음이야말로 긍정적인 운명을 여는 열쇠다.

운명은 용기 있는 자 앞에서는 약하고, 비겁자 앞에서는 강하다. 내 앞에 무슨 일이 생길지 묻지 말고 오로지 전진, 전진하며, 결과는 하늘의 뜻에 맡기면서 사는 게 운명을 개척하는 길이다.

『새만금일보』(2017. 4. 26.)

지역감정 · 색깔론 조장 국민이 심판해야

19대 대선은 보수 대 진보 구도가 무너지고 야야野野의 대결로 치러지고 있다. 보수와 진보의 심장부인 영남과 호남에선 지역 대결구도가 사라진 채 문재인 · 안철수 두 후보가 치열한 경쟁을 벌이고 있다.

이러한 상황에서 유권자들은 文-安을 놓고 선택을 고심하고 있는 듯하다. 특히 호남이 그렇다. 호남은 과거 대선과 총선에서 특정 후보와 정당에 표를 몰아주는 전략적 선택을 해왔었다. 지금까진 몰표 움직임은 보이지 않지만 선거 막판 어느 한쪽으로 표가 몰릴 경우 대선 승부에 직접적인 영향을 줄 수 있다.

그런데 공식 선거운동이 시작되자마자 망국적 지역감정을 자극해 표를 얻으려는 구태가 재연되고 있다. 선거운동 첫날인 17일 더불어민주당의 대구 유세에서 조응천 의원은 "국민의당 지역구 26석 중 23석이 전라도다. 저기(국민의당)가 전라도당이지 왜 우리가 전라도당이냐."고 외쳤다. 국민의당 박지원 대표도 이날 전주 유세에서 "문재인은 우리 전북 인사를 차별했다. 문재인은 대북송금 특검을 해서 김대중 대통령을 완전히 골로 보냈다."고 주장했다. 새누리당 조원진 후보도 "박지원 당과 연대하는 순간 보수지역인 대구·경북이 다 죽는다."며 지역감정을 부추겼다.

더불어민주당 오거돈 부산 선대위원장도 19일 문재인 후보 선거대책위원회 '시민통합캠프' 발족 기자회견에서 "부산 사람이 주체가 돼 부산 대통령 만들자."고 역설했다. 명백한 지역감정 자극 발언이다. 후보의 이념이나 정책으로 지지를 호소하지 않고 해당지역 출신인 점을 부각시키며 지역 주민의 감정에 호소한 것이다.

홍준표 자유한국당 후보 역시 같은 날 대구 유세에서 "TK(대구·경북)는 우리 보수우파의 상징이다. 선거에서 지면 낙동강에 빠져 죽겠다."며 지역 민심을 노골적으로 자극하는 발언을 했다. 홍 후보는 18일 울산 유세에서 "문 후보가 대통령이 되면 사실상 대북 정책에 한해서 대한민국 대통령은 김정은"이라고 주장했다. 또 "안철수 후보가 대통령이 되면 실질적 대통령은 사실상 친북 좌파인 박지원 대표가 된다."고도 밝혔다. 선거 때면 보수 정당이 안보 불안심리를 부추기려고 색깔론을 들먹이고 있다.

마침 19일 밤 10시 KBS 본관에서 대선 사상 처음으로 후보들이 자료 없이 선 채로 직접 문답을 주고받는 '스탠딩 TV 토론'이 열렸다. 필자는 관심을 가지고 토론을 지켜봤다. 이날 토론에서 홍준표 후보가 문재인 후보를 향해 "대통령이 되면 국가보안법을 폐지하겠느냐.", "북한이 주적이냐, 아니냐." 등의 무차별적인 사상검증을 시도했다. 추궁을 받은 문재인 후보가 '색깔론으로 선거를 치르는 게 안타깝다.'고 비난하자 홍준표 후보는 "색깔론이 아니라 본질론"이라고 받아쳤다.

5 · 9 대선의 역사적 의미는 자명하다. 헌정 사상 초유의 현직 대통령 파면으로 치러지는 조기 대선에서 새삼 대통령 자질의 중요성이 시사하는 바가 크다. 박근혜 전 대통령이 최순실과 국민이 위임한 권력을 사유화하면서 헌법과 법치주의를 훼손한 이번 사태는 큰 충격과 분노, 자괴감 등을 안겼다. 따라서 국정농단으로 흐트러진 나라의 기강을 바로잡고, 초유의 안보 및 경제위기를 헤쳐나갈 새로운 지도자를 뽑아야 한다. 누굴 선택하느냐에 따라 나라의 운명이 바뀐다.

그러나 선거 때만 되면 해묵은 지역감정과 색깔론이 등장한다. 겉으로는 지역주의 타파를 외치면서도 지역감정을 부채질하기에 바빴다. 지역감정의 출발은 영호남의 차별정책에서 기인한다. 과거 박정희, 전두환, 노태우로 이어지는 영남 정권이 호남을 투자 축에서 배제하고 특정 지역만 발전시켰기 때문이다. 그 결과 영남과 호남은 경제나 빈부 등에 있어서 너무 현격한 격차를 보일 수밖에 없었다.

이러한 호남 소외론은 지금도 여전하다. 이명박 · 박근혜 정부 9년은 호남 홀대의 연속이었다. 박근혜 정부는 호남 인재 씨를 말리다시피 했다. 4대 권력기관 요직은 물론, 장차관에 호남 출신 기용을 원천 배제했다. 이러니 호남 사람이 어디 뿔이 나지 않겠는가.

이제 망국병으로 불리는 지역감정의 선거 이용은 사라져야 한다.

지역감정 발언은 국가 발전의 장애가 되고 국민 통합의 걸림돌이 된다. 영남과 호남, 진보와 보수로 편을 가르고, 색깔론을 조장하여 상대 후보를 깎아내리겠다는 전략은 구시대적 발상이다. 이런 후보는 국민이 당당히 심판해야 한다.

『전민일보』 (2017. 4. 21.)

직업만족도 1위는?

자신의 직업을 자식에게 그대로 물려주고 싶은 부모가 얼마나 있을까? 아마 한국의 많은 부모들은 자신의 직업을 자식이 대물림하는 것을 원치 않는다. 그 이유는 자신의 인생이 만족스럽지 않기 때문이다.

하지만 일본이나 유럽 등의 나라에는 수백 년 동안 가업을 이어온 작은 가게와 사람들의 이야기가 넘쳐나고 있다. 일본에서는 각 업종에서 300년 정도는 예사로운 일이라고 한다. 일본인의 가업계승률은 우리완 비교가 안 될 정도로 높다. 8대째 자물쇠 집이며, 3대째 게이샤妓生 정도는 흔히 찾아볼 수 있다.

특히 일본도日本刀의 명산지인 가마쿠라(일본 가나가와 현에 있는 중세의 군사·정치 중심도시)에는 25대째, 700년 동안 가업을 이어온 가네코라는 장인이 있다. 그이의 작품은 칼이 아니라 예술품으로 대우받고 있을 정도이며 밤에는 칼에서 쇳소리가 울린다고 일컬어지고 있다. 일본의 장인정신은 단지 대代를 잇는 것에만 집착하지 않고 당대當代의, 지금 현재 자신의 일에 최선을 다함을 의미하기도 한다.

일본인들에게는 직업의 귀천이란 있을 수 없고, 자기의 직장을 천직으로 알며 맡은 일에 충실한다. 뿐만 아니라 일본인들은 자기 자신을 비판하거나 회사 또는 동료의 흉을 보는 것 또한 자기의 수양이 부족함을 스스로 인정하는 것이라 해서 이를 삼간다. 이처럼 일본인들에 있어 '직장'은 흔히 말하는 '삶의 터전' 이상의 의미를 가진다.

한국고용정보원이 우리나라 621개 직업종사자 1만 9,127명을 대상으로 실시한 '직업만족도' 조사에서 판사가 1위를 차지했다. 직업만족도는 해당 직업의 △발전 가능성 △급여만족도 △직업 지속성 △근무조건 △사회적 평판 △수행직무만족도를 종합적으로 고려해 '현재 몸담고 있는 직업에 얼마나 만족하고 있는지를 해당 직업 종사자들이 주관적으로 평가'한 개념이다. 판사는 세부 영역 중 사회적평판(2위), 직업지속성(8위), 급여만족도(4위), 수행직무만족도(4위) 등에서 골고루 높은 순위를 차지했다.

항구, 해협 등 연해에서 선박의 입·출항로를 안내하는 도선사는 임금이 높아 2위에 올랐으며, 그다음이 목사, 대학교총장(학장), 전기감리기술자 순이었다. 도선사는 다소 생소한 직업이지만 억대의 연봉을 받는 고소득 직업이다. 6,000t급 이상 선박의 선장으로 5년 이상 승선한 경력이 있어야 도선사 면허시험을 볼 수 있다. 뽑는 인원도 1년에 10명 안팎에 불과해 도선사 되는 것은 하늘의 별따기다.

전 국민이 부러워하는 것으로 알려진 국회의원은 100위권 안에 없다. 국회의원 30명에게 "이 직업을 자식에게 권하겠느냐."고 물었더니 5명만 "그렇다."고 답했다. '사회적 평판' 평가에선 394위를 기록했다.

흥미로운 것은 나이가 들어도 계속 일할 수 있는지를 묻는 직업지속성 영역에서는 시인이 1위를 차지했다. 시인이 직업이라는 것도 그렇지만, 오늘날 시 써서 밥 먹고 사는 사람은 아주 극소수에 불과하다. 시인은 굶어죽기 딱 좋은 직업이다.

직업만족도 조사에서 판사가 1위를 차지했다는 건 다소 예외다. 판사는 업무량이 많고 고독한 직업이다. 판사는 외롭다. 사건마다 이해가 상충한다. 사건을 공정하게 처리하기 위해서는 많은 고심이 있을 것이다. 법원에 오기까지 서로 얼마나 벼르던 당사자이던가. 이쪽을 손들어 주면 저쪽이 서운해하고, 저 쪽에 유리하다 싶으면 이쪽이 대든다.

그러나 한때 서울지방법원(현 중앙지법)의 형사단독 판사 자리는 서울시장과도 바꾸지 않는다는 우스갯소리가 통하던 시절이 있었다. 사회가 민주화 분권화되기 이전 시절 형사단독 판사의 위세는 하늘을 찔렀다. 죄를 지은 죄인은 판사 앞에 서면 주눅이 든다. 형사단독 판사는 합의부와는 달리 자기 마음대로 피고인의 운명을 쥐락펴락할 수 있었다. 정권의 눈에 거스르지만 않는다면 판사의 앞을 가로막을 걸림돌은 없었다.

사실 판사의 영향력은 대단하다. 국가 경제를 좌지우지하는 대기업 총수의 죄를 벌할 수 있고, 불법을 저지른 국회의원의 정치생명을 끊어버릴 수 있는 권한을 가진 존재로 비친다. 그래서 판사는 선출되지 않은 권력으로 불린다. 최순실 등 국정농단 사건의 주역들을 구속시킨 것도 판사였고, 박근혜 전 대통령을 3.2평 독방에 가두게 한 사람도 판사였다.

『전북매일신문』(2017. 4. 4.)

막말과 카타르시스

간혹 TV 예능 프로그램을 볼 때면 출연자가 상대방을 향해 서슴없이 "못생겼다." "멍청하다."고 독설을 내뱉는다. 인터넷 광고는 더 심하다. "이년아" "이놈아" 정도는 욕도 아니다. 거침없는 육두문자와 블랙유머가 이어진다. 케이블 드라마는 상상을 초월한다. "개 같은 놈" "×할년" "목을 따버린다." 등 쌍욕은 다반사고, 심지어 "창자를 걷어내서 빨랫줄에 널어버리겠다."는 무시무시한 욕도 아무렇지 않게 한다.

그런데 이러한 욕설이 난무하는 드라마를 시청할 때면 귀가 쫑긋해지고 화면에서 눈을 쉽게 뗄 수가 없다. 왜 그럴까. 우선 욕설에 섞인 그 유머러스함에 신선한 재미를 느끼기 때문이다. 그리고 그 유머러

스한 장면들은 시청자들을 몰입하게 만든다. 웃다가도 긴장하게 만들고 다시 웃도록 해주면서 시원함을 느낀다. 그래서 사람들이 이런 드라마나 영화를 좋아하는지 모른다.

인터넷 댓글도 그렇다. 댓글이라는 말은 한자어 접두사 대對와 글을 합쳐 나온 말로, 이미 쓰여있는 글에 대하여 쓰는 글이라는 의미이다. 이러한 댓글은 건전한 토론 문화와 양질의 댓글 문화를 위해 타인에게 불쾌감을 주는 욕설 등은 삼가야 하는데도 욕설 섞인 악성 댓글을 다는 데에 문제가 있다. 일반적인 댓글에 비해 악플은 일종의 무기가 되어, 악플의 대상이 된 사람의 마음에 비수처럼 꽂힌다. 심지어 악플의 대상을 자살에 이르게 할 정도로 심한 악성 댓글도 있다. 악플은 언어폭력의 범주에 속하며, 심할 경우 사람의 생명을 앗아갈 수도 있는 중대 범죄다. 문제는 인터넷 기사나 글 말미에 누리꾼들이 달아놓은 다소 욕설 섞인 댓글을 읽었을 때 나도 모르게 쾌감을 느낀다는 것이다. 단, 나와 공감이 가는 댓글일 때만 그렇다.

각종 신문기사, 칼럼, 사설을 읽고 그 내용이 맘에 들면 위안이 되고 기분이 좋을 때가 있다. 어찌 보면 시원한 '카타르시스'를 느낀다고 할까? 카타르시스는 비극을 봄으로써 마음에 쌓여 있던 우울함, 불안감, 긴장감 따위가 해소되고 마음이 정화되는 일이다. 아리스토텔레스가 시학詩學에서 비극이 관객에 미치는 중요 작용의 하나로 든 것이다.

지난해 12월 『동아일보』에 「국민들의 집단 우울증」이란 제하의 필자 글이 나왔다. 박근혜 전 대통령이 검찰 수사와 특검 수사를 받겠다고 공언해놓고 약속을 지키지 않기에 너무 화가 나서 쓴 글이다. 하지만 글 말미에 비난 댓글이 수십 개나 달렸다. 나름 정성을 다해 쓴 글인데 이런 댓글을 접했을 때 기분이 언짢고 화도 났다.

일단 입력된 막말은 마음에 상처를 남긴다. 놀라운 건 막말을 자주 듣다 보면 나도 모르는 사이에 막말이 튀어나온다는 사실이다. 그만큼 막말의 전염성과 중독성은 무섭다.

최순실 국정농단 사태의 발단은 언어폭력과 인격 모욕 등 '갑질'에 대한 분노에서 비롯됐다. 최순실 씨와 인연을 맺어왔던 고영태, 노승일 씨는 최 씨의 거친 막말과 인격 모욕 등 갑질 행태에 분노하고 이를 응징하기 위해 몰래카메라와 휴대폰 녹취 등을 통해 수집된 비리와 의혹을 언론에 폭로했다. 갑의 횡포와 모욕적 인신공격에 대한 을의 분노가 도화선이 되어 급기야 국가 운영의 공정성이 시험대에 오르게 된 것이다.

요즘 자유한국당의 대선 예비경선에 나선 홍준표 후보의 발언이 말썽이다. 홍 후보는 지난 18일 대구 서문시장에서 대선 출마선언을 한 뒤 '성완종 리스트로 기소된 사건의 대법 판결이 남아 출마 자격 논란이 있다.'는 질문을 받고 "0.1%도 그럴 가능성이 없지만, 없는 사실을 갖고 또다시 뒤집어씌워 내가 유죄가 되면 노무현 대통령처럼 자살을 검토하겠다."고 답해 논란을 일으켰다. 그는 지난달 28일에도 문재인 전 더불어민주당 대표를 겨냥해 "민주당에서 1등 하는 후보는 자기 대장이 뇌물 먹고 자살한 사람"이라고 쏘아붙여 고인을 욕보였다는 비판을 받았다.

홍준표 전 지사는 과거 정의당 여영국 경남도의원(창원)을 향해 '개 짖는다.' '쓰레기 발언' 등으로 물의를 일으킨 적이 있다. 또 민감한 질문을 던진 기자에게 "너 진짜 맞는 수가 있다." "안경 벗기고 아구통을 날리겠다." 등의 수없는 저질스런 말을 해왔다.

옛사람들은 "만 가지 화禍의 근본이 입에서부터 출발한다."고 하여 항상 말조심할 것을 가르쳤다. 막말을 듣고 시원함을 느끼는 사람도 있겠지만 가는 말이 고와야 오는 말이 곱다. 하물며 한 나라를 경영하겠다며 대선주자로 나섰다면 한 마디 한 마디가 신중하고 조심스러워야 할 것이다. 그렇지 않은 품격을 상실한 정치인은 지도자감이 될 수 없다. 그리고 이런 사람을 퇴출하는 건 유권자의 몫이다.

『전민일보』 (2017. 3. 24.)

권력은 국민이 잠시 빌려주는 것

인간이 있는 곳엔 항상 권력이 존재한다. 예를 들어 사람 둘 이상이 모이면 그 사이에서도 권력이 생기기 마련이다. 권력 추구는 인간의 자연스런 욕구다. 철학자 니체는 "이미 생명 있는 모든 곳에 권력의지가 있음을 발견한다."라고 말했다. 인간의 의지는 항상 권력을 향해 있다는 말이다.

권력이란 무엇일까. 다양한 정의와 해석이 있을 수 있다. 권력의 사전적 의미는 "남을 자신의 뜻대로 움직이거나 지배할 수 있는 공인된 힘"이다. 즉 권력은 타인의 자원이나 상태, 지위 등을 변화시킬 수 있는 능력을 의미한다. 쉽게 말해 나를 알아주기를 바라고, 영향력을 미치려는 것이다. 내 힘이 이만큼 세고 강하다는 것을 과시하려는 것이다. 나를 인정하고, 나를 표현하고 나를 확장하려 한다.

권력은 정치권력, 경제권력, 사법권력, 군대권력, 문화권력, 언론권력 등 다양하다. 최고 권력은 위로는 대통령으로부터 아래로는 말단 동사무소 직원에까지 이른다. 이러한 권력은 우리 주변 곳곳에 있으면서 인간을 움직이는 매개체로 작동한다. 권력은 우리 생활에서 떼어놓을 수 없을 만큼 밀착해 있으며 작동하는 모습도 각양각색이다. 그러면 우리 주변에서 권력이 어떻게 드러나는가를 살펴보자.

우리가 각종 선거 때가 되면 후보들이 저마다 명함을 돌리면서 한 표 달라고 허리를 90도 구부려 큰절을 한다. 그럴 때는 유권자가 상전 취급을 받는 느낌이다. 그런데 당선이 되고 선거가 끝나면 언제 그랬냐는 듯 태도가 180도 달라진다. 권력을 가지고 있을 땐 국민은 안중에도 없고 권력이 없어질만 하면 나타나서 큰절을 하는 것이다.

권불십년 부불삼대權不十年 富不三代라는 말이 있다. 아무리 막강한 권력이라도 십 년을 넘기지 못하고, 아무리 큰 부자라 해도 삼대를 유지하기 힘들다는 뜻이다. 물론 오늘날 이 경구는 맞지 않을 수도 있다.

한국의 부자들은 대부분 할아버지, 아버지로부터 부를 대물림 받은 사람들이다. 재벌은 노력하면 누구나 될 수 있지만 재벌 2~3세는 아무나 되지 못한다. 2~3세는 노력해서 되는 게 아니라 그렇게 태어나는 것이기 때문이다. 부모의 부와 지위에 따라 자녀의 삶이 결정되는 사회는 불공정하다. 어찌 보면 조선 시대의 신분제도나 똑같다. 오너의 자식은 성골, 임원의 자식은 진골, 그냥 평범한 사원은 육두품이다. 신분을 망각하고 날뛰다가는 단칼에 날아간다. 감히 권력 세습을 부정하고 모든 사람은 태어나면서부터 평등하다는 주장을 펴면 목숨을 잃던 왕조시대와 다를 바 없다.

사람들은 왜 권력을 쫓는가? 뇌과학자들이 밝혀낸 바로는, 권력에 중독된 이의 뇌는 마약 중독자 것과 똑같이 변한다고 한다. 상식적인 이에게도 제왕적 권력을 주면 그의 뇌는 점점 이상하게 변하여 비상식적인 행동을 할 수 있다는 뜻이다. 아무리 선량한 사람일지라도 상황에 따라 권력이 생기면 악마로 변할 수 있다. 문제는 권력 중독이 되면 도파민이 과도하게 분비된다는 것이다. 주변 사람들을 자기 의지대로 움직이고 복종시키는 권력을 누리면 누릴수록 뇌에서 분출되는 도파민은 '코카인'과 같이 뇌에 쾌감을 준다는 것이다.

그러나 권력을 남용하거나 잘못 사용하여 신세를 망치는 이들이 얼마나 많은가? 지금 진행형인 박근혜-최순실 게이트만 봐도 그렇다. 박근혜 전 대통령은 국민이 준 권력을 최순실에게 넘겨주고 국정을 농단하도록 한 탓으로 결국 대통령 자리에서 쫓겨났다. 권력은 양날을 가진 검과 같아서 잘 쓰면 정말 좋은 것이지만 잘못 쓰면 자신이 깊게 찔려서 돌이키기 어려운 상처를 받을 수 있다는 생각을 하게 된다.

사실 권력이란 지나고 보면 한낱 뜬구름 같은 것이다. 힘이 있을 땐 주변 사람들이 벌떼처럼 달려들다가도 힘이 빠지면 어느새 그 많던 사람들이 연기처럼 사라지고 마는 것이 권력의 속성이다. 따라서 권력은 국민한테서 잠시 빌린 것이다. 국민들은 대통령, 국회의원, 자치단체장에게 권력을 빌려줬다. 그들이 원래부터 가지고 있던 소유물이 아닌 것이다.

인생무상 권력무상人生無常 權力無常. 박근혜-최순실 게이트를 보면서 실감나는 문구다. 권력에 취해 망나니처럼 칼을 휘두르던 자들이 이제는 그 칼끝 앞에 섰다. 이 명백하고 당연한 사실을 안다면 위정자들은 국민 위에 군림하려 하지 말아야 한다.

『새만금일보』 (2017. 3. 17.)

* 인간관계에 있어서 타인을 통제하고 휘두르는 사람들에 대한 연구는 고대 철학부터 있어 왔다. 권력이란 이 연구에 있어서 가장 핵심적인 개념으로, 주도권, 강제력, 힘, 통제력 등의 유의어가 있다. 자세한 정의는 학자마다 다르지만, 쉽게 말해서 타인이 내 말에 따르게 만드는 능력이 바로 권력이다.

정치에 관심을 가져야 하는 이유

사람들이 흔히 정치 얘기와 종교 얘기는 하지 말라고 한다. 서로 정치적 견해가 다르거나 종교관이 다르면 논쟁을 넘어 싸움으로까지 번질 우려 때문이다. 하지만 정치적 견해가 다르다고 정치 얘길 안 하는 것도 문제다. 우리가 정치를 빼고 삶을 논할 수는 없기 때문이다.

조선의 기초를 다진 위대한 사상가이자 정치가인 정도전은 "정치란 국민들이 부여한 권력을 잘 활용하여 자신에게 권력을 위임해 준 백성들을 생(生=행복)하게 만들어 주는 것"이라고 했다. 아주 의미심장하다.

철학자 플라톤은 자신의 경구에서 "정치에 관심을 갖지 않는 국민들에게 큰 징벌을 내리는데 그것은 국민들 자신보다 못한 사람이 지배자가 되고 우리가 그 사람의 지배를 받는 불행을 가져온다."고 경고했다.

어쩌면 지금 박근혜-최순실 게이트를 빗댄 말로도 들린다. 가슴을 찌를 정도로 매서운 말이다. 정치는 지금 내가 살고 있는 우리 사회의 문제요, 나 개인의 문제와 밀접하게 연결되어 있다. 이것이 우리가 정치에 관심을 가져야 하는 이유이다.

정치政治는 '바르게 다스리다, 바르게 처리하다.'라는 말이다. 집 안의 물건들을 정리정돈하는 것은 살림이고, 국가의 모든 기관, 기업, 사람들을 정리정돈하는 것이 곧 정치다.

한마디로 정치란 우리 사회의 다양한 계층의 이해관계를 조정하고, 어떤 문제가 발생했을 때에는 신속하게 대화를 통해 평화적으로 갈등을 해결하기 위한 시스템이라고 할 수 있다.

또 정치政治란 올바른 다스림이기도 하지만 올바르지 않으려는 움직임을 올바르도록 만드는 일이다. 정政은 '바름正에서 삐뚤어짐을 바로잡음'을 뜻한다. 치治는 '물水의 넘침에 의한 피해를 잘 수습한다.'는 뜻으로 '다스림'을 의미한다. 그러므로 정치는 올바름을 유지하는 것이 아니라, 올바름에서 흔들리는 부분을 찾아 막아내는 일이라고 볼 수도 있다.

특히 동양에서의 정치는 다른 말로는 수기치인修己治人이라 하였다. 자신을 닦은 후 남을 돕는다는 것이다. 정치가는 먼저 자신의 부정적인 측면을 다스려 극복한 후, 그것을 바탕으로 다른 사람의 어려움과 곤란함, 부조화한 면을 제거하는 것을 도와줄 수 있는 사람이라고 정의해 왔다.

인간은 언제나 흔들림의 유혹을 받는다. 조그만 힘이라도 있으면, 그것을 이용해 올바름에 벗어나려고 한다. 그래서 정치가 생겨난 것이다. 정치는 힘으로 올바르지 못한 일들을 해내는 것이 아니다. 정치를 통해 올바르지 못함을 만들어내고 있다면, 그들은 정치를 하는 사람들이 아니라, 정치(올바름을 지키려는 행동)에 의해 제거되어야만 하는 대상들이다.

그런데 정치란 때때로 우아하지 않다. 틀림없이 될 것 같은 일도 때론 안 된다. 모두들 안 된다고 한 일이 이루어지기도 한다. 순리로 토론하기보다는 힘으로 밀어붙인다. 치사한 술수를 쓰고 주먹다짐도 한다. 때론 국가가 국민에게 도박을 권장하기도 한다. 로또를 비롯한 각종 복권 사업이 여기에 해당한다.

현실이 이런데도 사람들에게 정치 얘기를 꺼내면 대답을 회피하거나 귀찮아한다. 그깟 것 정치에 관심 가져서 밥이 나오냐, 돈이 나오냐는 식이다. 이는 정치가 무엇인지 알지 못하거나 알려고 하지 않는 사람들의 생각이다. 정치에 대해서 잘 알지 못하는 것보다 그것에 대해서 한 번도 사유하지 않은 이들은 분명 문제를 안고 있다.

적어도 각자가 정치를 이해하는 방법론을 가질 필요는 있다. 그럼에도 어떤 이들은 이런 중요한 문제를 애써 외면한다. 그냥 돈만 벌어서 재미있게 살려는 생각뿐이다. 돈을 버는 것은 개인의 능력이지만 돈도 정치와 관련성이 있다.

우리는 생존에 가장 필수적인 호흡만큼이나 정치라는 관념 속에 살고 있다. 자신이 의식하든 의식하지 않든 간에 정치는 항상 인간의 생존과 더불어 함께하고 있다.

대학등록금이 정치고, 비정규직보다는 정규직이 되기를 원하는 것도 정치고, 아파트값이 오르내리는 것도 정치고, 결혼 비용과 데이트 비용 고민도 정치고, 지하철과 시내버스 요금 오르는 것도 정치인데, 왜 정치 얘기를 하지 말라고 하는지 모르겠다. 따지고 보면 우리 일상 모든 것이 다 정치다. 따라서 우리는 정치에 지대한 관심을 가져야 한다. 그리고 자신의 정치적 견해를 당당히 밝혀야 한다. 그래야만 우리의 삶과 정치 발전에 도움이 될 수 있음은 물론 이번 대통령 선거에서 능력 있는 대통령을 뽑을 수가 있다.

「새만금일보」(2017. 3. 7.)

* 플라톤은 정치에 관심을 갖지 않으면 국민들 보다 못한 사람이 지배자가 되고 그 사람의 지배를 받는 불행을 가져 온다고 경고했다. 정치는 사회라는 전체적인 조직의 한 부분으로서 이 땅에 존재하기 위한 권리이자 의무이다. 국민들이 정치에 관심을 갖게 된 이유도 여기에 있다.

촛불과 태극기의 극한 대립

지금 주말마다 도심 광장에서는 촛불과 태극기의 세 대결이 격해지고 있다. 촛불은 국정농단 사태를 만든 주역들을 성토하며 나라를 비정상적으로 운영한 박 대통령을 탄핵하라고 외친다. 태극기는 보수세력의 몰락에 대한 불안과 기득권을 놓치지 않겠다며, 이 나라를 좌파에게 맞길 수 없기에 박 대통령을 지켜내자며 탄핵 기각을 외친다. 양측 이념이 확연히 다르다. 우리 사회를 누가 옳고 그른지를 판단할 수 없는 얼굴 없는 대중이 지배하는 사회로 변질시키고 있다.

어쩌다 우리 사회가 이토록 사회갈등과 국론분열로 치닫는지 우려스럽다. 더욱 걱정스러운 것은 탄핵 반대 측의 극단적인 주장과 선동이다. 탄핵기각국민총궐기운동본부(탄기국)는 야권 정치인들을 '종북'

'빨갱이'로 몰아붙이는가 하면 헌재 탄핵 결정에 불복하겠다는 뜻을 공공연히 내비쳤다. 한때 국정농단 사건에 대해 반성하고 자숙하는 듯했던 친박 의원들은 '탄핵심판 중단' 구호를 외치며 불복 움직임을 노골적으로 자극했다.

매주 주말마다 벌어지는 촛불과 태극기 집회, 앞으로 어떤 불상사가 벌어질지 모른다. 주말마다 경찰은 양측의 충돌을 막기 위해 차벽을 치고 행진 방향을 분리하며 경계를 하고 있지만 안심할 수 없다. 헌재 탄핵 선고가 임박하면서 양측 갈등은 더욱 치열하다. 극단적 시위꾼에 의한 것이겠지만 횃불과 야구방망이, 낫, 휘발유가 등장하고 심지어 살해와 테러 협박이 난무하고 있다. 사소한 충돌이 자칫 엄청난 불상사로 이어질 수 있는 위험한 상태다. 이러다 나라가 어디로 갈지 정말 개탄스럽다.

촛불과 태극기, 이는 보수와 진보, 여와 야의 이념 대결이 아니다. 촛불이 이뤄낸 탄핵을 사회개혁, 국가개조의 출발점으로 삼자는 세력과 이를 막으려는 수구 기득권 세력이 광장에서 만났을 뿐이다. 촛불은 무너진 민주공화국을 복원하고 잘못된 정치 문화 풍토를 바로잡자는 것이다. 광장과 법정에서 "빨갱이는 죽여도 된다." "시가전이 벌어지고 아스팔트를 피로 물들일 것."이라는 섬뜩한 말들은 협박과 선동이다. 이는 깡패들이나 하는 짓이다. 깡패의 특징은 폭력이다. 폭력은 민주주의와 인권의 적이다.

며칠 전 헌재에서 박근혜 대통령 탄핵심판 최종 변론이 끝났다. 국회 탄핵소추위원단은 "국민주권주의에 입각해 헌법을 위반한 박 대통령을 단호히 파면해야 한다."고 최후 진술을 했고, 대통령 측 대리인단은 "탄핵 소추 사유를 입증할 증거가 없으므로 탄핵 심판을 기각해야 한다."고 맞섰다. 80여 일간의 기나긴 변론이 끝나면서 이제 헌재의 최종 심판만을 남겨 뒀다.

이제 공은 헌법재판소로 넘어갔다. 8인의 재판관에 의해 박근혜 대통령의 운명이 달려 있다. 죽느냐 사느냐 그것이 문제로다. 박 대통령은 피 말리는 긴장 속에서 헌재 판결 결과를 초조하게 기다리고 있을 것이다. 헌재는 이정미 재판관 퇴임 전인 3월 13일 전에 최종 결정을 내릴 것으로 예상된다. 헌재가 국회의 탄핵소추에 대해 인용할지, 기각할지, 지금은 누구도 알 수 없다. 그 무엇도 확실한 건 없다. 국민들은 마음속으로 저마다 탄핵 여부에 대한 판단을 하고 있을 것이다.

다만 그동안 특검 수사와 헌재 증언을 종합하면 탄핵 사유는 충분히 입증된 것으로 보인다. 대통령이 주권자가 위임한 권력을 비선인 최순실 씨 등에게 함부로 넘기고, 심지어 최 씨의 사익 추구에 협조하고 관여한 이들의 증언과 제출된 증거 등을 통해 사실로 확인됐다. 한국사회여론연구소의 조사 결과 응답자의 78.3%가 탄핵 인용에 찬성한 것을 보면 다수 국민의 보편적 정서는 탄핵 인용에 있다고 할 수 있다.

헌재는 오직 사심 없이 나라와 국민을 보고 판결해야 한다. 우려되는 것은 탄핵 찬반 세력들이 각기 자기 뜻이 관철되지 않으면 혁명과 폭동 운운하고 있어 한바탕 전쟁이 일어날 듯한 기세다. 판결이 어떤 식으로 나든 국가가 큰 혼란에 휩싸일 것 같다. 국론이 분열되면 나라가 위기에 처한다. 나라가 위기에 처하면 정치 · 경제 · 사회 · 문화 등 모든 분야에서 작동이 멈춘다. 그러면 국가 기능은 마비되고 삶은 고통으로 이어진다. 국민 모두가 국가의 안위를 위해 마음을 하나로 통합하자. 탄핵이 인용되든 기각되든 결과에 깨끗이 승복할 줄 아는 성숙한 국민의 모습으로 서로 화합하자.

『전민일보』 (2017. 3. 3.)

---

* 박근혜 탄핵정국에서 가장 주목받은 건 역시 촛불집회였다. 하지만 '태극기 부대'로 불리는 보수층 집회도 만만치 않았다. 그런데 양 진영 주 구성원의 나이대가 다르다 보니, 시간이 갈수록 '세대 간 갈등론'으로 번지는 양상을 보였다. 서로를 혐오하는 극단적 표현까지 등장하는 등 세대 갈등의 민낯이 여지없이 드러났다.

무모하고 잔학한 김정남 암살사건

김정남 암살사건이 북한의 소행으로 확인되고 있다. 말레이시아 경찰은 이번 사건에 연루된 용의자 5명이 모두 북한 국적이라고 밝혔다. 검거된 1명을 제외하고 나머지 4명은 사건 직후 출국했다고 밝혔다.

특히 북한으로 달아난 용의자 4명 외에 주말레이시아 북한 대사관 2등 서기관과 고려항공 직원이 김정남 암살사건에 연루됐다고 발표했다. 이복형 암살에 외교관까지 동원했다는 사실 자체가 충격적이다. 그런데도 북한은 모든 혐의를 전면 부인하고 있다. 오히려 말레이시아 주재 강철 북한 대사는 이번 김정남 암살의 배후엔 한국이 있다고 궤변을 늘어놓았다. 급기야 말레이시아 문화관광부 장관이 북한은

도 넘은 깡패국가라고 강도 높게 비난했다. 자신들이 사주해서 저지른 살인을 남에게 떠넘기고 있으니 기가 막히고 코가 막힐 따름이다.

김정남 피습 장면이 고스란히 담긴 쿠알라룸푸르 국제공항의 CCTV 동영상을 보면 김정남이 흰 옷을 입은 여성에 의해 뒤쪽에서 갑자기 입 부위를 손으로 틀어 막히는 장면이 나온다. 김정남은 그 직후 공항 직원을 찾아가 피습을 받은 상황을 이야기하고 공항 내 의무실로 안내를 받아 이동하는 모습까지 동영상에 담겨 있다. 의무실까지 멀쩡히 제 발로 걸어들어 간 직후 김정남은 소파에 누워 정신을 잃었고 곧 병원으로 이송 중 숨졌다고 말레이시아 경찰은 밝혔다.

백주에 벌어진 김정남 암살은 충격적이다. 북한 정권의 호전성에 소름이 돋는다. 도대체 김정남을 제거하라고 지시한 자는 누구인가. 북한 최고 권력자 김정은으로 추정된다. 왜, 이 시점에서 김정남을 죽여야만 했는가? 김정남은 아무 권력이 없는데다 외국에서 떠돌이 생활을 하고 있는데도 두렵게 느껴진 이유는 무엇인가? 아마 김정남이 김정일의 장남이란 신분으로서 갖는 존재감 그 자체가 아닐까? 김정은에게는 김정남 생존이 어쩌면 핵보다 더 무서운 대상이었는지도 모른다. 북한 정권은 수령 유일체제란 특수한 구조로 유지되기에 김정은으로선 언제든 기회만 되면 김일성의 장손인 김정남을 제거할 필요가 있었던 것이다. 그래도 그렇지, 아무 힘도 없고, 죄도 없는 자기 형을 살해하는 건 스스로 인간이기를 포기한 금수다. 그의 포악한 성격에 또 한 번 전율이 느껴진다.

생명은 두 개 있는 게 아니다. 나에게 주어진 목숨은 단 하나밖에 없다. 세상에서 가장 귀한 것은 사람의 목숨이다. 그래서 한 목숨, 한 생명이 태어나는 날과 죽는 날은 귀하게 여겨진다. 태어나는 날은 생일, 즉 생이 시작된 날이라 하여 가족과 친구들이 모여 생일 파티를 열어준다. 모두가 그 날을 축하해준다.

모든 생명체는 숨통이 끊어짐과 동시에 영원히 회생하지 못한다. 하나밖에 없는 생명은 우주하고도 바꿀 수 없는 귀한 존재다. 그런데 하나밖에 없는 생명을 억지로 죽였다면 그 죗값은 얼마나 될까?

사람이 사람을 죽이는 것처럼 큰 죄는 없다. 『성경』에도 "생명을 죽인 죄는 아주 큰 죄로, 살인한 다음에는 돌이킬 수 없다. 곧 그 생명을 다시 살릴 수 없다. 사람이 범죄한즉 땅도 저주를 받고 사업에도 저주가 미친다."고 기록되어 있다.

김정남은 후계구도에서 밀려난 뒤 비운의 황태자로 불리며 마카오 · 중국 · 인도네시아 · 말레시아 · 싱가포르 · 홍콩 등을 전전하며 떠돌이 생활을 해왔다. 암살설, 망명설 등이 워낙 여러 번 돌았기 때문에 그의 신변은 국제적 관심사였다. 북한이 그를 죽이려 해도 큰 부담이 따를 수밖에 없는 상황이었다. 그런데도 김정남은 결국 이국땅에서 암살당했다. 김정은 정권의 광기가 어느 정도에 이르렀는지를 단적으로 보여주는 사건이다.

김정남을 만나봤던 사람들은 그가 평범한 인간이었다고 말한다. 무엇보다 김정남은 고향 생각에 울고 어머니를 걱정했다고 한다. 2010년 마카오에서 김정남을 처음 만나 친분을 쌓았던 한 한국 여성은 그가 나훈아의 「고향으로 가는 배」를 열 번이나 부르고, 노래가 끝나자 눈물을 쏟았다고 회고했다. 좋아하는 음식으로 '닭발'을 꼽고, 마카오의 한국 식당에서 주로 소주에 삼겹살을 먹었다는 김정남. 그는 해외를 떠돌며 한 많은 삶을 살다 46세의 나이로 이국땅에서 비참하고 쓸쓸한 죽음을 맞이했다.

『전북매일신문』 (2017. 2. 27.)

* 2017년 2월 13일 김정남이 말레이시아의 쿠알라룸푸르 국제공항에서 VX 독극물에 의해 살해된 사건. 이 사건의 직접 범인은 인도네시아 국적의 20대 여성인 시티 아이샤와 베트남 국적의 20대 여성인 도안티흐엉으로 밝혀졌다. 하지만 사건에 연루된 남성들이 모두 북한 국적으로 밝혀지면서 국제사회는 북한에게 응분의 책임을 질 것을 촉구했다.

안희정의 무서운 상승세에 주목한다

요즘 안희정 충남지사가 뜨고 있다. 안 지사가 대권 도전 의지를 피력한 후부터 지지율이 꾸준히 오르더니 최근엔 가파르게 상승하고 있다. 문재인 전 더불어민주당 대표와의 격차를 한 자릿수로 좁히며 턱밑까지 추격하는 양상이다.

『국민일보』가 최근 한국사회여론연구소(KSOI)에 의뢰해 지난 17~18일 전국 성인 남녀 1,013명을 대상으로 차기 대선 후보 지지도를 조사한 결과에 따르면 안 지사는 23.3%의 지지율을 기록, 문 전 대표(31.9%)를 불과 8.6%p 차로 추격한 것으로 나타났다. 이런 식이라면 안 지사가 문 전 대표를 따라잡을 수도 있다는 관측이 나온다. 더불어민주당 문재인 전 대표로서는 바짝 긴장할 수밖에 없는 대목이다.

안 지사의 지지율 급상승 원인은 여럿이다. 정치평론가들은 안 지사의 부상은 중도보수층과 충청권 유권자의 표심 이동이 가장 큰 요인이라고 말한다. 안 지사는 탄핵정국 초입에서부터 다른 야당주자들과는 구별되는 안정적 자세를 유지해왔다. 촛불 열기에도 불구하고 대중에 영합하는 대신 스스로의 신념에 충실했다. 이재명 성남시장은 물론 문 전 대표 등 민주당의 다른 예비주자들과 대조적이다.

안 지사는 자신의 지지율에 대해 "제 철학과 목표가 시간이 지나면서 국민으로부터 이해를 얻고 있기 때문으로 본다."고 말했다. 안 지사의 '사드배치'와 '대연정' 발언이 보수층의 마음을 사로잡은 측면도 있다. 가장 두드러진 강점은 더하기 정치다. 충남지사로서의 행정 경험을 살렸을 뿐 아니라 그의 현실주의적 개혁노선은 때로는 보수적 인식까지 수용한다.

안 지사는 1965년 충남 논산에서 태어났다. 그의 부모는 논산에서 철물점을 운영했다. 안 지사는 고등학교 재학 때 광주 민주화운동에 관여했다는 이유로 제적당한다. 그는 대입검정고시를 치른 뒤 고려대학교 철학과에 입학 후 졸업한다. 안 지사는 반독재 민주화운동 투쟁과 불법정치자금법 위반 등으로 세 번의 옥살이를 했다. 그리고 충청남도지사에 재선되어 지방자치 활성화를 도모하였고 뛰어난 직무 능력을 발휘하였다.

정치인을 지지하는 이유는 사람마다 다르다. 어떤 사람은 진보, 어떤 사람은 보수, 또 어떤 사람은 중도를 선호한다. 그러나 진보나 보수 등 이념 잣대만이 유일하게 올바른 기준은 아니다. 또한 지역이나 연고에 따라 지지한다고 욕할 필요는 없다. 사물을 보는 관점이 다르기 때문이다. 유권자들은 모두 한 마음이 아니라는 것이다. 각자 개인의 정치적 입장이나 경제적 처지, 지역과 종교와 성에 따라 서로 다른 이해관계를 가질 수밖에 없고, 이는 매우 자연스런 현상이다. 정치인은 그런 차이를 동원해 지지로 연결시키는 사람이다. 안 지사는 이런 면이 매우 단련돼 있고, 익숙해 있는 정치인이라고 생각한다. 그가 철학을 전공해서인지는 몰라도 안 지사는 거침없는 달변과 함께 매사 모든 사물을 철학적 사고로 이해하고 판단하는 듯하다. 그런 점이 나는 맘에 든다.

안 지사는 모든 언론 인터뷰에서 "민주주의 철학을 소유하고 있으면서 평화와 통합에 대한 철학을 가진 좋은 사람이 지도자가 돼야 한다."고 밝힌 바 있다. 그는 "20세기까지는 정의와 불의라는 이분법적 사고가 많았지만 21세기는 통합의 철학으로 가야 한다."며 "다름을 정의와 불의의 대립으로 이해하는 게 아니라 각자 존재하는 것 속에서의 요구를 인정해줘야 평화와 통합의 리더십이 나온다."고 설명했다.

물론 일부에서는 안 지사를 '친노 폐족廢族'으로 혹평하기도 한다. 노무현 대통령 만들기의 일등공신으로 30대 후반에 "집권당 사무총장을 하고 싶다."던 지나친 자신감이나 불법 대선자금 수수 혐의로 옥살이까지 했던 전력 때문이다. 그러나 이는 전혀 문제가 되지 않는다. 오히려 안 지사의 '균형감 있는 정치인'으로의 변신은 과거 투사정신을 잊고 온건주의를 표방하는 뜻이기도 하다.

이제 안 지사의 무서운 상승세는 가히 '돌풍'을 넘어 '태풍'급이 됐다. 가히 '안희정 현상'이라고 불릴만하다. 이번 대선이 '문재인 굳히기대 안희정 뒤집기'의 민주당 집안 대결로 좁혀지는 형국이다. 아직

제1야당 경선 결과를 예측하긴 어렵지만, 어떤 경우든 안 지사의 선전善戰은 긍정적이다. 대선 과정은 물론이고, 그 이후로도 안 지사의 행보와 정치 철학에 주목할 필요가 있다.

『전민일보』(2017. 2. 23.)

* 한때 민주당 대권 잠룡의 한 사람이었던 안희정 전 충남지사의 지지율이 급상승했다. 그는 다른 야당주자들과는 구별되는 안정적 자세를 유지해왔다. 그러나 안 전 지사는 지사 재직 중 자신의 여비서를 성폭행한 혐의로 재판에 넘겨져 2019년 9월 9일 대법원 상고심에서 징역 3년 6개월을 선고받고 복역 중이다.

염병하네

“날강도 찜쪄서 안주 삼고, 화냥년 경수 받아 술빚어 먹고, 피똥 싸고 죽을 남원사또 변학도와 사돈해서 천하잡놈 변강쇠 같은 손주 볼 놈”

욕도 잘만 하면 순기능을 발휘한다. 적당한 욕은 긴장을 풀고 해방감을 느낀다. 화가 날 때 욕설을 한바탕 퍼부으면 스트레스가 해소되고, 가슴이 후련함을 느낀다.

홀로 토굴에 살던 시절 법정 스님이 가끔 했다는 욕이 그런 경우다. 특히 판소리에서는 질펀한 욕이 더해져야 맛이 살아난다.

판소리는 한마당에서 펼쳐지는 원맨쇼의 유형이다. 노래와 사설, 그리고 액션까지 소리꾼은 여러 캐릭터로 얘기를 끌고 간다. 그런데 재미난 것은 어김없이 등장하는 욕지거리. 「변강쇠가」는 욕과 음담패설의 최고봉으로 평가된다.

우리는 욕이 일상화된 사회에서 살고 있다. 세상 어디에 가도 욕이 난무한다. 한국만큼 다양한 욕을 가진 나라가 없다고 한다. 전혀 욕이 아닌 문장들만 나열해도 끝에 '-새끼', '-년'을 붙이면 욕처럼 변해버리는 것이 그 증거다. 뿐만 아니라 가까운 친구를 만나서 대화할 때면 으레 '이 자식', '저 새끼', '뭔 놈' 등 욕이 자연스럽게 대화처럼 이어진다.

그런데 언제부턴가 우리는 사람의 '병명病名'이나 동물의 이름을 붙여 욕설을 만들어 사용하고 있다. '개새끼', '개자식' 등이 그것이다.

개는 사람에게 친근한 반려동물인 반면에 인간과 동등한 관점에서 볼 때 비굴하거나 지저분한 행동을 한다. 그래서 개를 사람에게 비유하여 말하면 심한 욕설이 된다. 그런데다 뒤에 '새끼'라는 수식어가 붙기 때문에 '자신은 개의 새끼', '부모님은 개'라는 뜻을 담고 있다.

이렇게 되면 부모님까지 욕을 하는 것이 되기 때문에 굉장히 모욕적인 말이 된다.

우리가 기분이 언짢았을 때 흔히 '지랄하네', '지랄하고 자빠졌네' 라는 욕을 한다. '지랄'은 '간질병'을 일컫는 말이다. 간질이란 뇌의 비정상적인 전기적 방전에 의해 자신의 몸을 순간적으로 조절하지 못하여 일어나는 병이다. 일단 간질병에 걸리면 게거품을 물고 길거리에 쓰러져 해괴망측한 지저분한 행동을 자지러지게 한다.

'문둥이 같은 놈'이란 욕도 그렇다. 문둥이는 '문둥병'을 일컫는 말이다. 요즘은 '한센병'이라 부르지만 예전에는 나병, 문둥병이라고 불렀다. 굳이 어려운 외국 병명을 쓸 이유는 없겠지만, 너무나 혐오스러운 병이다 보니 이미지를 변화시키려고 병명을 바꿔 부르게 되지 않았을까 싶다. '문둥병'은 참으로 무서운 병이다. 피부는 심하게 곪고 얼굴이나 손발은 흉하게 일그러진다. 그래서 '문둥이 같은 놈'이라고 하면 문둥병에 걸리라는 뜻이니 얼마나 지독한 욕인가.

'염병할 놈', '염병할 년'의 욕도 있다. 지방에 따라 '옘병', 또는 '옘병시병', '염병떼병' 등 다양하게 부른다. 이 욕은 주로 전라도에서 사용한다. 시병時病은 때에 따라 유행하는 상한傷寒이나 전염성 질환을 말한다.

'떼병'은 집단 발병을 의미한다. 따라서 염병染病이란 장티푸스나 전염병을 나타내는 말인데, 장티푸스는 티푸스균이 창자에 들어가 일으키는 급성전염병이다. 고열, 설사, 두통, 식욕부진, 장출혈, 뇌증腦症 따위의 증세가 나타나는데, 옛적에는 이 병으로 많은 사람들이 죽었다. 과거 많은 사람들이 이 병마에 시달렸고, 얼마나 무서운 병이었으면 이 병을 빗대 욕설까지 남겼을까. '염병하네', '염병하고 있네'….

우리는 욕을 잘하는 민족이다. 우리가 비록 욕 잘하는 민족이라지만 욕에는 적잖은 해학과 정감이 들어 있을 뿐 아니라 시원한 카타르시스를 느낀다.

해학과 연민, 인간에 대한 애정과 애증이 물씬 묻어 있는 욕설, 우리네 삶 그 자체가 욕설이라고 해도 과언이 아니다.

비선 실세 최순실 씨가 최근 특검 출석 차 호송차에서 내려 엘리베이터로 걸어가면서 "자유민주주의 특검이 아니다." "강압수사를 받고 있다." "박 대통령하고 공동 죄임을 밝히라고 자백을 강요하고 있다."

"너무 억울하다." "어린 손자까지 멸망시킨다."는 등 고래고래 소리를 질렀다.

이를 지켜본 60대 청소노동자 임 모씨가 "염병하네, 염병하네, 염병하네."라고 세 번 꾸짖었다. 답답한 가슴으로 지켜보던 시민들은 "최고의 사이다 발언" "국민 대변인"이라며 호응했다. 임 씨는 언론 인터뷰에서 "최순실 하나 때문에 나라가 난리인데 어이가 없어 그 말(염병하네)이 나왔다."고 했다.

최 씨의 언행이 오죽 가관이었으면 그랬을까 싶다. 청소 아주머니의 '염병 삼창'은 욕이 아닌 민심이 응축된 '분노의 폭발'이었다.

「새만금일보」 (2017. 2. 6.)

* 2017년 1월 25일 비선실세 최순실은 박영수 특검팀에 강제 소환됐다. 이날 최순실은 소송차에서 내리자 마자 "여기는 더이상 민주주의 특검이 아니다. 너무 억울하다. 자백을 강요받고 있다." 등 소리를 지르는 뻔뻔함을 보였다. 마침 그런 모습을 본 특검팀 사무실 청소 노동자인 임 씨가 "염병하네."라고 맞받아친 모습이 언론에 포착돼 임 씨는 유명세를 탔다. '사이다' 발언이었다는 것.

내 유년의 설날 추억

민족의 대명절 설날이 코앞으로 다가왔다. 깡촌에 살던 나의 유년 시절, 설날 며칠을 남겨놓고 열심히 손가락을 꼽았다.

하나, 둘, 셋, 넷, 다섯. 다섯 밤만 자면 설날이다. 다음 날 다시 손가락을 꼽았다. 하나, 둘, 셋, 넷. 네 밤만 자면 설날이다.

다음 날도, 그다음 날도, 그렇게 손가락을 꼽다가 설 하루 전 섣달 그믐날이 되면 이제 한 밤만 자면 설날이라는 들뜬 마음에 잠을 쉽게 이룰 수가 없었다.

무엇보다 음력 섣달 그믐밤에 잠을 자면 눈썹이 하얗게 된다는 말에 바짝 긴장하여 밤을 지새우기도 했다. 이런 속설은 이날 밤만큼은 잠을 자지 말고 음식을 장만해야 하고, 귀한 손님이 오면 마중을 나가야 된다는 맥락으로 이해된다. 만약 누군가 잠이 들면 그의 눈썹에 떡가루를 칠해놓고 눈썹이 하얗게 변했다고 놀리곤 했다.

설 전날 가마솥에 군불을 지펴 물을 데운 다음 그 물을 대야에 받아 손발의 묵은 때를 돌로 문질러 벗겨냈던 일이 있다. 목욕탕이 없는 산골에서 이러한 목욕 방식은 거의 집집마다 행해졌다. 또 설 며칠 전 할머니가 사다 준 운동화를 신고 잠시 밖에 나가 놀다 돌아와서 다시 운동화 밑바닥을 물로 씻고 걸레로 닦아 신문지에 싸서 장롱 속에 모셔놨던 일도 있다. 이런 가난한 시절의 빛바랜 추억은 이제 먼 옛이야기가 되고 말았다.

그리고 당시 섣달 그믐날 밤이면 농악단이 동네 집집마다 돌며 굿을 쳤다. 묵직한 울림으로 다가오는 농악 소리는 온 동네가 떠나갈 듯 요란했다. 그 굿판의 꽁무니를 관솔불(송진이 엉킨 소나무 가지)을 치켜들고 칠흑의 어둠을 가르며 또래 수십 명과 소리 지르며 따라다녔다. 그믐밤 어쩌다 눈이라도 내리면 마음이 들떠 더욱 신명이 났다. 전기가 들어오지 않아 호롱불을 켜고 살았던 깡촌에서 동네 친구들과 어울려 밤새 굿판을 따리다녔던 추억이 주마등처럼 떠오른다.

어린 시절 손가락을 꼽으며 설을 기다렸던 이유는 다른 데 있지 않다. 여러 가지 맛있는 음식을 많이 먹을 수 있다는 점과 새 옷을 입는다는 기쁨 그리고 부모님이니 웃어른께 세뱃돈을 받을 수 있다는 소망 때문이었다.

가슴 설레던 설날 아침이면 가장 먼저 떠오르는 게 세배다. 세배는 새해를 맞아 부모님이나 웃어른께 인사를 드리는 것으로 우리 민족 세시풍속의 하나이다. 내가 초등학교 때 친구들과 집집마다 세배를 다니던 기억이 새롭다.

부잣집을 가장 먼저 찾아가 세배를 하기도 했다. 그래야 세뱃돈을 많이 받을 수 있으니까. 설빔을 곱게 차려 입고 어른들을 찾아다니며 세배를 하고 새해에도 건강하시고 복 많이 받으시기를 기원한다. 그러면 어른들은 맛있는 음식을 한상 가득 차려주고 "많이 먹어라. 나이가 몇이고 뉘집 아들이냐, 공부 잘해라."는 등의 덕담을 해주곤 했다.

세배를 하면 어김없이 세뱃돈이 쥐어졌다. 그 당시(1960년대 후반) 세뱃돈으로 1원짜리 동전 몇 개, 조금 여유 있으면 10원짜리 지폐를 주기도 했다. 당시 1원이면 왕사탕 5개를 주었으니 10원의 가치는 상당히 컸었다. 웃어른께 세배를 하고 세뱃돈을 받을 땐 설날이 그 어떤 날보다 행복하게 느껴졌던 유년의 추억. 하루 종일 세뱃돈으로 모은 몇십 원, 그 돈을 나만 아는 은밀한 곳에 꼭꼭 숨겨놓고 하루에도 몇 번씩 꺼내 세어보곤 했던 빛바랜 추억이 그립다.

명절과 가족 그리고 정情으로 대변되는 이 감정의 편린은 몇십 년을 두고 소중히 간직해온 것이기도 하다. 나쁜만은 아닐 것이다. 이런 어린 시절 명절의 설렘과 기다림은 누구에게나 좋은 추억으로 자리잡고 있을 것이다. 요즘 명절은 그런 시골의 향수가 없어 아쉬움이 많다. 그렇다고 사라지는 풍속을 억지로 살리려고 애쓸 필요는 없다. 시대의 흐름에 따라, 생활방식의 변천에 따라 없어지기도 하고 새로 생기는 것이 문화다. 다만 오랜 세월 이어온 설 풍습이 오래오래 한민족의 전통으로 남아 있기를 바랄 뿐이다.

올해 설은 유난히 썰렁하다. 대통령 탄핵정국으로 인해 나라가 혼란에 빠지고, 가뜩이나 어려운 경기침체가 장기화되면서 사는 게 더욱 힘들어진 탓에 귀성을 포기하는 사람이 늘어나고 있기에 그렇다. 그래도 설이다. 일상의 궤도에서 벗어나 고향으로 달리는 마음은 어느 때보다 넉넉하고 따뜻하다.

세상이 꽁꽁 얼어붙는다 해도, 치솟는 물가에 서민들의 고충은 더해만 가도 사람들은 새해 선물 보따리를 싸들고 고향으로 향한다. 그곳에는 부모님과 친지들이 있고 언제나 포근하고 정다운 고향이 있기 때문이다.

『전민일보』 (2017. 1. 26.)

궤변으로 일관한 최순실

지난 16일 헌법재판소에서 박근혜 대통령 탄핵심판 5차 변론이 열렸다. 그런데 이날 증인으로 나온 최순실 씨의 증언 태도는 실망스럽기 짝이 없다. 최 씨는 국회 소추위원단 질문에 '모른다'. '말하기 어렵다'. '기억 안 난다'. 등으로 부인하거나 모르쇠로 일관했다.

가끔 "유도성 질문 마라."라며 화를 내는가 하면 세월호 참사 당일 기억에 대해선 "어제 오늘도 기억이 안 난다."고 했다.

특히 검찰 수사와 국회 청문회, 특별검사팀 수사로 드러난 사실까지 부정했다. 손바닥으로 하늘을 가리는 짓이나 다름없다. 오죽했으면 한 신문은 최 씨가 이날 증언에서 '모른다'.는 말을 130번 넘게 했고, '기억이 안 난다'. '아니다.' 라는 답변은 각각 50차례와 30차례를 넘었다고 보도했을까.

최 씨는 "미르 · K스포츠재단은 각각 차은택, 고영태 씨가 만든 것"으로 "이들을 약간 도왔을 뿐 설립과 운영엔 간여하지 않았다."고 주장했다. 모든 책임을 차 씨, 고 씨에게 떠넘겼다. 박 대통령은 최 씨에게, 최 씨는 차 씨와 고 씨에게, 또 차 씨와 고 씨는 다시 최 씨에게 서로 책임을 핑퐁 게임을 하듯 떠넘기는 형국이다.

최 씨는 또 "청와대에 출입한 적이 있느냐."는 국회 측 대리인단의 질문에 "출입한 적이 있다."고 답했지만 출입 횟수에 대해서는 "기억이 나지 않는다."고 했다. 출입 사유에 대해서는 "사생활이어서 말하기 곤란하다."고 답변을 피했다.

최 씨는 청와대 문서유출과 지인의 공무원 임명 등 '국정농단'도 모두 부인했다. 그는 "정호성 전 청와대 비서관이 메일과 인편으로 문서를 보내와 수정해 보낸 적은 있다."면서도 "고위 공직자 인사안은 모르겠고 연설문의 감성적 표현만 봤다."고 말했다. 이는 "일부 연설문이나 홍보물도 표현 등에서 도움받은 적이 있다."는 박 대통령의 해명과도 일치한다.

반면 최 씨는 박근혜 대통령에 대해서는 "국정철학을 분명히 갖고 계셨다." "사심이 없는 분" "정호성 비서관과 메일을 공유한 사실을 박 대통령은 몰랐을 것"이라고 했다. "박 대통령과 경제적 이해관계를 같이한 적이 있느냐."는 대통령 대리인단의 질문에 "전혀 없다."고 주장, 박 대통령의 뇌물 혐의 여건을 필사적으로 막으려는 모습이었다.

지난 몇 달간, 이 나라에선 거짓말의 향연이 펼쳐졌다. 마치 거짓말 올림픽이라도 열리는 듯했다.

거짓말에 밥 비벼 먹고, 거짓말에 물 말아 먹고, 거짓말에 술 빚어 먹고, 거짓말에 취해 사는 사람들…. 박근혜 대통령, 우병우 전 민정수석, 김경숙 전 이화여대 학장, 조윤선 문화체육관광부 장관, 김기춘 전 비서실장 그리고 최순실과 그의 딸 정유라까지….

최순실 씨는 모르쇠, 잡아떼기, 궤변의 명수다. 뻔뻔하기가 상상을 초월한다. 얼굴이 철판보다 더 두껍다. 자신에게 불리한 질문에는 철저히 잡아떼고 유리한 질문은 적극 해명하고 옹호하니 그의 이중성에 혀를 내두를 지경이다. 어쩌면 그리 철저하게 두 마음을 가졌는가. 그는 마치 거짓 세계에서만 살아온 사람처럼 느껴진다. 최 씨의 그간 태도로 볼 때 예상했던 일이지만 그의 모르쇠, 잡아떼기는 국민의 분노를 자아내기에 충분했다. 정말 그가 옆에 있었다면 그냥 귀빵이라도 한 대 치고 싶은 생각이 굴뚝같다.

이 같은 최 씨의 후안무치한 태도와 앞뒤 안 맞는 답변은 국민을 농락하고 우롱하는 행위임에 틀림없다. 스스로 잘못을 뉘우치고 보고 들은 바를 소상히 밝혀야 마땅하지만, 그는 아무런 잘못이 없다는 듯 시종 목소리를 높이고 오만한 모습을 보였으니 기가 막힐 노릇이다. 도대체 뭘 믿는 구석이 있어 이리 당당한지 묻지 않을 수 없다.

최순실, 그는 아무리 봐도 희한한 사람이다. 어떤 죄책감도 느끼지 못하는 것 같다. 반성의 기미는커녕 오히려 자신이 왜, 구치소에 와 있는지 모르겠다는 생각을 하고 있는 괴팍한 성격의 소유자 같다. 정말 최 씨를 생각하면 하루에도 몇 번씩 속이 부글부글 끓는다.

최 씨는 키도 작고 왜소한 여자로 알려졌다. 그냥 평범한 아줌마다. 이런 볼품없는 여자에게 나라가 휘둘려서 쑥대밭이 됐다니, 생각할수록 울화통이 치민다.

그러나 최 씨가 아무리 거짓말을 하고 잡아떼도 자신의 양심은 결국 속일 수가 없고 언젠간 다 탄로나게 돼 있다. 그가 거짓말을 할수록 국민의 분노는 극에 달하고 도저히 용납할 수 없는 지경이라는 점을 잊어서는 안 된다.

『전민일보』 (2017. 1. 20.)

* 국정농단의 주범 최순실 씨가 헌법재판소에 박근혜 대통령 탄핵 심판 증인으로 나와 각종 의혹에 "모른다. 기억이 없다."며 모르쇠와 잡아떼기로 일관했다. 최 씨는 후안무치한 태도와 앞뒤 안 맞는 답변으로 국민과 헌법기관을 농락했다. 자신에게 불리한 질문에는 철저히 잡아떼기로 맞섰다. 때로는 누가 증인이고, 누가 심문하는 사람인지 모를 정도로 당당하기까지 했다.

괴테가 사랑한 여자들

괴테는 독일이 낳은 천재 시인이다. 영국에 셰익스피어가 있다면 독일엔 괴테가 있다. 괴테는 모든 걸 다 갖춘 사람이다. 그는 시인인 동시에 극작가, 정치가, 과학자, 변호사였으며, 바이마르공화국의 재상(총리)이었다. 뿐만 아니라 생물학자, 경제학자이며 자원과 에너지 정책의 총 책임자 동력자원부 장관이었다.

독일문학의 거장 요한 볼프강 폰 괴테. 그는 1749년 8월 28일 마인 강변의 프랑크푸르트에서 태어나 1832년 3월 22일 83세의 나이로 바이마르에서 생을 마쳤다. 아버지 요한 카스파 괴테는 38세, 어머니 엘리자베트 텍스토르는 17세가 되던 해인 1748년에 결혼했고, 이듬해인 1749년 첫아들 괴테를 낳았다.

괴테 아버지와 어머니는 자그마치 21년의 나이 차이가 난다. 이를 두고 어느 교수가 대학 강의시간에 천재 자녀를 원하면 부부의 나이 차가 적어도 20년은 되어야 한다는 농담이 오갈 정도라고 했다.

괴테는 다재다능한 사람이었지만 그도 한 가지 흠은 있었다. 바로 화려한 여성편력이다. 영웅호색이라고 하던가. 한마디로 괴테는 지독한 바람둥이였다. 괴테의 인생에서 중요한 영향을 끼친 여성은 5명이요, 괴테가 사랑하고 흠모했던 여성은 9명이다. 이처럼 공개된 여자만 14명이지 실제 괴테를 스쳐간 여성이 몇 명인지는 괴테 자신만이 알 것이다. 대체 괴테는 몇 명의 여자를 사랑하게 된 걸까.

일반적으로 많은 여성을 만나는 남성에게는 바람둥이라는 호칭이 붙는다. 게다가 유부녀를 사랑한다면 더욱 그렇다. 하지만 세간의 비난을 받는 사랑도 예술가에게는 좋은 작품이 탄생하는 원동력이 되는 듯하다. 괴테를 두고 한 말이다.

괴테에게서 여성을 빼면 작품을 말하기 어렵다. 그의 마음을 흔들었던 흔적들은 작품에 고스란히 남아 있다. 그러나 그의 위대한 작품 덕택에 평생 그가 갖고 있있던 바람기는 그리 흠이 되어 보이진 않는다.

괴테의 첫사랑은 그가 13~15세 무렵 첫눈에 반한 그레트헨이다. 술집 심부름을 하는 여성이었는데, 자서전 『시와 진실』에서 "믿을 수 없을 정도로 아름다웠다."고 묘사했다.

『파우스트』에서는 늙은 학자 파우스트가 악마의 유혹으로 젊어지는 약을 먹고 회춘해 그레트헨이라고 하는 소녀와 사랑에 빠지게 된다. 그녀와 사이에서 일어나는 극적인 사건들이 파우스트 1부의 내용이다.

괴테가 19세 때 자기 어머니의 친구인 26세의 연상 수산나 폰 클레텐베르크를 좋아했다. 어머니 친구를 좋아하다니, 이해하기 어렵다.

클레텐베르크는 깊은 신앙심을 갖고 살아가는 독신 여성이었다. 괴테가 중병에 걸려 라이프치히대학에서의 학업을 중단하고 고향에 돌아와 힘들어할 때 정신적으로 큰 도움을 줬다고 한다.

괴테의 대표작 중 『젊은 베르테르의 슬픔』이 있다. 독일 문학계의 낭만주의를 제대로 보여주는 고전이자 면도칼처럼 서슬 퍼런 연애소설이며, 가장 슬픈 러브스토리다.

이 작품은 괴테의 경험을 바탕으로 썼다. 이 소설에서 로테의 검은 눈동자가 나오는데, 그는 괴테가 사랑한 '막시밀리아네'이다.

괴테의 놀라운 여성편력은 끝이 없다. 1823년 여름, 74세의 괴테는 부인과 사별 후 이제 겨우 19세인 울리케 폰 레베초프에게 청혼을 한다. 둘 사이에는 무려 55년의 어마어마한 생물학적 시간차가 존재했다. 할아버지와 손녀 사이라고 해도 과언이 아니다. 당시 괴테의 아들은 청혼에 대해 고민하는 괴테에게 무척 화를 내며 반대했다고 한다.

이러한 괴테의 청혼에 황당한 울리케 어머니는 인근 도시 까를로비바리로 이사를 가버렸다. 하지만 울리케에 대한 사랑 열병은 식을 줄 몰랐다.

괴테는 그곳까지 찾아가 울리케를 볼 수 있게 해달라고 애걸했지만 결국 둘 사이의 사랑은 슬픈 이별을 고하는 것으로 끝을 맺는다.

그러나 괴테의 총애를 받았던 울리케의 운명은 의외로 박복했다. 그는 아주 매력적인 여성으로 성장, 뭇 남성들의 구애를 받았지만 이를 한사코 거절했다. 울리케는 무슨 한이 있었는지 평생을 독신으로 외롭게 살았다고 한다.

달콤하게 사랑을 속삭이는 괴테의 영혼의 포로가 된 것일까. 이루지 못한 둘의 애틋한 사랑은 그렇게 문학 속에서, 사람들의 마음속에서 불멸의 전설이 됐다.

『새만금일보』(2017. 1. 17.)

여자들은 왜 명품 가방에 집착할까

남녀 두 쌍이 서로 마주보며 걸어가면 남자들은 맞은편 여자를 훔쳐보는데, 여자들은 여자들끼리 곁눈으로 째려본다. 본능적인 질투심이 발동하기 때문이다. 이때 여자들은 건너편 여자의 외모와 허리 굵기 등을 죽 훑은 뒤 핸드백과 옷차림새, 구두, 액세서리를 탐색한다고 한다. 얼굴 생김새와 몸매는 그렇다 치고 핸드백은 왜 살피는 걸까.

여성 필수용품 가운데 '핸드백'을 빼놓을 수 없다. 여자들은 외출을 할 때면 항상 핸드백을 소지하고 나간다. 시내 어디서든 여성을 만나면 손에는 으레 핸드백이 쥐어져 있다. 마치 전쟁터에 나가기 전에 무기를 들고 나가지 않는 병사가 없듯이 여자는 외출을 할 때 반드시 핸드백을 챙긴다. 도대체 핸드백에 뭐가 들어 있기에, 그 속에 뭘 넣고

다니기에 여자들은 그토록 핸드백에 집착하는가. 그렇다고 핸드백 속을 보여달라고 할 수도, 핸드백을 빼앗아서 내용물을 확인할 수도 없다.

40년 전의 일화가 생각난다. 어느 여름날 나는 사귀던 여자와 전주 덕진공원을 산책하고 있었다. 공원을 한 바퀴 돌고 입구 쪽으로 걸어 나오고 있을 쯤, 여자가 화장실에 가고 싶다고 해서 화장실 입구까지 가줬다. 여자는 화장실에 들어가기 전 내게 자신의 핸드백을 잠시 맡겼다. 나는 핸드백을 들고 있다가 그만 호기심이 발동하여 핸드백을 몰래 열어보았다. 핸드백 속엔 화장품과 화장도구, 휴지, 볼펜, 메모용지, 손수건, 머리빗, 껌, 오징어다리까지 먼지를 뒤집어쓴 채 뒹굴고 있었다. 핸드백 속의 내용물을 확인한 나는 여자 친구가 나오기 전에 핸드백을 닫았다. 허락 없이 남의 핸드백을 열어보는 건 잘못이지만, 당시에는 장난기가 발동해 그만 실례를 하고 말았다.

여성 핸드백은 필요한 도구나 물건을 넣을 수 있는 용기다. 그 안에 뭐가 들어 있느냐에 따라서 소유자의 개성과 품위를 나타내기도 한다. 부유한 여자들은 핸드백 속에 수천만 원, 또는 수억짜리 수표가 들어있기도 한다니, 핸드백은 당당한 금고 역할을 하기도 한다. 여성들은 가방에 많은 투자를 한다. 남자가 차에 집착하는 것처럼 여자는 가방에 집착한다. 특히 명품가방이면 사족을 못 쓴다. 가방의 브랜드로 자존심을 세우고, 남들에게 자신을 과시할 수 있는 중요 소품이기 때문이다.

한국 여성들은 왜 이리 가방에 집착하는 걸까. 독일 여성들은 정치 · 경제 · 사회 · 문화 분야에 골고루 관심을 갖는다. 한국 여성들은 오로지 결혼, 명품, 성형, 연예인, 사생활, 화장 등 경제발전에 전혀 도움이 안 되는 것에만 관심을 두고 산다. 일부 여성들은 허영심이 많을 뿐 아니라 개인주의적 사고, 자기 이익만 추구하고 남을 돕고자 하는 마음이 별로 없어 보인다. 이들은 남에게 보이기 위해서 사는 것 같다. 특히 외모가 예쁠수록 자기는 높은 사람이라 여기고, 능력 있는 남자와 결혼하기만을 바란다.

미국 미네소타대학 연구팀에 따르면 여성들이 명품 백과 디자이너, 의상에 집착하는 것은 자기만족과 신분 과시뿐 아니라 다른 여성들에게 '내 남자로부터 물러서라.'고 말하는 메시지도 담고 있다고 했다. 다른 여성들에 대한 방패로 삼는다는 것이다. 경쟁에서 위협이 느껴질수록 명품 구입에 돈을 펑펑 쓴다고 한다. 남들의 시선에서 자유롭지 못한 여성늘에세 명품 가방은 사회적 능력과 지위를 말해주는 신분증인 셈이다. 그런데 명품 가방 하나에 기백만 원에서 수천만 원을 호가한다니 입이 짝 벌어진다. 이런 가방 하나 사려면 웬만한 월급쟁이 1년치 월급을 털어야 한다. 명품을 사는 데는 분명 과시욕도 존재한다. 비싸게 돈 주고 샀는데, 아무도 몰라준다면 이것 또한 기분 좋은 일은 아니다.

이렇듯 많은 여성들은 가방의 의미를 무척 소중하게 생각하고 있는 듯하다. 명품 가방은 여자의 품격을 담아내는 그릇이라서 그럴까? 가방을 통하여 자신의 자존심을 드러내고 있는 여성들…. 가방만 보고도 빈부차이를 가늠할 수 있고, 성격이 어떠하며, 대충 나이가 어느 정도인지 알 수 있을 정도이니 말이다.

『전북매일신문』(2017. 1. 10.)

임금은 배, 백성은 물

대학교수들이 작년 한 해를 상징하는 사자성어로 '군주민수君舟民水'를 뽑았다. 군주민수는 '순자荀子'의 '왕제王制'편에 나오는 말이다. 원문은 '군자주야 서인자수야君者舟也 庶人者水也 수즉재주 수즉복주水則載舟 水則覆舟'이다.

즉 권력을 가지고 있는 군주는 배舟요, 통치를 받고 있는 백성은 물水이다. 물은 의식이 넉넉할 때에는 배를 띄울 수 있지만 그렇지 않을 경우 물은 가히 배를 뒤집어 엎어버린다. 이 얼마나 무시무시한가. 군주가 민심을 얻으면 순항하지만 민심을 잃으면 전복될 수밖에 없다.

군주민수君舟民水는 작년에 '박근혜-최순실 게이트'로 인해 성난 민심이 대통령 하야를 요구하며 촛불을 들고, 결국 박 대통령 탄핵안까지 가결된 상황을 빗댄 것이다. 최순실의 국정농단에 대한 촛불민심을 정확히 반영했다고 봐야 한다.

여기서 중요한 것은 배는 반드시 물이 있어야 움직인다는 것이다. 물이 없는 배는 존재가치가 없다. 물이 백성이고 배가 군주라고 할 때, 백성이 없는 임금은 있을 수 없다. 그러므로 임금은 백성을 하늘처럼 떠받들어야 한다. 군주민수君舟民水는 위정자들이 깊이 새겨들어야 할 경구이다.

물은 생명이 있고 유연성이 강하다. 하지만 한번 화가 나면 쓰나미가 되어 순식간에 재앙으로 변한다. 단 한 번의 대홍수로 세상을 멸망시킬 수도 있다. 우리가 특정인을 두고 흔히 '저 사람 물불을 안 가린다.'고 말을 할 때가 있다. 이는 사람의 성격이 매우 저돌적이라는 뜻이고, 그만큼 물이 화를 내면 무섭다는 것이다.

물은 이렇게 상황에 따라서 변화하지만 반항할 줄을 모른다. 물은 주체성이 너무 강해서 추우면 얼어버리고 더우면 녹고 때로는 수증기로 증발했다가 다시 빗방울이 되어 땅에 떨어진다. 흐르다가 세파에 오염되기도 하고 여기저기 부딪치며 흐르다가 다시 맑아진다. 이것이 물의 속성이자 양면성이다.

또한 물은 '법'과 관련성이 깊다. 본래 법法이라는 한자는 중국 요순시대 요임금 밑에서 법을 집행하던 관리인 고요라는 인물이 데리고 다니던 동물인 해태에서 유래됐다는 말이 있다. 해태는 유무죄를 가리는 예지력이 있어서 위법행위를 한 자를 보면 뿔로 들이받아 황하에 빠뜨려 처단하였다고 한다. 그래서 법法자가 물을 의미하는 삼수氵변과 흘러간다는 의미의 갈 거去자의 결합된 형태로 이루어지게 된 것이다. 말 그대로 물이 흐르듯 순리대로 풀어감을 말한다. 그럼에도 요즘은 그 법이 순리대로 풀어가는 방편이 아니라 순리에 어긋날 때 단죄를 하는 도구로 쓰이고 있으니 안타까울 뿐이다.

물은 언제나 낮은 곳으로 흘러가며 항상 수평을 유지한다. 물은 개척정신이 강해서 앞에 장애가 나타나면 정면 돌파를 하지 않고 옆으로 흐르고, 옆을 막으면 뒤로 돌아가고, 뒤를 막으면 위로 치솟고, 위도 막으면 땅으로 스며들어서라도 제 갈 길을 묵묵히 간다. 그리고 물은 둥근 그릇에 담으면 둥근 모형으로 변하고 네모난 그릇에 담으면 네모난 모형으로 바뀐다.

물은 인간에게 없어서는 안 될 필수품이다. 목이 마를 때는 갈증을 해소할 뿐만 아니라 살아가기 위해서는 매일 성인 일인당 1.6~1.8ℓ를 마셔야 한다. 공기 없이 살 수 없듯이 물 없이는 단 며칠도 살지 못한다.

물은 또 우리에게 겸손을 가르친다. 물은 필요 없는 대항을 피한다. 사람은 열을 받으면 혈관이 파열될 수 있으나 물은 열을 받으면 활동범위가 넓어진다. 물은 겉으로는 부드러우나 속은 강하다. 물은 만물을 이롭게 하면서도 서로 다투지 않고, 모든 사람들이 싫어하는 낮은 곳에 머문다. 그러므로 거의 도道의 모습이라고 할 수 있다. 우리는 흐르는 물에서 삶의 지혜를 배워야 한다.

새전북신문 (2017. 1. 4.)

제4부

흐르는 세월 앞에서

정유년 새해, 희망을 노래하자

2017년 올해는 붉은 닭의 해다. 닭은 어둠 속에서 새벽을 알리며, 밝은 해가 떠오를 거라는 좋은 소식을 알리는 길한 동물이다. 그래서인지 닭의 해에 태어난 사람은 통찰력이 뛰어나 미래에 대처하는 능력이 있고, 무슨 일이든 계획적으로 꼼꼼하게 처리하는 결단력이 있다고 한다.

새해를 맞는 기분은 언제나 새롭고 가슴 설레기까지 한다. 사람들은 가는 해에 대한 아쉬움을 뒤로한 채 새해에 대한 벅찬 기대를 안고 정유년을 맞았다. 어제 뜬 해 다르고, 내일 뜰 해 서로 다를 리 없건마는 새로운 연도의 시작은 각별하다. 2017년 새해가 이토록 각별하게 느껴지는 것은 지난 한 해가 너무도 혼란스럽고 고단했기 때문이다.

지난해의 가장 큰 사건은 박근혜 대통령에 대한 탄핵이다. 비선실세 최순실에 의해 저질러진 국정농단은 온 국민을 분노케 한 전대미문의 정치스캔들이다. 이 사건은 현재도 진행형이다.

올해는 대한민국의 운명을 맡길 제20대 대통령 선거가 실시된다. 지난해 박 대통령 탄핵으로 인해 대선의 조기早期 실시 가능성이 한층 높아졌다. 헌법재판소가 2~3월에 탄핵 결정을 내린다면 그로부터 60일 이내인 4~5월에 대선을 치르게 된다. 헌재가 최장 180일 심리 기간을 채워 6월 초에 탄핵을 결정할 경우엔 대선이 8월에 실시될 예정이다. 이르면 3~4월 '벚꽃 대선', 또는 8월 '찜통 대선'을 겨냥해 대권주자들의 발걸음도 빨라지고 있다. 누가 대통령이 되느냐에 따라 국가이 향배와 지역빈늘의 운명이 달라진다.

지난해 여당인 새누리당은 친박-비박으로 편을 나누고, 집안싸움을 이어가 리더십을 잃었다. 새누리당 친박계는 박 대통령 탄핵안 의결로 여론의 매서운 심판을 받았음에도 반성은커녕 민심을 거슬렀다. 그들은 탄핵 정국에서도 반성과 뉘우침이 없이 틈만 나면 대통령을 감싸고 도는 후안무치한 행태를 보였다. 이 와중에 결국 새누리당 비박계 의원 30명(앞서 탈당한 김용태 의원 포함)이 집단 탈당해 가칭 '개혁보수신당' 창당을 선언했다. 보수 정치권이 보수신당과 새누리당으로 양분되면서 정치권이 4당 체제로 재편됐다. 올해는 한반도에 미증유의 대격변이 올 것이라는 예측을 내놓고 있는 상황이어서 긴장의 끈을 늦춰서는 안 된다. 한반도의 운명은 사실상 북-미 관계에 의해 좌우된다 해도 과언이 아니다. 트럼프 신행정부가 어떻게 대북정책을 이끌어 나갈지에 대해서는 많은 의문부호를 제시하고 있다. 현재는 명백하게 북미대화가 급물살을 타고 전개될 것을 예감게 하고 있다.

무엇보다 한반도의 상황이 불안해지면 한국경제는 회복하기 힘든 타격을 받을 것이다. 전문가들은 올해는 생산인구가 줄어드는 첫해로 저성장 우려가 커진다고 한다. 여기에 수출 부진과 내수 활력까지 떨어지며 작년보다 더 낮은 성장률이 예상된다. 경기가 좋지 않으면 이래저래 죽어나는 건 서민들뿐이다.

그러나 걱정과 속단은 금물이다. 어려운 시기일수록, 위기를 기회로 승화시키기 위해서 우리는 지혜와 힘을 모아야 한다. 새해에는 우리 사회에서 공연한 갈등과 마찰, 그로 인한 소모적인 논쟁이 말끔히 사라지기를 소망한다. 소외되고 약한 자들의 억울한 눈물이 있어서는 안 될 것이다. 굶주림으로 인한 고통과 아픔의 기억도 치유돼야 할 것이다. 해맑은 아침 햇살이 온 누리에 골고루 비치듯이 각자의 기대와 소망이 고르게 이뤄지길 간절히 염원한다.

새해를 맞으며 우리는 옷깃을 여미고 경건한 마음으로 소망한다. 내 가정의 행복과 사회의 안정, 나아가 우리 모두의 생활터전인 대한민국의 발전을 위해서 힘을 모아야 할 것이다. 그래서 이웃 간에 웃음과 활력이 넘치는 사회, 직장에서의 동료들과 유대와 화합 등, 작은 사회 구석구석까지 대화와 상식이 통하는 건강한 공동체를 가꿔가자는 바람이다.

희망은 잠자고 있지 않는 인간의 꿈이다. 인간의 꿈이 있는 한 이 세상은 도전해볼 만하다. 어떠한 어려움이 있더라도 꿈을 잃지 말자. 꿈은 희망을 버리지 않는 사람에게 선물로 주어진다.

『전민일보』(2017. 1. 4.)

창작준비금 수혜제도의 문제점

한국예술인복지재단은 문화예술인을 상대로 1년에 3~4회에 걸쳐 300만 원 정도의 창작준비금을 지원해주고 있다. 지원 대상자는 소득과 재산이 일정 수준 이하이고 고용보험에 가입되어 있지 않는 등 일정 자격요건을 갖춘 예술인들이다. 이는 복지 사각지대에 놓인 예술인을 구제하기 위한 조치이다.

가난한 문화예술인에게 창작준비금을 주는 것은 좋은 제도이다. 그렇지만 제도가 일부 잘못됐음을 지적하고 싶다. 먼저 고용보험에 가입됐다는 이유만으로 제외시킨다는 것은 근시안적 사고방식이다. 일부 예술인은 아파트 경비원, 산불감시요원으로 일하거나, 막노동을 하는 사람도 있다. 이들은 월급이 100만 원도 채 안 되는 경우가 많다.

고용보험은 국가가 실시하는 강제보험이다. 상시근로자 수가 1인 이상인 모든 사업장은 의무적으로 가입해야 한다. 개인 사무실은 물론 서비스업체, 식당, 세탁소 등도 해당된다. 이런 업체에서 근무하는 문화예술인들은 거의 가난하다. 쥐꼬리만 한 월급으로 먹고살고, 남는 돈으로 책을 내고 예술작품을 창작한다는 건 거의 불가능하다.

건강보험료 부과체계에 따른 수혜자 선정 방식도 문제가 있다. 건보료 월 고지금액은 가입자인지, 피부양자인지에 따라 다르며, 또한 1인 가구에서부터 7인 가구까지 금액이 각각 다르다. 예를 들어 건강보험 가입자이면 1인 가구의 경우 건보료가 5만 632원, 2인 가구는 8만 6,328원, 피부양자인 경우는 2인 기준 12만 9,699원이 초과되면 창작준비금 지원을 받을 수 없다. 문제는 건보료 부과체계 자체가 심각한 결함을 지니고 있다는 것이다. 한 해 국민이 건강보험공단에 제기한 건보료 민원이 6,700만 건에 이른다는 것이 이를 방증한다. 건보료를 덜 내려고 위장 취업했다 적발된 사람만 최근 5년간 9,000명에 이른다는 통계도 있다.

마찬가지로 예술인들도 직장인 아들의 피부양자로 등록하면 건보료를 한 푼도 내지 않는다. 그래서 일부 부자 예술인들이 건보료 무임승차를 하는 동시에 창작지원금을 받는 사례가 발생할 수도 있다.

더불어민주당이 건보료 부과체계를 소득 중심으로 단일화하는 국민건강보험법 개정안을 국회에 발의한 상태다. 이 법이 하루속히 통과돼서 건보료 부과체계를 소득 중심으로 바꿔야 한다.

가난한 문화예술인에 속하는 필자도 지난해 창작준비금을 지원했으나 두 번이나 탈락했다. 건보료 기준액을 초과했기 때문이다. 이렇다 할 재산이 없는데도 이상한 건보료 부과체계로 인해 창작준비금 수혜 대상에서 탈락한 것이다.

지하 전세방에서 생활고에 시달리다 세상을 등진 송파 세 모녀 사건을 우리는 기억하고 있다. 그들은 소득이 거의 없는데도 월 5만 원이 넘는 건보료를 냈다고 한다. 한국예술인복지재단은 고용보험에 가입된 예술인들을 제한한다거나, 건보료를 기준으로 재산과 소득을 매겨 창작준비금을 지원하는 제도를 속히 고쳐야 한다.

문화예술인들의 재산 유무는 국세청이나 금융감독원을 통해 파악해야 한다. 동산 · 부동산 등 합계 재산이 얼마를 초과하면 안 된다는 가이드라인을 정하고, 그 기준에 따르면 된다.

『경향신문』(2017. 1. 2.)

* 2020년부터 한국예술인복지재단 예술인창작지원금 신청 절차가 간편해지고, 제도는 대폭 완화되어 지원 인원은 두 배 이상 늘어났다.

저무는 한 해, 인생도 저문다

격랑의 한 해 병신년丙申年이 저물고 있다. 매년 이맘때면 어김없이 등장하는 게 있다. 바로 국내외 10대뉴스 선정이다. 올해 국내 10대뉴스 중 1위를 꼽으라면 단연 박근혜 대통령 탄핵안 가결과 최순실의 국정농단이다. 이 경천동지驚天動地할 사태는 지금도 진행 중이며, 이제부터 시작이다. 또 '부정청탁 및 금품 등 수수의 금지에 관한 법률'(일명 김영란법)이 지난 9월 28일 전격 시행됐다. 김영란법 시행으로 내수경기는 꽁꽁 얼어붙었다. 관공서 주변 고가 한식 · 일식당의 폐업이 속출했으며 장례식장 · 결혼식장 등에서는 화환 찾아보기가 어려워졌다. 군사적으론 사드배치(고고도미사일방어체계)에 따른 찬반논쟁이 확산되었고, 이로 인해 중국과 군사 · 외교적으로 심한 마찰을 빚고 있다. 여기에 북한 핵실험에 따른 개성공단 전격 폐쇄로 입주기업과 협력업체들은 하루아침에 투자한 돈과 생산설비를 날렸다.

국제적으론 미국 정계의 '아웃사이더'인 도널드 트럼프가 제45대 미국 대통령으로 당선됐고, 영국은 유럽연합(EU)이 상징하는 통합이라는 기존질서에 따르지 않고 EU에서 탈퇴하는 '브렉시트'를 선택해 세계를 놀라게 했다. 또 'G2'로 꼽히는 최강대국 미국과 중국은 아시아 지역 패권을 둘러싸고 첨예하게 대립하며 '신新냉전' 시대를 열었다. 이 역시 진행 중이다.

그러나 시국이 아무리 불안하고 세상이 소용돌이쳐도 세월은 제 갈 길을 간다. 세월처럼 진실한 것은 없다. 이런 세월은 덧없다. 또 한 해를 보내야 하는 마음이 착잡하다 못해 우울하기까지 하다. 할 일은 많고 시간은 없으니 어찌 착잡하지 않으랴. 잡을 수도, 멈추게 할 수도 없는 야속한 세월….

쉼 없이 가는 게 세월인가 무상인가. 세월은 계곡을 흐르는 물 같다. 세월은 시위를 떠난 화살 같다. 하지만 시간은 일정한 속도로 흘러간다. 세월이 쏜살같다느니, 흐르는 물 같다느니, 하는 말은 세월의 흐름에 대한 주관적인 느낌을 표현한 것이다. 그런데도 세월이 빠르다고 느껴짐은 무엇 때문인가. 세월은 나이에 비례하여 흐른다는 말이 있나. 1살짜리에겐 시속 1km로 가고, 30세이면 30km, 60세가 되면 60km, 80세가 느끼는 인생 속도는 시속 80km다. 세월은 시간이 지날수록 가속도가 붙는다는 말이 빈말이 아닌 듯하다.

중국의 장자莊子 지북유편知北遊篇에 백구지과극白駒之過隙이라는 말이 있다. 사람이 하늘과 땅 사이에서 사는 것은, '흰 말이 달려 지나가는 것을 문틈으로 보는 것처럼 순간일 뿐'이다.

한 해를 뜻있게 계획도 세워보고 제대로 뭐 좀 하려니까 어느덧 끝자락이다. 오늘이 가면 내일이 오고, 내일이 가면 모레가 오고, 모레가 가면 글피가 오고, 그러다 한 달, 두 달이 가고 1년이 가고 10년이 가고 결국 반백 년이 쏜살같이 흘러간다. 이렇게 되면 누구든 태어나기 이전(죽음)으로 돌아간다.

인간은 시간 속에 살다가 시간 속에 죽는다. 이 무시무시한 세월을 이길 장사 없다. 정말이지 모든 인생은 이 지구라는 행성에 잠깐 왔다가 머물면서 삶의 온갖 애환 속에서 웃고 울며 쫓기다가 결국 영원한 세상으로 떠나간다. 따라서 세월은 모든 사람의 청춘을 야금야금 갉아먹는 저승사자다. 그래서 성현들은 시간을 낭비하지 말라고 충고한다. 시간은 인생을 구성한 재료니까. 똑같이 출발하였는데 세월이 지난 뒤에 보면 어떤 사람은 뛰어나고 어떤 사람은 낙오자가 되어 있다. 이 두 사람의 거리는 좀처럼 접근할 수 없는 것이 되어버린다. 이것은 하루하루 주어진 시간을 어떻게 잘 이용하였느냐, 이용하지 않고 허송세월을 보냈느냐에 달려 있다. 맞는 말이다. 이 한정된 시간과 세월을 의미 있게 보내야 하는데 우선 나부터 그렇지 못했다.

러시아의 대문호 톨스토이는 "우리는 세상을 사는 것이 아니라, 이 세상을 지나가고 있는 것이다."라고 말했다. 톨스토이는 인생은 이 세상을 잠시 거쳐 가야 할 정거장쯤으로 여기고 있는 듯하다. 그러나 엄밀히 말하면 사람이 세월 가는 것을 안타까워 하는 것이지, 세월이 사람 가는 것을 안타까워하지는 않는다. 예나 지금이나 세월 가는 것을 안타까워하는 것 또한 부질없다. 다만 우리는 매년 연말이면 세월의 빠름을 실감하면서 인생의 덧없음을 뼈저리게 느낄 뿐이다.

세상 모든 건 순리가 있고 자연의 이치는 거스를 수 없다. 저무는 한 해, 그 속에서 우리 인생도 저문다.

「전북일보」(2016. 12. 30.)

흐르는 세월 앞에서

겨울비가 부슬부슬 내린다. 우산을 받쳐 들고 빗길을 걷는다. 고개를 돌려 좌우를 살핀다. 도로엔 형형색색의 자동차들이 줄지어 달리고, 사람들은 총총걸음으로 제 갈 길을 간다. 그 모습에서 세밑 풍경이 을씨년스럽다.

그렇다. 또 한 해가 저문다. 날이 가고 달이 가서 1년 365일이 다 되었다. 뭐든지 끝을 생각하면 가슴 한편이 휑하고 아쉽다. 해마다 겪는 한 해의 아쉬움은 이제 연례행사가 된 것 같다. 그만큼 우리들은 늘 부족감을 느끼며 살아가는 유한한 존재다. 특히 올해처럼 경제가 좋지 않을 경우, 많은 사람들은 연말 우울증을 겪는다. 무엇보다 서민들은 상대적 박탈감과 무기력까지 느낀다.

일모도원日暮途遠, 날은 저물었는데 갈 길은 아직 멀고도 멀다. 할일은 많은데 시간이 없다. 몸은 늙고 목적한 바를 이루기 어렵다. 결코 비관론을 들먹이거나 신세타령이 아니다.

인간은 백년도 못 살고 죽는다. 그런데도 인간은 천년만년 살 것처럼 착각한다. 기대수명이 늘어 백 세에 육박한다 해도 인생은 거의 백년 안팎의 삶이다. 참으로 인간은 언제 죽을지 알 수가 없다. 20~30대에도 죽고 40대에도 죽는다. 각종 사고로 죽고 질병으로 죽는다. 한 시간 앞을 볼 수 없는 게 인간의 운명이다.

인간은 뜻하지 않은 불행이 닥치면 운명론과 숙명론을 곧잘 들먹인다. 그리고 "인간은 무엇인가."라는 철학적 명제를 떠올린다.

"인간이란 무엇인가."라는 원초적 질문은 인류의 기원 이래 아직까지 진행되고 있는 영원한 물음표이다. 위대한 사상가, 철학자, 종교적 성인들이 이 문제에 대한 나름대로의 해석과 해답을 내렸지만 여전히 교과서적인 결론은 없다고 보아야 한다.

이처럼 인간의 어떠한 지식이나 철학도 인생문제에 대해 정확한 해답을 주지 못하는데 유독 『성경』만큼은 명쾌한 해답을 준다고 기독교인들은 자신 있게 말한다. 즉 『성경』은 "인생은 무엇인가? 어디서 와서 어디로 가는가?"에 대한 분명한 답을 제시한다고 말한다.

이에 대한 정답은 너무 쉽고 간단하다. 예수 믿고 구원 받으면 끝이다. 그러면 죽어서도 천국에 간다. 참 싱거운 정답이다. 단, 예수를 믿되 하나님을 의심하지 말고 진중하게 믿어야 한다. 이리 쉬운 정답이 또 어디가 있을까?

불교는 어떤가. 불교에서 인생문제의 해답은 '마음'이다. 마음이 지옥을 만들고 마음이 극락을 만든다. 마음이 인격의 주체이며, 삶의 나침반이다. 물론 그 마음에는 근원적 의식과 표면적 마음 등 다양한 중층重層구조가 있다.

다시 철학적 물음이다. 쇼펜하우어는 "인생은 불행이 있어 행복을 느끼고 고통이 있어야 만족을 느낀다."고 하였다. 인간에게는 반드시 고뇌가 필요하다는 것이다. 우리는 그 고뇌를 고통으로 받아들이지 말고 기꺼이 기쁘게 받아들여 즐기자는 것이다. 심지어 쇼펜하우어는 죽음조차 두려워하지 말고 수용하라고 했다. 그러나 죽음이 어찌 두렵지 않으랴. 인간에게 가장 두려운 게 죽음이다. 죽음은 신께서 인간에게 내린 가장 잔인한 극약처방이다. 죽음은 인간의 이성을 말살시킨다. 죽음은 상상 그 자체로서 공포다.

과연 죽음은 무엇인가? 죽음이란 내가 태어나기 이전으로 돌아가는 것이다. 따지고 보면 인간의 죽음은 대자연의 사이클의 이동일 뿐이고, 대자연이 인간의 죽음에 전혀 관심을 갖지 않듯이 우리 인간 역시 죽음에 대해 슬퍼할 필요가 전혀 없다. 왜냐면 인간도 자연의 일부이기 때문이다. 이런 마음으로 산다면 세상의 그 어떤 어려움도 문제될 게 없다. 그런데 이 어찌 맘대로 되겠는가.

병신년丙申年이 서서히 저문다. 올해는 비선 실세 최순실 게이트로 촉발된 박근혜 대통령에 대한 국민들의 실망감이 거대한 촛불의 분노로 표출되어 결국 박 대통령이 국회에서 탄핵이 되었다. 이 사태는 지금도 진행형이다. 그러나 세상이 아무리 복잡하고 시국이 소란해도 세월은 여지없이 간다. 역시 난마처럼 엉켜 있는 우리네 삶도 세월과 함께 가고 있다. 자연과 우주의 질서는 한 치의 오차가 없다. 흐르는 세월 앞에서 인생의 너스레를 늘어놓았지만, 인간은 자연의 섭리에 순응하며 사는 게 철칙이다.

『전민일보』(2016. 12. 23.)

국민들의 집단 우울증

박근혜 대통령의 3차 대국민 담화를 TV에서 봤다. 그런데 자신이 잘못한 건 맞다고 했지만 스스로 사퇴는 하지 않고 자신의 진퇴 문제를 국회에 떠넘겼다. 이왕 물러날 거면 그냥 제 발로 걸어 나오면 된다. 그런데 왜, 타인의 몸에 의지해서 나오겠다는 것인지 도저히 이해가 안 간다. 이를테면 "나는 아무 잘못이 없지만 여론에 떠밀려 궁지에 몰렸다. 다만 국회에서 여야가 합의해 나를 쫓아낼 시점과 방법을 합의하면 법에 따라 쫓겨나겠다. 그러나 국회가 합의를 못하면 나는 여전히 대통령이고 임기를 다 채울 것이다. 나는 지금도 결백하고, 떳떳하며, 그 어떠한 잘못이 없다. 너무 억울하다." 이런 식이다.

박근혜 대통령은 지난 2차 담화 때 성실하게 검찰 수사를 받겠다고 국민 앞에 약속해 놓고 실제로는 검찰의 대면조사를 피하며 사실상 수사를 거부한 데 대해선 한마디 사과도 없었다. 거짓말을 한 대통령이 되었다. 대통령이 거짓말을 하게 되니 나라의 근간이 무너진 셈이다. 누구에게 법을 지키라고 말할 것인가? 아이들에게 뭐라고 가르칠지 부끄럽다.

지금 한 달 넘게 모든 방송에서 최순실 사태를 놓고 24시간 생중계 방송을 하고 있을 정도다. 신문 또한 연일 최순실 사태를 헤드라인으로 보도하고 있다. 눈만 뜨면 박근혜 · 최순실 얘기뿐이다. 진절머리가 날 정도다. 까도까도 끝없는 쏟아져나오는 최순실의 국정농단 의혹. 지금까지 수면 위로 올라온 것 말고 안 밝혀진 것은 무엇일까. 이혹이 온갖 부문으로 퍼지면서 이게 정말 그동안 이 나라를 이끌던 그 정부가 맞나 하는 자괴감이 들게 한다.

누구든 자기 운명은 자신이 만든다. 운명이란 외부에서 오는 것 같지만 알고 보면 자기 자신의 약한 마음, 게으른 마음, 성급한 버릇, 이런 것이 운명을 만든다. 따라서 박 대통령이 직면하고 있는 이 위기는 자신이 만들었다. 자업자득이다. 하지만 박 대통령은 자신으로 인해 벌어진 이 엄청난 사태를 타인에게 떠넘기려는 듯하다. 비겁하기 그지없다.

요즘 순실증으로 많은 국민들이 우울해 있다. 편의점 소주가 작년 이맘때보다 25%나 더 팔렸다고 한다.

분노, 우울, 허탈, 허무, 자괴, 자조, 무기력 등등…. 최순실과 공모자들이 국민 가슴에 남긴 상처가 너무 깊다. 이른바 집단 우울증, 집단 트라우마다. 우울증은 화병이고, 화병은 마음의 병이다.

시린 바람이 코끝을 때린다. 초겨울이다. 몇 잎 남은 느티나무 가로수 잎마저 지고, 은행잎이 다 떨어진 나목의 모습은 휑하지만 결코 추하지 않다. 가을이 머물다 간 둥지에는 겨울이 들어앉았다. 이 겨울이 가기 전에 국민들의 집단 우울증을 치료할 수 있는 명약이 나왔으면 한다.

『동아일보』 (2016. 12. 2.)

피의자가 된 박 대통령

박근혜 대통령이 최순실 씨 국정농단과 대기업 갈취의 공범이 됐다. 현직 대통령이 형사피의자가 된 것은 헌정사상 최초다. 검찰은 이미 구속된 최순실 · 안종범 · 정호성 씨 등의 공소장에 '대통령과 공모하여'라고 적시하면서 박 대통령이 피의자 신분임을 분명히 했다.

미르 · K스포츠 재단 출연금을 기업들로부터 '강제모금'한 것과 청와대 비밀 문건이 최순실에게 유출된 것 등, 그간 알려진 각종 범죄행위가 박 대통령의 구체적인 지시에 따른 것이었고, 가담한 공모범죄라고 봤다. 그러면서 검찰은 "박 대통령의 혐의가 99% 입증 가능하다."고 단언했다. 청와대의 방해로 대통령을 조사하지 못한 상황에서 이런 공소장을 쓸 수 있었다는 건 그만큼 혐의가 명백하다는 반증이 된다.

이에 청와대 대변인과 대통령 변호인은 "박 대통령이 공범으로 기재된 부분은 하나도 인정할 수 없다."면서, "상상과 추측으로 만든 환상의 집(공소사실), 사상누각沙上樓閣처럼 허물어질 것"이라는 격한 표현을 써가며 반발했다. 아울러 "검찰의 직접 조사 협조 요청에는 일체 응하지 않고, 중립적인 특검의 수사에 대비하겠다."는 입장을 밝혔다. 적반하장이고 매우 도발적인 반응이다.

과연 청와대는 지금의 검찰 수사를 못 믿겠다는 것인가? 검찰이 밥 먹고 할일 없어 대통령이 범죄가 있다고 공표하겠는가? 대통령은 검찰총장부터 모든 검사의 임명권을 갖고 있다. 자기가 임명한 검찰은 못 믿고 야당이 추천한 특검은 중립적이라고 했다. 참 웃기는 생각이다. 앞으로 야당이 추친하게 될 특검은 지금의 검찰보다 더 강력한 고강도 수사가 이뤄질 수 있다. 그럼에도 검찰 수사결과에 불만을 품고 격노하는 모습은 지극히 시간 끌기 작전이다.

국가의 운명이나 국민의 안녕이야 어떻든 자신의 임기만 끝까지 채우면 된다는 꼼수 아닌가. 도대체 무슨 배짱으로 자신이 임명한 검찰의 공식 수사 결과까지 무시하며 나라를 혼란과 분열의 수렁으로 끌고 가는 것인가. 촛불 민심의 퇴진 요구를 한사코 거부하더니, 검찰 조사도 거부하고 검찰 수사 결과까지 부인했다. 이는 국민을 우롱하고 깔보는 행위다.

지난 4년간 박근혜 대통령의 통치행위를 지켜본 상당수 국민들은 심한 허탈감에 빠져 있다. 대통령으로서의 제 역할을 못한 것이다. 최순실의 도움을 받아 국정을 운영했다고 봐야 할 정도다. 그런 무능한 대통령을 뒀다는 게 부끄럽다.

대통령이 최순실 일당과 한몸이 돼 국가권력을 사적으로 농단한 것은 도저히 용서할 수 없다. 박 대통령은 국가적 범죄의 '주범'으로 못박힌 이상 즉시 자리에서 물러나야 한다. 더 이상 국정을 운영할 능력을 상실했다. 박 대통령이 버티면 버틸수록 정국 수습은 더디고 국정 공백과 혼란은 가중될 뿐이다.

이런 와중에 제1야당의 유력 대선주자인 문재인 전 더불어민주당 대표는 "지금이라도 대통령이 결단(퇴진)을 내려준다면 대통령이 명예롭게 퇴진하도록 하고, 명예가 지켜질 수 있도록 최대한 노력하겠다."고 했다. 마치 자신이 대통령이 다 된 것처럼 착각하고 있는 듯한 발언이다. 촛불 민심을 정치적으로 이용하면서, 결국 박 대통령의 퇴임을 보장해 준다니, 이게 말이나 될 소린가? 국민의 분노가 하늘을 찌르고 박 대통령 퇴진 후 반드시 구속 처벌해야 된다는 여론이 비등한 마당에 가당찮은 소리를 내뱉고 있으니 황당하기까지 하다.

박 대통령의 범죄 혐의를 확인하기 위한 수사는 계속될 것이다. 특검과 국정조사가 남아 있다. 검찰은 박 대통령이 피의자로 입건된 만큼 최순실 일당의 모든 수사 자료를 특검에 넘길 때까지 수사의 고삐를 늦춰서는 안 된다. 야3당은 대통령 탄핵 추진을 당론으로 채택했다. 탄핵은 피할 수 없는 상황이다. 국회는 헌법이 규정한 탄핵 절차를 밟아나가야 한다.

모든 논란의 근원은 자신의 범죄 사실을 전혀 인식하지 못하는 박 대통령의 태도에서 비롯된다는 지적이 나온다. 대통령이 국정을 올바르게 이끌었다면 이런 혼란은 일어나지 않았을 것이다. 앞으로 박근혜 대통령의 신세가 어떻게 될지 국민은 두 눈 부릅뜨고 지켜볼 일이다.

『전민일보』 (2016. 11. 24.)

*'최순실 게이트'를 수사해 온 검찰이 박근혜 대통령을 공모자로 지목하고 피의자 신분으로 입건·조사하겠다고 밝혔다. 검찰 특별수사본부는 2016년 11월 20일 최순실·안종범·정호성을 직권남용과 사기미수, 공무상 비밀누설 혐의 등으로 기소하면서 박 대통령이 이들과 여러 범죄에서 상당 부분 공모 관계에 있는 것으로 판단했다고 설명했다.

100만 촛불 함성은 대통령 퇴진이다

지난 12일 오후 서울 광화문 일대에서 '100만 촛불' 시위가 벌어졌다. 노래와 함께 촛불과 휴대전화 액정 화면 불빛이 거대하게 물결쳤다. 광장은 발 디딜 틈이 없었다. 성난 민심의 파도는 스나미가 되었다. 이날 모인 인파는 4 · 19나 1987년 6월 항쟁을 넘어섰다. 일부 시위대는 '청와대'라는 영정 액자를 붙인 대형 상여를 메고 행진에 나섰다. 프랑스 시민혁명을 떠올리게 하는 단두대도 등장했다.

저! 활화산처럼 타오르는 성난 군중의 함성을 들었는가? 참가자들은 한목소리로 '박근혜 대통령 퇴진'을 외쳤다. 최순실 일당의 국정농단 등 비정상적으로 돌아가는 우리 사회를 더는 지켜볼 수 없다는 심정에서 내뱉은 피맺힌 절규였다.

이번 3차 촛불집회에 맞춰 부산·광주 등 지방과 세계 곳곳에서도 교민들의 집회와 시위가 잇따랐다. 미국과 일본, 독일, 프랑스 등 10여 개국, 30여 개 도시의 교민들이 박근혜 대통령의 퇴진과 구속 수사를 외쳤다. 해외로까지 울려 퍼진 박 대통령의 퇴진 시위는 대한민국 국격을 여지없이 추락시켰고, 박 대통령은 한국 국민의 얼굴에 똥칠을 했다. 이런 대통령을 뒀다는 것이 부끄럽고 창피하다.

이 와중에, 청와대는 "현 상황의 엄중함을 깊이 인식하고 있다."고 했다. 변화를 열망하는 국민들의 요구에 전혀 달라지지 않은 입장을 선보였다. 청와대는 얼렁뚱땅 위기만 넘기려 하고 무슨 방법을 써서라도 임기를 채우려는 꼼수를 부리고 있는 듯하다. 시간 끌기며 안이한 인식이다. 이는 새누리당 이정현 대표가 최근 "내년 1월 21일 조기 전당대회 개최, 여야 협의 국무총리 임명, 중립내각 출범 시 대표직을 내려놓겠다."는 대목에서도 드러나 있다. 이 대표의 이러한 조건부 사퇴는 뭔가 사전에 청와대와 교감이 이뤄진 것이고, 청와대는 계속 정권을 이어가겠다는 의미가 깔려 있다. 결과적으로 다음 주인 19일 예정된 4차 박근혜 대통령 퇴진 시위에 기름을 부은 격이 될 전망이다.

박근혜 대통령은 아무 권한이 없는 최순실에게 국가정보를 넘겨주고 국사를 함께한 위법성, 미르·K스포츠 재단 설립 과정의 박 대통령의 개입 정황과 비선인 최순실 씨의 정부 인사 개입 등이 검찰수사로 점점 드러나고 있다. 정호성 전 청와대 부속비서관의 국가기밀문서 전달이나, 안종범 전 청와대 정책조정수석의 미르·K스포츠 재단의 대기업 모금은 박근혜 대통령이 세세하게 지시했다고 검찰에 진술했다. 문제는 미르·K스포츠 재단을 통해서 재벌로부터 모금한 돈을 최순실이 빼냈는지를 밝히는 일이다. 그간 최순실은 각종 국책사업에 영향을 미쳐 이권을 챙기려는 의혹이 일고 있다.

이러한 일련의 과정에서 최순실 일당은 대포폰을 사용했다. 심지어 박근혜 대통령도 대포폰을 사용했다는 주장이 제기됐다. 대개 대포폰은 보이스피싱이나 마약 범죄자 또는 조폭들이 사용한다. 최순실 일당이 대포폰을 사용한 것은 자신들의 범죄 사실을 숨기려는 의도로 보인다. 검찰은 이를 철저하게 수사해야 한다.

하지만 검찰을 믿을 국민은 거의 없다. 지금 검찰의 신뢰는 땅에 떨어졌다. 최순실 국정농단 사건이 터졌을 때 검찰은 신속하게 대응하지 못했다. 구렁이 담 넘어가듯 했다. 최순실 사건의 수사는 검찰이 한 게 아니라 언론이 했다. JTBC, 『『경향신문』』, 『한겨레신문』, TV조선 등이 의혹을 제기하면 검찰은 뒤늦게 늑장을 부렸다. 뿐만 아니라 최순실 일당을 수사하는 특별수사팀엔 우병우 사단이 포진해 있다는 말도 나돈다. 이러니 제대로 수사가 될 리 없다. 검찰은 이 점을 뼈아프게 새기며 검찰의 명운을 걸고 한 점 의혹 없이 철저하게 수사해야 한다.

지지율 5%밖에 안 되는 박근혜 대통령의 권력은 이미 땅에 떨어졌다. 호남의 20대 지지율은 0%다. 오죽하면 외신들이 '미 트럼프 당선'과 함께 '박근혜 최순실 게이트'를 마치 '세상에 이런 일이'처럼 다루고 있을까.

국민에게 치욕을 안겨준 박근혜 대통령은 결단해야 한다. 박 정권은 이미 국민으로부터 사약을 받았다. 국가 안위를 위해서라도 더 이상 헌법적 권한에 대한 미련에 안주할 게 아니라 보다 분명한 '2선 후퇴' 의지를 밝혀야 한다. 더 큰 혼란이 오기 전에 질서 있는 퇴진을 서둘러야 한다. 그것이 곧 국가와 국민을 위하는 길이다.

『전주일보』 (2016. 11. 16.)

---

* 1987년 6월항쟁 이후 최대의 인파가 서울 도심을 뒤덮었다. 이날 청와대로 향하는 경복궁역 앞에 모인 수만 개의 촛불은 이미 마음속에서 지워버린 대통령의 어리석음과 무모함을 준엄하게 꾸짖었다.

철학자 이야기, 쇼펜하우어

가로수 은행잎이 샛노랗게 물들어 황금빛을 수놓고 있다. 바람이 불면 낙엽이 지면서 하늘은 물론이고 땅마저 온통 노랗다. 마치 양탄자를 깔아놓은 듯하다. 모든 나뭇잎이 무더기로 떨어져 내리는 가을. 가을이 절정에 이르러 이제 황급한 조락의 길로 들어서고 있다.

잎을 다 떨구고 외롭게 서 있는 나무들을 보면 마음이 허허롭고 처처하다. 봄에 잎이 트고 여름에 자라서 가을이면 낙엽으로 떨어지는 순리가 인간의 생사고락을 느끼게 한다. 그래서 가을은 슬픈 상념의 계절이라고 말하고 싶다. 말없이 낙하하는 나뭇잎의 풍광이 초라해서 더욱 서글퍼진다. 메마른 감정을 드러낼 수밖에 없는 나약한 영혼이기에 그렇다.

이런 가을이면 독일 철학자 쇼펜하우어의 사상이 집약된 『인생론』이 떠오른다. 이 책에서 쇼펜하우어는 삶의 중요한 문제를 환기하고, 삶의 주체로서 어떻게 살아야 하는지에 대한 지침을 주고 있다. 그는 스스로를 진정한 의미의 형이상학자로 규정했다. 고뇌와 사색을 즐겨했던 사람이라면 한 번쯤 그의 철학에 심취하지 않을 수 없었을 것이다.

그런데 대다수 사람들은 쇼펜하우어를 '염세주의자'라고 부른다. 누가 그렇게 붙였는지는 모르겠지만 정말 그의 사상이 '염세적厭世的'이어서 그런지, 혹은 그의 그 괴팍한 성격 때문인지 사람들이 그에 대해 갖는 인상은 그리 썩 좋은 편은 아닌 것 같다. 나도 첨엔 그가 완전 염세주의에 빠진 것으로 알고 있었다. 하지만 그의 삶과 사상을 알고부터는 그에 대한 생각을 달리했다.

"인생이란 아무런 의미도 목적도 없이 다만 생존의지가 시키는 대로 고통에 대하여 벌이는 휴전 없는 싸움의 연속이며, 인간은 그러다가 허무하게 손에 무기를 든 채 죽어가는 존재이다."

쇼펜하우어가 『인생론』에서 정의한 인생은 '고통과 벌이는 휴식 없는 전쟁'이다. 그는 인생에 대해서 그리고 행복에 대해 당대 어느 철학자보다 삐딱한 시각으로 세상을 바라보고 있다. 그러나 역설적으로 쇼펜하우어는 이러한 비참한 삶의 과정 속에서도 행복이라는 거대한 이상은 놓지 말라고 말한다. 단, 여기에서 그가 말하는 행복은 환경이나 소유에 한정된 '고통의 최소화'보다 더 높은 관념의 것이다. 인간이 결코 행복해지지 못하는 이유는 고통으로 가득찬 삶 속에서 행복을 찾기 때문이라는 것이다. 즉, 사람들은 삶의 고통에서 벗어나려고 발버둥치지만, 이런 노력을 통해 얻은 행복은 '거지가 손에 넣은 푼돈'과 같다. 목표한 바를 얻으면 행복해지기는커녕 더 허무해지고 '기대 이하'의 삶을 살아가야 하는 비참한 존재가 돼버리는 것이다. 다시 말해 스스로가 아닌 주위에서 행복을 찾을수록, '환경'에 스스로를 굴복시킬수록 행복은 더욱 찾기 어려워진다는 것이다.

쇼펜하우어는 생철학, 즉 인간의 삶에 집중한 철학의 창시자이다. 그의 사상은 보는 관점에 따라서 평가를 달리하겠지만 나는 그가 부정적인 염세주의 철학자는 결코 아니라고 본다. 세상에 대한 긍정과 낙천성, 의지의 강인함, 성실성 등 온갖 도덕성에 물든 사람들은 그의 사상 속에서 하나의 '염세'밖에 찾을 수 없었을 것이다. 위대한, 미친 철학자이며 문학가였던 니체도 그에 열광했다. 괴테의 문학, 릴케의 시, 바그너의 서신, 헤세의 소설도 쇼펜하우어 영향을 받았다. 뿐만 아니라 프로이트, 비트겐슈타인, 톨스토이, 아인슈타인, 바그너와 비견되는 20세기 철학, 문학, 예술에 거대한 영향력을 떨친 철학자와 수많은 젊은이들에게 영향을 주었다.

서양철학에서 쇼펜하우어의 영향력은 대단하다. 그는 헤겔 사후 서양철학의 새로운 흐름을 주도할 정도의 막강한 영향력을 행사하였을 뿐만 아니라 독일에 불교를 유입시킨 철학자라 할 수 있다. 서양 최초의 불교사상가로 불러도 좋을 것이다. 그러나 그로 인하여 서양인들이 불교에 대한 편견을 갖게 된 것도 사실이다.

쇼펜하우어는 사는 데 뭐 하나 부족함이 없었지만 따뜻한 사랑이 결핍된 가정에서 자라났다. 그것이 그의 고통에, 그의 열등감에 특이한 철학을 잉태시킨 하나의 쓰라린 계기가 되지 않았나 생각한다. 그가 만일 온화한 사랑 속에서 컸다면 분명 일개의 선량한 학자에 불과했을 것이다. 그의 사상이 만일 염세주의에 그쳤다면 오늘날 많은 사람들이 그의 글을 외면했을 것이다. 고통으로 가득찬 우리의 실제 삶을 똑바로 응시하고, 그 절망적인 세상 안에서 누릴 수 있는 진정한 즐거움과 기쁨을 누리며 당당하게 살아갈 것을 강조한 것이 쇼펜하우어의 가르침이다.

『전북매일신문』(2016. 11. 15.)

분노의 함성을 들었는가

분노한 보통 시민들이 거리로 쏟아져 나왔다. 최순실 국정농단 사건과 관련해 박근혜 대통령 퇴진을 요구하는 2차 촛불집회가 전국 곳곳에서 열렸다.

5일 밤, 서울 광화문 네거리에서 주최측 추산 20만 명에 육박하는 인파가 몰렸고, 여당의 텃밭인 대구 · 경북 등 전국 주요 도시에서도 크고 작은 집회가 이어졌다. 진북 전주시청 앞 도로에서도 시민 수천 명이 모여 '박근혜 정권 퇴진 전북지역 비상시국회의'를 열었다. 집회에 참여한 시민들은 '이것이 나라인가', '박근혜는 물러나라', '사과 말고 퇴진하라'라고 쓴 손팻말을 들고 구호를 목청껏 외쳤다.

과연 이게 어디 정상적인 나라인가? 사이비 교주 최태민의 딸 최순실이 뭔데, 그가 이렇게 나라를 혼란으로 내몰고 있는가? 상황이 생각 이상으로 심각하다. 박 대통령의 국정 지지도가 한자릿수인 5%로 추락했다. 이는 역대 대통령 지지율 중 최저치다. 국민 절반 이상이 하야 또는 탄핵을 요구한다는 충격적인 내용까지 있었다.

나라 꼴이 이 지경이니 대통령 리더십의 붕괴가 외교 · 안보를 포함한 국정 전반의 차질과 공백으로 나타나기 시작했다. 경제를 포함한 모든 지표와 양상이 한곳을 가리키고 있다. 대한민국호의 난파 가능성이다. 결코 과장이 아니다.

"누구는 밤낮없이 일해서 먹고 살기도 빠듯한데, 기업에 수십억씩 등쳐서 호의호식하는 꼴이라니. 준 놈, 받는 놈 다 잡아 넣어야 해요. 대통령이 아니라 삥 뜯는 얼굴마담이었어요."

안종범 전 정책조정수석이 구속되기 전, 한 『경제신문』에서 읽었던 어느 시민의 볼멘소리다.

지금 국민들 먹고사는 게 말이 아니다. 자영업자는 임대료조차 낼 수 없어 매장을 비우고, 청년들은 일자리를 찾아 유랑민처럼 떠돈다. 집값, 전세는 천정부지로 뛰고 물가마저 들썩거리고 있다. 내일의 삶이 오늘보다 나을 것이라는 희망도 없다. 국민 모두가, 국가 전체가 엄청난 절망의 늪에서 허덕이는 모양새다. 이런 와중에, 끓고 있는 국민의 기름에 최순실이 성냥불을 그어댔다. 결국 분노가 폭발한 것이다.

요즘 사람 두셋만 모이면 최순실 얘기뿐이다. 가정이건 직장이건 식탁이건 사람들은 최순실과 그에게 놀아난 대통령을 욕한다. 국가가 통째로 농락당했다는 자괴감과 수십, 수백억의 검은돈이 따지고 보면 내 호주머니 쌈짓돈이라는 사실이 참기 어려운 것이다.

이번 사건의 본질은 최순실이 아니라 대통령에게 있다. '최순실 게이트'가 아니라 '박근혜 게이트'다. 박 대통령은 국민으로부터 위임받은 통치권을 일개 민간인에게 넘겨 국정문란을 초래했다. 그에 따라 발생한 각종 불법과 비리가 박 대통령이 지시한 결과라는 사실도 박 대통령의 입을 통해서 나왔다. 최순실 씨 패거리를 공직자로 등용하고 최 씨의 비행을 지적한 공무원들의 목을 친 당사자도 바로 박 대통령이다. 박 대통령이 아니면 박근혜 게이트의 전모를 밝힐 사람이 없다.

세월무상도 있지만 '정권무상'이란 말도 있다. 권력이란 무상한 것이요, 허무한 것이다. 한 세대가 지나가면 아무리 당대에 위세를 떨치고 나는 새라도 떨어뜨릴 듯싶던 권력도 쇠잔해 가기 마련이다. 벌써 박근혜 대통령 퇴임 후가 걱정된다.

한겨레신문 (2016. 11. 8.)

---

* 최순실 · 박근혜 국정농단으로 촉발된 촛불시위가 걷잡을 수 없이 타올랐다. '광화문 촛불집회'에 참가한 수십만 명은 모두가 승자였다. 신성한 헌법의 가치를 자기 손으로 부정한 최악의 대통령에 분노해 거리로 쏟아져 나왔고, 성숙한 의식을 결집하며 시민 민주주의의 이정표를 세웠다.

가을은 정녕 슬픈 계절인가

가을이 깊어간다. 산과 들이 알록달록 오색 빛으로 물들어간다. 오색의 나뭇잎처럼 우리들의 마음도 엷은 우수에 물들어간다.

가을은 달빛마저도 색조를 머금은 채 산자락에서 꽃으로 핀다. 강물 위에서 낙조처럼 바람도 무색無色의 기나긴 옷을 벗는다.

가을, 세상 만물 중에 무엇이 이토록 존재의 무게로 짓누르는가. 인간은 무엇인가, 또 어떻게 살아야 하는지, 인간 존재의 근원적 문제는 무엇일까? 조금 차분해진 마음으로 오던 길을 되돌아볼 때 푸른 하늘 아래서 시름시름 앓고 있는 나무들을 바라볼 때 '산다는 게 뭘까' 하고 문득 혼자서 중얼거릴 때 나는 철학자가 된다.

가을은 슬픈 계절인가. 코발트빛 하늘이 왜 그리 서러울까. 불어오는 가을바람에 흐느끼는 억새들의 몸짓이 처연하다. 저 멀리 구름 한 자락 유유히 흐르고 저녁놀 수놓는 외기러기 힘겨운 날갯짓을 보면 왠지 모르게 슬프고 애잔하다.

남자는 가을이 되면 슬퍼진다. 잎 떨군 나무처럼 허전하다. 떨어지는 낙엽과 이리저리 흩날리는 가랑잎을 보면서, 누렇다 못해 허옇게 바래져 누운 검불들을 보면서, 텅 빈 들판에 넝마를 걸치고 외다리로 서 있는 허수아비를 보면 괜시리 마음 쓸쓸해진다. 그래서 가을을 남자의 계절이라 했던가? 가을이면 남자는 생각이 많아지고 감수성이 예민해지나 보다.

'춘녀사 사비추春女思 士悲秋'라고 했던가. 여자가 봄바람이 나듯, 남자도 가을을 탄나. 그러나 여자의 춘정春情과 달리 남자의 가을은 슬픔이다. '슬픈 가을[悲秋]'. 예부터 '비추'는 시인묵객들의 단골 시제詩題였다. 2000년 전 시인 송옥은 「초사楚辭」에서 '슬프고도 쓸쓸한 가을기운이여/초목이 떨어져 뼈만 앙상하네.'라고 노래했다. '만리 밖으로 노상 떠도는 이 슬픈 가을이여' 「登高」라고 읊은 이는 당나라 두보였다. 서거정, 김시습, 이식 능 조선의 문인들도 「비추」라는 제목으로 시를 남겼다.

그렇다. 가을은 철학자이며 하나의 철학적 사색이다. 산과 들과 냇가는 앙상하고 추수가 끝난 논밭은 공허하다. 수확과 휴식, 풍요와 침묵, 생명과 죽음의 교차로에서 가을은 풍요하고 행복한 사색으로 여문다. 일찍이 플라톤은 '철학함을 죽음을 준비하는 예술'이라고 하였다. 소크라테스는 '철학을 한다는 것은 죽는다는 것을 배우는 것이다.'라고 말했다. 로마의 스토아 철인 세네카는 '사는 방법은 일생을 통해서 배워야만 한다. 그리고 아마도 그 이상으로 불가사의하게 여겨지겠지만 평생을 통해서 배워야 할 것은 죽는 일이다.'라고 설파하였다. 이처럼 철학하는 사람은 인간의 죽음에 대하여 깊이 사색하지 않으면 안 된다.

그러나 스피노자는 그의 저서 『에티카』에서 '자유로운 사람은 전혀 죽음을 생각지 않는다.'고 했다. 그리고 '자유로운 사람의 지혜는 죽음에 대한 명상이 아니라 삶에 대한 명상이다.'라고 했다. 스피노자의 죽음에 대한 정의는 하느님과 세계를 동일하게 보는 것이다. 나와 만물을 동일하게 보는 것 등에 더하여 육체와 영혼, 물체와 정신을 동일하게 보고 있다. 따라서 그는 죽음은 전체 안으로 들어가 자신을 극복하는 개별자아의 지적인 분리와 관계된다. 그러한 점에서 죽음은 더 이상 재앙을 의미하시 않는다. 개별 인간은 죽음에서 몰락하지만, 인간이 하나의 사고, 무한한 사유의 관념인 한 인간은 존속한다고 했다.

지금 온 누리에 가을색이 완연하다. 그 모습을 사람들은 슬픈 눈으로 보고 있다. 마치 누군가가 죽어가는 모습을 보는 것처럼 말이다.

낙엽 떨어지는 소리가 들리는가. 그리고 떨어진 낙엽을 밟으며 홀로 걸어 보았는가. 황혼에 서벅서벅 발끝에 차이는 낙엽길은 지나온 긴 세월을 곱씹는 회상의 시간이어서 눈시울이 붉어질 것이다.

가을엔 아프지 않아도 감정에 복받쳐 눈물이 난다. 풍요의 계절이라 좋은 것도 있지만 곱던 단풍이 제물에 떨어지고 바람에 날리어 누군가의 발걸음에 밟혀 부스러져 있는 모습을 보면 왜 그런지 가슴에 구멍이라도 하나 뚫린 듯 허전하고 이유도 없이 눈물이 난다. 가을은 정녕 슬픈 계절인가?

『전민일보』(2016. 10. 28.)

신神의 존재와 영혼에 대한 단상

왜, 종교 행위를 해야 하는가? 왜, 교회에 다녀야 하는가? 신을 본 사람은 아무도 없는데 왜, 그 존재를 믿어야 할까? 왜, 반드시 기독교의 하나님만이 구원인가? 그럼 다른 종교를 믿거나 믿지 않았던 사람은 모두 지옥불에 떨어지는 것인가? 과연 하늘 삼층 보좌에 하나님이 살고 있는가?『성경』자체가 사람이 쓴 것인데, 어떻게 완전무결할 수가 있는가?

이는 무신론자들이 신에 대한, 특히 기독교에 대한 비판적인 시각이다.

필자의 생각이다. 모든 종교는 죽음 때문에 생겨났다. 생각해보라. 만약 죽음이 존재치 않으면 천국과 지옥이 무슨 의미가 있는가, 영원히 사는데…. 다만 나는 사후 세계가 있는지 없는지, 그건 내가 아직 죽어보지 않았기에 쉽게 단정짓지 못하겠다.

영국의 천체물리학자 스티븐 호킹(Stephen Hawking)은 미국의 물리학자 리어나드 믈로디노프(Leonard Mlodinow)와 함께 출간한 『위대한 설계(The Grand Design)』에서 우주 창조에 대하여 '중력과 같은 물리법칙이 존재하므로, 우주는 무無로부터 스스로 창조될 수 있으며, 창조될 것'이라고 했다. 또한 생명체가 번성할 수 있는 환경을 지닌 행성이 지구만 있는 것이 아니고, 비슷한 행성 시스템을 가져서 생명체가 살 만한 행성이 있는 태양계가 여럿 있으므로, 우주가 오직 우리만을 위해 설계되었다는 근거는 무너졌다고 했다. 결국, 그의 주장대로라면 인간과 지구는 신이 창조한 게 아니라 중력 법칙에 의해 필연적으로 대폭발이 일어났듯 여러 가지 물리적 법칙이 미묘하게 어우러져 만들어낸 우연한 산물이다. 그가 직접적으로 언급한 신神은 우주를 디자인한 지적설계자가 아닌 천지 창조론의 신인 듯하다.

19세기 초 프랑스 물리학자 피에르 시몽 라플라스는 "신이라는 가설은 필요치 않다."고 선언했다. 상대성이론을 창시한 아인슈타인도 1954년 한 철학자에게 보낸 편지에서 "내게 신이란 단어는 인간의 약점을 드러내는 표현의 산물에 불과하다."고 적었다.

그러나 칸트는 신의 존재 여부를 증명하는 길을 실천이성에서 찾았다. 신이 있느냐, 없느냐, 영혼이 있느냐 없느냐, 하는 문제들은 머리로는 아무리 궁리해도 답이 안 나온다. 그러니 신이 있을 수밖에 없다는 전제하에 신의 사랑을 실천함으로써 신의 존재를 증명해 보일 수 있다는 것이다. 붓다와 유사한 결론을 낸 것이다.

괴테는 "죽음이란 해가 지는 때와 똑 같다. 우리의 눈으로부터 벗어나 볼 수 없게 되더라도 태양은 지평선을 향해 조금도 변함없이 빛을 발하고 있다. 이와 마찬가지로 생명은 죽은 뒤에도 아무런 변화 없이 계속 존재한다."고 주장했다. 그는 특히 '엔테레키'의 설說에 근거하여 인간은 생명이 영원히 유지된다고 말한다. '엔테레키'란 잠재적인 형태로 이미 존재하고 있는 것에 대해 현실적으로 완전한 형태로 실현하도록 작용해나가는 활력을 뜻한다. 이러한 활력이 인간 존재의 내부에 죽음과 관계없이 존재하고 있다는 것이 괴테의 엔테레키 설이다.

또 프랑스의 과학자 블레즈 파스칼은 인간의 불멸성과 사후의 생명에 대해 나름대로 설득력 있는 논리를 펼쳤다. 그는 우선 사후의 생명을 믿는가, 믿지 않는가 하는 두 가지 문제를 놓고 도박을 해보자고 주장했다.

"만일 어느 누가 사후 생명의 존재를 믿었는데, 실제로 존재하지 않을지라도 특별히 손해볼 것은 없다. 그러나 사후 생명이 존재함에도 불구하고 이를 믿지 않았기 때문에 손에 넣을 수 있었는데도 그렇지 못하게 된다면 다시 복원할 수 없다. 그 사람은 영원히 모든 것을 잃게 된다. 사후 생명을 믿으면 모든 것을 손에 넣는 것이 가능하고 그 일에 있어서 잃게 되는 것은 아무것도 없기 때문에 사후에 찾아올 영원의 생명을 믿는 쪽에 도박을 걸어야 한다."

파스칼의 주장을 곱씹으면 옳은 말이다. 죽은 뒤 마주치는 상황은 두 가지로 가정해 볼 수 있다. 죽으면 끝이라는 것과 죽어도 끝이 아니라는 것. 파스칼의 말대로 죽으면 끝이 아니라는 것에 도박을 걸고 사후 세계를 위해 준비해 온 사람은 손해볼 것이 없다. 반면 죽으면 끝이라고 생각한 사람은 죽은 후에 또 다른 세상이 전개된다면 크게 당황하지 않을 수 없는 것이다. 말하자면 신을 믿고 안 믿고의 차이가 그야말로 엄청나다.

그렇다면 사람이 죽으면 어떻게 되는가? 대다수 종교계 주장처럼 영혼불멸이 사실인가. 아니면 영과 육은 한몸, 즉 육체가 죽으면 영靈 자체도 소멸하는 것인가. 그것은 죽어본 자만이 안다. 그러나 죽음의 실체는 밝힐 수도, 밝혀질 수도 없다. 죽음, 다시 말해 사후세계는 영원히 밝혀질 수 없는 수수께끼다.

『전북매일신문』(2016. 10. 24.)

분란 자초하는 반기문 예우법

올 연말 임기를 마치게 되는 반기문 유엔 사무총장은 내년 대선 정국의 상수로 간주된다. 반 총장의 대선 출마가 한국 정가의 최대 관심사인 이유는 여당인 새누리당에 마땅한 대선 후보가 없기 때문이다. 더민주에서는 문재인이, 국민의당은 안철수가 대선 후보로 매일 뉴스에 오르내리는데 여당인 새누리는 지지도가 낮은 김무성 전 대표를 빼고는 이렇다 할 인물이 없다. 이러다가는 박근혜 대통령 퇴임 후 새누리당이 없어질지도 모른다는 우려를 낳고 있다. 그러니 새누리당엔 반기문 외에 대안이 없고 선택이 없는 실정이다. 반기문 현상이 이래서 일어나고 있다.

이러한 반기문 현상에 대해 더민주나 국민의당은 반 총장을 극도로 경계하고 있다. 야당 의원들이 유엔본부에 해외 출장 국감까지 가서 반기문 때리기에 나선 것도 그를 상대하기 버거운 현실적인 적수로 부상했음을 방증한다 할 것이다. 얼마 전엔 JP(김종필 전 총리)의 '반 총장 출마 결심 및 배경 비밀' 발언이 뒤늦게 알려지기도 했는데, 반 총장 행보와 관련한 JP의 이른바 측근발 전언이 주목되는 데에서도 반 총장의 입지를 실감할 수 있다.

이런 분위기에 편승해 새누리당 소속 지역 정치권이 반기문에 충성하고 줄을 서려는 입법 추진 움직임이 일고 있어 논란이 예상된다. 이른바 '반기문 예우법'이다. 보도에 의하면 새누리당 이종배(충북 충주) 의원은 최근 당 소속 의원들에게 '전직 국제기구 대표 예우에 관한 법률안' 공동발의 요청문을 돌렸다. 이 법안은 유엔 사무총장 및 이에 준하는 국제기구 대표를 지낸 국민에게 '전직 대통령 예우에 관한 법률'에 준해 국가원수급 예우를 한다는 내용을 담고 있다.

구체적으로는 비서관과 운전기사, 경호 및 경비 교통 · 통신 및 사무실 등을 국가예산으로 지원한다는 것이다. 다만 이 법안의 수혜자가 공무원에 취임하거나 금고 이상의 형이 확정된 경우, 국적을 포기하거나 공직선거에 후보자로 공식 등록한 경우 등에는 예우 및 지원을 제한한다는 단서조항도 포함돼 있다. 현재까지 이 법안에는 충청권 의원을 중심으로 수명이 공동발의 참여 의사를 밝힌 것으로 알려졌다. 올 연말에 퇴임하는 반기문 총장이 나라의 위상을 높인 만큼 그에 걸맞는 예우 및 지원을 하자는 것이다. 이를 통해 '충청대망론'에 불을 지피려는 것으로 보이는데, 너무 속 들여다보는 짓이다. 어느 나라가 퇴임 사무총장의 안전과 안락을 위해 법안까지 만들며 우대한단 말인가.

물론 반 총장은 UN(국제연합기구) 193개국을 대표하고 이끌어온 수장이다. 그가 한국 사람이라는 것에 자부심과 긍지를 느낀다. 반 총장은 자신의 꿈을 이루기 위해 엄청난 노력을 한 인물이다. 개인의 꿈을 이루었을 뿐만 아니라 한국의 위상을 널리 알리고, 또한 연임을 할 정도로 전 세계적으로 그의 인품과 리더십이 크게 인정받고 있다.

하지만 반 총장의 업무능력을 비판하는 시각도 있다. 미국의 권위 있는 외교전문 격월간지 『포린 폴리시』 최신호(7~8월호)는 미국 싱크탱크 닉슨센터가 발행하는 잡지 『내셔널 인터레스트』의 시니어 에디터인 제이콥 헤일브룬이 기고한 「어디에도 없는 남자: 반기문은 왜 세상에서 가장 위험한 한국인인가?」라는 제목의 기사를 통해 "미국의 눈치만 보는 무능한 인물"이라고 신랄하게 비판하는 기사를 실었다. 또 세계적인 유엔 전문가로 꼽히는 토마스 와이스 뉴욕시립대 정치학과 대학원 주임교수도 "10년 동안 반 총장의 레거시(업적)가 무엇이었는지 얘기할 것이 없다."며 역대 사무총장 서열을 매긴다면 "바닥권 쪽"이라고 밝힌 바 있다. 반 총장이 여권의 대선 후보로 확정될 경우 이 문제가 집중 부각될 것으로 본다.

유엔 사무총장은 세상에서 가장 권위 있는 직책일 뿐더러 가장 힘든 역할을 수행한다. 이런 면에서 연임에 성공해 10년간 일해온 반 총장은 국가적 자산이다. 더 이상 무얼 바라고 누릴 것인가? 그럼에도 반 총장이 차기 여권의 대선 후보로 끊임없이 오르내리고 기정사실화되는 것은 왠지 모르게 뒷맛이 씁쓸하다. 따라서 '반기문 총장 특별예우법'은 반 총장 1인을 위한 특별법 성격을 띤다. 과잉입법이라는 비판을 피하기 어렵다. 이 법안을 발의하려는 충청권 일부 의원들은 부끄러운 줄 알아야 한다. 애써 분란을 자초하는 반기문 예우법 추진을 당장 중단하기 바란다.

「전민일보」(2016. 10. 11.)

* 충청권 새누리당 의원들이 '전직 국제기구 대표 예우에 관한 법률안'을 공동발의하자는 취지의 요청문을 돌려 반발을 산 내용. 법안 골자는 유엔 사무총장 및 이에 준하는 국제기구 대표를 지낸 국민에게 '전직 대통령 예우에 관한 법률'에 준해 국가원수급 예우를 제공토록 규정하고 있다. 법안 발의 움직임이 있었지만 찻잔 속의 대풍으로 그치고 말았다.

힘 있는 자들의 갑질 횡포

기득권이라는 말이 있다. 이미 어떤 권력이나 힘을 가지고 있다는 말이다. 다시 말해 사회 경제적으로 여러 권리를 누리고 있는 사람들을 말한다. 힘이 있고 누릴 수 있는 이익이 있으면, 사람들은 당연히 그것을 지키려고 하고 그것을 이용해서 또 다른 이익을 얻으려고 한다. 당연한 속성이다.

하지만 그 과성에서 이미 가지고 있는 힘은 불합리하게 사용되고 그로 인하여 아직 힘을 갖지 못한 사람들의 권리를 침해한다. 힘있는 자들이 힘없는 자들을 대변하거나 자기의 힘을 나눠주는 경우는 극히 드물다. 때문에 힘있는 사람들과 힘없는 사람들은 계속 싸울 수밖에 없으며 그 위치가 바뀌더라도 또 다른 다툼이 이어질 것이다.

이러한 과정에서 힘을 가지고 있는 사람들이 저지르는 대표적인 잘못이 있다. 바로 '갑질'이다. '갑질'이라는 말은, 갑甲과 을乙로 표현되는 한국사회의 계약 관계에서 생겨난 은어이다. 일반적으로 계약 관계에서 주로 돈을 주는 쪽을 '갑', 돈을 받는 쪽을 '을' 이라고 한다. 예를 들어 대기업과 하청업체, 사장과 종업원의 관계가 바로 갑과 을의 관계다. 갑을 관계는 선택에 의한 관계이지만, 많은 경우 을은 상대적인 약자에 해당한다. 그래서 평범한 인간관계도 어떤 옷을 입느냐에 따라 누군가는 갑이 되고 누군가는 을이 되며, 누군가는 어깨를 펴고 누군가는 움츠리게 된다.

최근에는 '갑질'에 이어 '을질'이라는 신조어까지 생겨났다. '을질'이란 '을'로 불리는 사람들이 '병', '정' 등 사회적 지위가 낮은 약자에게 횡포를 부리는 행위를 일컫는 말이다. 이렇듯 한국 사회는 온통 이런 먹이사슬 관계로 얽혀 있는 듯하다.

우리 사회에서 갑질 논란이 일어나지 않은 곳은 별로 없다. 조현아 전 대한항공 부사장의 '땅콩 회항' 사건이 대표적이다. 최근엔 회장님의 갑질로 애꿎은 운전사가 힘들어졌고, 사모님 갑질로 백화점 판매원들이 무릎을 꿇는 수모를 당했다. 또 20대 청년 노동자들을 저임금에 착취하려는 '열정페이'와 비정규직 문제, 심지어 아파트 입주민은 나이 지긋한 경비원이 마음에 들지 않는다고, 다짜고짜 뺨을 때리는 게 예사다. 갑질은 상대적이라 상황에 따라 달라질 수 있다.

이 같은 '갑질 문화'는 성범죄에도 악용되고 있다. 권력의 우위에 있는 자가 약자에게 성관계를 강요하고 이를 거부할 경우 지위를 내세워 무언의 불이익을 주는 등 그 죄질이 매우 나쁘다. 대표적인 것이

박희태 전 국회의장의 골프장 캐디 성추문 사건이다. 박 전 의장은 2014년 강원도의 한 골프장에서 20대 여성 캐디를 성추행했다 형사처벌을 받았다. 현직 판검사들도 예외는 아니다. 후배 여검사를 성추행했다가 검찰총장의 경고처분을 받은 검사가 있는가 하면, 일부 판사들도 여자를 성추행한 혐의로 기소됐다. 교수도 마찬가지다. 여학생들을 술자리로 불러내 강제 추행한 교수가 어디 한두 명인가.

상류층의 천박한 특권의식을 조롱하는 '갑질'이란 말은 이제 우리 사회 곳곳에서 일상이 됐다. 병원, 은행, 대형마트, 백화점에서는 고객이라는 '왕'이 된 노동자들이 또 다른 노동자들을 절망하게 하는 일이 매일 일어나고 있다.

한선교 새누리당 의원이 '갑질수사 대상 1호'라는 불명예를 떠안게 생겼다. 그는 지난 1일 정세균 국회의장의 개회사에 대해 항의하다가 국회의장 경호원의 멱살을 잡아 국회의원 갑질논란을 빚었다. 한 의원은 전 · 현직 경찰관 350여 명으로부터 공무집행 방해 혐의로 고발당했다. 한 의원은 논란이 일자 국회의장실을 찾아 국회 경비대 소속 해당 경찰관(경사) 등에게 직접 사과한 것으로 알려졌다. 하지만 사과와 처벌은 별개의 문제다.

법을 제정하는 국회의원이라고 해도 위법 사실이 드러나면 반드시 처벌해야 한다. 그것이 법치주의의 확립이다. 3부요인으로 불리는 의전서열 2인자인 국회의장을 경호하는 경찰의 멱살을 잡으며 '너는 무엇이냐.'는 등 욕설과 함께 벌어진 범죄행위를 더 이상 묵과할 수 없다. 가진 자가 권력을 휘두르고, 없는 자에게 굴종을 강요하는 비정상적이고 비뚤어진 관계는 청산돼야 한다. 민주주의는 상대방에 대한 존중과 배려를 바탕으로 발전한다. 돈이나 권력을 더 가진 사람들이 갑질을 일상화하는 사회는 미래가 어둡고 희망이 없다.

『전민일보』 (2016. 9. 8.)

* 갑질은 힘의 우위에 있는 갑이 권리관계에서 약자인 을에게 부당 행위를 하는 것을 통칭한다. 자신의 지위를 타인을 통해 인정받고 싶은 욕구가 반영된 행위로 규정되기도 한다. 강자가 약자를 복종시킴으로써 느끼는 쾌감도 포함돼 있다. 청산해야 할 갑질 문화, 갑질은 우리 사회의 공공의 적이 된 지 오래지만 여전히 논란의 중심에 서 있다.

영남의 딸, 호남 며느리 추미애 대표

더불어민주당이 5선의 추미애 의원을 당 대표로 선출했다. 60년 야당사에 대구 · 경북(TK) 출신 여성 대표가 배출된 건 처음이다. 남성 중심적 정치 문화에서 여성 지도자 탄생을 보는 기대가 적지 않다. 현직 대통령도, 제1야당 대표도 여성이기 때문이다. 추 대표의 당선을 계기로 더 많은 여성 정치인이 당과 나라의 요직을 맡아 특유의 화합력과 섬세함으로 정치의 품격을 높여주길 기대한다.

그러나 추 대표는 사실상 '친문재인 체제'를 구축했다는 평가를 받는다. 그가 친문 진영의 강력한 지지에 힘입어 압도적인 지지율로 당 대표에 선출됐기 때문이다. 그런 탓인지 최고의원 8명 가운데 6명이 문재인 전 대표와 가까운 인사들로 채워졌다. 친문 세력이 더민주를 완전 장악한 셈이다. 일부에서는 '친문 패권', '도로 민주당'이라는 말이 나오고 있다. 그 나물에 그 밥이다. 어떤 조직이고 특정 세력의 싹쓸이는 문제가 있기 마련이다.

추미애 대표는 소신 있는 정치인이다. 그는 5선 동안 당적을 한 번도 바꾼 적이 없다. 열린우리당 창당 때도 합류하지 않았다. 정치적 아버지 격인 김대중 전 대통령(DJ)과의 의리를 지키고 당을 지켜야 한다는 소신 때문이다. 그 결과 그는 돌고 돌아 다시 더불어민주당의 주류로 떠올랐다.

추미애 대표는 입지전적 인물이다. 잠깐 추 대표의 어린 시절을 회상해보자. 그는 대구의 한 가난한 집안의 둘째 딸로 태어났다. 어려운 집안 형편 때문에 어려서부터 부모님을 떠나 외가에서 자랐다. 아버지는 신학도의 길을 가다가 가정이 어려워 중도하차한 후 방직회사에 다니다가 세탁소를 차리게 되었다. 그런데 세탁소를 차린 지 얼마 되지 않아 옷을 몽땅 도둑맞았고, 손님들에게 그 옷값을 변상해주고 나니 빈털터리가 되었다. 이때부터 생계유지마저 어려운 가난한 생활이 지속되었다.

추 대표의 남동생도 태어나자 시골 외할머니 댁으로 보내졌다. 생각해보면 추 대표는 그 가난 때문에 시골의 서정적인 풍경 속에 유년 시절을 보내게 된 것이 어쩌면 다행스러운 일이었는지 모른다. 아이들과 어울려 보리 이삭을 주우러 다니기도 했고, 새참을 머리에 이고 가는 동네 색시를 따라 막걸리 주전자를 들고 논두렁 밭두렁 길을 다니던 일은 지금도 잊을 수 없는 일이라고 한다. 동네 언니들을 따라 나물을 뜯으러 이 들녘 저 들녘을 누비던 일은 아련한 추억 속의 풍경으로 자리잡고 있다. 특히 휴가 나온 외삼촌의 군화가 몹시 낡아 보여 엿장수에게 갖다 주고 엿으로 바꿔 먹고 외할머니한테 혼이 날까봐 날이 저물도록 마을 철길 아래 동굴에 숨어 있었던 일화는 너무 유명하다.

이렇게 가난을 가까이서 겪은 그는 열심히 살지만 권익을 보호받지 못하는 힘없는 사람들을 위해 어려서부터 법관이 되겠다고 다짐해왔다. 이후 판사가 된 추미애는 1986년 1,000여 명의 학생을 구속한 건국대 사건 당시 『난장이가 쏘아올린 작은 공』, 『전환시대의 논리』 등 100여 권의 책을 압수수색하겠다는 검찰의 영장을 끝내 기각했다. 그는 '판사는 양심에 따라 판단하고 외부의 간섭을 받지 않는다.'고 주장했다.

추 대표의 남편은 정읍 사람이다. 현재 정읍에서 변호사의 길을 걷고 있는 서성환 변호사이다. 한양대 재학 시절 고시 준비를 하면서 지금의 남편을 만나게 되었다고 한다. 이런 연유로 그는 영남의 딸, 호남의 며느리를 외쳐왔다.

추 대표는 김대중 전 대통령(DJ)과의 인연으로 정계에 입문한다. 당시 DJ는 추 후보를 향해 "세탁소집 둘째 딸이 부정부패한 정치판을 세탁하러 왔다."고 평했다. 정치에 입문한 추미애는 이후 존재감을 과시하며 새천년민주당에서 최고위원까지 지냈지만 오래가지는 못했다. 탄핵 역풍을 맞으면서 17대 총선에서 패배한 것이다.

이제 추미애 의원은 제1야당의 대표다. 그는 당선 수락연설에서 "대통령이 국민이 가라는 길을 외면하면 단호히 맞서겠다. 고난과 탄압이 있어도 그 길을 가야 한다."고 말했다. 정부와의 강경 대응으로 여당과의 갈등이 예상된다. 이에 따라 더민주는 중도 노선을 걸었던 김종인 전 비대위원장 때와는 달리 앞으로 대여 강경 노선을 취할 가능성이 크다. 물론 야당이 존재하는 이유는 정부 · 여당에 대한 감시와 견제에 있다. 그러나 이러한 야당의 역할은 민생을 위해 필요한 것이다.

추 대표는 사자 같은 용기와 여우 같은 지혜를 겸비한 리더십을 발휘해야 한다. 그래서 정부와 여당을 견제하고 비판하면서도 안보와 외교, 민생과 복지에서는 국민이 공감할 수 있는 합리적 정책을 내놓는 것이 수권정당의 모습일 것이다.

『전민일보』 (2016. 9. 1.)

* 2016년 8월 27일 서울 송파구 올림픽체조경기장에서 열린 더불어민주당 전당대회에서 5선의 추미애 후보가 김상곤 · 이종걸 후보를 누르고 임기 2년의 당대표로 선출됐다. 그러나 이후 추미애 의원은 2020년 1월 2일 문재인 대통령으로부터 법무부장관으로 임명을 받고 현재 장관직을 수행하고 있다.

인생의 소중한 것 세 가지

인생에서 가장 소중한 게 무엇일까? 여러 가지가 있겠지만 그중에서 아마 돈, 건강, 사랑이 아닐까 싶다. 물론 일부 사람들은 권력이나 명예를 앞세우기도 하지만….

자본주의 사회에서 돈이 없으면 속된말로 당장 거지가 된다. 거지는 정말 비참한 인생이다. 인생 말로다. 그러므로 돈이 우리 삶을 거의 대신할 수 있고 지배하다시피 한다.

아무리 머리가 좋고 똑똑한 사람이라 해도 돈 한 푼 없으면 사람 구실을 못하고 추한 인생으로 전락하게 된다. 말하자면 돈이 능력이고 돈이 최선이다. 돈은 우리를 만족시켜 주는 도구이고, 우리가 일하는 유일한 목적이며, 우리 인생에 없어서는 안 될 절대적인 존재가 되었다.

이 세상에서 돈 쓰는 재미로 살아가는 것처럼 행복한 일은 없을 것이다. 고급 승용차를 몰고 어디로 여행을 갈 것인가, 어떤 맛있는 음식을 먹을까, 무엇을 사고, 무엇을 하며 즐길까. 이런 것은 다 돈으로만 가능하다. 돈을 쓰는 일은 우리를 즐겁게 해주지만 돈을 버는 과정은 어렵고 힘들다. 사람들은 먹고살기 위해 쥐꼬리만 한 월급에도 매일 허리가 휘도록 일해야 한다. 일은 오직 돈을 얻기 위한 수단일 뿐이다.

돈은 정말 우리의 욕구는 물론 사회적인 욕구까지 충족시켜 줄 수 있다. 돈이 많은 사람은 곧 능력 있는 사람이라고 말할 수 있다. 물론 이런 관점에 동의하지 않는 사람도 있겠지만 돈은 사회적인 지위나 명예와 밀접한 연관이 있다. 흔히 말하는 '고소득계층'이란 사회적 지위가 비교적 높은 사람들로 기업체 사장, 유명 학자, 정관계 유명 인사, 유명 연예인 등이 여기에 속한다. 이들은 물질적으로만 우세한 것이 아니라 사회 권력 구조에서도 대부분 지배자의 위치에 서 있다.

그렇다. 돈이 많으면 행복하고 돈이 없으면 불행해질 수도 있다. 하지만 돈이 없다고 해서 사람의 가치마저 떨어진다고 생각하면 큰 오산이다. 가난한 선비를 가치 없는 사람이라고 말할 수 없듯이 말이다.

그러나 사람들이 모두 돈만 보고 사는 것은 아니다. 돈이 아무리 많아도 건강이 악화되면 그 인생은 한순간에 주저앉는다. 건강은 삶에 있어서 최고의 자산이다. 건강하지 않은데 어찌 행복할 수 있겠는가. 진정한 행복은 육체적 정신적 건강이 최고조에 달할 때만 가능하다.

다음은 사랑이다. 사랑은 인류에게 있어 어마어마한 사건이다. 사랑에는 '무시무시한 힘'이 있다. 일단 사랑에 빠지면 때깔이 달라진다. 사랑을 하게 되면 미처 알지 못했던 것을 알게 된다. 사랑은 꽃향기처럼 달콤하며 따듯한 햇볕이다. 우리의 인생에 의미와 가치를 부여하는 것도 사랑이 있기 때문이다. 우리는 사랑 때문에 희망과 용기와 기대를 가지고 살아갈 수 있다. 사람에게는 정에 대한 아름다움과 흐뭇함이 있음으로써 괴로운 인생도 기쁜 마음으로 살아가는 게 아닌가. 사랑한다는 것은 상대방에 대하여 인격을 존중하면서 따뜻한 관심을 갖는 것이며, 상대방을 깊이 이해하고 내가 가진 것을 아낌없이 주는 것이다.

하지만 사랑은 자신을 솟구치게 하기도 하지만 곧잘 성욕이란 수렁으로 치닫게도 한다. 사랑을 하면, 만지고 싶고 비비고 싶고 얼싸안고 싶고 뒹굴고 싶은 욕망이 불거지면서 딱 쪼개서 어디가 사랑이고 무엇이 성욕인지 가르기 쉽지 않다. 사랑과 성욕은 비빔밥처럼 버무려져 있다. 내가 사랑을 하고 있는 건지, 성욕에 휘둘리는 건지, 외로움을 달래려는 발버둥인지 헷갈리기 일쑤다. 따라서 사랑을 낭만 연속극이나 연애소설에서처럼 예쁘게 색칠하며 치켜세우기보다 사랑을 둘러싼 껍데기들을 벗겨내고, 진짜 '사랑'이 무엇인지 진지하게 생각해봐야 한다.

다만 연인들은 '영원히 사랑하자'고 약속해놓고 금세 헤어지기도 한다. 사랑 약속만큼 흔해 빠졌으면서도 속절없이 뭉그러지는 게 없다. 너 없으면 못 살겠다던 사람들이 "너 때문에 못 살겠다."며 드잡이를 벌인다. 그래서 간혹 변심한 애인을 두고 칼부림이 일어나기도 한다.

삶에 의지가 적극적으로 드러나는 현상이 성욕, 또는 생식 행위라고 주장하는 쇼펜하우어의 말이 생각나는 대목이다. 둘은 철석같이 사랑이라고 믿었지만, 시간이 지남에 따라 그들의 사랑은 종족을 보존하려는 몸부림이었다고 쇼펜하우어는 잘라 말했다. 맞는 말이다. 그래도 인류를 행복과 쾌락으로 내모는 것은 돈과 건강, 사랑이 아닌가 싶다.

「전주일보」 (2016. 8. 31.)

제 잘난 맛에 사는 사람들

우리 사회는 다양한 사람들이 공존해 있다. 항상 밝은 표정으로 사는 사람이 있는가 하면, 이 세상 괴로움을 혼자 짊어지고 있는 듯한 표정을 하는 사람도 있다. 적극적으로 행동하는 사람이 있는가 하면, 돌다리도 두드려 보고 건너는 신중한 사람도 있다. 곧바로 결단을 내리는 사람이 있는가 하면, 우유부단한 사람도 있다.

여기에 또 잘난 사람도 있고, 못난 사람도 있고, 잘난 척하는 사람도 있다. 못난 놈이 잘난 척하는 것은 꼴불견이지만, 그렇다고 잘난 사람이 드러내놓고 자신을 자랑하는 것도 거부감을 낳는다. 자칫 교만과 거만으로 비칠 수 있기 때문이다.

"그래, 너 잘났다 잘났어, 어디 잘해봐." 하는 게 누구나 제 잘난 맛에 사는 다른 사람들의 시각이다. 잘난 것은 축복받을 일이지만 잘난 척하는 것은 복을 쫓는 어리석음이다.

그런데 자기 잘난 맛에 사는 사람들은 대부분 돈이 많거나 권력이나 지식을 많이 가지고 있다. 이런 사람들은 대개 교만해서 목에 힘을 주고 다닌다. 가진 것이 많으면서도 겸손한 사람, 제 몸을 낮추는 사람이어야 하는데 그런 사람이 많지 않다.

잘난 사람들의 특징은 자신의 생각이 항상 옳다고 믿는 동시에 남의 말을 좀체 듣지 않는다. 자신이 최고라는 자만에 빠져 있다. 설사 허세에 불과하더라도 한껏 잘난 척을 하고 또 그것을 인정받아야만 살맛이 난다. 자신을 믿어 의심치 않으므로 진정한 죄의식이나 반성하는 일이 드물다.

민주국가에서 제 잘난 맛에 산다는데 그걸 누가 말리겠는가. 이런 사람들 일부는 자기애가 극도로 강한 나르시스트(자기도취자)자들이다. 이를테면 왕자병, 공주병에 걸린 사람들이다. 이들은 자신이 보통사람이 아니고 대단한 사람으로 인식하고 있다. 그리고 많은 사람들로부터 존경받기를 원한다. 나르시스트에겐 이 세상은 모두 자기 자신을 위해 존재한다.

그리스 신화에서 어느 날 연못에 비친 자기 모습에 반해 그만 연못에 빠져 죽었다는 청년 '나르키소스'가 바로 나르시스트의 원조다. 과잉된 자의식과 타인의 시선에 대한 무지 그리고 부족한 공감 능력 등의 특징으로 무장한 나르시시스트는 우리 주변 어디에나 있다. 천상천하 유아독존인 어린아이부터, 자신의 안위와 이익 외에는 안중에 없는 동료와 상사, 자신이 사랑받아 마땅하다고 믿어 의심치 않는 수

많은 TV 속 스타들 그리고 한 나라를 이끌 정도의 자신감을 지닌 정치인들과 교도소에 갇힌 사이코패스에 이르기까지 나르시시즘이 발휘되는 유형 또한 다양하다.

과연 현대사회는 '나르시시즘의 사회'라 불릴 정도로 사회 곳곳에 나르시시즘이 만연해 있다. 그렇다고 나르시시즘이 다 나쁜 건 아니다. 이들은 자기 자신이 돋보이고 기분 좋게 느낄 수 있는 세상을 만들어내려고 노력한다는 것이다. 오히려 건강한 나르시시즘, 즉 자기애는 세상을 살아가는 원동력이 된다. 이러한 사실은 예로부터 동서양을 막론하고 성인들에 의해 얘기됐다. 에리히 프롬은 『인간의 마음』에서 "나르시시즘이야말로 동물로서 모든 본능을 상실한 인간의 제2의 본능"이라 했으며, 장자는 『제물론』에서 "내가 없어도 세상은 존재하지만 내가 보고 듣고 느끼는 내 세상이 가장 중요하다. 하늘과 땅이 나와 함께 생겨났다."고 주장했다. 이 세상을 살아가는 것은 자기 자신이라는 것은 동서고금을 막론하고 진리이기 때문이다.

모든 사람은 자기의 삶이 한 편의 드라마라 할 수 있다. 사람을 세상적으로 평가할 때는 잘난 인생, 못난 인생이 있을 수 있지만, 그 나름대로 소중한 인생이기 때문에 모두들 자기 인생 드라마의 주인공들이다. 그래서 흘러간 옛 노래에 "제 잘난 멋에 사는 게 인생인데 남의 일에 이러쿵저러쿵 하지 맙시다."하는 노랫말도 있지 않은가.

그러나 그 잘난 맛이 남에게 교만이나 거만으로 비쳐서는 안 된다. 밤하늘의 별이 아름답게 빛나는 것은 스스로 빛을 내기 때문이 아니라 단지 어둠 속에 있기 때문이다. 사람도 마찬가지다. 어떤 일을 해서가 아니라 그 사람이 존재하는 특성이 뚜렷하기 때문이다. 따라서 사람은 자신이 어떤 존재인지 있는 그대로 보여줄 때 스스로 빛이 난다. 일부러 튀려고 하지 말고 그냥 자연스럽게, 느끼는 대로, 표현하고 하고 싶은 대로 하는 것이다. 하지만 우리는 그렇게 살면 안 되고, 그렇게 살 수 없다고 생각한다. 그것은 곧 남을 의식하며 살아가기 때문이다. 그래서 잘난 사람, 못난 사람이 공존하는 게 우리 사회의 모습이다.

『전북매일신문』(2016. 8. 17.)

가을 씨앗 뿌려지다

길을 걷는데 햇빛 한줌이 이마를 툭 건드린다. 마치 사나운 독수리가 부리로 이마를 쪼는 느낌이다. 그러다 숨이 턱턱 막힌다. 가만히 있어도 몸에 땀이 주르륵 흐른다. 그야말로 가마솥 찜통이다. 낮에는 폭염, 밤에는 열대야, 전국이 기진맥진이다. 쉴 새 없이 올라오는 열기 탓에 길거리는 마치 불판 위를 연상케 한다.

며칠 새 온열질환 사망자가 속출하고, 전력 수요도 최고치로 치솟았다. 전국 대부분 지방에 폭염 경보가 내려진 가운데 연일 기록적인 더위가 이어지고 있다. 땀을 흘려 수분 · 염분이 부족해지면 작업 중 자신도 모르게 정신을 잃거나 의식이 혼미해져 큰 사고로 이어질 수 있다. 이럴 땐 의식적으로 자주 물을 마셔야 한다. 카페인 음료나 술은 되레 탈수를 유도하므로 수분 공급에 효과적이지 않다.

지금 한반도에는 여름이 한 중심에 서 있다. 태양이 한껏 달궈져 있다. 그러나 우리에겐 이 위대한 여름과 함께 이글이글 열정의 태양이 필요하다. 세상을 태워버릴 듯한 기세로 내리쬐는 태양빛이 다소 고통스럽지만 이 시련의 계절을 거쳐야만 우리가 한겨울 동안 먹을 수 있는 오곡백과가 무르익는다. 오곡백과뿐 아니라 지구상의 모든 동식물은 물론 심지어 미생물까지도 햇빛이 필요하다.

아름다운 꽃이 자랄 수 있는 조건은 물, 바람, 햇볕이다. 이 세 가지 자연환경이 어우러져 사시사철 아름다운 꽃과 나무가 열매를 맺는다. 만약 햇볕이 없다면 꽃은 어떻게 될까? 아마 꽃망울을 틔워보지도 못하고 바로 시들어버리고 말 것이다. 또 지구의 기온이 떨어져 얼음으로 뒤덮이지 않는 점도 모두 태양 때문이라는 점을 고려할 때 태양의 귀중함을 한층 절실하게 느끼게 된다.

이렇게 여름이 절정으로 치닫는데도 지난 7일이 절기상 가을에 들어선다는 '입추立秋'였다. '입추'부터 '입동' 전까지를 가을이라고 한다.

폭염 속 입추라니 믿기지 않는다. 끔찍한 더위가 맹위를 떨치고 있는데 가을의 절기가 다가온다는 게 '생뚱맞은' 느낌이다. 그러나 대자연의 순환과 유전流轉의 질서는 어길 수가 없다. 자연의 법은 신神도, 인간도 변화를 줄 수 있는 법이 아니다. 자연의 법은 필연이기에 예외나 기적이 없다. 그대로 따라야 한다.

우리가 살아가는 대자연의 변천사變遷史에 주어지는 모든 삶의 원칙은 항상 흐름의 역사로 존재한다. 대자연이 만들어내는 이 흐름의 모든 변천사에서 우리들이 흔히 감각적으로 느낄 수 있는 것이, 바로 기후의 변화가 만들어내는 계절의 변화일 것이다. 또한 이 계절의 변화는 항상 예외 없이 모두 다 생로병사生老病死의 길을 걷는다. 한 인간이 태어나 늙고 병들어 죽음에 이르는 것처럼, 대자연의 모든 만물 또한 생성 · 성장 · 쇠태 · 해체라는 단계적인 삶의 과정을 겪어나가며 존속한다.

이 대자연의 섭리 속에 새삼 인생무상, 세월무상을 느낀다. 불교에서는 무상을 덧없음이 아닌 항상恒常 같지 않음, 즉 고정불변固定不變한 것이 없다는 뜻이다. 붓다께서는 모든 존재하는 것들에는 세 가지의 보편적 성질이 있다고 말씀하셨다. 항상 변화해서 무상하고 무상無常하기 때문에 괴롭고苦, 그래서 실체가 없는 무아無我를 말씀하셨다.

계절의 변화에 있어서 봄에는 모든 만물이 아름답게 생성하여, 여름에는 그 아름다움이 극치에 달하도록 성장한다. 하지만 가을이 되면 그 기운이 다해 쇠태의 길로 접어들면서, 결국 겨울이 되면 해체라는 죽음의 길로 접어들고 만다. 이와 같이 대자연이 만들어내는 흥망성쇠의 모든 길은 바로 대자연의 모든 삶의 법칙이며, 어느 누구도 이와 같은 대자연의 모든 삶의 법칙에서 전혀 자유로울 수 없다.

'겨울이 오면 봄이 멀지 않다.'고, '새벽이 가까워질수록 어둠은 더욱 짙어진다.'고 노래한 시인이 아니더라도 늘 더위는 서늘한 가을을, 혹독한 추위는 봄의 따뜻한 볕을 예비하고 있다. 입추 지나 보름 후인 23일이 더위가 물러난다는 '처서處暑'니 절기는 고르지 않은 일기와 무관하게 계절의 발걸음은 누천년의 관습을 따라 계속되고 있는 것이다. 지금 한여름 땡볕이 기승을 부려도 그 속에는 벌써 가을의 씨앗이 뿌려져 있는 것이다.

『전민일보』(2016. 8. 12.)

국회의원 반값 세비 실현될까

지난 6월 하순 문학회 모임 관계로 모 출판사 사장 등 일행 3명과 KTX를 타고 서울에 간 일이 있다. 우리는 용산역에서 내려 종로로 가는 지하철을 타려고 이동 중이었다. 그러다 역 대합실에서 화장실 쪽으로 걷는데, 갑자기 더불어민주당 김성주 전 의원(19대)이 눈에 띄었다. 순간 반가움에 김 전 의원 쪽으로 다가가 그의 어깨를 손으로 툭 치며 인사를 건네자, 김 전 의원도 반갑다는 듯 악수를 청했다. 내가 어인 일이냐고 묻자, 그는 전주에 볼 일이 있어 KTX를 타고 내려가려는 중이다고 했다. 김 전 의원과의 해후는 약 20초 정도, 극히 짧은 시간이었다.

김성주 전 의원과 헤어진 후 서울역 대합실을 빠져나오면서 그의 모습이 쉽게 지워지지 않았다. 깔끔한 양복 차림에 핸섬한 인상이었지만 내 딴에는 조금 초라한 느낌이었다. '그가 지난 4 · 13 총선에서 당선이 됐다면 저렇게 홀로 다니진 않았을 텐데….', '기사가 운전하는 승용차를 타고 비서관을 대동하고 내려갔을 텐데….'하고 중얼거렸더니, 옆에 있던 모 출판사 사장이 "아직 젊으니까, 앞으로 얼마든지 희망이 있지. 지금부터 지역구를 잘 관리하면 다음에 또 기회가 있겠지."라고 위로하는 것이었다.

나는 서울에서 볼 일을 보고 일박한 다음 이튿날 전주로 내려오기 위해 혼자 서울 남부터미널로 갔다. 터미널에서 전주행 차표를 끊고 버스에 올라 자리에 앉았다. 그런데 잠시 후 장세환 전 의원(18대)이 내가 탄 버스에 승차하는 게 아닌가? 우연일진 모르지만 올라갈 때는 김성주 전 의원을 만나고 내려올 때는 장세환 전 의원을 만나게 된 것이다. 나는 순간 '어! 장세환 의원 아니세요?'하고 반갑게 인사를 하니 장 의원도 "예!예!"하며 답례하는 것이었다. 역시 장세환 의원의 모습도 어딘지 모르게 초라해 보였다. 한때는 국회의원이었던 분들이 대중의 무리 속에 섞여 서울역 대합실이나 버스 안에서 만나게 되니 그럴 수밖에….

사실 국회의원이라고 해서 특별난 건 아니다. 그들도 똑같은 사람이다. 그 어떤 직위를 떠나서 인간은 누구든 평범한 국민의 한 사람이다. 그런데도 국회의원을 특별한 사람으로 보는 이유는 무엇인가. 그것은 그들에게 주어지는 각종 특권 · 특혜 때문이다.

국회의원에겐 어떤 특권이 주어질까. 한 연구기관이 조사한 결과에 따르면 국회의원에겐 약 200가지의 특권이 있는 것으로 알려졌다. 이

중 법률 재 · 개정안 발의권, 헌법 개정안 제출권, 국가 예산 심의권, 국정 감사와 조사권 등은 권한이라기보다는 국회의원으로서 당연히 해야 할 의무에 가깝다. 국회는 삼권분립의 원칙상 입법권, 재정권, 국정통제권 등을 특권으로 보는 것은 타당하지 않을 수도 있다. 의원으로서 입법권을 행사하려면 당연히 누려야 할 권한이기 때문이다.

하지만 국회의원에게 주어진 특권 · 특혜는 엄청나다. 특히 많은 사람들이 궁금해하는 것이 의원의 월급(세비)이다. 국회사무처에 따르면 20대 국회의원에게 지급되는 연봉은 상여금을 포함해 1억 3,796만 1,920원이다. 기본급 개념의 일반수당(월 646만 4,000원)과 입법활동비, 관리업무수당, 정액급식비, 정근수당, 설과 추석에 지급되는 명절휴가비 등이 포함된 것으로 월평균 1,149만 6,820원꼴이다.

또 의원 1명은 보좌직원으로 4급 상당 보좌관 2명, 5급 상당 비서관 2명, 6 · 7 · 9급 상당 비서 각 1명 등 총 7명을 채용할 수 있고, 국회 인턴은 1년에 22개월 이내로 2명씩 채용할 수 있다.

일단 국회의원 본인 앞으로 지급되는 금액만 사무실 운영비, 차량 유지비, 사무용품 비용 등, 한 해 2억 3천48만610원에 달하는 셈이다. 여기에 가족수당, 자녀학비 보조수당 등 각종 수당을 포함하면 실수령액은 더 늘어난다.

2012년 기준으로 우리나라 의원 세비가 경제협력개발기구(OECD) 주요 국가 중 3위로 알려졌다. 이런 상황에서 정의당 노회찬 원내대표가 7월 4일 국회 비교섭단체 대표 연설에서 "국회의원 세비(월급)를 절반으로 줄이자."고 제안해 눈길을 끌었다. 국민들은 10~20%는 몰라도 절반 축소는 현실성이 없다는 걸 알면서도 박수를 보냈다. 사실 세비는 의원을 유지하는 데 드는 경비에 비하면 10분의 1도 안 될 것이다. '반값 국회'를 만들려면 친인척까지 데려다 쓰는 보좌진을 7명에서 3~4명으로 줄여야 한다. 문제는 노 의원의 반값 세비 제안에 여야 의원들이 시큰둥한 반응을 보였다는 것이다. 세비를 올리기는커녕 반값으로 내리자고 하니 그럴 법도 하다. 그럼에도 노회찬 의원의 제안에 일말의 기대를 걸어본다. 반값 세비와 함께 의원 보좌진 축소가 현실화될지 국민들은 지켜볼 것이다.

『전민일보』(2016. 7. 29.)

* 우리나라 국회의원의 세비(월급)가 경제협력개발기구(OECD) 주요 국가 중 3위로 알려졌다. 20대 국회에서 '특권 내려놓기'가 나오고 있는데 이런 이슈가 국회 개원 때면 으레 등장했기에 이번에도 약속이 제대로 지켜질지 모르겠다.

* 2020년 4월 15일 치러진 제21대 총선에서 전주시병에서 출마한 김성주 더불어민주당 후보가 10만 4,039표를 받아 득표율 66.6%로 민생당 정동영 후보를 두 배 이상의 표 차이로 따돌리고 당선됐다. 김성주 의원은 제21대 국회 전반기 보건복지위원회 간사 위원으로 선임되어 활발한 의정활동을 펼쳐오고 있다.

제5부

남자의 세 가지 조심

사드 한국배치 OK, 우리 지역은 NO

사드의 경북 성주 배치를 두고 성주의 민심은 가히 폭발 직전이다. 국무총리가 성주를 방문해 주민 설득에 나섰지만 성난 군민들로부터 물병과 계란 세례를 맞았다. 문제의 심각성을 인식한 미군은 18일 태평양 괌 기지에 배치된 사드 포대를 한국 취재진 등에게 공개했고, 사드 기지의 전자파 수준을 직접 측정해 보였다. 이 결과 검출된 전자파가 방송통신위원회 인체보호 기준치의 0.007% 수준인 것으로 나타났다. 이 정도면 자연 상태나 다름없고 휴대폰이나 전자레인지에서 나오는 전자파보다도 훨씬 낮다는 것이 전문가들 얘기다. 해발고도 380여 m의 성주지형과 비교하면 이번 측정 작업은 성주지역보다 불리한 조건인데도 측정값이 낮게 나왔다는 것이 군 당국의 설명이다.

이처럼 미군 측이 사상 처음으로 괌 기지 사드 포대 공개라는 카드를 빼든 것은 사드 한반도 배치문제가 효용성 유무를 떠나 X밴드 레이더에서 나오는 전자파를 사람이 직접 쐬면 치명적인 영향을 받는 것으로 알려지면서 전자파의 유해성에 대한 우려가 각계에서 제기됐기 때문이다.

하지만 이 같은 미군 측의 설명에도 불구하고 성주 군민들의 반발은 수그러들지 않고 있다. 성주 군민들의 분노와 절규엔 '하고많은 지역 중에 왜 우리 고장이냐.'는 것이다. 청정 참외마을이 갑자기 뒤통수를 맞았다는 것이다. 인체 위해성과 지역 산업의 70%를 차지한다는 참외산업이 직접 피해를 입을 우려 때문이다. 성주 군민들의 저항은 이해할 만하다. 2년 이상 걸린 사드 도입 과정에서 정부는 그저 비밀 유지와 막후 협상, 최종 선택에서 느닷없이 성주를 선택했기 때문이다.

성주 군민의 거센 반발은 최소한의 공론화와 소통 과정도 외면한 정부의 잘못이 원인이다. 정부는 그동안 사드배치 예정지역으로 강원도 원주를 시작으로 경기 평택, 충북 음성, 경북 칠곡, 전북 군산, 경남 양산, 전남 벌교 등, 전국을 한 바퀴 빙 돌고 돌아 급기야는 성주로 안착했다. 과연 성주 군민들의 저항을 받을만하다.

문제는 어느 지역도 사드를 찬성하는 곳이 없다는 것이다. 물론 우리 지역 어디에도 사드배치를 반대하며 나 개인도 반대한다. 북핵미사일 방어를 위해서 사드는 배치해야 하겠고, 이를 반기는 지역은 단 한 군데도 없으니 답답할 일이다. 그렇다고 사드를 독도나 이어도 등 섬에 배치할 수도 없다. 들지도 놓지도 못하고, 가도 오도 못하고 서 있지도 못하는 형국이다. 그래도 포기할 수는 없을 것이다.

그렇다면 과연 사드가 북핵을 막아줄 수 있는 '신의 방패'란 말인가? 그리고 사드의 전자파가 인체에 정말 무해한 것인가? 지금까지 13번의 사드 요격실험에서 모두 성공했다고 하지만 실제 전투에서 얼마나 효력을 발휘할지는 아무도 알 수 없다. 개전 초기 사드 요격미사일로 몇 개의 북한 미사일을 잡아낼 수 있다고 치자. 그런데 북한이 동시에 수백 발의 미사일을 쏠 경우 이를 어떻게 막아낼 것인가. 무엇보다 잠수함발사 탄도미사일(SLBM)을 수중에서 쏠 경우 이를 어떻게 막을 것인가? 만약 사드를 비롯한 미사일방어체제(MD)가 완벽한 방어 수단이라면, 중국을 포함해 그 누구의 눈치도 볼 필요는 없을 것이다. 오히려 사드를 전국 각지에 배치하여 적의 미사일 공격으로부터 완벽한 방어만을 구축해야 할 것이다.

사드 관련 논란이 시작된 2014년 10월 새누리당 의원들은 사드 한반도 배치에 찬성했다. 사드 도입은 이내 새누리당 당론이 됐다. 이후 사드배치 지역으로 여러 곳이 오르내리다가 결국 성주가 결정되자 TK(대구경북) 지역 의원들이 집단 반발했다. 성주가 지역구인 새누리당 이완영 의원을 포함해 TK 의원 21명은 최근 반대 성명을 냈다. 이들은 한결같이 "사드 배치 자체에 반대하지 않는다."고 말한다. 문제는 배치 장소가 왜 하필 TK냐는 것이다. 사드 한국 배치는 OK하면서 우리 동네는 NO다. 그렇다면 정치인들의 사드배치 반대는 결국 전형적인 님비현상인 셈이다. 북한의 핵과 미사일 공격으로부터 우리 국민을 보호하기 위해 대다수 국민들은 사드를 우리 땅에 배치할 필요가 있다고 보지만 정작 자신의 지역에는 배치할 수 없다는 주장이다.

앞뒤가 맞지 않는 모순이다. 따라서 새누리당의 TK(대구경북) 지역 의원들의 사드 성주 배치 반대 집단항의성명서는 온당치 못한 일이다. 국가와 국민의 안위는 아랑곳하지 않고 지역주민의 정서에 영합해 자신들의 표만 지키겠다는 얄팍한 계산이 역력하다.

『전주일보』 (2016. 7. 21.)

---

* 한미 군 당국이 북한의 중 · 장거리 미사일 방어 목적으로 고고도미사일방어체계(THAAD · 사드)를 2017년 3월 경북 성주군 초전면에 배치했다. 이로 인해 성주 주민과 시민단체 등이 격렬하게 반발해 물리적 충돌이 일어나기도 했다. 이후 미국은 사드의 레이더와 발사대를 분리하는 성능 개량에 나섰고, 미국 미사일방어청은 본토를 비롯해 경북 성주 등 7개 사드기지 전체의 성능 개선 사업을 2021 회계연도 예산안에 포함시켰다.

도둑의 유형과 절도에 대한 단상

우리 속담에는 배고픔과 관련된 것이 여러 가지 있다. 그중에서 "사흘 굶어 남의 집 담장 안 넘을 사람 없다."의 경우에는 듣는 사람에 따라서 오해가 발생하는 듯하다. 먹고사는 문제가 가장 중요한 것이기에 사흘을 굶게 되면 도둑질하는 것이 자연스럽다는 표현처럼 보인다.

또 "목구멍이 포도청"이란 말이 있다. 포도청은 조선 시대에 치안을 담당했던 기관으로 오늘날 경찰청에 해당한다. '포도청'이라는 표현을 쓴 것은, 굶어 죽지 않으려면 포도청을 드나드는 일이라도 어쩔 수 없이 해야 한다는 것이다. 결국 목구멍(살기 위함)이 죄를 짓고 안 짓고를 결정하는 것이 된다는 의미다. 하지만 이 대목에서 생각해봐야 할 것이 있다. 사흘을 굶었다고 도둑질하는 것이 잘한 일인가? 포도청을 드나들면서까지 도둑질을 해야 하는가는 분명 잘못된 일이다.

1인당 국민소득이 1천 달러를 밑돌던 시대에 우리는 도둑을 측은하게 보아왔던 면이 있었다. 하지만 이제는 한국의 GDP가 작년 기준 세계 11위가 될 정도로 경제부국이 되었다. 누구든 열심히만 일하면 굶지 않고 살 수 있는 세상이 된 것이다. 그런데도 도둑 · 쓰리꾼 · 사기꾼이 줄지 않으니 어인 일인가. 그래서 우리는 도둑을 만드는 것이 가난이 아니고 그 심보에 있음을 통감하게 된 것이다.

도둑과 도둑질에는 크게 3가지 심리 유형이 있다. 첫째는 도벽이다. 이는 궁하지 않은 사람이 물건을 훔치는 것을 말한다. 노리는 것이 물건이 아니라 그 행위 자체인 경우다. 따라서 이들 도벽이 있는 사람은 훔치고 나서 그 물건을 다른 데 갖다 버리거나, 제자리에 다시 갖다 놓거나, 아니면 몰래 어디다 숨겨만 둔다. 이들은 훔치려고 치밀한 계획을 세우는 법이 없고, 그저 당장의 충동에 못 이겨 그 짓을 하는데 대개는 단독범행이다.

두 번째 도둑의 유형은 '노이로제' 증세에서 오는 경우다. 이는 훔치는 대상 · 수법 · 장소 중의 어느 하나가 늘 같아서 꼬리 잡힐 짓을 하는 것이 특징이다. 즉 '나를 잡아 가두세요.'라는 무의식적 소망을 드러내는 짓이다. 이런 타입의 도둑은 잡힐 때 저항하지 않으며, 또 잡히자마자 안도의 숨을 들이쉬면서 잘 불어댄다.

세 번째 유형은 '반反사회적 성격'에서 온 도둑이다. 이것이 일반에서 말하는 진짜 도둑이다. 이들은 평소 사기를 잘 치며, 훔칠 때는 치밀한 계획 하에 패거리로 모여 하고, 잡힐 때는 폭력으로 저항하며,

취조받을 때는 수사관을 골리는 숨바꼭질의 명수다. 이들은 범행 후는 물론 평소에도 자기 행위에 대해 불안과 죄책감을 느끼고 참회하는 일이 거의 없다. 때문에 교도소에 들어앉아서도 교화당해 새사람이 될 생각은커녕 재수 없음을 탓하며 옆의 선배에게서 한 수 더 배워 기발하게 도둑질할 꿈을 더 키운다. 그래서 '별'을 자꾸 더 달게 되는 것이다.

부유층과 유력 인사의 집을 털어 70~80년대 '대도'라는 별칭을 얻었던 조세형 씨를 우리는 기억하고 있다. 그는 수십 건의 절도 전력이 있지만 국민들 사이엔 의적으로 각인돼 있다. 그는 한때 개과천선해 목사 안수를 받고 무의탁 노인이나 노숙인을 대상으로 봉사도 하고, 전국 교회를 돌며 간증 집회도 다녔지만 그의 '도벽'은 끝내 떨쳐내지 못했다. 조 씨는 작년 9월 서울 용산구의 한 주택에 침입해 귀금속 수억 원어치를 훔쳐 상습야간주거침입절도죄로 징역 3년을 선고받고 현재 교도소에 수감 중이다. 그의 나이 올해 79세. 이쯤 되면 조 씨는 도둑의 달인이다. 인생을 거의 도둑으로 살아왔다 해도 과언이 아니다.

최근 군산의 한 미용실에서 희한한 절도 사건이 발생해 화제가 됐다. 이른바 '알몸 도둑'이다. 도둑은 꾀를 활딱 벗은 채 머리에 검은 비닐봉지를 쓰고, 손에 위생 비닐장갑을 낀 채 미용실에 들어가 돈 17만 원을 훔쳐 달아났으나 범행 일주일 만에 경찰에 체포됐다. 범인은 17세 고등학생이었다. 그는 경찰 조사에서 "유흥비를 마련키 위해 범행을 저질렀다."며 "범죄 수사물 드라마에서 알몸으로 범죄를 저지르면 증거가 남지 않는다는 내용을 보고 따라 했다."고 진술했다. 그렇다고 꾀를 벗고 도둑질을 하다니…. 범행 수법이 기상천외하다.

요즘 경기불황 여파로 소액의 생계형 범죄가 잇따르고 있다. 대형 마트에서 라면, 분유, 쌀, 고기 같은 생활용품을 훔치는가 하면, 심지어는 아파트에 배달된 우유까지 훔쳐 먹는다. '생계형 범죄'라는 용어도 잘못된 것이지만 아무리 사소한 물건이라도 남의 것을 훔치는 것은 범죄행위다.

『전북매일신문』(2016. 7. 18.)

* 알몸으로 미용실에 침입해 검은 비닐봉지를 머리에 쓰고 현금을 훔친 절도사건. 2016년 6월 25일 전북 군산시 나운동에 있는 미용실 화장실 창문으로 몸을 비집고 들어가 현금 17만 원을 훔쳐 달아났다 붙잡혔다. 당시 범인은 17세 고등학생.

동북아 신냉전체제 고조시킬 사드배치

지난 8일 한국과 미국 정부가 고고도 미사일방어체계(THAAD · 사드)를 한반도에 배치하기로 최종 결정했다. 중국은 강렬한 불만과 단호한 반대 의사를 밝히며 한 · 미 대사를 초치해 항의했다. 배치 지역은 빠르면 이달 안에 결정되고 작전 배치 운용 시기는 내년 말을 목표로 하고 있다.

한 · 미 양국이 사드배치 결정을 내리게 된 것은 날로 커지고 있는 북한의 핵과 미사일 위협 때문이다. 북한은 현재 남한 전역을 핵무기로 공격할 수 있는 장거리 미사일 체계를 갖추고 있는 것으로 알려졌다. 지난달에는 사거리가 3,000㎞ 이상 되는 중거리 탄도미사일 발사에 성공해 전 세계를 충격에 빠뜨렸다. 이 미사일은 유사시 태평양 괌

일대의 미군기지뿐 아니라 미국 본토까지 겨냥할 수 있다. 반면 우리 군이 현재 구축 중인 방어체계로는 핵무기를 탑재한 북한의 미사일 공격을 막아내기에 한계가 있는 것으로 알려졌다. 하지만 사드배치로 인해 중국 · 러시아가 강력 반발하는 등 정세가 악화되고 있다. 동북아의 신냉전체제를 구축할 가능성이 크다. 최악의 시나리오는 양국이 사드 배치에 맞서 자국의 전략무기 강화 등 군사적 대응에 나서는 경우다. 이렇게 되면 동북아 정세는 한 치 앞을 내다보기 힘든 미궁으로 빠져들게 된다.

중국은 그동안 사드의 한반도 배치 논의를 빌미로 한국에 대한 협박성 발언을 계속해왔다. 중국공산당 기관지인 『환구시보』는 올 2월 한반도에서의 전쟁 운운하며 한국을 미 · 중 간 무력 대결의 '바둑판'으로 묘사함으로써 사드의 한국 배치에 대한 군사적 대응을 경고했다. 무력 가능성도 언급했다. 중국군 기관지인 『해방군보』는 "(사드로 인해) 만에 하나 개전開戰하게 된다면 중국 공군의 폭격기 편대가 1시간이면 한국의 사드 기지와 일본의 미사일방어체계(MD)를 파괴할 수 있다."고 보도했다. 미군 소유의 사드를 파괴시키다니…. 우리 땅에 있는 사드 기지를 공격한다는 것은 한국과 전쟁을 하겠다는 것이나 다름없다.

그러면 무엇이 중국으로 하여금 사드의 한국 배치를 두려워하게 하는 것인가? 최근 한국 언론들은 사드의 한국 배치와 관련해 X-밴드라고 불리는 사드의 AN/TPY-2 레이더 기능에 관심을 집중하고 있는 듯하다. X-밴드 레이더가 중국을 속속들이 탐지할 경우 중국의 군사력 배치와 활동이 미국에 파악당할 수 있기 때문에 중국이 사드 배치를 반대한다는 것이다. 특히 X-밴드가 600㎞에서 900㎞ 정도까지 탐지하는 종말모드로 배치되느냐, 또는1,800~3,000㎞까지 탐지하는 전진모드로 배치되느냐에 따라 중국에 대한 감시 범위가 결정되기 때문에 X-밴드의 모드에 더욱 민감하게 반응한다는 것이다.

사드배치를 전적으로 환영하는 것은 아니지만 이러한 중국의 태도는 이해할 수 없다. 중국은 한반도 인접지역에서 미 알래스카까지 탐지할 수 있는 초대형 레이더를 운용하고 있는 것으로 안다. 자신은 해도 되고 남은 안 된다는 논리는 마치 내가 하면 로맨스요, 남이 하면 불륜이라는 것과 똑같다. 문제는 한반도 사드배치로 인한 중국의 무역 보복 가능성이다. 중국은 자국의 이익에 반하는 외교적 문제가 발생할 때마다 경제적 보복으로 종종 맞대응해왔다. 당장은 아니지만 사드로 인해 한·중 갈등이 커지면 중국인들의 한국 관광 제한 조처를 취할 것이라는 소문이 일고 있다. 이 점을 감안하여 정부는 외교력을 발휘해 중국과 러시아를 설득해야 한다. 이런 갈등을 제대로 해결하지 못하면 한반도 안보 불안은 물론이고 대중국, 대러시아 관계는 멀어질 수밖에 없다.

사드가 배치될 해당 지역 주민들의 반발을 해소해야 하는 과제도 있다. 배치 후보지인 강원 원주, 경기 평택, 충북 음성과 경북 칠곡 등의 주민들은 사드배치 결사 반대 집회를 여는 등 강력 저항하고 있다. 사드배치를 둘러싼 일각의 반발이 국론분열로 번지고 있다. 어떤 곳이든 사드가 오는 것을 반기는 지역은 한 군데도 없다. 사드 포대에 배치될 X밴드 레이더가 내뿜는 전자파가 인체에 악영향을 미치기 때문이다.

사드배치로 인해 한 · 중 관계에 균열이 불가피해졌다. 한국이 미 · 중 전략게임의 한가운데로 빠져드는 형국이다. 중국의 보복을 막아낼 힘과 전략이 과연 우리 정부에 있는 것인가. 사드로 인한 동북아의 신냉전이나 지역주민의 반발 등, 그 후폭풍을 어떻게 감당할 것인가. 특히 중국과 러시아가 한반도 인근에 미사일 배치 강화 등 군사적으로 대응할 경우 동북아 안보지형은 우리에게 불리한 구도로 재편성될 수도 있음을 알아야 한다.

『전민일보』(2016. 7. 12.)

쥐뿔도 모르면서

우리말에 '쥐뿔도 모른다.'는 말이 있다. 쥐에 뿔이 있을까, 없을까. 물론 없다. 여기서 '쥐뿔도 모른다.'에는 아무것도 모른다는 뜻이 담겨 있다. 그런데 왜 사람들은 뿔이 없는 쥐를 보고 '쥐뿔도 없다.', '쥐뿔도 모른다.'고 할까?

옛날에 갓 결혼한 신혼부부가 손발톱을 깎고 문밖에 버렸더니, 늙은 쥐가 그것을 주워 먹고는 망아지만큼 크게 자랐다. 이 쥐가 나이가 들 대로 들어 둔갑술까지 부리게 되었다. 안주인의 미색에 반한 이 요망한 쥐는 사람으로 변신하여 주인인 신랑을 쫓아내고 주인 자리에 들어앉아 대신 신랑 행세를 하며 젊은 각시와 밤마다 운우지정을 나눴다.

가짜로 낙인찍혀 집에서 내쫓긴 새신랑은 하도 억울하니까, 영험하다는 도사를 찾아가 하소연했다. 그 도사는 직접 쓴 부적과 고양이를 내주며 비방을 일러주었다. 뛰다시피 집에 돌아온 신랑은 도사가 시킨 대로 부적을 붙이고 고양이를 풀어놓았다. 그러자 가짜 남편은 사색이 되어, 다시 늙은 쥐로 변신하더니 기겁을 하고 삼십육계 줄행랑을 쳤다. 도사의 비방으로 요망한 쥐를 내쫓은 신랑은 아내를 다그쳤다. 부인은 어찌할 바를 모르다가 신랑에게, "그 사람 분명 당신이었어요."라며 매일 저녁 황홀경에 빠졌던 일을 실토하였다.

이 말에 신랑은 "아무리 좋아도 그렇지. 내 ×하고 늙은 쥐 ×하고 구별이 안 된다는 말이냐?"하며 금방이라도 잡아먹을 듯이 매질을 해댔다. 매를 견디나 못한 신부가 '사람 살리라'고 소리치며 동네 한가운데로 도망치니 동네 어른들이 신랑을 붙잡고 연유를 물었다. 신랑은 숨을 몰아쉬고 더듬거리면서, "아 글쎄 저년이…. 내가 없는 새에…. 쥐 ×도 모르고…. 아니 '쥐뿔'도 모르고…."

차마 어르신들 앞에서 육두문자를 쓸 수가 없어 "쥐뿔도…. 쥐뿔도…."만 되뇌었다고 한다.

신부가 신랑인 자기의 거시기와 쥐의 거시기를 분간 못 했다는 데 대해 울화가 치민 것이다. 그래서 그때부터 사리분별을 잘 할 줄 모르는 사람더러 "쥐×도 모른다."고 말해왔고, 이러한 민담이 전해지면서 앞뒤를 분간하지 못하는 사람을 일컬어 "쥐×도 모른다."고 하는 말이 생겨났다. 체면을 존중히 여기는 우리 사회에서 성기性器를 나타내는 말을 직설적으로 표현할 수 없어 은유적으로 "쥐뿔도 모른다."고 하게 된 것이라고 전한다.

사실 이는 잘 꾸며진 웃기는 이야기에 불과하다. 쥐가 어떻게 둔갑술을 부려 사람으로 변신할 수 있겠는가. 동화에서나 나올법한 얘기지. 이 유래담은 여러 지방에서 비슷한 형태로 전해지는데, 지방에 따라 쥐가 개로 바뀌기도 해서 '개뿔도 모른다.'는 말을 쓰기도 한다.

4 · 13 총선 참패 후 새누리당은 2개월 가까이 표류해왔다. 친박 비박의 피 터지는 헤게모니 탓이다. 이런 새누리당의 내분을 수습하고 혁신하기 위해 김희옥 혁신비대위원장이 출범한 지 3주가 됐지만 혁신은 제자리걸음이다. 김 위원장은 당을 쇄신하기는커녕 분란만 일으키며 청와대나 친박계 눈치를 보는 인상이 짙다. 유승민 의원 복당 결정으로 촉발된 내분 사태를 수습하지 못하고 불길이 권성동 사무총장 경질 논란으로 번지면서 친박계와 비박계가 또 충돌하고 있다. 민생경제를 챙겨야 할 집권당이 허구한 날 싸움질만 하고 있으니 기가 찰 노릇이다. 아이러니하게도 새누리당의 내홍이 깊어지자 더불어민주당과 국민의당이 오히려 국정을 걱정하고 있다.

유승민 의원의 복당은 비대위에서 무기명 투표로 결론이 났다. 그럼에도 친박계에서는 '쿠데타'라며 반발하고 나섰다. 일각에선 박 대통령의 탈당이나 분당 가능성까지 거론하며 전면전을 불사할 태세라고 한다. '죽여 버려' 등 막말 파문으로 당에서 쫓겨나다시피 한 윤상현 의원의 복당에 대해선 아무 말이 없으면서 유승민 의원에 대해서만 딴지를 거는지 이해가 안 간다. 유 의원의 복당 결정이 민주적 토론과 표결을 통해 이뤄진 이상 이를 뒤집으려 해선 안 된다.

새누리당 정신 차려야 한다. 계파 싸움으로 시간을 허비할 때가 아니다. 명색이 집권당이 국정을 혼돈으로 몰아가서야 되겠는가? 지금 우리 경제는 어려운 국면에 처해 있다. 청년실업은 증가하고, 자영업자들은 장사가 안 된다고 울상이고, 하루하루 몸으로 벌어먹고 사는 노동자들도 죽을 맛이다. 국제정세도 심상치 않다. 미국의 대선에서 트럼프가 당선될 경우 우리의 안보에 균열이 생길 수 있다. 북한의 움직임은 매 순간 우리의 안보를 좌지우지한다. 이런 때 집권여당이 선거에서 졌다고 국민의 뜻은 쥐뿔도 모른 체 집안싸움만 한다면 나라 꼴이 어떻게 되겠는가.

『전민일보』 (2016. 6. 24.)

---

* 권성동 새누리당 사무총장이 내정 3주 만에 당직에서 물러났다. 혁신비상대책위원회의 무소속 의원 일괄 복당 결정 후 불거진 당내 계파 간 내홍이 빚은 인사 난맥상이다. 새누리당은 이미 비대위 출범 직후 김용태 혁신위원장이 밀려나는 등 총선 참패 후 계파 싸움으로 바람 잘 날이 없었다.

언문행言文行일치

한 여자가 체중조절과 치아보호를 위해 설탕을 먹지 않도록 충고해 달라고 아들을 데리고 간디를 찾아갔다.

"선생님! 제 아들이 설탕을 지나치게 좋아해요. 건강에 나쁘다고 아무리 타일러도 제 얘긴 듣지 않아요. 그런데 제 아들이 간디 선생님을 존경해서 선생님께서 끊으라고 말씀해주시면 끊겠다는군요."

간디는 잠시 소년을 바라보더니, "지금은 해줄 수가 없고 한 달 뒤에 아드님을 데리고 다시 오십시오."라고 했다. 어머니는 간디에게 간청하며 다시 말했다.

"선생님! 저희는 아주 먼 길을 걸어왔습니다. 오늘 제 아들에게 설탕을 먹지 말라는 한마디만 해주세요." 간디는 다시 소년을 바라보더니 말을 이어갔다.

"한 달 뒤에 다시 아드님을 데려오십시오." 더는 간청할 수 없었던 어머니는 약속했지만, 4주 뒤 아들을 데리고 다시 간디를 찾아갔다. 그런데 간디는 아이 앞에 무릎을 꿇은 채로 그 아이의 손을 잡고, "얘야? 설탕을 먹지 마라. 그것은 너에게 좋지 않아."라고 조심스럽게 타일렀다. 설탕을 먹지 않겠노라 약속한 아들을 보며, 고마운 뜻을 거듭 전하던 어머니는 간디에게 "왜, 한 달 전에 그 말을 하지 않았나요?"라고 물었다. 간디는 "한 달 전에는 저도 설탕을 먹고 있었기 때문에 설탕을 먹지 말라고 하기 전에 제가 먼저 끊어야 했습니다."라고 대답했다.

타인의 잘못을 지적하기 전 자신의 잘못을 먼저 고치려고 했던 간디. 내가 먼저 모범이 되고 말과 행동이 일치하는 삶을 살아가려고 노력한 간디의 진솔한 면을 읽을 수 있다.

세상을 살아가면서 자기가 한 말을 100% 실천하는 사람은 거의 없다. 언행일치라는 게 결코 쉽지 않다. 따라서 지키지 못할 약속은 아예 하지를 말아야 하며, 말을 할 때는 신중을 기해야 한다. 침묵은 금이요, 웅변은 은이라는 말도 그래서 사람 사는 세상의 '명언'으로 남아 있다. 특히 종교인들이나 정치인들이 가장 뼈아프게 듣는 소리가 '언행일치言行一致'가 안 된다는 소리일 것이다. 종교인들은 대부분 선하게 살고 있지만 종종 그렇지 못한 사람들이 있어 세간의 비난을 받기도 한다.

교회 가서 목사의 설교를 들어보면 온갖 『성경』 구절을 들이대며 예수처럼 살라고 소리치지만 정작 일부 목사들은 사회에서 범죄를 저지르기도 한다. 정치인들 또한 자신의 이익에 따라 말을 수시로 바꾸기도 해 때론 국민들의 지탄을 받기도 한다.

언행일치에 이어 '필행일치筆行一致'라는 말도 있다. 자신이 쓴 글이 행동과 일치해야 한다는 것이다. 글은 아주 정의롭고 비단결처럼 써 놓고 행동은 시정잡배처럼 한다면 그 글은 한낱 쓰레기에 불과할 것이다. 글 속에는 그 사람의 가치관이나 철학, 또는 속내가 드러나 있다. 그래서 글을 읽어보면 어느 정도 그 사람의 지향점이나 성격을 파악할 수 있다.

사실 글을 쓰는 문인이라고 해서 모두가 선비는 아니다. 개중에는 옳지 않게 살아가는 사람들도 있다. 물론 나 자신도 '필행일치'가 안 될 때가 있다. 될 수 있으면 내가 쓴 글에 책임을 지면서 그에 부합되게 살고자 하나 때론 글 따로 행동 따로일 때가 있다. 이런 모순을 극복기 위해 노력하고 있을 뿐이다.

말과 글은 사람 마음의 표현이자 그 사람의 얼굴이다. 그러므로 생각이 그대로 말로 나오고 글로 나온다. 하지만 마음의 모습과는 달리 글을 잘 쓰는 사람도 있다. 또 글은 못 쓰는데 말만 잘하는 사람도 있다. 무엇보다 글을 쓰고, 강연을 하고 다니는 사람들은 그 행동 자체가 자신의 글과 말을 증거할 수 있는 것이어야 한다. 군자는 말과 글과 행동이 일치되는 사람을 말한다.

언어는 의사소통의 수단일 뿐만 아니라, 그 말을 쓰는 사람들의 생활방식을 나타낸다. 행동은 따르지 않고 말만 잘하고 글만 잘 쓰는 사람은 진정한 군자가 아니다. 언행言行과 문행文行이 일치해야 한다. 진정한 군자는 언문행言文行이 하나처럼 자연스럽다.

『전북매일신문』(2016. 6. 21.)

국립 한국문학관 전북 유치 힘 모으자

국립 한국문학관 유치 경쟁이 뜨겁다. 문화체육관광부가 지난달 25일 접수를 마감한 결과 전국 24개 지자체가 유치 신청을 했다. 한국문학 총본산을 건립한다는 명분하에 국비가 자그마치 450억 원 지원되는 사업이다. 때문에 신청지역은 저마다 장점을 내세우며 유치전에 사활을 걸고 있다.

도내에서는 정읍 · 남원시가 유치전에 뛰어들었다. 오직 1등만 미소 지을 수 있는 초유의 쟁탈전에 과연 어느 곳이 최적지로 확정될지 초미의 관심사다.

한국을 대표하는 문인과 문학 유산을 수집 · 관리 · 보존 · 조사하는 역할을 할 한국문학관은 근현대문학 100년 역사를 집대성하고 통합

관리하는 전초기지를 마련하는 상징적인 의미가 크다. 건립 대상지는 오는 7월에 결정된다.

후보지가 선택되면 내년 상반기까지 기본계획 수립과 설계작업을 진행하고 2018년 착공, 2020년 하반기 개관하는 것을 목표로 삼고 있다. 이를 유치할 경우 지역 문화 · 경제 발전에 큰 시너지 효과를 낼 수가 있다.

한국문학관 건립 계기는 시인인 더불어민주당 도종환 의원이 대표 발의한 '문학진흥법'이 지난해 12월 31일 국회 본회의를 통과하면서 급물살을 탔다. 도 의원이 주도해 추진한 '문학진흥법'으로 인해 이제 대한민국 문학은 세계화라는 꿈을 이룰 수 있게 됐다. 문화예술 장르 중 문학이 모든 것의 기본임에도 불구하고 정작 문학진흥법안이 만들어지지 않아 다른 나라에 비해 문학의 입지가 뒤처지는 불운을 겪어 왔던 게 사실이다.

중요한 것은 그곳이 과연 한 국가의 국립문학관이 들어설 만한 명분과 상징성을 가지고 있느냐일 것이다. 다른 시설도 아닌 국립 문학관이야말로 한국문학의 정신과 전통을 대표할 수 있는 곳에 세워져야 한다는 것이다.

지역마다 최적지라고 내세우지만 일부에서는 정치논리와 힘의 논리로 접근하려고 한다. 대구가 그렇다. 권영진 대구시장은 지난 3월 대구를 방문한 박근혜 대통령에게 한국문학관을 대구에 유치하고 싶다는 뜻을 공식적으로 밝혀 눈총을 샀다. 권력을 이용해서 문학관을 유치하려는 것은 지극히 잘못된 것이다.

그런데 들려오는 소문으로는 서울 은평과 충북 청주가 유력한 후보지로 압축되고 있다고 한다. 실사도 하기 전에 이런 말이 어디서 나왔는지, 유치경쟁지역을 실망으로 내몰고 있다. 특히 충북 청주는 도종환 의원의 지역구다. 도 의원이 지난해 '문학진흥법'을 대표 발의할 때부터 청주에 한국문학관을 유치하려고 그 지역 문화예술 전문가들과 기민하게 대응하고 건립 부지를 선정해놨다는 것이다.

청주시는 최고最古 금속활자인 직지의 가치를 계승하고 '조선 베스트셀러'『명심보감』 최초본이 청주에서 나왔음을 강조한다. 청주는 국토의 중간 부분에 있어 접근성도 용이하다. 또 김기진, 홍명희, 이무영, 조명희, 오장환 등의 문인도 청주와 인연이 깊음을 내세운다.

청주뿐 아니라 인천은 '범시민 국립 한국문학관유치위원회'를 발족시켰고, 대구는 '대구유지위원회'를 출범시켰다. 이들 지역은 '100만인 서명운동'까지 벌이고 있다.

이에 반해 전북은 조용하게 대응하고 있다. 뒤늦게 정읍시가 문학관 유치 일환으로 나종일 전 우석대 총장과 안도 전북문협 회장 등 문학계 인사 10명을 초청하여 간담회를 가졌다.

여기서 정읍시는 문학관 건립을 위한 모든 부지 기반조성이 완료돼 60억 원의 비용을 절감할 수 있고, 즉시 건축이 가능한 최적의 조건을 갖추고 있음을 내비치며 적극적으로 노력하고 있다.

주지하다시피 전북은 한국문학사의 본향이라고 해도 과언이 아니다. 정읍은 현전하는 최고 가요인 백제가요 「정읍사」와 가사문학의 효시로 꼽히는 정극인의 「상춘곡」의 고장이다. 뿐만 아니라 수많은 현대문학의 주요 소재인 동학농민혁명의 발상지이다.

남원 또한 『춘향전』, 『흥부전』, 『만복사지저포기』, 『하멜표류기』 등이 있다. 현대문학으로는 백미인 소설, 『혼불』, 『시골무사 이성계』, 『지리산』, 『피아골』, 천하명창 임방울 등이 있어 정읍 · 남원 등이 국립문학관이 들어설만한 명분과 상징성을 충분히 갖추고 있다. 따라서 정읍이나 남원이 타 지역과의 유치 경쟁에서 우위를 점하려면 철저하게 준비해야 한다. 우선 문학인을 중심으로 범유치위원회를 구성할 필요가 있으며, 이 위원회에서 문학과 관련한 우리 지역의 역사성과 자산을 파악하는 것이 무엇보다 중요하다. 나아가 한국 현대문학에 있어 우리 지역 작가들이 미친 영향도 세밀하게 조사할 필요가 있다. 우리 모두 국립 한국문학관 전북 유치에 힘을 모으자.

『전주일보』 (2016. 6. 16.)

* 문화체육관광부는 국립한국문학관 건립 부지로 서울 은평구 기자촌 근린공원을 선정했다. 최종 후보지로 △옛 서울역사인 서울 중구 문화역서울284 △경기 파주시 출판단지 부지△파주시 헤이리 부지도 올랐지만 접근성, 국제교류 가능성 등을 고려해 기자촌 근린공원으로 결정했다고 설명했다. 이로써 3년 가까이 끌어온 한국문학관 부지 선정 논란이 일단락됐다.

농어촌 죽이는 교육정책 즉시 폐기해야

현정부가 내놓은 교육정책은 한마디로 황당하다. 교육철학이 있는지조차 의심스럽다. 교육을 단순 경제논리로만 재단하는 것 같아 매우 안타깝다. 교육정책이 눈앞의 이익만으로 결정된다면 농산어촌지역은 머지않아 황폐화되고, 공동체의 근간이 무너지게 된다. 아이들이 사라진 지역은 삭막할 뿐 아니라 곧바로 유령마을이 될 것이다.

교육부가 관할 학생 수가 3,000명 미만인 소규모 교육지원청의 통폐합 추진을 내용으로 하는 조직 효율화 방침을 내놨다. 이 기준을 적용할 경우 전북은 임실, 순창, 무주, 진안, 장수 등 5개 교육지원청이 통폐합 대상이다. 전국적으로는 강원 3곳, 경북 8곳, 전남 4곳, 경남 · 충북 각각 2곳, 충남 1곳 등 총 25곳이다. 대부분 교육환경이 열악한 지역의 교육지원청이다. 이들 지역은 오히려 교육행정 지원이 더 필요한 곳이다.

교육지원청이 폐지되는 지역에는 가칭 '교육지원센터'를 설치해 학교 현장을 계속 지원할 수 있도록 한다는 방침이다. 하지만 교육지원청 역할이 단순히 교육에만 국한하지 않고, 해당 지역의 중추 공공기관의 역할까지 맡고 있어 지역사회의 반발이 예상된다. 어느 교육지원청을 통폐합할 것인지를 놓고도 지역 주민 간 갈등을 빚을 수도 있다.

교육부는 올초에도 소규모학교 통폐합 범위를 넓히는 권고안을 내놨다. 이 기준안은 학교 통폐합 기준을 기존보다 2~5배 확대한 것으로 전북지역 초 · 중 · 고교 761곳 중 절반에 가까운 351곳이 '통폐합 대상 학교'인 것으로 나타났다. 전북도교육청은 교육부 방침을 수용하지 않을 생각이며, 다만 '학생 수가 20명 미만이고 학부모 전원이 찬성하는 경우'에 한해 통폐합을 실시할 수 있다는 입장이다.

교육부 권고대로라면 농산어촌학교 대부분이 문을 닫아야 한다. 시골 소규모 학교가 사라지면 아이들이 자연과 어우러지며 '사람'을 배우는 전인교육의 가치도 점점 사라질 수밖에 없다. 교육정책 입안자들이 이런 상황을 내다보고 소규모학교와 교육지원청 통폐합 문제를 다루고 있는지 묻고 싶다.

물론 출산율 저조로 인한 학생 수 감소, 재정부족 등, 교육부의 입장을 이해 못할 것은 아니다. 그러나 교육정책은 돈으로만 따져서 될 일은 아니다. 통폐합 추진 대상 학교와 교육지원청 대부분은 농산어촌에 집중돼 있다. 학교가 사라지고 교육지원청이 통폐합되면 가뜩이나 어려운 농어촌 사회를 더욱 피폐하게 만들 수 있다.

일본은 학생 수가 1~2명만 있어도 학교를 유지하는 쪽으로 예산을 투입한다. 선진국에서는 도시의 대규모학교를 지양하고 작은 학교 운영으로 인성교육을 실천하고 있는 것으로 안다. 또한 시골학교를 없앤다는 것은 정부의 귀농정책과 농촌살리기 운동과도 배치된다. 따라서 학생 수만 근거로 학교 통폐합을 결정하는 것은 근시안적 교육정책이다. 그러므로 소규모학교 및 교육지원청 통 · 폐합은 지역을 살리는 것이 아니라 되레 학생과 주민을 내쫓는 천하 몹쓸 정책이다.

필자가 다녔던 초등학교는 호남정맥의 준산간 구릉분지로서 북쪽은 경각산, 서북쪽은 치마산이 병풍처럼 둘러 있다. 올해 개교 86주년이 되는 유서 깊은 학교다. 선주에서 승용차로 25분이면 닿을 수 있는 거리다. 학교 주변 경관이 아름답고 교정은 은행나무, 벚나무가 조화와 균형을 이루어 아늑하고 포근한 한 폭의 그림 같다.

특히 학교 정문에는 수백 년 된 느티나무가 하늘을 찌를 듯 우람한 모습으로 서 있다. 언제 누가 심었는지 모르지만 나무 둘레가 사람 셋이 팔을 벌려도 닿지 않을 정도로 크다. 여름이면 마을 사람들은 이 느티나무 밑에서 낮잠을 자거나 휴식을 취하며 담소하곤 한다. 뿐만 아니라 고라니, 산토끼가 나무 숲 사이를 오가며 뛰놀다가 목 축이러 인근 냇가로 내려오기도 한다. 산비둘기, 꿩, 이름 모를 새들의 조화로운 노랫소리도 아름답고 산바람도 청청하고 신선하다. 교육부 방침대로라면 내 모교인 이 학교도 학생 수가 적어 통폐합 대상에 놓여 있다.

학교는 지역사회의 구심점이고, 지역공동체의 일부분이며 동문과 지역민들의 교감과 소통의 장이다. 인구가 밀집된 대도시를 중심으로 교육정책을 만든다면 지역 공동체는 붕괴되고 지역교육은 사각으로 내몰린다. 교육부는 소규모 학교 및 교육지원청 통·폐합 정책을 즉시 폐기하고, 농어촌학교를 살릴 수 있는 방안을 내놓아야 한다.

『전북매일신문』(2016. 6. 14.)

섬마을 여교사의 씻지 못할 상흔

섬에는 우리 삶과 관련된 무수한 기표記標들이 나부낀다. 조선 시대 허균과 박지원, 윤선도의 작품들도 '섬 이미지'의 초기 모습을 보여준다. 허균과 박지원의 소설에서 섬은 현실의 모순을 일소한 바람직한 이상국가의 건설지로 꿈꾸어진다. 윤선도의 연시조에서는 세속 잡사에 휘둘리지 않은 채 자연의 풍요와 아름다움을 구가하는 자족의 낙토樂土로 묘사된다. 따라서 섬은 해양문학 공간으로 삶을 은유하고 그리움과 외로움 등, 희로애락의 정서적 소통으로서 우리 삶의 보고이자 쉼터였다.

척박한 환경에서 생존을 위해 몸부림치는 섬사람들의 모습. 현대문학에서의 섬의 형상화가 섬사람들의 삶의 애환에 대한 관심과 더불어

시작된 것은 그런 점에서 당연한 일이라 할 수 있다.

3면이 바다인 우리나라에는 모두 3,358개의 섬이 있다고 기록돼 있다. 전국에서 섬이 가장 많은 지역은 전남 신안으로, 무인도 931개를 합쳐 1,004개의 섬이 있다. 신안군은 그야말로 크고 작은 섬으로 둘러싸여 있다. 이 중 흑산도는 전국적인 관광명소다. 숲과 바다가 검게 보인다고 해서 이름 붙여진 흑산도. 대흑산도를 중심으로 한 인근의 영산도, 다물도, 대둔도, 홍도 등은 천혜의 관광보고로 특유의 문화유적이 많으며, '다도해해상국립공원'에 속해 있다. 매년 수십만 명의 관광객이 이곳을 찾는다.

그런데 아름다운 관광명소 흑산도가 발칵 뒤집혔다. 오뉴월 서릿발처럼 얼어붙었다. 최근 흑산도 일부 주민들이 새내기 여교사를 집단 윤간하는 일이 벌어져 국민들의 공분을 사고 있기 때문이다. 특히 구속된 가해자 3명 중 2명이 학부형이라니 충격은 더하다. 더욱이 피의자 1명이 9년 전 대전에서 일어난 성폭행 사건 범인의 DNA(유전자)와 일치하는 것으로 확인됐다니 놀라운 일이다.

제 자식을 가르치는 여교사를 집단 성폭행하다니 기가 막힐 일이다. 아버지로서 자식들 앞에 어찌 얼굴을 들 수 있겠는가. 그들만의 무법세상에서 한 여자를 상대로 돌아가며 욕구를 배설하는 것은 짐승 이하의 짓이다. 여교사를 윤간하는 일은 아마 전 세계에서도 흔치 않은 일이다. 인륜이 어쩌다 이토록 추락했는지, 과연 정상적인 사회인지 묻지 않을 수 없다.

피해 여교사는 지난 3월 초임발령을 받아 혼자 관사에서 생활했으며, 사건 당일 피의자 중 한 명이 운영하는 식당에서 밥을 먹었다. 피의자들은 학부모라는 이유로 여교사에게 이웃끼리 친분을 쌓자며 알콜도수 40도에 가까운 집에서 담근 술 10잔을 마시도록 권했다. 술을 잘 마시지 못하는 여교사는 이들의 강권으로 술을 마시다 취해 구토하고 정신을 잃었다. 그러자 이들은 여교사를 바래다준다며 승용차에 태워 학교 관사로 데려가 잇달아 성폭행을 했다.

인면수심이 따로 없다. 다만 여교사의 불찰도 있다고 본다. 바늘이 움직이면 실을 꿸 수가 없다. 한두 잔 술은 체면상 받을 수 있어도 왜 계속 받아 마셨는지 선뜻 이해가 안 간다. 자기 자신을 다스리지 못했다는 것이다.

이번 사건과 관련하여 신안군청 홈페이지와 각종 인터넷 포털 사이트에는 전라도와 신안군을 비방하는 글들이 난무하고 있다. 심지어 이 사건과 무관한 사생활이 온라인을 달구고, 선정적이고 자극적인 댓글들로 특정지역을 폄훼하고 있다. 신안은 최근 염전노예사건을 소재로 한 영화가 개봉돼 일부 누리꾼 사이에서 각종 음해성 글이 전파되며 지역 이미지에 심각한 타격을 입히고 있다. 흑산도 주민들은 이번 일로 행여 관광객이 줄어들까 걱정이 크다.

육지에서 멀리 있는 외딴섬, 흑산도에 와서 아이들을 가르치고 싶어했던 새내기 교사의 꿈은 산산조각이 났다. 그가 정상을 되찾아 교직으로 다시 돌아올 수 있을지 우려된다.

극한의 공포와 충격을 받았을 피해 여교사는 평생 지울 수 없는 상처를 안고 살아가게 될지 모른다. 그 여교사의 상흔은 누가 치료해 줄 것인가.

아름다운 섬, 흑산도가 악몽으로 떠오를 수도 있다. 생각건대 한때 국민의 사랑을 받았던 이미자의 노래, '섬마을 선생'과 '흑산도 아가씨'의 대중가요마저 욕되게 느껴지는 것은 웬일일까.

『전민일보』 (2016. 6. 10.)

* 대법원 형사3부(주심 조희대 대법관)는 2018년 4월 10일 성폭력범죄의 처벌 등에 관한 특례법상 강간치상 혐의로 기소된 김 모(39), 이 모(35), 박 모(50)씨에게 각각 징역 15년, 12년, 10년을 선고한 원심을 확정했다.

정신적 황무지가 된 세태

요즘 TV뉴스나 신문 보기가 겁난다. 눈만 뜨고 일어나면 도처에서 끔찍한 살인사건이 끊이지 않기 때문이다.

누구는 칼 맞아 죽고, 누구는 둔기로 맞아 죽고, 또 죽은 시신을 토막내서 버리기까지 한다. 정말 하루 한시도 조용한 날이 없다. 툭 하면 때리고, 찌르고, 패고, 내리치고…. 과거엔 원한이나 치정에 의한 살인이 대부분이었다면 요즘 발생하는 살인사건은 대상이 무차별적이고 불필요하게 과도한 폭력성이 특징이다.

과연 이게 인간이 사는 사회인지 묻지 않을 수 없다. 오늘은 누가 희생되고, 내일은 또 어느 누가 희생될지 아무도 예측할 수 없다. 혹자는 그것이 나에게, 또 우리 가족에게까지 피해를 입힐 수도 있다고 걱정한다. 살인 등 엽기 범죄가 잇따르니 이제는 사람의 생명이 마치 어느 이름 모를 풀벌레가 죽어가는 것처럼 감각이 무디어 있다.

이리된 원인은 무엇일까? 사회가 잘못된 건지, 교육이 잘못된 건지, 인간이 잔인해서 그런지…. 다만 분명한 것은 인간 생명에 대한 존엄성이 망각돼서 그렇다. 사람을 소중히 여기고 생명을 존중한다면 어찌 살인이 일어날 수 있겠는가.

최근 서울 강남역 여성 살인사건은 우리 사회의 정신적 황무지를 그대로 반영하고 있다. 아무 죄 없는 여성이 무참히 칼에 찔려 죽어야 했던 사건은 슬픔과 분노와 탄식을 넘어 인간이 왜 살아야 하는지 깊은 자괴감까지 들게 한다. 피의자는 조현병(정신질환자)환자였다. 그는 '여성들이 자신을 모욕'했기에 죽였다고 했다. 무시했다고 죽였다는 것이다. 살인자는 화장실에 1시간 동안 숨어 있다 여성이 나타나자 흉기를 휘둘렀다. 이는 '묻지 마 살인'으로 보도됐다. 여성들은 이 사건이 '묻지 마 살인'이 아니고 '여성혐오살인'이라며 시민 수백 명이 강남역에 모여 '여성대상 혐오범죄 피해자 추모행진'까지 열었다.

강남역 10번 출구 주변은 며칠 동안 여성혐오에 반대하는 '추모의 성지'가 됐다. 피해 여성에 대한 폭력을 규탄하는 포스트잇과 피해자를 추모하는 국화로 뒤덮였다.

추모 물결은 부산, 대구, 대전으로 확산되었다. 어떤 여성은 "네가 운이 나빴던 게 아니라 내가 운이 좋았다는 것을 오늘에야 알게 되었다."라는 안도의 글을 SNS에 올렸고, 이에 동조하는 추천 수가 수만 건에 달한다. 이 사건을 보는 여성들의 현주소가 얼마나 심각한지 엿볼 수 있는 대목이다.

강남역 살인피의자처럼 우리 사회의 정신질환자가 어디 한두 명이겠는가. 통계에 의하면 현재 각종 정신질환을 앓는 환자는 약 500만 명 정도라고 한다. 이 중 한 해에 치료를 받는 환자는 약 200만 명에 불과하다. 문제는 치료를 시작한 환자가 약 복용을 중단해 재발하는 경우다. 이는 곧 범죄로 이어질 수 있다. 강남역 살인 피의자도 복용하던 약물을 중단했었다.

지금 이 시간에도 정신질환을 앓고 있는 예비 살인자들이 살해 대상을 물색하며 거리를 활보하고 있을지 아무도 모른다. 이에 경찰은 정신질환자 강제입원 등 인신구속 위주의 예방 대책을 내놓기도 했다.

흔히들 인간은 존엄하다고 한다. 그리고 많은 사람들은 하나의 생명은 우주 전체와도 바꿀 수 없을 만큼 고귀하다고 말한다. 『성경』에도 "사람이 만일 온 천하를 얻고도 제 목숨을 잃어버리면 무엇이 유익하리요."라고 기록하고 있다.

삼라만상의 한 존재로서 생명이 있는 것이지만 생명이 없어지면 삼라만상 또한 무無가 되는 것이다. 생명은 곧 창조와 사랑의 근원이다. 자살이든 타살이든 목숨을 끊게 하는 행위는 법률적, 도덕적, 윤리적 차원을 넘어서는 범죄다. 그것은 자연 질서를 교란하고 섭리를 거스르는 짓일 뿐만 아니라 인간이 비인간화한 본보기다.

생명은 그 무엇보다 소중한 것이다. 그리고 어떤 위대한 사상이나 철학이나 예술이나 종교도 생명을 경시하지 않는다. 왜냐하면 그것은 단 한 번의, 단 하나밖에 없기 때문이다. '아차' 하여 잃어버리면 되돌려 받을 수도, 어디 가서 찾을 수도 없다. 또한 어떤 현명한 슬기로도 생명은 바꾸어지지 않으며 권위나 완력이나 황금으로도 살 수 없다. 따라서 강남역 묻지 마 살인사건 등, 잇단 엽기 범죄는 오늘의 정신적 황무지가 낳은 소산이다. 이 소름끼치는 정신적 황무지에서 방황하는 사람들이 가는 곳은 결국 어디가 될 것인가. 우리 모두가 가던 걸음을 멈추고 가슴에 손을 얹고 한 번쯤 생각해보자. 정신적 가치들을 내던질 때 진정 우리가 가야 할 길은 어디인지….

『전민일보』 (2016. 6. 2.)

---

* 강남역 묻지 마 살인사건. 2016년 5월 17일 새벽, 서울 서초동의 노래방 화장실에서 불특정한 여성을 칼로 찔러 살해한 사건. 대법원 형사2부(주심 조희대 대법관)는 2017년 4월 13일 살인 혐의로 구속기소된 김 모(35)씨 상고심에서 징역 30년을 선고한 원심을 확정했다.

가습기 살균제 참사, 정부의 무능 탓

가습기 살균제 문제가 국민적 관심사로 등장하면서 '화학물질 공황恐慌' 증상이 나타나고 있다. 시민들은 그동안 별다른 의문 없이 방향제, 곰팡이 제거제, 전자 모기향, 손 소독제, 물티슈, 다림질 보조제, 유리 세정제, 식물잎 광택제 등 수많은 제품을 써왔다. 그런데 어느 날 갑자기 이것들이 국민의 건강을 해치고 사람을 죽이는 살인 도구로 둔갑했다. 엉터리 생활용품에 사망자가 속출한 사건은 누가 봐도 후진국형 참사다.

지금까지 '가습기 살균제'로 인한 사망자만 239명에 이른다. 전북지역도 '옥시레빗벤킨져' 가습기 살균제 피해자가 70명(사망 8명)에 달한다. 전국적으론 잠재적 피해규모가 수천 명에 달할 것으로 추정된다.

'안방의 세월호 참사'라 하지 않을 수 없다. 이해할 수 없는 것은 살균제라는 것을 사람이 흡입하도록 설계한 것 자체가 미친 짓이다. 또 가습기 살균제 제품이 허가되어 출시된 것은 대한민국밖에 없다고 한다.

한 가습기 피해자는 밤이 두렵다고 했다. 잠들면 내일 다시 눈을 뜰 수 있을지 자신할 수가 없다고 했다. 그는 큰 종합병원을 모조리 다녔지만 가는 곳마다 '상세불명(원인불명)의 호흡기질환'이나 '만성 기관지염(폐색성 폐질환)'이라는 진단을 받았을 뿐이다. 뚜렷한 치료법도 없다고 했다. 이런 증상들은 그가 2004년부터 6년 가까이 옥시싹싹뉴가습기당번을 사용면서부터 나타났다. 때문에 그는 호출버튼만 누르면 119 구급대가 즉시 집에 올 수 있도록 특별 관리를 받고 있다. 몇십 미터만 걸어도 호흡이 가빠져 정상적인 생활도 불가능하다. 그는 매일 "오늘도 살아남았다."는 심정이다.

다른 피해자 K씨도 애경 가습기메이트를 사용했다가 천식을 얻었다. 그는 정부 1차 조사 때 4단계 판정을 받았다. 정부로부터 받은 두 장짜리 조사결과 안내서에는 "판독 결과 귀하의 질병은 가습기살균제로 인한 말단기관지 부위 중심의 폐질환 가능성이 거의 없는 것으로 판단된다."는 딱딱한 문장 몇 줄이 쓰여 있을 뿐이었다. 2차 조사 때 재심을 신청했지만 결과는 마찬가지였다. 그는 "생전 기침 한 번 안 하던 사람이 왜 가습기 살균제 사용 시점에서 천식이 생겼는지 설명은 전혀 없고, 환경부에 따져봐도 '전문가 판단이라 어쩔 수 없다.'는 말만 돌아왔다."고 말했다. 또 다른 피해자 L씨도 가습기 피해로 폐이식을 받았다. 이식을 받아도 건강을 되찾는 경우가 드물지만, 그는 정말 운이 좋은 편이었다고 말했다.

세상에 생활용품이 살인도구가 되고 사람을 불구로 만들다니, 이게 말이나 될 소린가. 가습기 살균제로 인해 억울한 죽음을 당한 피해자를 생각하면 분통이 터진다. 생각 같으면 가습기 살균제를 만든, 특히 옥시제품 회사 대표를 구치소 독방에 가두고 24시간 옥시제품 넣어 틀어놓고 지내게 하고픈 심정이다.

이런 식이라면 국민은 생활 화학제품 태반을 겁이 나서 쓸 수 없게 될 것이다. 손 소독도 못 하고 옷 냄새 제거 스프레이도 못 뿌리고 화분에 주던 이파리 광택제도, 물티슈도, 건강상 무슨 피해를 일으킬지 알 수 없어 쓸 엄두를 못 내게 됐다.

가습기 살균제 참사는 이익만을 추구하는 기업 못지않게 정부의 책임도 크다. 2006년 첫 어린이 사망자 보고 이후 피해를 줄일 수 있는 기회가 여러 번 있었지만 정부는 개인과 해당 기업 문제로 치부하며 소극적으로 대응해 피해를 키웠다. 정부가 초기 대응만 잘했더라면 사태를 이 지경으로 키우지는 않았을 것이다. 특히 환경부는 백번 매를 맞아도 싸다. 가습기 피해사실을 알고도 실질적 조치를 취하지 않았기 때문이다. 여기에 국민 눈에는 뒤늦게 호들갑 떨어대는 여당도 가관이다. 늑장 검찰 수사에 온갖 의혹들이 터져도 뒷짐지던 새누리당은 박근혜 대통령이 철저한 조사를 주문하고서야 가까스로 움직였다.

가습기 살균제 피해는 국회 차원의 진상조사가 필요하다. 이미 여야가 국회 청문회를 열겠다고 공언했다. 필요하다면 국정조사도 해야 한다. 정부는 이참에 모든 생활화학물질에 대한 안전점검을 해야 한다. 또한 국민의 생명과 안전이 위협받는 가습기 살균제 사건의 중대함을 인식하고 이에 대한 진상규명과 실태파악 등 총체적 대책마련을 수립해야 한다. 비록 소는 잃었어도 외양간은 제대로 고쳐야 한다.

『새만금일보』 (2016. 5. 30.)

* 가습기 분무액에 포함된 가습기 살균제로 인하여 사람들이 사망하거나 폐질환과 폐 이외 질환, 전신질환에 걸린 사건이다. 가습기살균제 사태 7년 피해자 총 6,040명(생존 4,705 · 사망 1,335)

인간의 욕망은 무한한가

돈, 명예, 권력 중 어느 것이 가장 값지고 소중할까. 이 세 가지는 각각의 매력이 있으나 무엇을 추구하느냐의 답은 각자 다르다. 무엇을 갖고 싶은지에 따라 쫓아가야 할 인생 경로도 물론 다를 것이다. 어떤 사람은 돈을, 어떤 사람은 명예를, 또 어떤 사람은 권력을 추구한다. 다만 돈, 명예, 권력 등 세 가지를 다 가질 수는 없을 것이다.

그러나 절대 다수의 사람들은 '돈'을 숭상하고 추구한다. 삶 자체가 돈으로 얽혀 있다. 인간은 태어나서 죽음에 이르기까지 돈과 연결고리가 되어 있다. 아니, 죽어서도 사후관리를 해야 하므로 돈이 절대 필요하다. 인간이 돈을 만들어낸 이후 돈은 삶에서 필수불가결한 도구가 되어버렸다.

사람들은 매일같이 돈을 벌기 위해 밤늦도록 일하고, 더 많은 돈을 벌어 재산을 축적하기를 원한다. 자본주의 사회는 사유재산이 인정되고 사유재산은 신분을 구분하는 기준이 되었다. 돈을 많이 가지겠다는 생각을 나쁘다고 비난할 이유는 전혀 없다. 오히려 자본주의 사회가 발전하기 위해서는 장려해야 한다. 보다 많은 돈을 벌기 위해서는 사업을 해야 한다. 돈과 함께 많은 사람들은 권력을 탐하게 된다.

사람은 누구나 과시욕, 지배욕을 가지고 있다. 자기 손가락도 크기가 다른데, 하물며 사회에서 사람의 우열이 없을 수는 없다. 모두가 평등한 세상은 존재하지 않는다. 어떤 사람은 지배자가 되고, 대다수의 사람은 피지배자가 되는 것이 세상의 이치이다. 그래서 많은 사람들은 권력 갖기를 위해 노력하지 않는가. 권력을 가지기 위해서는 정치를 해야 한다.

다음으로 사람들은 명예를 추구한다. 명예는 돈이나 권력이 있다고 해도 쉽게 얻어지는 게 아니다. 명예는 아주 고매한 인격 형성으로 얻어지는 결과물이다. 그렇다고 어느 무명인이 심산유곡에서 우주만물의 도道를 갈고 닦아 득도하여 혜안을 얻었다고 해서 그게 명예라고 볼 수는 없다. 명예란 속세를 등지고 이슬만 먹으며 독야청청해서 얻을 수 있는 사안이 아니다. 따라서 돈은 세속적인 것, 명예는 초월적인 것이라는 시각은 아니라는 것이다. 명예는 다소 혼탁한 세상 속에서 피어나는 연꽃과 같은 것이다. 명예를 가지기 위해서는 학자나 성직자가 되어야 한다.

직업을 선택하는 목표는 위에서 언급한 세 가지를 얻기 위함인데, 세 가지 목표를 한꺼번에 이룰 수 있는 직업을 선택하기는 쉽지 않다.

그럼에도 권력을 잡은 정치인이 돈을 추구한다거나, 명예를 추구해야 하는 성직자나 학자가 권력을 쥐려 하고, 돈을 많이 번 사업가가 권력이나 명예를 갖기 위해 무리수를 둔다. 그러나 인류역사상 부와 권력과 명예, 이 세 가지를 한꺼번에 가진 이는 아무도 없다. 그리고 돈, 명예, 권력 등 세 가지를 다 탐내면 반드시 탈이 난다. 그런데도 사람들은 세 개를 다 갖기 위해 혈안이 되어 있다. 심지어 돈을 벌기 위해 벌거벗는 일도 서슴지 않고, 쥐꼬리만한 명예를 위해 자기 집 마당에 시비를 세우기도 하고, 권력을 잡기 위해 온갖 권모술수가 다 동원되고 여태까지의 동지를 배반하는 일이 비일비재하다. 왜 그럴까? 그건 탐욕 때문이다.

우리는 겉으로는 인격 등 정신적 가치관을 숭상하면서도 실제로는 돈, 명예, 권력을 최고의 가치로 여긴다. 입으로는 정신적 쾌락이 진정한 행복이라고 말하면서 실제로는 관능적이고 육체적 쾌락을 즐긴다. 한마디로 가치관의 이중성이다. 특히 미디어가 포진하고 있는 현대인들의 명예욕은 끝이 없다. 어떻게든 미디어에 얼굴이 비쳐지고 자신이 소개되길 바라는 사람들로 넘쳐난다. 소설가, 작가, 배우, 가수 등 대중의 인기를 먹고사는 사람들 가운데 이런 부류가 많다. 이들은 인정을 받으면 만족하지 않고 더 큰 명예를 향해 달려간다. 그러다 인기가 없어지고 사람들이 알아주지 않으면 극한 행동을 하는 수가 있다. 자살이 그것이다. 그래도 사람들은 명예를 추구한다. 명예를 누리는 것이 한순간이 될 수도 있고 이로 인해 자아를 상실할 수도 있지만 그래도 인간의 명예욕은 계속된다. 인간의 욕망의 끝은 어디인가.

『전북연합신문』(2016. 5. 25.)

5월, 찬란한 슬픔의 계절

신록의 계절 5월도 어느덧 하순으로 접어든다. 5월의 초록바람이 아우성을 치며 나뭇잎이 봄볕에 더욱 푸르다. 5월의 싱그러움은 우리를 산으로 들로 유혹한다.

5월은 푸르름의 대명사다. 가로수 느티나무가 선녀의 치마폭인 듯 주름을 잡고 흔든다. 온통 녹색의 향연이다. 오욕에 찌든 인간의 힘으로는 도저히 담아내기 버거운 광활한 녹색의 천지이다.

숲에서는 푸른 물이 뚝뚝 떨어질 듯하다. 깊은 수묵담채의 정경이다. 모든 나무가 다 초록이지만 그 많은 잎새를 한 잎 한 잎 살펴보면 색깔도 모양도 제각각이다. 모두가 하나같이 신비롭다.

5월은 풀과 나무와 바람과 인간이 함께 어우러져 숨쉬고 노래하는 계절이다. 아무리 감정이 무딘 사람이라도 5월의 숲길을 조용히 걸어 보면, 반드시 가슴에 뜨겁게 와 닿는 것이 있을 것이다.

김영랑 시 「오월」은 언제 읽어도 청량하다. 밭이랑 사이로 바람에 흔들리는 보릿대는 수줍은 시골처녀의 허리 같다. 하지만 봄날이 마냥 새뜻한 것만은 아니어서 때로는 떨어져 누운 꽃잎마저 시드는 '찬란한 슬픔의 봄'이 되기도 한다. 5 · 16과 5 · 17, 5 · 18로 이어진 현대사의 비극도 5월이기 때문이다.

5월의 가장 깊은 상처는 뭐니 뭐니 해도 5 · 16과 5 · 18이다.

먼저 5 · 16을 살펴보자. 5 · 16은 역사학자들로부터 이미 군사쿠데타로 정의됐지만, 아직도 쿠데타를 부인하고 혁명 운운하는 세력이 있다. 일부에선 박정희를 민족의 영웅이라 추앙하고 있다. 혁명을 정당화하는 세력들은 당시의 정치 · 문화 상황이 혁명을 할 수밖에 없었다고 항변한다. 이유는 4 · 19 이후 벌어진 수천 건의 군중 데모와 정치선동꾼들의 법치 파괴적 선동질이 가히 헌법을 유린하는 상황을 만들어 결국 혁명으로 이어졌다는 것이다.

하지만 당시 상황이 그랬다 해도 군인이 민간정부를 총칼로 억압하고 헌정을 중단시켰기 때문에 법적으로는 엄연히 쿠데타다. 쿠데타를 혁명으로 위장하기 위해 박정희를 비롯한 일단의 군인들이 벌인 추악한 사건과 그 때문에 아직도 이 땅에는 많은 이들이 천추의 한을 안고 고통스럽게 살고 있다.

국민을 바보로 만들어 놓고 빵문제를 해결했다고, 또 산업화를 이뤘다고 5 · 16이 정당화돼서는 안 된다. 그렇게 되면 사람을 죽인 자나, 폭력을 휘둘러 정권을 잡은 자는 모든 영웅이라는 논리가 우리 사회에 성립된다. 이런 어처구니없는 논리를 주장하는 일부 언론과 정치세력들의 사고는 규탄받아 마땅하다.

5 · 17과 5 · 18로 이어지는 광주항쟁은 또 어떤가. 1980년 5월, '빛고을' 광주는 '핏고을'이 됐다. 군사반란을 일으킨 전두환 일당은 그해 광주를 피로 물들였다.

36년 전 그 통곡은 아직도 진행형이다. 5 · 18민중항쟁의 상징인 「임을 위한 행진곡」 제창이 보훈처에서 거부되고, 일부 극우세력들의 도를 넘는 비난이 이어지고 있기 때문이다.

극우세력들은 아직도 "5 · 18은 폭동 반란"이라고 주장한다. 더 놀라운 것은 5 · 18민중항쟁 당시 북한군 특수부대 600명이 잠입했다는 터무니없는 주장을 펴고 있다.

이에 5 · 18기념재단은 5 · 18민주화운동 당시 시민군을 '북한이 보낸 특수부대'라고 주장한 지만원 씨를 허위사실 유포와 명예훼손 혐의로 처벌해 달라는 고소장을 광주지검에 냈지만 이 사건은 아직 처리되지 않고 있다.

5 · 18 광주민주화운동은 시민이 민주주의를 위해 항거한 역사적 사건이다. 이와 관련된 기록물이 유네스코에 등재되면서 민주주의와 인권을 향한 세계인의 공동유산으로서 가치도 소중하다.

특히 전두환 전 대통령이 5 · 18광주민주화운동에 대한 사과 방안을 측근들과 최근 논의한 것으로 알려져 관심을 끌고 있다. 전 씨는 5 · 18 당시 광주 시민들을 발포하라는 실질적인 책임자로 지목되고 있으나 36년 동안 한 마디 언급도 없었다.

그는 또 연내 발간 예정인 회고록에서도 당시 계엄군의 발포 명령에 직접 관여하지 않았다고 주장하고 있는 것으로 전해져 광주 시민들의 반발을 사고 있다.

전 씨의 진정성 있는 사과는 그래서 필요하다. 전 씨는 광주를 직접 찾아 5 · 18 묘역에 무릎 꿇고 참회하고 용서를 빌어야 한다. 그래야 영령들을 그나마 진혼鎭魂할 수 있다. 5월은 찬란하지만 우리 역사를 피로 물들인 슬픔의 계절이다.

『전주일보』 (2016. 5. 18.)

잇단 엽기 범죄, 세상이 무섭다

최근 서울 · 인천 등 수도권과 광주 · 제주 등 대도시에서 소름끼치는 토막살인 사건 등, 엽기 범죄가 연이어 터지면서 민심이 흉흉해지고 있다.

도대체 인간이 얼마나 잔인하면 사람을 칼로 찔러 죽이고 둔기로 때려 죽일까. 마치 세상 말세를 보는 것 같아 무섭다.

지난 1일 경기도 안산 대부도 내 불도방조제 입구 근처 한 배수로에서 토막 시신이 발견됐다. 시신은 40세 최 모씨로 밝혀졌다. 피의자는 서른 살 조성호다. 그는 인천 연수구에서 함께 생활하던 최 씨를 둔기로 때려 살해하고 시신을 토막내 훼손했다. 그리고 렌터카를 빌려 대부도로 이동해 시신을 유기했다. 살해 동기는 피해자로부터 성관계 대가로 약속받은 90만 원을 받지 못하고 오히려 자신과 부모에 대해 욕을 했다는 것이다.

그런데 경찰에 의해 공개된 조성호의 얼굴은 깨끗하고 순해 보였다. 그가 사람을 죽였다는 게 도저히 믿기지 않을 정도였다. 대부분 '생긴 대로 논다.'는 속설처럼 살인자는 뭔가 인상이 특이하고 표독스러울 줄 알았는데 예외였다. 더욱이 온라인 커뮤니티에는 조 씨가 올해 2월 개봉한 국산 성인영화에 단역으로 출연한 장면을 캡처한 게시글이 올라와 화제가 되고 있다. 조성호는 극 중에서 주인공 남성과 내연 관계에 있는 여성의 남편 역을 맡았다. 아내의 불륜 사실을 모르는 상태에서 남자 주인공과 함께 술을 마시며 인생살이에 대한 푸념을 늘어놓는 인물을 맡아 3분 정도 출연한다.

"처음 뵙겠습니다. 조성호입니다."라고 대화하는 장면이 나온다. 이런 사람이 어찌 사람을 죽였을까. 도저히 이해가 안 간다.

지난 8일 어버이날 광주의 한 아파트에서 40대 남매가 재산문제 때문에 자기 아버지를 무참히 살해한 사건이 발생했다. 충격적인 것은 자기 아버지를 죽여 놓고 "얼굴을 가리지 않겠다.", "당당하다. 신상을 공개해도 괜찮다."고 버티며 마스크 착용을 거부하고 경찰이 씌워 준 모자를 계속해 벗었다고 하니 통탄할 일이다. 더 놀라운 것은 딸은 교회에서 전도사로 활동했던 전력이 있고, 아들은 서울 유명 사립대를 졸업한 뒤 오랫동안 고시공부를 했다고 하니 기가 막힌다.

아버지를 칼로 난도질해 놓고 당당하다니…. 이런 파렴치한 생각이 어디서 나오는지 모르겠다. 가정교육이 잘못된 건지, 사회가 잘못된 건지, 더구나 명문대까지 나오고 한때는 전도사까지 했던 사람이 지

아비를 죽이다니…. 아무리 돈이 있으면 무엇하나. 이런 희대의 살인마들을 길러내는 우리 사회가 서글프다.

이에 앞서 지난달 28일 인천 부평구 청천동에 있는 한 공장의 외부에 있는 재래식 화장실 콘크리트 바닥 아래에서 공사 도중 백골 시신이 나왔다. 당시 시신은 누워 있는 모습으로 나이나 성별을 추정할 수 없을 정도로 백골화된 상태였다. 경찰은 이 사건을 타살로 보고 실종자 수사를 이어가고 있다.

또 지난 11일 의정부의 한 모텔 객실에서 40대 여자 투숙객이 목이 졸려 숨진 채 발견됐고, 앞서 지난달 30일 역시 의정부의 한 모텔 객실에서 40대 조선족 출신의 여성 다방 종업원이 옷이 다 벗겨진 상태로 숨진 채 발견됐다. 최근엔 제주에 체류하는 중국 여성을 살해하고 돈을 빼앗은 30대 중국인이 경찰에 자수하기도 했다.

엽기 범죄라면 2012년 수원 오원춘의 악명 높은 토막살인사건을 꼽을 수 있다. 이어서 2014년 박춘풍의 팔달산 토막살인사건, 조두순의 나영이 사건, 2006년부터 연쇄적으로 여성을 납치해 살해한 강호순 사건, 1986년부터 일어난 화성 연쇄 강간살인 사건 등 헤아릴 수 없다. 이러다간 국민들이 잔혹 범죄의 트라우마에 갇힐지도 모를 일이다.

이와 같은 반인륜적 흉악범죄를 막을 방법은 무엇인가. 그것은 일벌백계一罰百戒로 다스리는 것이다. 즉, 흉악범에 대해서는 극형에 처해야 한다. 하지만 사형선고를 받고도 집행하지 않는 사형수는 2016년 2월 현재 61명이다. 이들을 왜 처단하지 않는가. 1997년 12월 '지존파' 등 23명에 대한 사형이 집행된 뒤 18년간 사형이 집행되지 않았다. 이에 국제앰네스티는 한국을 '실질적 사형 폐지 국가'로 분류하고 있다.

그러나 반인륜적 범죄 등 극악한 범죄가 빈번해지는 상황에서 사형 집행 검토는 불가피한 조치다. 법과 질서가 바로선 일본과 미국의 많은 주에서도 사형제를 유지한다는 점을 무시해선 안 된다. 더불어서 잔혹 범죄의 연속은 우리 사회 밑바닥에 깔린 갈등과 분노의 잠재의식에서 비롯되고 있다. 사회 안정을 위한 종합대책을 강구해야 한다.

『전북매일신문』(2016. 5. 18.)

선거 후유증 털고 일상으로 돌아가자

4 · 13 제20대 총선이 치러진 지 보름이 지난다. 이번 총선을 큰 틀에서 본다면 새누리당의 참패와 더민주당의 승리 그리고 국민의당이 돌풍을 일으키며 명실상부한 제3당에 안착했다. 특히 국민의당이 녹색바람을 일으키며 호남 28석(광주 · 전남18, 전북 10석) 가운데 23석을 석권, 호남의 맹주로 등극했다. 확고한 캐스팅보트의 역할을 담당할 교두보를 마련한 것에 의미가 크다 하겠다.

한마디로 이번 선거는 경제악화로 인한 실업난에 지친 많은 젊은층이 투표에 가세하면서 새누리당의 국회 과반의석 저지와 함께 박근혜 정부의 경제실정을 표로 심판한 것으로 풀이된다. 새누리당의 패배는 공천파동 등에 따른 민심이반이다. 자업자득이다. 이에 더민주당은 서울과 수도권에서 압승을 거두며 제1당으로서의 입지를 다졌다. 정치적 새 모멘텀은 앞으로 더욱 탄력을 받을 전망이다.

그러나 선거의 승패를 떠나 여야는 아직도 선거 후유증에서 헤어나지 못하고 있다. 새누리당은 선거 참패 책임과 지도부 구성을 놓고 친박과 비박이 다시 충돌하고 있다. 이런 계파갈등은 결국 차기 당권 싸움에 있다. 호된 민심의 회초리를 맞고서도 고질적인 계파 싸움을 그만두지 못하는 한심한 모습이다. 국민은 안중에도 없이 자신들의 이익 챙기기만 몰두하고 있으니 이게 어디 집권당의 모습이라고 할 수 있겠는가.

이런 집안싸움 때문인지 박근혜 대통령의 지난주 지지율은 전 주 대비 10%포인트 폭락해 처음으로 20%대로 떨어졌다. 한국갤럽이 22일 발표한 4월 셋째 주 정례 여론조사를 보면, 박 대통령의 국정운영에 대해서 '잘하고 있다.'는 응답이 29%였다.

이러한 새누리당의 선거참패로 인한 정치적 위기를 수습할 비상대책위원장으로 야당 출신 한화갑 전 민주당 대표도 가능하다는 주장이 나와 주목을 끌었다. 오죽했으면 한화갑 전 대표를 영입 대상으로 삼았겠는가. 이번 주 들어서는 원외에서 구원투수를 영입할 계획이라 한다. 여권은 지금 총선 참패로 어수선한 당 내분을 잘 추스르는 새 지도자가 절실히 필요한 것이다.

더민주도 속사정은 복잡하다. 총선에서 승리하고 제1당이 됐지만 당 내분은 쉽게 가라앉지 않고 있다. 문재인 전 대표가 석 달 전 김종인 비상대책위원회 대표를 영입하면서 비례대표 2번 보장과 함께 "대선까지 당을 이끌어 달라."고 말한 사실이 드러나 논란이 일고 있다.

문 전 대표가 김 대표에게 당권을 줬다면 김 대표는 무엇을 보답해 주기로 했는지, 그것이 '대선후보'인지 밝혀야 한다. 그렇잖아도 더민주당 정청래 의원은 김종인 대표를 두고 "셀프 공천도 문제지만 셀프 합의 추대는 북한노동당 전당대회에서나 가능한 일"이라고 목소리를 높였다.

그러면서 정 의원은 차기 당 대표 합의 추대설이 돌고 있는 김 대표를 향해 "민주화 운동으로 감옥 간 것도 아니고, 비리혐의로 돈 먹고 감옥 간 사람은 과거사라도 당 대표에서 원천 배제해야 한다."고 직격탄을 날렸다. 이는 김 대표가 1993년 5월 동화은행으로부터 2억 1,000만 원을 받은 혐의(특가법상 뇌물)로 구속된 것을 가리킨다.

이번 총선은 또 각종 유언비어나 비방 등 '네거티브 선거전'에 따른 정당과 후보사 간 고소·고발사건도 어느 때보다 많았다. 특히 전북은 더민주당과 국민의당 간 치열한 경쟁이 치러지면서 상호 고소·고발이 난무했고, 한때 동지였던 관계가 적으로 돌아서는 안타까운 일이 벌어졌다.

정치에서도 스포츠만큼이나 승자와 패자의 길이 분명하다. 어찌 보면 정치야말로 스포츠 세계보다 더욱 치열하고 인정사정없는 무한경쟁 세계라고 할 수 있다.

승자가 있으면 패자가 있기 마련이고, 패자가 있으면 승자가 있는 것은 당연하다. 다만 중요한 것은 패자의 자세다. 패자는 말이 없어야 하고 무한책임을 져야 한다. 흔히 패배의 원인을 따져보면 100가지가 넘는다고 한다.

이제 선거는 끝났다. 승자와 그 편에 있는 분들이야 한없이 복되고 즐거운 일이지만, 패한 사람이나 그 편에 서 있던 분들은 극심한 선거 후폭풍에 시달리고 있을 것이다.

승자에게는 축하를 보내고 패자에게도 따뜻한 위로의 말씀을 올린다. 승패도 그렇지만 사람이 살아가는 동안 화복과 고락은 교대해가면서 있기 마련이다.

「전주일보」(2016. 4. 27.)

* 2016년 4월 13일 치러진 제20대 총선결과 새누리당 105석(비례 17석), 더민주당 110석(비례 13석), 국민의당 25석(비례 13석), 정의당 2석(비례 4석), 무소속이 11석을 얻었다.

남자의 세 가지 조심

자고로 "남자는 세 가지를 조심해야 한다."는 말이 있다. 세 가지란 혀끝, 손끝, 거시기 끝이다. 혀끝은 말조심을 의미한다. 손끝은 폭력, 또는 문서에 하는 사인이 해당된다. 거시기(?) 끝은 남자들의 여자 조심에 관한 얘기다. 이 세 가지를 잘 놀려야지 잘못 놀렸다간 한순간에 인생이 끝장날 수도 있다.

사실 여자도 그렇지만 남자가 혀끝을 함부로 놀리면 안 된다. 아무래도 말을 함부로 하다간 실수를 많이 하게 되고 주워 담지 못할 말을 해서 큰 위기에 직면할 때도 있다. 그렇다고 말을 너무 안 하는 것도 문제지만 말을 할 때는 가려서 꼭 필요한 말을 하거나 지킬 수 있는 말만 하는 것이 좋다.

그런데 세상엔 불의를 보면 참지 못하는 사람이 있는 반면 필요할 때 적당히 끼어들고 불리한 상황에는 피하면서 사는 기회주의자들이 있다. 이 중 어느 부류의 사람들이 현명하다고 할까. 이는 개인마다 성격차가 있을 것이다. 다만 요즘 세상엔 비겁하게 자기 잇속 챙기면서 적당히 사는 사람들이 대다수다. 불의를 보면 참지 못하는 성격은 타인과 충돌이 심할 뿐더러 주변 사람들을 위험에 빠뜨릴 염려가 있어 세상을 평온하게 살아가기가 힘들 것이다. 도덕적으론 의협심이 강한 사람들이 많아야 좋겠지만 이런 사람들은 성격이 모나서 잡음이 끊이질 않는다.

필자도 의협심이 있는 성격이다. 불의를 보면 그냥 넘기지 못한다. 특히 말을 할 때 말에 힘이 들어가 있어서 상대에게 강직하다는 인상을 주기도 한다. 본심은 그게 아닌데 말의 톤이 강하기 때문에 때론 말을 너무 함부로 한다는 소릴 듣는다. 그럴 때면 '내가 왜 그런 말을 했지?'하고 후회하기도 한다. 이런 경우를 줄이기 위해 늘 조심하고 있다.

두 번째는 손끝 조심이다. 이 중 하나는 주먹을 쓰는 경우이며, 둘은 서명이다. 사사로운 일로 주먹질을 해서 돈을 물어준다거나 한순간 주먹을 잘못 써서 폭행이나 상해죄로 철장신세를 지는 경우가 있다. 또 하나는 서명이다. 남자들은 보통 가슴속에 '의리'라는 것을 담아 둔다. 의리 때문에 서명을 해서 본인 명의를 타인에게 주는 행위를 조심해야 된다. 계약서, 빚보증 등 모든 문서에 함부로 도장을 찍지 말라는 것이다. 도장을 잘못 찍어 패가망신하는 경우를 많이 본다.

세 번째는 거시기(?) 조심이다. 남자가 너무 여색을 밝혀서도, 성관계가 문란해도 안 된다. 기혼자라면 더욱 그렇다. 남자는 성적으로 흥분을 하면 이성을 잃어버리는 행동을 하기도 한다. 일시적인 쾌락을 위해 아무렇게나 휘둘렀다가 되돌릴 수 없는 일을 겪을 수도 있다.

요즘 성추행, 성폭행이 도처에서 일어나는데 단 한 번의 성폭행으로 신세를 조지는 경우가 얼마나 많은가? 그 대표적 사례가 경북 구미 갑이 지역구인 새누리당(후에 새누리당 탈당 무소속) 소속 심학봉 의원이 작년 7월 보험설계사인 유부녀 B씨를 성폭행한 혐의다. 이로 인해 당시 심 의원은 의원직 제명안이 국회 본회의에 상정되기 불과 몇 시간 전에 스스로 의원직을 사직했다. 국회 윤리특위가 이미 심 의원 제명을 만장일치로 의결한 터라 본회의에서도 제명안 가결이 유력한 상황이었다.

여하튼 심학봉 씨는 의정사상 윤리적인 문제로 의원직을 상실한 첫 번째 국회의원이 됐다. 국민의 대표자인 국회의원의 윤리의식과 도덕관이 형편없는 사람이다. 어찌 의원의 신분으로 남의 여자를 백주 대낮에 호텔로 불러들여 몹쓸짓을 했는지 이해가 안 간다. 비난받아 마땅하다. 한마디로 거시기 한번 잘못 놀려 그 좋은 국회의원직도 잃고 명예도 실추되고 인격도 여지없이 구겨졌다.

"여자의 유혹은 워낙 교묘해서 유혹당하는 남성으로 하여금 자신이 여자를 유혹하고 있다고 착각하게 만든다."고 했다. 실존주의 철학의 창시자인 키에르케고르의 말이다. 남자들은 이 명언을 깊이 새겨들어야 한다.

남자들이여! 혀끝, 손끝, 거시기 끝을 항상 조심하라. 특히 여자의 유혹을 조심하라.

『전북매일신문』(2016. 4. 25.)

뚫리는 방탄복 입게 한 군피아

방산비리의 끝은 어디인가. 국방부가 북한군 철갑탄을 막을 수 있는 고성능 방탄복을 개발하고도 업체 로비를 받아 성능이 떨어지는 일반 방탄복 3만 5,000벌을 구입해 일선 부대에 지급했다고 한다. 감사원이 실험해보니 이 방탄복은 철갑탄에 여지없이 뚫렸다. 참으로 충격과 분노가 치민다.

세상에 뚫리는 방탄복도 있단 말인가. 그건 방탄복防彈服이 아니라 관통복貫通服이라고 해야 옳다. 뚫리는 방탄복을 입고 나라를 지키라니, 장병들을 죽음으로 내몬 것이나 다름없다. 이는 군에 대한 국민의 신뢰를 떨어뜨리고 군 장병의 사기를 갉아먹는 악질적인 범죄행위이자 이적행위다.

감사원 감사 결과를 보면, 국방부는 28억 원을 들여 철갑탄을 막을 수 있는 액체방탄복 개발에 성공해 각 군에 2012년부터 보급하기로 결정했다. 액체방탄복은 북한이 2006년께 전차·군함 등을 뚫으려 개발한 철갑탄을 보급하고 있다는 정보에 대응해 군 당국이 2007년부터 개발에 착수한 것이었다. 그러나 액정방탄복 사업은 2011년 돌연 취소되고 2,700억 원 규모의 다목적 방탄복 사업으로 바뀌었다. 2014~2015년 장병들에게 보급된 3만 5,200벌이 철갑탄 방탄복이 아닌 일반 방탄복인 이유다. 독점공급권까지 딴 삼양컴텍은 2011년 이미 불량 방탄복 납품으로 찍혔던 방산업체다. 그런데도 봐줬다. 해야 할 일을 저버리고 해선 안 될 일을 저지른 것이다. 로비에 대한 대가는 달콤했다. 특히 군 장교들은 물론이고 육군사관학교 연구소까지 방산업체와 '한통속'이 돼 이 업체를 밀어줬다. 뚫리는 방탄복 비리를 주도한 육군 소장 출신 국방부 1급 간부는 삼양컴텍으로부터 특혜 대가로 4,000만 원을 받고 아내를 계열사에 위장 취업시킨 뒤 꼬박꼬박 월급을 챙겼다. 육군 영관급 장교는 이 업체에 관련 기밀을 넘겨주고 5,100만 원을 받은 데다 퇴직한 뒤 이사로 채용됐다. 육군사관학교 교수도 3차례에 걸쳐 탄약 534발을 무단 반출해 해당 업체에 제공했고, 다른 업체의 시험결과를 베껴 허위 방탄시험 성적서를 작성하는 등 37건의 성적서를 허위 발급해줬다. 해당 교수는 이 대가로 주식을 포함해 1억 1천여만 원 상당의 금품을 받았고, 전역 후에는 해당 업체의 연구소장으로 취업했다. 현직과 전직, 뒤 봐주기와 금품 제공 및 취업 보장 등 부패 고리의 전형을 여실히 보여줬다.

군과 '검은 거래'로 '방탄복 비리'를 저지른 삼양컴텍은 1980년대 최루탄으로 떼돈을 번 삼양화학그룹 계열사라고 한다. 무기 · 총포탄 제조업을 업종으로 등록했지만 주로 방탄복 · 방탄헬멧 등을 생산해 군에 납품하고 있다. 연이어 터지는 방산비리를 뿌리 뽑기 위해 이를 상시 감시하는 '방위사업감독관'이 신설된다고 한다. 정부는 이와 함께 방위사업청 퇴직공무원의 민관유착과 불법 로비를 차단하고 취업심사를 강화하는 등 방사청 인사혁신 방안도 단행하기로 했다. 하지만 이 조치가 과연 방산비리를 근본적으로 막을 수 있을지에 대해서는 회의적이다. 무엇보다 방산비리가 지속되는 가장 큰 이유로 '솜방망이 처벌'을 지적해왔다. 방산비리가 국가 안보와 국민의 생명을 담보로 저질러지는 악질적 범죄임에도 불구하고 솜방망이 처벌로 일관하니 돈을 받는 사람도, 주는 사람도 계속해서 생겨났다. 이러한 악순환을 근절하기 위해 작년 8월 국회에서 방산비리를 저지른 자에게 법에 정해진 형량의 50%를 가중해 처벌하는 법, '특정범죄 가중처벌 등에 관한 법률 일부개정법률안'을 황주홍 새정치민주연합(현 더민주) 의원이 대표 발의한 상태다. 방산비리가 발붙이지 못하도록 이 법이 하루속히 통과되기를 바란다.

군사장비는 군인들의 생명을 담보하고 있을 뿐 아니라 국가 안보를 떠받치는 기둥이다. 기밀 유지가 필요한 군 특성을 악용해 군사 관련 비리를 저지르는 것은 자칫 국가 안보를 뒤흔들 수 있는 반역 행위인 것이다. 방산비리 관련자를 엄중 처벌해야 하는 이유가 여기에 있다.

『전북연합신문』(2016. 3. 31.)

---

* 우리 군이 북한의 철갑탄을 막을 수 있는 방탄복을 개발하고도 철갑탄에 그대로 뚫리는 일반 방탄복을 장병들에게 지급한 것으로 드러났다. 이런 일이 벌어진 배경에는 전 · 현직 군 고위인사와 방산업체 사이에 검은 거래가 있었다.

일본의 교과서 · 독도 도발

내년부터 일본 고교 1학년이 사용하는 교과서 35종 가운데 77.1%인 27종이 독도가 일본 영토이며, 한국이 불법 점거하고 있다는 내용을 실었다고 한다. 일본 문부과학성이 최근 발표한 내용이다. 독도를 일본 영토라고 주장하는 내용은 상세화하고 위안부 문제는 기술하지 않거나 축소했다. 또한 독도 영유권 주장을 확대한 것 외에도 기원전 1세기부터 6세기까지 경상남도 일대에 있었던 가야를 일본 정권의 영향권 내 있는 것처럼 기술했다. 날강도도 이런 날강도가 없다. 분기탱천이다.

독도가 한국 땅임을 증명하는 문헌은 한두 가지가 아니다. 엉터리 지식을 자라나는 청소년들에게 억지로 주입한다고 해서 역사적 진실이 뒤집히진 않을 것이다. 그런데도 갈수록 교과서를 왜곡된 내용으로 더 넓게 도배하고 있으니 개선되는 듯한 한·일 관계에 찬물을 끼얹는 격이다.

일본은 왜 이리 남의 땅을 자기네 땅이라고 우기며 역사 왜곡을 일삼는가? 이는 일본의 침략근성에 기인되고 있다. 우리가 흔히 아는 일이지만, 한 사람 한 사람, 개인적으로 접할 때의 일본인들은 매우 예의 바르고 친절하다. 어찌 보면 지나칠 정도로 친절하다. 그러나 그들이 모여서 집단을 이룰 때에는 지금까지의 일본인과는 전혀 다른 인간성을 띠게 되고, 일본인 특유의 사고와 행동을 나타낸다. 말하자면 순진한 양처럼 행동하다가 갑자기 사자로 돌변해 으르렁거린다. 일본인의 성향을 면밀히 관찰하다 보면 이와 같은 일본인 특유의 심리나 이중적 행동양식의 배경에는 오랫동안 일본의 정치사회를 무력으로 지배해 온 사무라이 정신과 밀접한 관계가 있다는 것을 알게 된다.

언젠가 일본 수상이 국회에서 질의를 받고 "칼이 부러지고 쏠 화살이 없어질 때까지 열심히 싸우겠다."고 답변한 내용을 기사에서 읽은 적이 있다. 사무라이 전쟁터에서 흔히 쓰던 말이다. 지금도 일상생활에서 자연스럽게 말할 정도로 사무라이의 영향이 짙게 남아 있는 것이다. 일본의 과거사를 한번 냉정히 돌아보자. 먼저 임진왜란이다. 조선을 거쳐 명나라까지 넘보겠다는 야욕이었다. 패전으로 돌아갈 때는 우리의 선진 문화유물과 도공을 비롯한 여러 기술자를 약탈하고 잡아갔다. 그로부터 300년쯤 뒤에는 다시 한반도를 침탈했고, 그를 바탕으로 동아시아를 유린했다. 그 사이 일으킨 명성황후 시해, 관동대지진 조선인 학살, 성노예 인권유린, 중국에서의 난징南京대학살, 일본의 악명 높은 범죄인 731부대의 생체실험 등 그들의 죄과는 전대미문의 악랄함으로 치를 떨게 하고 있다. 동아시아에서 뿐만이 아니다. 일요일 아침 평화로운 진주만을 공격해 태평양전쟁의 외연을 넓히기도 했다. 이러한 일본인의 침략근성을 봤을 때, 저들은 앞으로 독도를 비롯해 우리 영토를 침략할 가능성도 배제할 수 없다. 일본의 계산된 시나리오가 감춰져 있을 수도 있다는 것이다. 한 군사전문가에 따르면 "한국의 군사력은 일본의 적수敵手가 못 된다."고 한다. "우리의 열세한 전력으로 무모하게 일본과 전쟁을 하다가는 전멸할 위험도 없지 않다."는 것이다. 심각한 문제다. 우리가 일본과 대등한 군사력을 강화하지 않으면 아니 된다.

일본은 1905년 2월 시마네현 고시를 독도 영유권 주장의 근거로 삼고 있다. 그러나 독도는 역사적, 지리적, 국제법적으로 명백히 우리 고유의 영토이다. 여기에 한국이 독도를 실효지배하고 있다는 점에서 독도는 결코 일본 땅이 될 수 없다. 무자비한 제국주의 침략에 대해 미래 세대가 올바른 역사인식을 갖도록 교육해야 할 책무가 있음에도 일본 정부가 이를 어긴 것은 개탄스럽다. 앞으로 일본의 학생들에게 한국은 자기네 영토를 불법 점거한 나라라는 이미지가 고착화될 것이다. 때문에 일본의 과거사 미화나 역사 왜곡은 심각하게 받아들여야 하며, 우리의 범정부적인 대응이 필요하다. 교과서를 통한 일본의 독도 도발에 분노하며 이를 강력히 규탄한다. 『전북매일신문』(2016. 3. 28.)

---

* 일본의 역사왜곡과 독도 영유권 주장은 끊임없이 제기되고 있다. 정부는 국제사회에 독도를 분쟁지역으로 인식시키려는 일본의 논리를 효과적으로 대응하도록 학술연구 지원, 교육장 마련, 다양한 계층별 교육프로그램을 개발을 한시적이 아니라 국가정책 차원에서 꾸준히 전개해야 할 것이다.

정치인의 막말

미국 공화당 대선 경선에 출마한 부동산 재벌인 도널드 트럼프 후보는 각종 막말 논란에도 불구하고 돌풍을 일으키고 있다. 트럼프의 막말은 인종차별, 인신공격, 성희롱, 여성 비하 등 다양하다.

트럼프는 프란치스코 교황을 서슴없이 비판하는가 하면 베트남전 당시 포로로 잡힌 존 매케인 상원 군사위원장을 조롱하기도 했다. 또 "멕시코 이민자는 성폭행범, 범죄자"라고 했고, 여성을 개 · 돼지 등으로 부르거나 성적 매력으로 평가하는 발언을 일삼았다. 특히 그는 "미군이 한국을 돕는 것은 미친 짓이다."라고 하는 막말을 내뱉었다. 사우디나 한국이 많은 돈을 벌면서도 안보를 미군에 의존하는 것은 '말이 안 된다.'는 것이다. 미국 일각에서는 트럼프가 대통령이 되면 주한미군 분담금을 놓고 한국에 시비를 걸 것이라는 우려를 표명하기도 했다.

이런 트럼프의 막말을 두고 미국의 외교 전문가 수십 명은 그가 지도자로 부적절하다고 입을 모았다. 심지어 트럼프가 대통령이 되면 캐나다 등으로 이민을 가겠다며 불안감을 드러내는 미국인도 적지 않다.

막말은 소수의 일탈인가, 사회적 현상인가? 최근 우리 사회 일각에서 남발되는 정치적 폭언이 도를 넘었다. 막말을 하는 사람도 국회의원에서 판사, 검사, 인터넷 팝캐스트 진행자, 익명의 네티즌에 이르기까지 다양하다. 이 가운데 정치인의 막말이 가장 큰 파장을 일으킨다.

한국 정치의 막말 파동은 오랜 역사를 가지고 있다. 특히 대통령을 겨냥한다. 1998년 한나라당(새누리당 전신)의 김홍신 의원은 "김대중 대통령은 너무 거짓말을 많이 하여 공업용 미싱으로 입을 드르륵 박아야 한다."는 막말로 파문을 일으켰다.

노무현 대통령에 대한 공격도 심했다. 한나라당 의원 수십 명은 연극 「환생경제」에서 故 노무현 대통령을 빗댄 극중 인물 노가리를 향해 '육XX놈', '개X놈' 등 욕설을 퍼부었다.

야당이 된 민주당(현 더민주 전신)도 폭언에 가세했다. 한 민주당 의원은 이명박 대통령을 "쥐박이, 땅박이, 2MB"라고 비난했다. 다른 민주당 의원은 "새해 소원은 뭔가요, 명박 급사"라는 글을 리트윗했다. 박근혜 대통령을 겨냥한 폭언도 줄을 잇는다. "태어나지 말아야 할 사람"이라는 '귀태鬼胎' 표현까지 동원했다.

최근 새누리당 친박계 실세 윤상현 의원이 또 다른 친박계 의원과 통화하던 중 "김무성이 죽여 버리게. 죽여 버려 이XX. 다 죽여. 그래서 전화했어."라는 녹취록이 공개돼 한바탕 논란을 일으켰다. 어떻게 일개 의원이 당원들의 투표로 뽑힌 대표에게 욕설과 폭언, 심지어 공천 탈락 운운까지 할 수 있는지 놀라울 뿐이다. 아무리 청와대의 두터운 신임을 받는 친박계 실세라지만 어찌 그리 오만할 수 있는지 개탄스럽다.

윤 의원은 자신의 막말파문이 취중 실수라고 해명했지만 김무성 대표에게 행한 막말은 '증오'나 '욕설'에 가깝다. '막말 파문'을 일으킨 윤 의원은 결국 20대 총선 후보 공천에서 탈락하고 말았다. 이는 자승자박이요 인과응보다. 시건방지고 천방지축으로 날뛰는 저급한 정치인은 퇴출시켜야 한다.

윤상현 의원은 정치권에서 박근혜 대통령의 최측근으로 통한다. 박 대통령을 사석에서 '누님'으로 부른다는 말이 돌기도 했지만 윤 의원은 "술을 마시고 딱 한 번 '누님'이라고 한 적이 있다."고 해명했다.

욕은 상대방에게 모욕을 주는 것이다. 듣는 사람의 기분을 나쁘게 하고 마음을 상하게 한다. 그리고 욕설도 일종의 폭력이다. 그 이유는 상대방의 마음을 송곳처럼 쿡 찔러서 아프게 하기 때문이다. 막말은 상대를 비하하고 무시하는 행위이다. 상대방을 괴롭게 하고 마음을 아프게 하며, 관계를 손상시키며 상처를 준다. 막말은 자신의 거칠고 천박함을 드러내는 것이다. 쉽게 말하면 '나는 이렇게 형편없는 사람입니다.'라고 알리는 것이다.

정치인의 막말은 '국회의 품위'를 스스로 손상시키고, 정치 혐오를 불러일으키는 주된 요인이 되고 있다. 여야 의원들은 국민들의 국회에 대한 신뢰를 높이자고 하면서 막말 등으로 스스로 권위를 추락시키고 있다. 모두 자성해야 한다.

『전주일보』(2016. 3. 25.)

* 윤상현 의원은 2016년 2월 27일 새누리당 김무성 대표가 정두언 의원에게 '40여 명 살생부설'을 전했다는 언론 보도가 나오자 한 인사와의 통화에서 "김무성이 죽여 버리게. 당에서 가장 먼저 솎아내야 한다."고 말한 사실이 알려져 파문이 일었다.

제6부

인생은 외로운 존재인가

겨울은 가고 봄이 온다

겨울과 봄 사이에 샌드위치처럼 끼어 있는 2월, 겨울과 봄이 사이좋게 한 자리씩 차지하고 있는 2월도 어느새 끝자락이다.

그러나 봄의 시작을 알리는 입춘과 겨울 지나 비가 오고 얼음이 녹는다는 우수가 지났으니 이제 바야흐로 봄이 도래하고 있다. 아직은 쌀쌀한 꽃샘추위가 살갗을 시리게 하지만 계절은 어길 수가 없다.

얼마 전 전주 상산고등학교 앞을 지나다 학교 담장에 개나리가 피어 있는 모습을 봤다. 여린 가지에 몇 가닥의 꽃잎이 노란 자태를 뽐내고 있었다. 개나리꽃을 본 순간, 나도 모르게 '어! 벌써 개나리가 피었네.' 하고 되뇌었다.

또 지난주 토요일 지인과 함께 건지산을 산책하다가 고故 최명희 묘소 아래 뉘집 텃밭의 매화가 군데군데 실눈을 뜨고, 어떤 것은 만개하여 그 가냘픈 순백의 꽃잎이 실바람에 부르르 떨고 있었다.

매서운 한파를 뚫고 고고하게 꽃망울을 터뜨린 군자. 한평생을 춥게 살아가더라도 결코 그 향기를 팔아 안락安樂을 추구하지 않는 청빈하고 고결한 선비의 기개. 이 어찌 대견하지 않으랴. 매화를 마주한다는 것은 단지 봄이 왔음을 뜻하는 것이 아니다. 그것은 혹한을 견디며 외로움과 절망마저 떨치고 일어난 역경 극복의 경이로운 상징 그 자체다.

하루는 아침에서 시작하고 인생은 청춘에서 시작하며, 일 년은 봄에서 시작하고 겨울에 끝난다. 짧은 봄이 지나면 긴 여름이 시작되고, 긴 여름이 끝나면 짧은 가을이 뒤를 잇고, 짧은 가을의 끝에 다시 긴 겨울이 시작된다.

봄은 짧고 여름은 길며, 가을은 짧고 겨울은 길다. 짧은 봄을 제대로 준비하지 않으면 긴 여름 동안 성장할 수 있는 기반이 없어지고, 짧은 가을에 제대로 열매를 맺고 수확할 수 없으며 아무런 준비 없이 긴 겨울을 보내야 한다.

계절의 끝자락에서 새로운 시작을 만나고 시작하는 출발선상에서 끝을 그려본다. 끝났다고 생각했지만 그 끝자락에서 새롭게 시작하고, 그 출발점에서 나시 끝을 맞이한다. 그래서 '끄트머리'라는 말이 생겼는지도 모른다. 끝에 머리가 있다는 끄트머리, 그 끝에서 언제나 새로운 시작이 이루어진다. 또 다른 계절의 시작, 잠자고 있던 모든 생명체가 일제히 기지개를 켜며 힘찬 시동의 발걸음을 내딛는다.

봄은 생명의 계절, 부활의 계절이다. 죽은 나무에서 새싹이 움트고 씨앗은 뿌리를 내리기 시작한다. 괜히 힘이 솟고 마음이 설레고 흥분된다. 만물이 소생한다는 봄, 그 생명의 경이로움에 신비를 느낀다.

봄은 희망의 계절이다. 모든 것이 새로 태어나고 부드러운 바람은 봄의 향기를 담아낸다. 겨울이 가고 봄날이 왔다는 것은 고생이 끝나고 행복한 날을 시작한다는 상투적인 비유다. 계절 가운데 '봄'만큼 다양한 비유나 상징으로 쓰이는 게 또 있을까. 일찍이 이 땅에서 '봄'은 빛과 희망이었고 해방과 독립이었다. 시인 이상화가 「빼앗긴 들에도 봄은 오는가」에서 노래한 것도 봄이었고, '겨울은 강철로 된 무지개'(절정)라고 노래했을 때 이육사가 그린 것도 봄이었다.

봄은 꽃의 계절이다. 사계절 피지 않는 꽃이 없겠지만 유독 봄에 많은 꽃이 핀다. 봄꽃은 종류도 많지만 황량하고 차가운 겨울의 긴 터널을 빠져나온 뒤에 펼쳐지는 꽃잔치는 사람들의 마음을 한껏 들뜨게 한다.

이른 봄 매화를 시작으로 이름도 기억하지 못하는 꽃들은 백화제방百花齊放이라는 표현대로 일제히 피어난다. 소한에 가장 먼저 피는 매화를 필두로 하여 산수유, 목련, 개나리, 진달래, 벚꽃이 차례를 기다리며 일제히 핀다.

"봄은 처녀, 여름은 어머니, 가을은 미망인, 겨울은 계모"라는 말이 있다. 이는 일 년 사계절을 여인에 비유한 폴란드의 명언이다. 봄은 처녀처럼 부드럽다. 여름은 어머니처럼 풍성하다. 가을은 미망인처럼 쓸쓸하다. 겨울은 계모처럼 차갑다. 그래서 옛사람은 봄바람을 혜풍惠風이라고 했고, 여름 바람은 훈풍薰風이라고 했고, 가을바람은 금풍金風이라고 했고, 겨울바람은 삭풍朔風이라고 했다.

이제 겨울은 가고 봄이 온다. 꽃 피고 새 움이 트는 봄이 온다. 만물이 소생하는 봄은 늘 우리에게 새로운 희망과 설렘을 준다. 우리 모두 훈훈한 가슴으로 새봄을 맞이하자.

『전주일보』(2016. 2. 24.)

세계 최초 올림픽 8연속 진출한 한국 축구

한국 축구가 올림픽 역사에 새로운 기록을 남기며 국민의 가슴을 후련하게 해주고 있다. 신태용 감독이 이끄는 올림픽대표팀은 카타르 도하에서 지난달 27일 새벽(한국 시간) 열린 '2016 아시아축구연맹(AFC) U-23 챔피언십' 준결승에서 강력한 우승 후보 카타르에 3대 1로 이겼다. 이로써 한국은 오는 8월 브라질 리우데자네이루에서 열리는 하계올림픽 본선에 나갈 진출권을 확보했다. 세계 최초로 8회 연속 올림픽 본선 진출에 성공했다. 축구 강국 브라질 · 독일 · 이탈리아도 이루지 못한 역대 올림픽 남자 축구 '최다 연속 본선 진출'이라는 대기록을 세운 것이다.

우리 선수들이 너무나 자랑스럽다. 무엇보다 경기침체와 청년실업으로 활력을 잃은 국민들과 청년들에게 큰 희망을 줬다는 점에서 온 국민의 이름으로 칭찬과 격려를 아끼지 않는다. 다만 지난달 30일 카타르 도하에서 치른 일본과의 챔피언십 결승전에서 2대3 역전패를 당했다. 이미 리우행 티켓은 확보했지만, 그래도 자존심이 걸린 일본과의 일전에서 전반전 두 골을 넣고도 후반전에 통한의 역전골을 내준 것은 못내 아쉽다.

경기는 상대에 따라 얼마든지 질 수도 이길 수도 있다. 최선을 다하고 결과를 수용하면 된다. 그러나 시합 전 신 감독이 일본에는 반드시 이기는 비책이 있는 것처럼 먼저 큰소리 친 것은 지나친 과신이다. 지고 나서 군색한 변명해봐야 무슨 소용인가? 상대가 누구라도 승자에 대해 칭친힐 수 있는 아량도 있어야 한다. 앞으로는 그저 최선을 다하겠다는 말만 하기 바란다.

축구는 발의 미학이다. 신비의 묘약을 지닌 그라운드 예술이다. 어느 종교가 이보다 강한 믿음을 갖게 할 수 있으며, 어느 이데올로기가 이토록 강한 힘을 갖고 있으랴. 공 흐름이 거꾸로 바뀌면 한숨 먼저 돌리고, 그러다가 이내 다시 미칠 듯 빨려 들어가다가도 골이 들어갔다 싶으면 모두들 환호성을 지르며 그 열광을 쏟아낼 수가 없어 서로 부둥켜안고 눈물 흘리며 감격한다. 우리 측에 골이 들어가면 순간 세상이 너무 조용해진다. 슬픔은 부모를 여읜 것보다 더욱 큰지 한없는 절망감에 빠졌다가 화가 치밀어 오르기도 하고, 야수처럼 난폭해 지기도 한다. 시간이 지나면서 평정을 찾으면, 저마다 판사가 되어 선수 한 명 한 명에게 형량을 부가한다. 그렇게 쉼 없이 절망과 희망이 교차하는 축구는 우리네 희비의 인생살이다. 450그람밖에 안 되는 작은 공 하나, 마법을 지닌 신기한 놈이다. 함께 뛰어 놀 때면 즐거운 놀이인데 함께 응원할 때면 통통 튀는 절대의 종교가 된다. 선수가 드리블하거나 트래핑할 때면 주위의 모든 시선은 공 하나에 집중한다. 어떤 이는 독수리의 눈으로 째려보고 더러는 몽한의 세계에 빠져 감각을 잃는다. 주삿바늘로 약을 투여하지 않아도 그 많은 사람들을 질식이라도 한 듯 호흡이 멈추고, 손과 발이 마취된다.

축구의 묘미는 화끈한 골맛 못지않게 현란한 드리블을 꼽을 수 있다. 그중에서도 다리 사이로 공을 빼내는 일명 '가랑이 드리블'은 탄복을 자아낸다. 드리블은 수비의 허를 찌르는 고난도 기술이다. 보는 이에겐 감탄을, 당하는 사람에겐 굴욕을 안긴다. 여기에 공격과 수비가 쉴 틈 없이 움직이는 축구에서 정지된 공을 차는 프리킥 골은 또 다른 묘미를 선사한다. 수비벽이 있어 넣기가 쉽지는 않지만 일단 들어가면 승패에 미치는 영향이 상당하다. 시원하게 골망을 가르는 프리킥 득점은 최고를 자부하는 골잡이들의 강력한 무기이다.

세계 최초로 올림픽 8회 연속 본선에 진출한 대한민국 축구. 이제 남은 것은 오는 8월 브라질 리우데자네이루에서 열리는 하계올림픽 본선에서 메달 획득의 대업을 이루는 것이다. 그래서 한국 축구의 기량과 수준을 전 세계에 보여줬으면 한다.

한국 축구 파이팅!

『전북매일신문』(2016. 2. 15.)

---

* 신태용 감독이 이끄는 한국 올림픽 축구대표팀이 2016년 1월 27일(한국시간) 카타르 도하의 알 사드 스타디움에서 열린 카타르와 2016 아시아축구연맹(AFC) U-23 챔피언십 준결승에서 3:1로 승리하며 결승에 진출했다. 한국 팀은 결승 진출로 이번 대회 3위까지 주어지는 2016 리우데자네이루 올림픽 남자 축구 본선 진출권을 따내는 기쁨을 맛봤다.

한시적 지역신문법 일반법 전환해야

"신문 없는 정부보다 정부 없는 신문을 택하겠다."

미국의 3대 대통령인 토머스 제퍼슨이 말한 유명한 명제다. 하지만 이 경구가 요즘은 옛말이 되고 말았다. 인터넷 강국인 우리나라 젊은 세대들에게 신문은 점점 구시대의 유물로 밀려나고 있는 게 현실이기 때문이다.

1990년대 후반 인터넷의 등장과 함께 인터넷 이용자 수가 점차 늘어나면서 사람들은 자연스럽게 인터넷을 통해 뉴스를 접하기 시작했다. 특히 스마트폰이 일반화되면서 우리가 지켜온 '신문 읽기'도 변했다. 대도시는 지하철에 올라타기 무섭게 모두가 스마트폰을 꺼내든다. 스마트폰으로 인터넷을 불러들이고 네트워크에 접속해 각종 정보를 한 눈에 본다. 예전에는 지하철 안에서 신문이나 책을 읽는 사람들이 눈에 많이 띄었지만 이제는 종이신문을 펼치는 사람은 좀체 찾기가 힘들다. 잉크 냄새 가득한 신문이 얼마나 더 버틸 수 있을지 장담하기 어렵지만 종이신문의 위기는 더욱 가속화되고 있다. 전국지는 그래도 아직까지 명맥을 유지하고 있지만 지역신문의 위기는 전국지에 비교할 수 없을 정도로 크다.

이러한 지역신문의 위기를 타개하기 위한 방안으로 2004년 지역신문발전지원 특별법이 제정되었다. 이 법이 2016년까지만 유효한 한계를 안고 있었지만 때마침 지역신문발전지원특별법 개정안이 지난해 12월 31일 국회 본회의를 통과했다. 이에 따라 이 법 일몰 시점이 당초 올해 말에서 오는 2022년까지 6년 연장됐다. 지역신문으로서는 정말 다행스럽고 잘된 일이다.

그간 지역신문법의 일몰을 앞두고 지역신문발전기금 우선지원 주간지선정사협의회를 비롯해, 전국지방신문협회, 한국지역언론인클럽 등 관련 단체들이 법의 연장을 위해 여러 방면에서 노력해 왔다. 그러나 앞으로 6년 후면 지역신문발전기금은 또 중단된다. 이 문제를 근원적으로 해결키 위해서는 특별법 상시 법제화가 필요하다. 즉 한시적 지역신문법을 일반법으로 전환해야 한다. 이를 위해서는 정치권의 힘이 절대 필요하다. 국회에서 논의해야 한다.

지난 2004년 지역신문법이 제정돼 기획취재 지원, 교육 · 연수, 소외계층 구독료 지원, 신문 제작환경 개선, 시민기자제 운영 등 다양한 지원 사업이 진행되면서 지역신문의 질적 향상과 경영 개선을 가져왔다. 특히 경영건전성, 편집권 독립, 언론 윤리 등을 기준으로 엄격한

심사를 거쳐 우선지원 대상 신문사를 선정함에 따라, 그에 맞춰 신문사 스스로 변화와 혁신을 하게 하는 효과도 거뒀다. 다만 앞으로는 지역신문 지원금으로 신문 유통의 증대나, 기자들의 복지 향상에도 영향을 주는 쪽으로 법안 개정이 이뤄졌으면 좋겠다.

지역 신문은 지역민의 다양한 의견 전달과 건전하고 유익한 정보를 제공하는 데 있다. 지역에서 지역민들의 삶의 이야기는 아주 중요하다. 이들의 존재적 이야기를 다루는 게 지역 언론 역할의 사명이라고 할 수 있다. 따라서 지역신문발전지원특별법은 지역신문의 건전한 발전기반을 조성해 여론의 다원화, 민주주의의 실현 및 지역사회의 균형발전에 이바지하게 될 것이다.

지역민들의 지역신문 구독 이유는 비교적 분명하다. 자신이나 주변 이야기가 신문 지면에 다뤄지기 때문이다. 지역 언론의 주요 소재는 지역 내 작은 문화 행사에서부터 크고 작은 사건 · 사고와 지역 정가의 소식까지 다양하다. 지역민들의 삶을 가장 가까운 데서 관찰한 신문이 지역신문이다.

현재 전국지들은 지나치게 중앙에 집중하며 상대적으로 지역은 소홀하게 다루고 있다. 건강한 지역신문이 안정적으로 발행돼야 지역사회 또한 건강해지고, 지역주민의 알권리가 실현될 수 있다.

실제로 우리나라 신문시장은 전국지가 전체 시장의 90% 이상을 점유하고 있다. 그중에서도 조 · 중 · 동이 절반을 차지하고 있기에 여론의 불균형이 심각한 상태다. 때문에 지역신문기금은 우리나라 언론시장의 독과점 체제를 종식시키고 언론환경을 선진국 수준으로 끌어 올리는 계기가 될 것으로 보인다.

지역신문이 살아야 지역이 살고 나라가 살고 민주주의가 산다. 지역신문발전지원특별법의 일반법으로의 전환은 이를 위한 기본적인 전제이며, 국회의원들의 당연한 의무이다.

『전북연합신문』 (2016. 1. 29.)

부천 아동학대의 비극

최근 경기도 부천에서 4년이나 결석한 초등학생이 냉동시신 상태로 발견된 엽기적인 사건은 우리를 분노와 슬픔으로 내몬다. 그것도 참혹한 범죄를 저지른 이가 친부모라니 경악과 충격은 더하다. 친부모가 어찌 그 같은 범행을 저지를 수 있었는지, 인면수심의 범죄 앞에 말문이 막힐 뿐이다.

숨진 최 군(2012년 당시 7세)은 숨지기 전날 술에 취한 그의 아버지 최경원으로부터 얼굴을 주먹으로 맞고 발로 머리를 채이고 바닥에 부딪히는 등 2시간이나 폭행당하다 숨졌다.

국립과학수사연구원이 숨진 최 군을 부검한 결과 머리에서 외부 가격에 의한 피하출혈과 이로 인한 변색 흔적이 발견됐다. 또 이는 내부적인 요인이 아닌 외부의 강한 가격에 의한 출혈로 파악됐다.

방어력 없는 죄 없는 어린 자식을 개 패듯 때려 죽였다는 사실은 국민적 공분公憤을 사고 있다. 더욱 경악스러운 것은 자식의 시신을 훼손하여 일부는 변기와 쓰레기봉투에 버리고 일부는 냉장고에 보관했다는 사실이다.

시신 훼손에 앞서 치킨까지 시켜 먹었다고 하니 그들이 과연 인간이었는지, 세상의 비참한 말로를 보는 것 같아서 서글프기 한이 없다. 동물도 자기 새끼를 돌보는 본능이 있는데, 본능조차 거스른 패륜행위를 어떻게 설명해야 할까. 그들은 악마임이 틀림없다.

과연 아이 시신을 냉동고에 보관해 놓고 태연하게 다른 일을 할 수가 있겠는가. 아들은 냉동고에 시신으로 얼어 있는데, 부모란 이는 천연덕스럽게 밥도 먹고 잠도 잤을 것이다. 그것도 수년간 그래왔다는 게 기가 막힌다. 분명 그들은 인간 말종들이다.

사형제도를 두고도 인권을 들먹이며 사형을 집행하지 않는 이상한 나라, 이는 엄연히 직무유기에 해당한다. 이런 유명무실한 사형제도 때문에 법은 물러졌고, 법이 무르다 보니 이런 끔직한 범죄가 빈발하는 것이다.

생각건대 그들 부부에게 궁금하게 여기는 게 있다. 시신 훼손도 끔찍한 일이지만 훼손한 일부 시신을 변기통에 흘려보냈다는 게 이상하다. 그냥 땅에 묻으면 되는데, 왜 그런 짓을 했을까.

혹시 아이의 장기를 팔아치웠을 수도 있다. 제3의 인물이 개입되었을 가능성도 생각해봐야 한다. 두 사람이 함께 시체 조각을 보관하고 딸을 돌본 것을 보면 아들의 장기를 팔아 돈을 챙겼을 가능성도 배제할 수 없다. 경찰은 이 대목에 철저한 수사가 필요하다.

범인 최와 한 씨 부부는 인터넷 게임에 중독된 사람들이다. 당시 최 씨는 PC방에서 게임 캐릭터를 팔아 생계를 유지해온 것으로 알려졌다.

그렇다면 인터넷 게임도 문제다. 많은 사람들이 이 악마의 구렁텅이에 빠져 폐인이 되다시피 하고 있는 것이다. 피시방에 가면 이런 젊은이들이 부지기수다. 폭력적인 인터넷 게임은 한번 몰입하면 빠져나오기 힘든 마약과도 같다.

백주 대낮에 한가하게 앉아 잔혹한 게임을 즐기며 폐쇄적으로 자란 사람이 부모가 되니 이런 패륜적 인격체가 형성되는 것이다. 게임 만들어 돈 버는 업체들은 내 아이가 하는 게임이라 생각하고 좀더 정서적이고 감동적이며 인간적인 콘텐츠 개발에 힘써야 한다.

이번 부천 초등생 비극은 우리 모두의 책임이다. 무엇보다 부천시 심곡3동 주민센터 공무원들이 2012년 6월 "최 모(당시 7세)군이 집에 있는지 확인해 달라."는 학교 측의 요청을 묵살한 사실이 확인된 점에 대해서는 반드시 책임을 물어야 한다.

어린 학생이 4년이나 보이지 않았지만 학교 · 교육청 · 지역 사회가 행적을 까맣게 몰랐다. 두말할 것 없이 우리 사회의 무관심과 무책임이 빚어낸 일이다.

정부는 앞으로 장기 결석아동에 대해 담임교사의 실종 신고를 의무화하기로 했다고 한다. 또 3일 이상 결석하는 아동은 교사가 반드시 가정을 방문해 사유를 직접 확인하는 책임도 부여했다는 소식이다.

소 잃고 외양간 고치는 일이지만 또 다른 소를 잃지 않기 위해서라도 잘한 일이다. 그리하여 다시는 이 땅에 학대받는 아동들이 없어야 한다. 그들은 우리의 현재이자 미래이기 때문이다.

「전주일보」 (2016. 1. 27.)

* 장기 결석한 초등학생이 냉장고에서 훼손된 시신 상태로 발견된 엽기적인 사건.

병신년 새해 원숭이 이야기

병신년丙申年 새해도 어느덧 보름이 지났다. 병신丙申은 육십갑자 중 33번째로, 올해는 '붉은 원숭이의 해'라고 한다. 세상에 무슨 붉은 원숭이의 해가 있는지 의아할 따름이다. 다만 민첩성의 상징인 원숭이 해에 태어난 이들은 재주가 뛰어나 다방면의 새로운 시도를 통해 새로운 발전을 이끌어내는 원동력이 될 것으로 기대된다. 과연 원숭이는 어떤 동물인가?

「서유기」에 여의봉을 휘두르며 구름을 타고 날아다니는 원숭이 손오공이 나온다. 손오공은 불경을 구하려고 서역 10만 리를 떠나는 삼장법사의 호위무사다. 삼장법사를 위협하는 수많은 요괴들과 싸우고 온갖 역경을 헤쳐 나간다. 온갖 모양으로 둔갑하는가 하면 머리털 하나를 뽑아 무수한 복제가 가능한 분신술을 갖고 있다. 이뿐 아니다. 천리 밖의 잠자리를 볼 수 있는 화안금정火眼金睛을 가졌다.

우리 민속에서도 잔나비라 부르는 원숭이는 재주와 꾀가 많으며 사악한 기운을 물리치는 힘이 있다고 믿었다. 특히 천도복숭아를 든 원숭이는 장수를 상징한다. 원숭이는 지극한 모성애의 상징이기도 하다. 정글에서 죽은 새끼를 몇 날 며칠을 안고 다니는 원숭이의 모습이 각종 영상에 소개되기도 했다.

영장류인 원숭이는 꿈도 꾸고 잠꼬대도 하고 기지개도 켜고 하품도 하고 코도 골고 기침도 하고 딸꾹질도 하는 등 인간과 생태적으로 유사하다.

원숭이에 대한 궁금증 중 빼놓을 수 없는 것이 지능지수에 관한 것이다. 보통 원숭이는 어린이 3~4세 수준의 지능으로 6~7개 단어를 외울 수 있다고 알려졌다. 인간을 제외한 영장류 중에서는 침팬지가 6세 어린이 수준의 지능을 가진 것으로 알려졌다. 이처럼 원숭이는 머리가 좋고 잔꾀가 많기로 정평이 나 있다.

일본에는 원숭이가 서식하고 있었기에 원숭이에 관련된 이야기가 다양하다. 이 중 일제강점기에 우리나라로 전파된 이야기에는 '게와 원숭이' 이야기가 있다. 게와 원숭이가 떡을 해 서로 나눠 먹기로 했는데 원숭이가 가로채 나무 위로 올라가 버렸다. 원숭이는 나무 위에서 게를 놀려대면서 혼자 먹다가 떡을 땅에 떨어뜨렸다. 게가 그 떡을 얼른 주워서 굴속으로 도망가자 원숭이는 나무에서 내려와 게의 굴 앞에서 떡을 나눠먹자고 사정한다.

그러나 게가 말을 듣지 않자 원숭이는 자신의 엉덩이로 게의 굴을 막고는 방귀를 뀌었다. 그때 게가 앞발로 원숭이의 엉덩이를 물어뜯어 원숭이 엉덩이는 털이 없이 빨갛고, 게 앞발에는 원숭이 털이 붙어 있다는 이야기다. 이 이야기는 원래 우리나라 설화가 아니라 일제강점기에 일본 설화가 우리나라에 들어온 것으로 학계에서는 보고 있다.

또 하나, 옛날 바닷속에 용왕이 살았는데, 그의 왕비가 잉태하여 원숭이의 염통이 먹고 싶다고 하였다. 용왕은 원숭이의 염통을 구하기 위하여 육지로 나와 나무 위에서 열매를 따 먹고 있는 원숭이를 만났다. 용왕은 "그대가 사는 이곳은 좋지 못하니 아름다운 수목이 있고 먹을 열매가 많은 바닷속으로 안내하겠다."고 제안하였다. 이에 솔깃한 원숭이는 기뻐하여 용왕의 등에 업혀 물속으로 갔다. 도중에서 용왕은 그만 사실을 이야기하였다. 그 말을 듣고 놀란 원숭이는 용왕을 보고 "염통을 나뭇가지에 걸어두고 왔으니 얼른 다시 가지러 가자."고 하였다. 용왕은 원숭이의 말을 곧이듣고 다시 육지로 업고 나왔다. 원숭이는 육지에 나오자마자 나무 위에 올라가서 내려오지 않고 용왕을 보고 조소만 하였다. 『구토지설』에 나오는 이야기다.

병신년 새해를 맞으며 우리는 옷깃을 여미고 경건한 마음으로 소망한다. 내 가정의 행복과 사회의 안정, 나아가 우리 모두의 생활 터전인 대한민국의 발전을 위해서 힘을 모아야 할 것이다. 그래서 이웃 간에 웃음과 활력이 넘치는 사회, 직장에서의 동료들과 유대와 화합 등, 작은 사회 구석구석까지 대화와 상식이 통하는 건강한 공동체를 가꿔 가자는 바람이다.

또 새해에는 우리 사회에서 공연한 갈등과 마찰, 그로 인한 소모적인 논쟁이 말끔히 사라지기를 소망한다. 소외되고 약한 자들의 억울한 눈물이 있어서는 안 될 것이다. 굶주림으로 인한 고통과 아픔의 기억도 치유돼야 할 것이다. 해맑은 아침 햇살이 온 누리에 골고루 비치듯이 각자의 기대와 소망이 고르게 이뤄지기를 간절히 염원한다.

「전북매일신문」(2016. 1. 18.)

남자는 능력, 여자는 외모라는 조건

흔히 여자끼리 모이는 자리는 수다가 오간다. 남자들이 볼 때는 별 얘깃거리가 안 되는데도 시시콜콜하게 시간을 허비한다. 예컨대, 한 여자의 헤어스타일을 놓고 "머리 참 예쁘게 잘랐다."거나, "어느 미용실에서 손질했냐."는 등 꼬치꼬치 캐묻는다. 또는 색다르고, 멋있는 옷 모습을 보면 금세 옷 얘기로 화제를 돌린다. 역시 "그 옷 어느 백화점에서 얼마에 구입했냐."는 등 옷에 관한 얘기로 수다를 떤다. 특히 혼기를 앞둔 젊은 여자가 남자친구가 생겼다고 하면, 자연스레 관심은 그녀의 새 남자친구에게로 쏠린다. 가볍게 "어떤 사람이야?"로 시작하지만 가끔은 전후사정 뚝 자르고 실속 있는 질문부터 시작한다.

"차가 뭐냐? 직업은? 연봉은? 학교는 어디 나왔어? 가족관계는?"

등등, 부모님이 사윗감을 데려온다고 할 때도 이렇게 단도직입적으로 묻지는 않을 것 같은데, 친구들이 더 극성을 부린다. 그래서 여자 셋만 모이면 접시가 깨진다거나, 간사할 간姦자가 계집녀 자 세 개로 구성돼 있는지 모른다.

결혼의 가장 중요한 덕목은 사랑, 신뢰, 배려, 지조, 인간성, 가치관, 성격일 것이다. 그런데도 일부 여자들의 결혼 조건은 남자의 '능력', 즉 '돈'으로 결론 내린다. 돈만 있으면 사랑도, 성격도, 인간성도 배제된다. 돈만 있으면 맞지 않는 조건도 억지로 끌어다 붙인다. 이는 분명 애정이 결혼의 필요조건인데도 경제력이 뒷받침되지 않는 결혼은 생계가 위험하다고 보기 때문이다. 이런 생각은 간혹 국내 신문에서 대학생이나 성인남녀를 상대로 벌인 설문조사에서도 그대로 나타난다.

이에 반해 요즘 남자들은 대개 예쁜 여자를 선호한다. 착하고 못생긴 여자에는 관심 없다. 유식하고 못생긴 여자도 마찬가지다. 내숭 없고 못생긴 여자, 많이 배웠어도 뚱뚱하거나 어디 흠이 있는 여자도 관심없다. 또 일부 남자들은 얼굴은 예쁜데 성질이 더럽다거나 얼굴은 예쁜데 머리가 나쁜 여자도 싫어한다.

물론 여자들도 능력 있으면 굳이 남자 능력 안 따지고, 오히려 외모를 보는 사람들이 있다. 키가 큰가, 얼굴은 잘생겼는가, 지적 능력은 어느 정도인가…. 또 일부 여자는 남자 볼 때 학벌, 연봉, 별로 안 따진다. 돈은 함께 벌면 되고, 학벌은 부족하다 싶으면 다시 공부하면 된다는 생각이다.

여자가 생각할 게 또 있다. 남자가 외모 본다는 걸 인정하더라도 외모는 감가상각이 된다는 거다. 시간이 흐를수록 더 나빠진다는 것. 반면 남자의 능력은 시간이 흐를수록 경력이 쌓여서 더 좋아진다는 것. 그러니까 너무 외모에만 치중하지 말고, 다른 부분에도 신경을 쓰라는 거다. 완벽한 외모도 성격이 안 좋으면 그 효력이 얼마 못 갈 수 있다. 외모가 좋으면 관계가 빨리 형성되지만 오래 유지되기 힘들다. 반면 성격이 맞아 일단 관계가 맺어지면 오래 이어진다. 따라서 외모건 능력이건 그 조건 하나에 집중하다 보면 호감도가 떨어지거나 본인이 그 능력 외에 다른 부분을 갖추지 못하면 갈등이 생길 수 있다.

인간의 욕망을 간단하게 정리하면 재색명리財色名利이다. 이것을 얻기 위해 인간은 죽도록 고생한다. 재색명리는 마치 천라지망天羅地網(하늘과 땅에 쳐진 그물)과 같다. 이 그물에 걸리면 그 누구도 빠져나갈 수가 없다. 재색명리뿐만 아니라 고래심줄같이 질긴 그물이 돈이고, 다음에 센 그물이 색(여자 또는 남자)이다.

오늘도 수많은 솔로들이 지식검색과 커뮤니티, 각종 자유게시판에 이렇게 하소연한다.

저는 왜 애인이 안 생기는 걸까요? 도무지 알 수가 없네요. 도대체 어떻게 하면 애인이 생길까요? 대답들은 가관이다.

"예쁘면 됩니다.", "키 크고 잘생기면 됩니다.", "돈이 많으면 됩니다."

『전북연합신문』(2016. 1. 5.)

'혼용무도'를 반성과 성찰의 계기로

2015년 을미년乙未年 한 해가 서서히 저물어간다. 이제 그 끝이 보인다. 한 해가 저물면 또 새해가 오고, 한 세대가 지나면 다음 세대가 오고 이것이 자연의 섭리가 아닌가? 그런데도 우리는 매년 한 해가 빠지는 길목에 서게 되면 회한을 읊조린다. 그것은 해가 갈수록 사람은 늙어 죽음 길이 가까워진다는 점과, 한 해 동안 자신의 삶이 기대에 못 미쳤다는 자책감 때문이다.

어느 해인들 다사다난하지 않았던 해가 없었지만 올해는 더욱 소용돌이친 한 해였다. 여야 정치권은 개인이나 계파의 이익을 위해 툭하면 싸움질이었다. 특히 정치적으로는 '사자방'(4대강, 자원외교, 방산비리) 등 거듭된 의혹을 제대로 해명하지 못했다. 경제는 장기적 침체에서 벗어나지 못하고 젊은이들은 일자리가 없어 거리를 배회했다.

연말 들어 재계에서는 대규모 감원 소식이 전해졌지만, 정치권은 아무런 해답도 내놓지 못한 채 그들만의 싸움만 이어가고 있다. 더욱이 국회는 정치도, 입법도 실종된 '최악의 국회'라는 평가를 받고 있다. 예산안의 법정시한 내 처리도 실패했고, 국회의 기본 책무인 입법 성적표 또한 초라하기 그지없다.

언제나 그렇듯 가진 자들은 씀씀이가 넉넉하지만 서민이나 노동자들은 우울한 한 해였다. 이를 두고 '헬조선'이라는 분노와 함께 '양극화를 이제는 정상적인 현상으로 받아들여야 한다.'는 목소리도 흘러나왔다.

이러한 현실을 잘 대변하듯 올해『교수신문』이 뽑은 사자성어는 '혼용무노昏庸無道'이다. 처음에는 이 단어가 좀 이상해서 혹시 '불손한 남녀가 서로 껴안고 나체 춤을 추는 광경을 들먹인 게 아닌가.' 하면서 혼자 키득거리기도 했다.

'혼용무도'는 어리석고 무능한 군주를 가리키는 혼군昏君과 용군庸君을 함께 이르는 '혼용'과, 세상이 어지러워 도리가 제대로 행해지지 않고 있음을 묘사한『논어』의 '천하무도天下無道' 가운데 '무도'를 더한 표현이란다. 즉 어리석고 무능한 군주의 실정으로 나라 전체의 예법과 도의가 송두리째 무너져버린 상태를 말한다.

그런데 일부에서는 이 사사성어를 두고 논란이 인다. 이들 두 글자가 조합된 글자며, 사자성어로도 존재하지 않다는 것. 달리 말하면 현직 대통령을 흠집내기 위해 좌파 교수들이 급조해냈다는 것이다. 그렇다 보니 일각에선 대통령 흔들기가 심하다며 교수 집단을 비판하고, 다른 일각에선 적절한 말이라며 대통령의 실정에 각을 세운다. 그러나

'혼용무도'라는 말이 비록 사자성어로 없는 말이라고 해도, 또 조작됐다고 해도 올 한 해 정부의 실정을 적절하게 표현한 말임은 틀림없다.

올 한 해를 되짚어보자. 연초에 메르스 사태가 났을 때 민심이 흉흉했지만 통제가 안 돼 정부는 속수무책으로 무능함만 보여주면서 우왕좌왕했다. 여기에 청와대가 유승민 원내대표를 겁박해 결국 사퇴하게 해 삼권분립과 의회주의 원칙을 크게 손상시키는 초유의 사태가 발생했다. 또 지금도 진행 중인 역사교과서 국정화 논란은 국력 낭비와 정부의 불신, 나아가 국민의 국론만 분열시키고 있다. 사견이지만 역사교과서 국정화는 자율성과 다원성의 가치에 맞지 않다. 이는 결국 민주주의의 후퇴이며 모든 다양성의 후퇴라고 본다. 민주주의는 생각이 같을 수가 없다. 다양성을 추구하는 사회다. 그러므로 교과서 국정화는 국민 공감대를 찾아야 한다.

이 같은 교수들의 비판적인 시각은 메르스 사태를 비롯해 한 해 동안 이어졌던 다양한 사건사고에 정부가 제대로 된 대응을 하지 못했다는 데서 출발하고 있다. 따라서 혼용무도를 두고 일부 교수들을 좌파로 매도하고, 이에 동조한 국민을 적으로 모는 일은 지극히 잘못된 일이다.

매년 말이면 지나온 일에 대해 『교수신문』이 사자성어를 발표한다. 사자성어 발표를 연말연시의 통과의례처럼 여긴다. 한 해의 시작과 함께 한 해를 아우를 수 있는 사자성어를 생각해 보는 것도 유의미한 일이다. 올해의 사자성어 '혼용무도昏庸無道', 정부 · 여당에 반성과 성찰의 계기가 되길 바란다.

『경향신문』(2015. 12. 29.)

한 해 시련 강물에 띄우자

차가운 바람과 함께 을미년乙未年 한 해가 빠진다. 다사다난이란 말이 실감날 정도로 파란 많고 곡절 많은 한 해, 아쉬움과 회한이 큰 한 해였다. 저물어가는 한 해를 보내면서 즐거운 마음이 드는 이는 많지 않을 것이다. 이룬 건 없고 나잇살만 먹어가니 그럴 수밖에 없을 것이다.

그렇다고 가만 앉아서 해를 넘기기엔 너무 억울하다. 아직 할 일이 태산 같은데, 벌써 날은 저물고 한 해가 서산마루에 걸려 있으니 어찌 아쉽지 않으랴.

세월은 흐르는 물 같다. 이 세월을 사는 인생도 한낮 찰나에 불과하다. 부드러운 바람이 나뭇잎을 한번 스쳐 지나가듯 그렇게 다가왔던 시간들이 이렇게 또 덧없이 지나간다. 생각해보면 세월무상, 인생무상이다.

세월이 왜 이리 빨리 흐르는 것일까. 그건 지구가 돌기 때문이다. 30~40대는 죽음에 대해 전혀 고려치 않았다. 그런데 50대 중반이 되고부터는 지인들이 뜻하지 않게 저세상으로 가는 걸 보게 될 때, '남의 이야기가 아니구나.' 하고 느끼게 되는 것은 죽음도 하나의 자연의 이치라고 할까? 아마도 아무 생각 없이 '돈'만 쫓으며 열심히 사는 것도 좋지만 때론 죽음도 준비하면서 살아갈 때, 훌쩍 지나간 세월에 대한 후회를 덜하게 될 것이다.

한 해의 끝자락에서 과거를 돌아보는 것은 인류가 달력을 가진 이래로 수없이 반복해온 행위이다. 인간에게 과거는 그저 지나버린 시간이 아니다. 물리석으로 시간은 과거에서 미래로 흐르지만 의미론적으로 보면 현재에서 과거로, 미래에서 현재로 흘러간다. 인간은 미래에 대한 희망을 담은 채 과거를 해석하고, 미래의 꿈에 의지하여 현재를 살아간다.

올해 한국 정치는 그야말로 '갈등'과 '충돌'의 연속이었다. 바람 잘날 없었다. 마치 덤프트럭이 브레이크 없이 질주하는 형국이었다. 사회와 경제가 어려운 가운데 정치권의 싸움질은 국민들의 근심을 더했다. 국회는 여야 정쟁으로 예산안의 법정시한 내 처리에 실패하고 내년 4 · 13 총선을 위한 선거구 획정 협상도 공전을 거듭하는 등 '식물국회'의 오명을 벗지 못했다. 여기에 새정연 안철수 의원이 탈당을 선언해 내년 총선을 4개월 앞둔 야권이 정계개편의 소용돌이에 휘말렸다.

솔직히 올해 국내 정치는 눈만 뜨면 싸움판이었다. 얻은 것은 없고, 여야 모두에게 잃은 것뿐이다. 특히 박근혜 정부의 출범 시 약속했던 '국민 행복 시대', '대통합 정치'는 어디에서도 찾을 수 없고 국민 불안과 분열의 정치로 치닫고 말았으니 더욱 안타까울 뿐이다. 여기에 성완종 전 경남기업 회장이 유력 정치인들의 이름이 적힌 '금품 메모'를 남긴 채 스스로 목숨을 끊으면서 파문을 일으켰고, 리스트에 오른 이완구 국무총리가 낙마한 사건은 큰 충격이었다.

한 고비가 지나면 더 큰 고비의 굵직굵직한 사건들이 올 한 해를 꽉 메웠다. 아직도 진행 중인 역사교과서 국정화 논란 등, 돌이켜보면 어느 것 하나 시원하게 해결된 것은 없고, 갈등과 상처만 그대로 남아 있다. 오죽했으면 교수들이 2015년 올해 사자성어로 '혼용무도昏庸無道'를 꼽았을까. '혼용무도'는 나라 상황이 마치 암흑에 뒤덮인 것처럼 온통 어지럽다는 뜻이다. 혼용은 어리석고 무능한 군주를 가리키는 혼군과 용군이 합쳐져 이뤄진 말로, 각박해진 사회분위기의 책임을 군주, 다시 말해 지도자에게 묻는 말이다.

2016년 새해 병신년丙申年은 붉은 원숭이의 해다. 병丙이 상징하는 색이 붉은색이고 신申이 상징하는 동물이 원숭이이므로 이를 더해 붉은 원숭이로 지칭하게 되었다.

붉은색은 '악귀를 쫓아내고 건상, 부귀, 명예' 등을 상징한다고 알려졌다. 원숭이는 아주 재주가 많고 영리한 동물이다. 새해엔 정치 · 경제 · 사회 · 문화 · 외교 · 국방 등 각 분야에서 모든 일이 영리한 원숭이의 지혜로 풀렸으면 한다.

그러나 시야를 넓히면 한반도를 둘러싼 열강들의 움직임이 예사롭지 않고 우리 정치는 다시 지뢰밭을 걸을 것으로 전망된다. 이런 때일수록 지난 역사의 아픔을 거울삼아 유비무환의 자세로 내일을 준비해야 한다.

희망을 잃지 않고 힘을 모으면 어떠한 난관도 극복할 수 있다. 어둠이 깊을수록 새벽이 가깝다고 했다. 송구영신! 실의와 절망을 낙조에 실어 보내고 새로운 마음과 자세로 새해를 맞이하자. 그래서 분열과 갈등의 시대를 청산하고 화합과 상생의 시대를 열어가자.

『전주일보』(2015. 12. 29.)

인생은 외로운 존재인가

어둑어둑한 밤길을 홀로 걷는다. 큰길에서 집으로 향하는 골목길로 들어섰다. 큰길과 골목 사이의 작은 식당 앞에서 십여 명의 남녀가 어울려 웅성거리고 있다. 아마 식당에서 연말 송년모임이라도 했나 보다. 다시 골목길을 기역자로 꺾어 걷는다. 뒤집 담장 살구나무 옆에 외롭게 서 있는 가로등 빛이 힘차게 골목길을 비친다. 가로등을 보니 왠지 모를 허무감이 왈칵 쏟아진다. 하마터면 눈물샘이 터질 뻔했다. 까만 밤하늘과 하얀 빛이 너무 적나라하게 대비되어 고독해 보였다. 묵묵히 맡은 바 자기 역할을 해내고 있는 저 가로등도 외롭긴 마찬가지겠지. 그래도 겨울바람이 부지런히 골목을 오가며 말벗이 되어준다.

하늘은 마치 거무튀튀한 색으로 도배해 놓은 느낌이다. 그런데 갑자기 눈발이 날린다. 차가운 겨울바람과 함께 눈이 허공에서 겁 없이 뛰어내린다.

황량함이 가득한 골목길. 길을 걸으면서도 왠지 모를 외로움을 느낀다. 휑한 가슴이 알싸하다. 연말이라 그런지 마음이 조급하다. 그 무엇인가 소중한 것을 잃어버린 듯한 아쉬움. 인간은 모두 외로움을 느끼는 것인가? 아마 그럴 것이다. 사람들은 누구나 다 외롭다는 것이다. 학생들은 학생들대로, 가장은 가장대로, 주부는 주부대로, 노인은 노인대로 다 마음 한구석 외로움을 느낀다. 그래서인지 고금을 막론하고 "오늘은 왠지 외로워 보인다."는 '작업용' 멘트는 여전히 효과적이다.

현대인에게 있어 외로움은 일종의 습관이라고 한다. 도시에서 길을 걷다 보면 모두들 다른 사람과 부딪히지 않기 위해 중심을 똑바로 잡고 걷는다. 다들 자신과 타인 사이에 경계선을 그어놓고 각자의 공간을 침범하지 않으려 조심한다. 이 같은 습관은 결혼을 하고 가정을 이룬 후에도 크게 달라지지 않는다고 한다. 나이가 들수록 외로움의 빈도는 늘어나고 깊이는 깊어진다. 특히 독거노인의 경우 외로움을 넘어 절반 이상이 우울증상을 보이고 있다는 통계도 있다.

현대인들은 고독하다. 네트워크의 홍수 속에서 고독이라는 자체가 아이러니하다. 눈만 뜨면 먹고 즐길 수 있고 돌아볼 사이 없이 경쟁하기도 바쁜데 고독이 대체 무엇이란 말인가. 그러나 대부분의 현대인들은 존재감 없는 삶을 창살 없는 감옥으로 여기며 벗어나려 몸부림친다. 많은 선각자들은 고독이 고립으로부터 온다는 데 인식을 같이 한다.

사실 인간만큼 고독한 존재는 없다. 이것이 인간의 기본명제이다. 인간은 태어날 때도 혼자 태어나고 죽을 때도 혼자 외롭게 죽어간다. 인간이 외롭다는 것을 이해하지 못한다면 인간 삶을 이해할 수 없다. 인간에게 외로움은 우리가 매일 먹는 물이나 밥과 같다.

외롭기 때문에 우리는 인간이다. 끝없는 망망대해에 홀로 내팽개쳐진 조각배 같은 신세. 우주에 혼자만 뚝 떨어져 있는 느낌. 때론 뼛속까지, 분자세포까지 외로울 때가 있다. 이 본질을 이해하지 않으면 우리의 삶은 고통스럽다. 그래서 덴마크 철학자 키에르케고르는 "외로움은 죽음에 이르는 병"이라고 했다. 맞는 말이다. 단지 철학적인 금언만은 아닌 듯하다.

마음이 외로운 사람은 병도 잘 걸리고 단명한다고 한다. 이는 의학적으로도 발표한 자료가 있다. 외로움은 사람을 정신적으로도 힘들게 할 뿐만 아니라 건강적으로 아주 위협적이며 면역 체계가 장기적으로 변화하여 고혈압, 동맥경화, 신체 방어망이 약화되고 심지어는 학습과 기억력에도 심각한 문제를 초래할 수 있다는 것이다. 그 이유는 바깥세상을 적대적으로 보기 때문에 면역 체계가 이상을 일으켜 사회적으로 고립된 사람들은 사회적 관계가 좋은 사람들에 비해 발병률이 현서히 높다.

외로움은 배고픔만큼이나 절절한 결핍신호다. 누가 말하길 분노와 슬픔도 사실은 외로움의 2차적 합병증이라고 했다.

이제 하늘도 땅도 산도 나무도 아득히 잠든 고요한 밤이다. 다시 외로움이 베개 밑으로 내려앉는다. 외로움은 내가 살아 있다는 증거이다. 살아 있다는 것은 고마운 일이다. 그러나 또 한편 우리는 항상 삶과 죽음에 대해 성찰해야 한다.

"세상에 죽음만큼 확실한 것은 없다. 그런데 사람들은 겨우살이는 준비하면서도 죽음은 준비하지 않는다." 톨스토이의 말이다.

『전북연합신문』 (2015. 12. 29.)

중국 노총각들 해외 신붓감 싹쓸이

최근 우리나라는 성비 불균형과 높은 이혼율, 독신 여성의 증가 등으로 국제결혼이 보편화되고 있다. 국제결혼은 1990년대 결혼 알선업체가 등장해 중국과 필리핀, 베트남 등지의 여성을 농촌의 노총각들에게 결혼을 주선하면서 시작되었다. 그리고 2000년대 들어와 국제결혼은 폭발적으로 증가, 국제결혼 중개회사들도 우후죽순처럼 생겨나고 중개업체의 사업 영역도 크게 확장되어 가고 있다.

하지만 최근에는 한국 노총각들이 차지해야 할 해외 신붓감을 이젠 중국 노총각들에게 다 빼앗길 처지에 놓였다는 것이다. 여자가 없어 불만 폭발 일보 직전인 중국 노총각들이 동남아로 몰리면서 한국 노총각들 결혼 전선에 비상이 걸렸다. 오랫동안 한국 노총각들의 '희망의 땅'이었던 동남아에 대륙의 구애求愛 파도가 거칠게 몰아치고 있는 것이다. 중국에선 요즘 노총각이 심각한 사회 문제로 떠올랐고, 이에 따라 해외에서 신붓감을 구하는 사람들이 늘고 있기 때문이다.

경남 창원의 한 중소기업에 다니는 회사원 이 모(42)씨는 올초 베트남에서 스무 살 현지 여성과 맞선을 봤다. 여성은 고교를 졸업하고 부모의 벼농사를 돕고 있다고 했다. 키가 163㎝ 정도로 훤칠했고 얼굴도 예뻤다. 이 씨는 마음에 쏙 들었고 결혼까지 생각했다. 하지만 여성은 첫 만남 이후 자취를 감췄다. 다른 한국 남자를 만났다는 소식도 없었다. 영문을 알 수 없었다. 만남을 주선했던 국제결혼중개업체 대표는 "한 달 후 베트남에 가서 수소문해보니 그 여성은 중국 총각에게 시집갔다고 하더라. 이 씨와 맞선볼 때 중국 남성과도 맞선을 보며 둘을 비교했던 것 같다."고 말했다. 이 씨는 이 여성을 포기할 수밖에 없었다.

또한 작년 말 캄보디아에선 한국 입국을 기다리던 예비 신부 100여 명이 마음을 바꿔 중국으로 집단 시집가는 일이 발생했다. 이들은 한국 남성과 맞선을 보고 결혼하는 꿈을 꿨지만 결혼이민비자(F-6)를 받는 과정이 복잡하고 시간이 지체되면서 중국 쪽으로 발길을 돌렸다. F-6 비자를 받으려면 기초적인 한국어 실력을 갖춰야 하는 등 준비해야 할 일이 많아 보통 6개월~1년 정도가 걸린다.

여기에 중국 노총각들의 '경쟁력'도 위협적이다. 실제 소득 · 생활수준은 어떤지 몰라도, 동남아 현지에선 통 큰 씀씀이를 과시한다. 베트남에선 결혼이 구체적으로 진행되면 신랑이 신부 측 부모에게 사례금 형식의 돈을 주는 게 관례다. 한국 사람은 300~400달러를 주지만 중국 신랑은 1,000달러 이상을 건넨다고 한다. 식당에서 팁을 줄 때도 한국 남성은 10만 동(약 5,000원), 중국 신랑은 50만 동 이상을 준다. 그러니 베트남이나 캄보디아 여성들이 돈 많은 중국 남성을 선호할 수밖에….

이러한 원인은 우선 한국과 중국이 해외 신부를 구해 오는 절차나 기일이 다르기 때문이다. 우선 중국은 절차가 쉽고 간단하다. 길어야 한두 달이다. 때론 베트남 현지에서 중국 남성과 맞선보면 그날로 국경 넘어 중국에 갈 수도 있다는 것이다. 반면 한국은 최소 6개월 이상 걸리고 제도적인 차원도 불리하다. 국제결혼을 하면 5년 이내에는 다시 국제결혼을 할 수 없고 현지 신부는 일정 수준 이상의 한국어 실력을 가져야 비자를 딸 수 있다. 한국어를 배울 곳은 별로 없는데 어느 정도 한글을 이해해야 한다는 것은 높은 벽일 수밖에 없다.

물론 중·장기적으로 봤을 때 한국 남성들이 반드시 불리한 것은 아니라는 전망도 있다. 한국의 경제·생활수준이 상대적으로 아직 높고, K-팝 등 한류의 영향으로 한국 남성에 대한 이미지가 좋기 때문이다.

그러나 필자의 소견인데, 궁극적으론 동남아 여성의 한국 대량 유입은 바람직한 현상이 아니다. 행복하질 못하고 불행한 여성도 많다. 남성들의 가부장적 문화, 돈만 보고 시집온 여성들, 문화와 언어 장벽 등으로 결혼생활이 순탄치 않기 때문이다. 그런데 이젠 이런 동남아 여성들도 돈 많은 중국 남자에게 다 빼앗겨 버리면 한국 총각들은 장가도 못 가는 몽달귀신이 되어야 할 판이다. 인구는 더욱 감소하고 노령화가 더욱 심화될 것이고 사회문제가 야기될 것이다. 이는 곧 국가

경쟁력으로 이어진다. 대비책을 세우지 않으면 안 된다. 무엇보다 한국 여성들의 결혼 관념이 바뀌어야 한다.

『새만금일보』 (2015. 12. 28.)

TK엔 예산 폭탄, 호남 · 충청은 싹둑 자르고

내년도(2016년) 대한민국 예산은 386조 4천억 원이다. 이는 정부가 제출한 386조 7천억 원에서 3천억 원 순삭감된 숫자이며, 2015년 예산안(375조 4천억 원)과 비교하면 11조 3천억 원 늘어난 것이다.

이 중 전북 예산은 6조 568억 원을 확보했다. 이는 당초 정부예산안 5조 7천185억 원에서 3천383억 원이 늘어난 액수다. 전년에 비해 418억 원이 증가했다.

그러나 국회국토교통위원회 소속 김윤덕(새정치민주연합, 전주완산갑) 의원이 공개한 '2016년도 부처안 정부안 변동 분석' 자료에 따르면, 국토부가 편성한 주요 SOC사업(사회간접자본) 10조 678억 원 규모의 426건은 기재부와 협의과정을 거치면서 4,225억 원이 늘어난 10조

4,904억 원으로 확정됐다. 이 과정에서 영남지역 예산은 모두 7,014억원 늘어났다. 반면 충청은 1,391억 원, 호남은 569억 원 각각 줄어든 것으로 드러났다. 특히 영남패권주의자들의 본고장인 대구지역은 가장 많은 3,064억 원이 늘었고, 경북지역은 2,528억 원이 늘어나 이 두 지역만 5,592억 원이 늘었다.

기재부는 각 부처가 요구하는 예산을 대부분 깎아서 국회에 제출한다. 그런데 대구선 복선전철에 대한 국토부 요구안은 애초에 700억 원이었지만 3배를 늘려 잡았다. 대구 순환고속도로의 예산도 750억 원에서 두 배 이상 늘어났다. 포항~삼척 철도건설 예산도 4,600억 원에서 1,000억 원이 늘어났다. 기재부는 이례적으로 TK 예산에 대해서만 '셀프 증액'을 했다. 새정치민주연합 김영록 의원이 "왜 영남권에 이렇게 많은 사업이 몰려 있죠?"라고 다그치자 여형구 국토부 제2차관이 "연내 집행 가능성과 경기부양 효과 등을 감안해서 예산을 편성했다."고 답했다. 말 같지 않는 엉뚱한 소릴 하고 있는 것이다.

이처럼 영 · 호남의 예산 배정 편차가 심하다. 특히 도로 · 철도 건설 등을 위해 추가로 편성된 예산이 영남 등 특정 지역에 집중돼 있다. 뿐만 아니라 환경부 소관 지방 상수도 사업 예산 등 일부 예산이 대구 · 경북에 편중돼 있다. 누가 봐도 총선용 퍼주기 예산이라는 의심을 사기에 충분하다. 기재부가 다른 부처에서 요구한 예산안을 검증하고 삭감해야 할 판에 오히려 특정 지역 예산을 증액시켰다는 건 있을 수 없는 일이다. 대구 · 경북 지역은 최경환 경제부총리 등 박근혜 대통령 측근들이 내년 총선에 대거 출마할 가능성이 큰 곳이다. 기재부가 유독 이 지역 예산만 증액한 것은 내년 총선을 겨냥한 것이라는 의심을 사기에 충분하다. 이뿐이 아니다. 총선 출마설이 나돌고 있는 정종섭 행자부장관은 자신의 고향인 경북 경주에 특별교부금을 전국 평균보다 3.6배 많은 99억 원이나 배정해 구설수에 올랐다. 국가 예산을 마치 개인 쌈짓돈 쓰듯 한다면 이는 심각한 문제다. 한마디로 내년 총선을 겨냥해 '친박 힘 실기'를 위한 TK(대구 · 경북) 예산은 대폭 증액한 반면 전북 · 충남 등 다른 지역 예산은 싹둑 잘랐다.

최경환 부총리는 친박 중에서도 실세로서 경제부총리 겸 기획재정부장관에 오르면서 '논공행상' 논란을 가져온 바 있다. 그는 또 박근혜 대통령의 핵심 참모이면서 정권 실세로서, 각종 인사에 개입해온 것으로 언론에 보도된 바 있다. 예산이 정작 필요한 곳은 낙후지역이다. 그런데 지역별 균형적으로 쓰여야 할 혈세가 특정 정치세력의 영달을 위해 특정 지역에 편중 · 오용되고 있는 느낌이다. 못사는 동네에 예산을 써야지 잘사는 동네에 퍼주면 부익부 빈익빈을 더욱 부채질하는 꼴이다.

정부가 제출한 2016년 예산안이 과연 국민을 위한 예산인지 의심스럽다. '최경환 예산'이라고 불러도 좋을 것 같다. 기재부가 내놓은 예산은 특정지역에 집중되어 있어 지역 불균형을 가속화시킴은 물론이고, 특히 정권실세를 위한 예산 아니냐는 비판을 받기에 마땅하다.

이런 불합리한 예산 편성을 보고 있노라면 호남이나 충청지역은 마치 TK의 식민지처럼 느껴진다. 또한 TK 편중 예산은 지역 편가르기로 국민통합에도 도움이 되지 않는다. 잘못된 부분은 반드시 바로잡아야 한다.

『전북연합신문』(2015. 12. 22.)

한 해가 저무는 길목에서

한 해가 어느 덧 서산마루에 걸려 있다. 황혼의 노을이 아름답다고는 하나 잠깐이다. 매년 이맘때면 아쉬움 속에 발을 동동 구르며 지는 해를 바라본다. '또 한 해가 가는구나.'하는 의미는 사람이 부여한 것이다. 자연은 섭리에 따라 움직일 뿐이다. 그런데도 사람들은 해가 기우는 서녘을 보며 아쉬운 감상에 젖는다. 이것이 인지상정이다.

지나온 일 년의 행적을 돌아보고, 성시의 번화가의 와글대는 소리들을 귀기울여 듣다 보면 '분명 연말이구나.'하는 아쉬움의 순간이다. 가끔 휴대폰 문자메시지로 문학회, 동창회 등 각종 단체의 송년 모임을 알려줄 때마다 연말이 더욱 실감난다.

쉼 없이 가는 게 세월이고 무상이다. 세월은 덧없다. 그리고 덧없는 건 인생이다. 그러나 사실 세월은 가는 것도 오는 것도 아니며 시간 속에 사는 우리가 가고 오고 변하는 것일 뿐이다. 따라서 시간이란 존재치 않는다. 인간이 세월에 각종 매듭을 지어 놨을 뿐이다. 그러므로 세월이 덧없는 것이 아니고, 우리가 예측할 수 없는 삶을 살기 때문에 덧없는 것이다.

우리는 지구의 자전自轉과 공전公轉으로 생시는 하루 24시간을, 일년 365일 등의 인위적 구분을 영원히 흐르는 실제적인 시간이라고 생각하고 있다. 그러나 이와 같은 태도는 냉정히 진리의 입장에서 살펴보면, 우리가 크게 잘못을 범하고 있음을 깨달아야 한다. 불전佛典에서는, 삼라만상이 잠시도 머물러 있지 않고 끊임없이 생멸변화生滅變化 하는 것을 보고, 우리의 마음이 분별하는 작용을 내어서 시간이라는 이름을 붙였을 뿐이지 시간이라는 것이 독립적인 실체로 존재하는 것이 아니라고 가르치고 있다. 그런데도 사람들은 '시간이 있다, 없다.' 등등 시간에 제약을 받으며 살아가고 있다.

"아, 흘러가는 세월 어찌할 수 없구나. 세월은 가기만 하고 어찌 오지는 않는가? 천지는 장구하여 시작도 끝도 없는데 인생은 순식간에 끝나는구나."

당나라 시인 백거이의 독백이 마치 덧없는 생에 대한 탄식으로 읽혀지는 때가 연말인 요즈음일 것이다. 한 해를 시작한 것이 엊그제 같은데 어느새 그 끄트머리에 닿았다. 설한풍의 탄식 소리 굽이굽이 천년 지나 오늘에 이르러서도 모진 세파에 시달리는 가슴을 더욱 시리게 만든다.

지난 시간은 아무리 너그러운 눈으로 보려 해도 빗나갔고 밝은 듯

했으나 암울했으며 늘 새로운 시작이다 싶었는데 헛걸음이었다. 개인적으론 무의미한 한 해였다. 아까운 세월만 흘러갔다. 한 해를 지날 때마다 회한에 휩싸이는 것은 무엇 때문일까? 톡 까놓고 말해 '돈' 때문이다. 사람 위에 돈이 군림하는 시대가 되니 사람들의 눈에는 사람이 안 보이고 돈만 보인다. 대부분의 사람들은 "돈보다 사람이 더 중요하지!"라고 입으로는 읊조리면서 막상 현실에 부딪치면 돈 앞에서 고개를 숙이다 못해 엎드려 절까지 한다. 자본주의가 만들어낸 최악의 가치다. 어린애부터 늙은 노인에 이르기까지 불치의 돈병에 걸려서 이 사회는 불치의 돈병 환자들로 차고 넘친다. 치료할 약이 없다.

지난해도 많은 사람들이 돈을 좇으며 살아왔다. 올해도 그렇고 내년에도 돈을 좇으며 살아갈 것이다. 아마 인류가 멸망하지 않는 한 인간은 평생 돈을 좇아 나설 것이다. 이것이 사회가 만들고 제도가 만든 인간의 본성이다.

날이 가고 달이 가고 비로소 사람이 정해놓은 삼백예순다섯 날이 거의 다 가고 말았다. 한 해가 저무는 길목에 드니 헤치고 지내왔던 길이 잎이 저버린 숲길처럼 휑하다. 아픔과 갈등, 격변과 혼란, 다들 어렵다고 입을 모은 한 해. 인생의 가장 큰 영광은 결코 넘어지지 않는 데 있는 것이 아니라 넘어질 때마다 일어나는 데 있다. 우리 모두 과거를 잊고 희망의 새해 병신년丙申年을 맞이하자.

『동아일보』 (2015. 12. 22.)

우리 쌀 사랑으로 농민에게 힘을

요즘 아이들이나 젊은이들은 밥 대신 샌드위치, 햄버거, 떡볶이, 치킨, 빵 등으로 한 끼 식사를 해결하기도 한다. 그러나 아무리 맛있는 음식을 먹어도 밥하고 김치를 먹지 않으면 뭔가 허전하다는 것이 우리나라 사람들이다. 현대인의 식습관이 서구적으로 변화하고 있다지만 여전히 쌀은 우리의 주식이다.

먼 과거에 우리 민족의 주식은 사실 보리, 밀, 조 등의 잡곡이었다. 하지만 1,000여 년 전, 발해와 통일신라가 병존하던 남북국시대에 벼 생산량이 급증하면서 점차 주식이 쌀밥으로 전환됐다. 초기엔 쌀이 귀해 귀족들만 먹을 수 있었지만, 생산량이 점차 높아지면서 주식으로 자리잡은 것이다. 물론 쌀이 주식인 나라는 우리나라뿐 아니다. 중국, 인도, 일본 등 동양 국가 대부분이 그렇다.

통계청 자료에 따르면 2015년 쌀 전체 생산량은 432만 7,000톤으로 전년보다 2%(8만6,000톤) 증가했다. 이 가운데 전북이 70만 1,000톤으로 전남(86만 6,000톤)과 충남(82만 8,000톤)에 이어 전국에서 생산량이 가장 많았다고 한다. 3년 연속 대풍이 이어지고 있는 것이다. 하지만 농심은 새카맣게 타들어간다. 재고는 쌓이고 폭락한 쌀값은 회복 기미가 없기 때문이다. 피땀 흘려 지은 쌀이 똥값이니 그럴 수밖에 없을 것이다.

자연스레 농민 불만은 극으로 치닫고 있다. 일부 농민들은 벼를 관공서 마당에 쌓아놓고 '야적野積시위'를 벌인다. 지난 14일에는 서울 도심에서 '민중총궐기' 대규모 집회가 있었다.

이번 집회는 박근혜 정부 들어 최악의 물리적 충돌로 얼룩졌다. 집회에 참가한 전남 보성의 한 농민은 경찰이 쏜 물대포에 맞아 의식불명 상태에 빠지고, 경찰도 100여 명 이상이 다쳤다. 안타까운 일이다.

폭력시위도 문제지만 경찰의 과잉진압도 도마 위에 올랐다. 강경과 강경이 충돌하면 양쪽이 피해를 보는 건 상식이다. 다만 농민들을 과격시위장으로 내몬 근본 원인이 무엇인지는 깊이 생각해볼 대목이다.

지금 우리 농민들은 큰 시련에 봉착해 있다. 특히 우리 쌀 산업은 안팎으로 큰 위기를 맞고 있다. 안으로 식생활 변화에 따라 쌀 소비량이 감소하고, 밖으로는 쌀 시장 개방에 따라 의무적으로 수입해야 하는 쌀이 재고로 쌓이고 있다. 때문에 농가소득에서 가장 큰 부분을 차지하는 쌀값은 약세에서 벗어나지 못하고, 국민의 우리 쌀에 대한 애착도 차츰 엷어져 간다. 이러니 어느 누가 마음 놓고 쌀농사를 짓겠는가.

이제 쌀농사는 농촌의 주요 수입원이 아닌 것 같다. 그렇다면 무엇을 경작해야 할지 고민해봐야 한다. 벼 대신 수입량이 많은 밀이나 옥수수, 콩 같은 걸 심게 하고, 이로 인해 발생하는 손실금액을 정부가 보전해주는 방법도 있을 것이다. 아니면 북한의 철광석이나 석탄을 우리가 캐 오는 대신 쌀을 주는 방법도 생각할 수 있다. 물론 일부에서는 남는 쌀을 북으로 보내라고 한다. 남북관계 개선에 도움이 될 수 있다는 이유에서다. 다만 지원한 쌀이 군량미로 쓰일 가능성이 있는 등 정치적 변수가 얽혀 있어 당장 시행은 어려울 것이다.

쌀은 우리 민족과 영욕의 세월을 함께해왔다. 주식이어서만은 아니다. 우리 민족에게 쌀농사는 단순한 경제행위가 아니다. 우리 민족은 쌀농사를 중심으로 공동체를 형성하고, 민족문화를 창달했으며, 환경에 순응하며 반만 년을 살아왔다.

우리 민족의 삶과 역사가 수없이 다양한 모습으로 변해 왔어도 쌀은 변하지 않았다. 세월이 아무리 흐른다 하더라도 민족의 뿌리가 변하지 않듯 쌀 또한 우리와 함께 변하지 않을 것이다. 그러나 쌀이 남아도는 판국이라지만 아직도 우리 사회 그늘진 곳엔 극빈층이 많다. 생각건대, 남는 쌀을 극빈자 가정에 제공한다거나, 또는 고아원, 양로원, 학교 무상급식에 사용하는 방법도 있을 것이다.

지난 11일은 스무 번째 맞이한 '농업인의 날'이었다. 농민이야말로 생명산업의 역군이자 국민경제의 바탕이다. 농업인에게 자부심과 희망을 주고 노고를 치하하자. 더불어 농업인들이 오늘의 쌀 산업 위기를 극복할 수 있도록 국민 모두가 우리 쌀 사랑으로 농업인들에게 힘을 보태주었으면 한다.

『전주일보』(2015. 11. 25.)

개똥철학의 오류

본지 11월 3일자 15면 '명사칼럼', 「철학적인 태도와 철학함의 자세」란 제하의 필자 글을 읽고 도내 모 대학 철학 교수가 신문사로 항의전화가 왔다는 말을 들었다. 논란이 된 내용은 이렇다.

"철학자들은 약간 '또라이끼'가 있는 느낌을 받는다.", "철학자들은 괴팍한 성격 탓.", "만약 인간이 죽지 않고 영원히 산다면 이 세상 종교는 한낱 쓰레기에 불과하다." 이외 철학 운운한 몇 구절이 철학의 개념을 모르는 잘못된 기술이라는 지적이다.

먼저 제 글이 철학자나, 철학 애호가들의 자존심을 구긴 것으로 비쳐졌다면 이에 정중히 사과한다. 철학자를 매도하거나 비하하려는 의도는 추호도 없다. 내가 가장 존경하는 사람이 철학자인데, 그럴 리가 있는가. 물론 '또라이' 등의 자극적인 표현은 분명 잘못됐다. 저급한 단어다. 이는 쇼펜하우어, 니체, 칸트 외의 많은 철학자들이 결혼하지 않고 평생 독신으로 산 이유가 '괴팍한 성격 탓'이라는 생각을 하다 보니, '아마 철학자들은 성격이 좀 모나지 않았을까.'하는 판단에서 기인된 것이다. 어찌됐건 저급한 글로 인해 철학자의 심기를 불편하게 한 점에 대해 깊이 사과하고 반성한다. 선무당이 사람 잡는다고 잘 알지도 못하면서 철학을 내 입맛대로 재단한 것 같다. 나의 개똥철학에 대한 자충수다. 너그러운 마음으로 용서 바란다.

사실 나는 철학을 체계적으로 공부한 적이 없다. 그래서 '철학'이란 깊은 뜻이 뭔지 잘 모른다. 적어도 철학을 안다고 하면 학문적으로 하나의 이론을 정립해야 하는데 그렇지 못하다. 다만 철학자를 존경하고 철학이란 학문을 무지 좋아한다. 많은 철학서를 탐독하고 그 느낌을 가끔 수필 형식으로 써왔다. 따라서 내 글에서 잘못된 부분이 뭔지 이 난을 통해 정확하게 짚어주면 공부하는 데 많은 도움이 될 것이다.

생각건대, "철학哲學이란 무엇인가?" 라는 질문은 그 자체로서 철학에서 근본적인 질문 중 하나다. 한자 뜻대로라면 밝은 학문이다. 밝은 학문은 무엇인가? 나도 모르겠다. 서울대 철학과를 수석으로 졸업한 학생에게 '철학이 뭐냐!'고 물으면 '모른다.'는 것이다. 이는 철학이 인간학이고 또, 인간을 넘어서기 때문이다. 자기만의 목소리를 내야 한다는 것이다. 그래서 철학은 어려운 학문으로 알고 있다. 예를 들어 '나는 왜 살아야 하는지', '이 경우에 어떻게 사는 게 올바른 방법인지', 등 우리 삶에 관한 근본 문제를 조명해주는 학문이 철학이라고 생각한다. 한편으론 철학은 골치 아픈 문제들을 끄집어 내놓고 고뇌를 하는 것일까 싶기도 하다.

나는 철학뿐 아니라 종교에도 관심이 많다. 그간 많은 종교를 접해 봤다. 천지자연 우주만물 중 유독 인간만이 신을 믿고 종교를 찾는다. 왜 그럴까? 그 이유에 대한 답은 바로 진리에 대한 접근이다. 그리고 종교가 생긴 이유는 인간 생명의 유한성 때문이다. 만약 인간이 죽지 않고 영원히 산다면 종교는 한낱 부질없는 것일 수도 있다는 게 내 생각이다.

종교는 믿음을 근간으로 한다. 나를 포함한 사람과 다른 존재에 대한 확실한 믿음을 가지고 있어야 한다. 초월적인 존재라는 믿음, 사람과 다른 능력을 가진 존재에 대한 믿음을 근간으로 한다. 사회적 인식 즉, 믿음을 바탕으로 하고 대중적이다. 특정한 관점을 진리로 보고 그 관점을 진리로 승격해 나간다. 대중적인 사고를 이끌어가며 우리 삶에 포괄적인 영향을 미치는 것이 종교다.

11월은 가을의 꼭짓점이다. 이제 가을이 절정에 이르러 온 산은 오색단풍으로 하려하다. 그리고 떨어지는 낙엽을 보면 삶과 죽음을 떠올리게 한다. 바로 이 부분이 철학적 심성을 갖게 한다. 끝으로 나의 어설픈 글로 인해 높은 학문을 연구하는 철학자들에게 심려를 끼친 점에 대해 다시 한번 진심으로 사과드리며, 이 지면을 통해서 좋은 지도와 가르침을 받고 싶다.

『새만금일보』(2015. 11. 10.)

철학적인 태도와 철학함의 자세

어린아이가 엄마 자궁에서 나올 때 울면서 나온다. 왜, 울면서 나오는 것일까? 대다수 어린애들이 울면서 태어나는 것은 장래 살아갈 인생이 고苦이기 때문이 아닐까? 만약 인생 삶이 낙樂으로 채워졌다면 웃으면서 태어나야 옳다고 본다. 그렇지 않은가.

어린아이의 탄생 과정을 지켜보면 인간은 모두 불안하다. 존재의 본질은 불안이다. 그 이유는 삶도 모를 뿐더러 죽음의 실체를 알 수 없기 때문이다. 다시 말해 어디서 왔다 어디로 가는지 모르기 때문이다. 이 문제가 최대 관건이다. 하지만 기독교에서는 인간의 생사관을 아주 쉽게 단정짓는다. 해답은『성경』에 있다.『성경』하나면 삶도, 죽음도, 영혼의 문제도 다 만사형통이다. 쉽게 말해 예수 믿고 구원받으면 끝이다. 난해한 인생문제를 이처럼 간단하게 해결한 모범정답이 또 어디 있을까.

그러나 인간과 신神과, 사후死後는 형이상학적인 문제다. 이 문제에 접근하면 논란만 커질 뿐 정답 찾기가 쉽지 않다. 사는 것도 힘든데 왜 굳이 영적인 문제까지 접근하려고 발광을 하는지 모르겠다. 우리가 영적인 문제에 관심을 갖는 것은 아마 죽음 때문이다. 그리고 죽음이 있기에 종교가 생겨났다. 만약 인간이 죽지 않고 영원히 산다면 이 세상 종교는 한낱 쓰레기에 불과하다. 따라서 인간은 형이상학적으로 생각하면서 형이하학적으로 표현하고 있는 것이다.

누구나 살면서 한 번쯤은 "내 인생의 철학은 말이지~!"라는 말들을 할 때가 있다. 자신의 인생, 업무, 인간관계 등등, 삶에서 겪는 일들에 대하여 사람들은 자신만의 칠학을 갖고 있다. 그 철학은 때론 '소신'이라는 이름으로, 혹은 '고집'이라는 이름으로 불리기도 하지만 자신이 인생을 살면서 느끼고 생각해 온 지혜들을 쌓아 자신의 철학을 만든다. 여기서 철학은 무슨 거창한 학문이 아니다. 그 사람의 주관과 좌우명, 삶의 마인드를 말함이다. 그래서 나는 간혹 누구와 대화를 할 때 "당신의 인생철학은 무엇입니까?"하고 물어보면 시원하게 대답하는 사람을 거의 보지 못했다. "살다 보면 언젠간 잘되겠지요." "돈만 있으면 좋은 세상 아닙니까?" 이런 말로 자신을 위로하는 것이다.

철학이란 무엇인가? 철학의 사전적인 의미는 그리스어의 필로소피아(philosophia)에서 유래했다. 필로는 '사랑하다.', '좋아하다.'라는 뜻의 접두사이고 소피아는 '지혜'라는 뜻이며, 필로소피아는 지知를 사랑하는 것, 즉 '애지愛知의 학문'을 말한다."

사람들은 흔히 철학은 좋게 말해서 심오하며 따라서 난해한 학문이고, 나쁘게 말해서 허황된 언어의 장난, 혹은 쉬운 이야기를 어려운 말로 표현하는 일이라 생각한다. 물론 철학에서만 볼 수 있는 '선험적先驗的', '필연적', '범주範疇', '초월적', '본질', '현상', '현존재現存存' 등과 같은 개념들은 확실히 보통 상식으로는 얼핏 이해되지 않는 난해하고 애매한 개념임에 틀림없다.

그런데 철학하는 사람들을 보면 속된말로 약간 '또라이끼'가 있는 느낌을 받는다. 왜 그럴까? 아마 괴팍한 성격 탓이다. 혼자 잘난체 하는 것도 문제지만 자기 철학이 옳다는 주장이 너무 강하기 때문이다. 그 점을 경계하여 장자莊子는 말했다. "작은 지혜는 큰 지혜를 품지 못한다. 나의 판단이라는 것은 실상은 상대적이다. 그것을 뛰어넘어라!" 장자의 이 말은 자신이 정립한 철학이 아무리 옳아도 다른 사람으로부터는 제동이 걸릴 수 있다는 뜻이다.

가로수 은행잎이 노랗게 물들어간다. 제물에 떨어진 은행잎은 거리에 흩어져 바람에 이리저리 구른다. 조금 있으면 가을이 절정을 넘어 황량한 조락의 모습이 될 것이다. 나무들 역시, 오래지 않아 겨울이 닥칠 걸 알고 있는 게 분명하다. 이런 모습을 보면 괜히 처처하고 처연하다. 이게 나이 탓이라기보단 인생이 무력해짐을 느낄 때 오는 쓸쓸함이나 허허로움 때문일 것이다. 이러한 현상은 바로 인간의 심성을 철학적으로 내몬다.

사람들에게 철학적 삶이란 일상적 삶과 다른 것으로 치부된다. 그러나 철학은 일상생활과 동떨어져 있는 게 아니다. 오히려 철학은 일상생활과 밀접한 관련을 맺고 있다. 데카르트가 말했다. "나는 생각한다. 고로 존재한다."

가을이 무르익어가는 시점에서 우리 모두 철학적인 태도와 철학함의 자세를 가져보자. 태어나는 것, 사는 것, 죽는 것 등등….

『새만금일보』 (2015. 11. 3)

싱글족과 커플족

우리 사회는 결혼하지 않고 독신으로 살아가는 싱글족이 급증하고 있다. 혼자 사는 사람들을 다룬 TV 프로그램이 인기를 끌 정도로 '싱글족'은 일반화됐다. 통계상 2015년 1인 가구는 506만 명으로 대한민국 인구의 27.1%에 해당한다고 한다. 4명 당 1명은 혼자 산다는 얘기다. LG경제연구원에 따르면 2020년에는 1인 가구 비율은 30%에 육박할 정도로 계속 늘어날 전망이다. 이에 따라 싱글족의 행동방식, 생활환경, 소비습관 역시 관심의 대상이 되었다. 싱글족의 특성에 맞는 거주형태와 가구 디자인을 개발함은 물론 어디에 가도 이들을 위한 제품이 봇물처럼 쏟아져나오고 있다. 이를테면 컵밥, 1인용 밥솥, 미니냉장고, 과일 소포장, 1인 주점, 심부름 서비스 등….

이들은 왜 결혼하지 않고 독신을 고집하는가? 싱글족들은 "결혼은 못한 게 아니라 안 한 것"이라며 자신이 싱글임을 드러내는 일에 주저치 않는다. 오히려 자신만의 시간과 공간을 즐기고 스스로에 대한 투자를 아끼지 않으면서도 비사교적이거나 반사회적이지도 않은 이들은 '당당하게' 비추어진다. 하지만 일부 극소수의 싱글족은 독특한 사고를 가지고 있다. 결혼과 연애와 자녀 출산은 각각 별개의 문제라는 인식이다. 결혼은 안 해도 사랑은 하고, 또 아기는 연애상대 외의 다른 남자의 아기를 갖고 싶어하는 것이다. 어찌 보면 앞뒤가 맞지 않다. 이를테면 연애 파트너 따로 비혼부 따로인 셈이다. 예전엔 연애를 위해 결혼을 하거나 함께 살아야 했고, 친밀성도 강제로 부여됐지만 지금은 경제적으로 독립한 여성에게 연애 대상이 반드시 남편이고, 성性이 남자여야 한다는 게 더 이상 설득력을 얻지 못하고 있는 것이다. 결혼은 하지 않으면서 사랑은 하고 싶고, 아기는 또 다른 남자의 씨를 받는다는 생각, 참 이해가 안 가는 부분이다. 이들의 사고는 혼자 편하게 맘껏 자유를 누리며 살고 싶은 것이다. 전문가들은 자발적 비혼모 못지않게 자발적 비혼부도 날로 증가할 것이라고 예견했다.

언제부턴가 급속히 증가 추세를 보이고 있는 싱글족. 이들은 가족지향적인 전통 가치관마저 크게 흔들어 놓을 만큼 적지 않은 파장을 일으키고 있다. '싱글족'은 결혼을 거부하는 독신주의자와는 다르다. 그들은 부르짖는다. 연애는 필수, 결혼은 선택이라고….

그러나 싱글은 곧 '자유'를 의미하지만 자유는 그만큼 혼자서 모든 것을 해결해야 하는 부담이 따른다. 싱글을 오랫동안 만끽하기 위해선 건강, 재정, 노후 등 미리 챙기고 준비해야 할 것들이 많다. 그렇다면 결혼을 선택하는 사람들은 결혼에 있어 무엇을 가장 중요시하게 여길까. 결혼의 목적은 무엇인가. 인간은 왜 짝을 지어 살고 있는가.

첫째, 몸과 몸의 결합인 성性으로 인해 얻어지는 종족 생산이다. 이는 결혼의 가장 큰 목적이라고 할 수 있다. 이 부분은 아무래도 남성들에게 중요한 가치가 된다. 노처녀 노총각들은 '결혼 안 하는 건 나의 자유'라고 말하지만 냉정하게 말하면 이는 사회문제다. 독신자에게도 인구 감소는 심각한 문제다. 내가 나중에 받게 될 연금은 나와 같은 세대의 자녀가 낼 것이기 때문이다. 내가 결혼하지 않는 건 내 의지의 문제지만, 주변 사람들이 점점 결혼을 안 하고 늦게 하는 건, 내 미래의 문제가 될 수 있다. 결혼을 해서 가정을 꾸리는 건 아무래도 육아에 여러모로 유리하기 때문이다.

둘째, 마음과 마음의 결합으로 정서적 소통, 친밀감, 교류와 같은 것들이다. 이 부분은 상대적으로 여성들에게 중요한 가치다. 동서양을 막론하고 인간에게 가장 행복한 순간을 묘사할 때 결혼식을 으뜸으로 꼽으며, '5월의 신부'는 모든 미혼여성들의 소망이기도 하다.

셋째, 결혼생활로 가정을 꾸리고 이로 인해 맛보는 행복감이다. 남자의 행복이 밖에 있다면 여자의 행복은 안에 있다. 남자의 행복이 사회에 있다면 여자의 행복은 가정에 있다. 어질고 착한 남편, 사랑하는 아내, 예쁘고 귀엽고 총명한 자녀 등. 이처럼 진정한 행복은 가정에 있다. 물론 행복이 주관적 사고임을 감안할 때 행복의 조건은 사람마다 다를 수가 있다. 하지만 가족과, 가정에서 느끼는 행복이야말로 진정한 행복이라고 본다.

『전북연합신문』(2015. 10. 29.)

농민이 존경받는 사회를

누구든 존경의 대상이 있다. 이는 개인마다 호불호가 있을 것이다. 내가 어렸을 때 존경의 대상은 이순신 장군이나 안중근 의사 등, 나라를 위해 희생했던 사람들이었다. 지금도 이들 위인들은 많은 사람들의 존경의 대상이 되고 있다. 하지만 그 대상도 시대에 따라 변하는 것 같다. 요즘 학생들은 유명 연예인이나 운동선수를 존경한다. 개중에는 학교 선생님이나 대학 교수를 존경하기도 하고, 어떤 사람은 올곧은 정치인이나, 돈 많은 재벌, 또는 자기를 낳아준 부모님을 존경하기도 한다. 존경의 대상이야 느끼는 감정에 따라 다르다. 그리고 이 대상은 전적으로 자신의 의도이며 자신이 판단한다.

존경이란 무엇일까? 존경에 대한 생각은 바로 그 존경하는 분과 비숫해지고 싶고, 그 사람이 자기 자신보다 더 위대하고, 더 높은 사람이라는 것을 인정하는 것이다. 다시 말해 내가 어떤 대상을 우러러 받드는 것이다.

그렇다면 세상에서 가장 존경받아야 할 사람은 누굴까? 대통령이나 국회의원일까? 선생님이나 교수님일까? 목회자나 성직자일까? 모두가 존경받아야 할 대상이지만 가장 존경받아야 할 사람은 따로 있다. 씨앗을 뿌리고 가꾸며 하늘의 이치에 순명할 줄 아는 농부야말로 그 누구보다도 존경받아야 할 사람들이 아닐까?

하지만 가장 천대받는 사람들이 농민들이다. 농업이란 직업은 벌써 천덕꾸러기로 전락했다. 의무적으로 존경받아야 하는데도 국가로부터도 차별받고 있으니 말이다.

필자는 가난한 농부의 아들로 태어났다. 유소년 시절을 시골에서 보낸 나는 가끔 부모님의 농사일을 거들며 성장했다. 지금은 도시에서 살지만, 내가 태어난 고향이 시골이고 부모님으로부터 물려받은 약간의 전답과 농가주택이 시골에 있기에 가끔 고향을 찾곤 한다.

그러나 언제부턴가 농자천하지대본農者天下之大本은 옛말이 되고 말았다. 이것은 결국 온 세계가 직면하고 있는 농업 붕괴라는 위기 현상과 맞닿아 있다. 특히 농업강대국들에 시장을 필요 이상으로 개방한 탓에 외국 농축산물의 수입은 봇물을 이루고 있다. 정부가 벌여놓은 FTA 굿판대로라면 아마 10년 후면 우리 땅에서 우리 농축산물을 생산하는 농민들의 숫자는 절반 이상 사라질 판이다. 더욱이 정부는 수많은 FTA 체결도 모자라 미국이 주도하는 환태평양경제동반자협정(TPP) 참여를 시사했다. 미국도 한국의 TPP 가입을 사실상 승인했다.

TPP 가입의 장단점은 있지만, 무엇보다 쌀 시장 전면 개방으로 농민들의 피해가 우려된다.

지금 우리 농촌은 쌀산업이 내우외환의 위기에 빠졌다. 식생활의 서구화로 쌀소비가 갈수록 줄고 있고, 밖으로는 '예외 없는 시장 개방'으로 무장 해제당하는 상황을 맞고 있다. 이 위기를 슬기롭게 대응하지 못할 경우 돌이킬 수 없는 결과를 낳을 수 있다. 우리가 외국산 농산물의 품질 경쟁에서 이기려면 농약, 화학비료, 기계화 규모화에 초점을 맞춘 농정의 방향을 바꾸어 친환경 유기농법으로 선회할 필요가 있다고 본다.

예부터 우리 조상들은 먹는 일을 신성하게 여겼다. 황제들조차 먹거리를 생산하는 일을 중요한 소명과 책무로 생각해 몸소 농산물을 심고 수확하는 모범을 보였던 것이다. 먹거리를 구할 때면 목숨까지 담보해야 하는 일도 때론 있었다. 따라서 먹는 일은 삶에 있어 신성한 과정이자 가장 행복한 순간이다. 그러므로 먹는 것은 곧 약이자 우리 몸의 일부이다.

어떤 동물이건 먹지 않으면 생존할 수 없다. 음식물을 섭취함으로써 생존을 이어간다. 이러한 먹거리를 생산해내는 사람들이 농민들이다. 그럼에도 농민들이 천대받고 있는 실정이니 어찌 오늘의 농촌현실이 서글프다 말하지 않겠는가.

이렇듯 인간의 생존에 있어 가장 기본적인 것이 먹거리다. 뿐만 아니라 먹거리는 중요한 소비활동이자 가장 본질적인 경제활동이기도 하다. 만약 먹거리와 먹는 행위를 신성하게 여기지 않는다면 개인의 삶은 물론 경제활동 전체가 위협받게 된다.

이제 위기에 처한 오늘의 한국 농업을 일으켜 세워야 한다. 농업은 농업인들의 생존수단일 뿐만 아니라 생명산업으로서 국가의 존망까지도 좌우할 수 있는 식량주권의 마지막 보루이다. 이런 면을 주시하면 이 땅에서 가장 존경받아야 할 대상은 싸움질만 하는 정치인이 아니라 바로 농민들이다. 농민들이야말로 삶의 끈을 이어주는 생명산업의 주역들이다.

『전북도민일보』(2015. 10. 28.)

돈[錢] 욕심 과하면 창[戈]에 찔린다

눈 나쁜 사람은 안경을 써야 한다. 근데 돈이 없으면 안경을 못 산다. 또 이빨이 썩으면 치료를 받아야 한다. 그러나 돈이 없어 치료를 못 받으면 음식을 씹지 못해서 못 먹는다. 다리가, 허리가, 배가, 머리가 아파도 돈 없으면 치료를 받을 수 없다.

돈이 없으면 병원에 못 가는 신세가 아니라 엄청난 통증에 시달려야 한다. 상상을 초월하는 고통을 받다가 죽을 수도 있다. 어느 병원이든 공짜로 아픈 몸을 치료해 주는 곳은 없다. 자본주의 사회에서 돈 없으면 비참한 최후를 맞는다.

돈의 필요성은 진료비에만 국한돼 있지 않다. 집에 가만히 있어도 돈이 나간다. 불을 켜면 전기료, 물을 쓰면 수도료, 보일러를 틀면 가스 요금을 내야 한다. 세상 모든 게 돈 안 드는 게 없다. 심지어 죽어서도 돈이 필요하다.

국가경쟁력도 돈에 달려 있다. 돈 없으면 경제도, 안보도, 외교도 못 한다. 돈으로 경제를 일으켜 세우고, 돈으로 최첨단 무기도 사오며, 돈으로 외교전도 펼친다. 요즘 세상 이래저래 돈 없으면 단 하루도 살 수 없고 문밖에 나갈 수도 없다.

이처럼 돈을 통해 인간행위가 저울질되고, 인간관계가 규명되며, 심지어 부모자식 사이 형제자매 사이까지도 재산분할 등, 돈 때문에 갈등과 분쟁을 일으키고 있지 않는가.

사람들은 돈이 삶의 목적은 아니라고 하지만, 행복한 삶을 실현하는 데 돈이 필요한 것은 두말할 나위가 없다. 이래서 가난은 일종의 재난이다. 가난은 나의 행복을 가로막는 크나큰 적이 아닐 수 없다. 여기에 가난은 자유를 파괴하고 미덕의 실현까지도 어렵게 만들며, 또 어떤 미덕은 꿈도 꾸지 못하게 만들면서 인간을 무력하고 위축되어 초라하게 만든다. 그래서 가난을 피하려고 많은 사람들은 오늘도 '로또복권 판매소'에 줄을 서서 '기적의 대박'을 꿈꾸는지 모른다.

요즘 세상의 시대적인 조류는 생명의 가치를 파괴하는 방향으로 흘러간다. 사회 한편에서는 인권을 말하지만, 음란 퇴폐 문화, 온갖 폭력 범죄 불륜들이 예술이라는 이름으로 공공연히 자행되고 그 같은 행동을 충동질하고 있다. 한마디로 자유와 인권이라는 이름으로 보호받아야 할 생명들은 짓밟히고 벌을 받아야 할 생명들이 활개를 치는 세상이다.

물질, 곧 '돈'이 생명이고 명예이고 권력의 시대인 것이다. 여기에는 인간의 존엄성이라는 가치가 자리할 곳이 없다. 자신에게 경제적인 이익이 되면 손을 잡고 이익을 다 거두고 나면 사정없이 팽개친다. 돈이 되는 일이라면 사람을 속이고 심지어 죽이기도 한다.

세상의 빛과 소금이 되어야 할 교회도 그렇다. 나는 정통 기독 신자는 아니지만 간혹 아무 교회에 갈 때도 있다. 교회에서 목사의 설교를 듣다 보면 간혹 돈 얘기를 한다. 헌금 많이 내야 복 받는다는 것이다.

헌금을 많이 내야 복을 받는다는 이론이 어디서 나왔는지 모르겠다. 돈이 없어 헌금을 못하면 복을 받을 수 없다는 말로도 해석된다. 신성한 하나님의 전당인 교회에서 예수 그리스도의 복음이 선포되고 있기보다 돈이 선포되고 있는 것이다. 왜 이 지경까지 왔을까? 그 원인은 하느님보다 돈을 더 사랑하는 일부 목사들 때문이다.

돈을 한자로 쓰면 '전錢'이다. 이를 전쟁 전戰자와 비교해 보자. 두 글자에 공통으로 들어가 있는 글자가 '창 과戈'자이다. 그런데 돈[錢]은 창이 두 개다. '전쟁 전戰'자에는 창이 하나밖에 없다. '돈 전錢'자에는 '창 과戈' 자를 두 개나 쓰면서 왜 '싸울 전戰'자에는 하나인가. 이는 역사상 전쟁으로 죽은 사람보다 돈 때문에 죽은 사람이 더 많다는 뜻이 아닐까? 또한 전쟁에서는 주로 졸병들이 많이 죽는데, 돈은 윗사람이나 아랫사람을 모두 죽이는 것이기 때문이다.

오늘날 일부 정치인이나 고위 공직자들의 부정축재 실상을 보라. 뇌물 때문에 죽은 사람이 얼마나 많은가? 전직 대통령들도 돈 문제로 치욕을 당하지 않았던가. 이것이 바로 '돈 전錢' 자가 감추고 있는 창[戈]의 위력이다.

이런 면을 보면 돈이란 만악萬惡의 근원이다. 따라서 우리는 돈의 장단점을 제대로 알아야 한다. 열심히 일해서 번 돈을 요긴하게 쓰면 복을 받지만, 과욕을 부리고 돈을 그저 먹으려고 하면 자신의 몸이 창에 찔리고 베인다는 사실을 알아야 한다.

『전주일보』(2015. 10. 27.)

사유의 계절에 철학자가 되어보자

소슬한 바람과 함께 가을색이 물들어간다. 가을이 우리 인간에게 주는 의미는 무엇일까. 가을은 문학적 상징의 면에서 볼 때 두 가지 상반된 의미를 지녔다. 하나는 조락과 쇠퇴요, 하나는 풍요와 결실이다. 한 세대와 다음 세대를 이어주는 것이 가을이다. 봄에 씨를 뿌리고 여름의 햇볕으로 곡식이 무럭무럭 자라게 해서 가을에 열매를 맺는다. 그리고 그 열매는 썩고 씨앗은 땅에 뿌려진 긴 겨울의 휴식 기간을 거쳐 봄이 되면 또 새싹이 돋는다. 따라서 가을은 우리로 하여금 죽음에 대한 두려움을 갖게 하는 계절이기도 하고, 죽음에 대한 마음의 준비를 마련해주는 기간이기도 하다. 그래서 가을을 철학의 계절이라고 불렀다.

철학은 깊은 사색에서 나오고, 철학이 궁극적 질문에 대해서 명쾌한 해답을 제공해주지 못할 때, 거기서 종교가 나온다. 이런 면을 보면 사색이야말로 인간 문화발전의 원동력이다.

그런데 왜 하필 가을에만 사색하게 될까? 사색이야 계절에 관계없이 아무 때나 할 수 있는데 말이다. 그것은 바로 가을이 '인생의 계절'임을 느끼기 때문이다. 즉, 죽음 때문이다. 인간의 모든 철학이나 종교는 다 죽음의 정체에 대한 궁극적 의문으로부터 나왔다고 본다. 동물들도 다 죽음을 두려워하긴 하지만, 인간은 유달리 죽음에의 불안과 공포에 시달리는 동물이다. 죽음을 극복해 보려는 시도에 의해서 종교가 나왔고, 각종 철학적 명상이 나왔다. 인류의 문화는 죽음에 대한 생각으로부터 그 발전의 첫걸음을 내디딘 셈이다.

그렇다면 인간은 무엇 때문에 살고, 죽음의 종착역은 어디인가? 이것은 고대로부터 현재까지 인간에게 가장 큰 질문 중의 하나였다. 수많은 사람들은 이 질문에 답하기 위해 나름대로 해답을 제시해 왔다. 이 질문에 답하기 위하여 인간은 수많은 학문을 발전시켜왔고, 그 학문 속에서 더 복잡하게만 되었다. 그래서 너무나 많은 철학과 종교들이 사람들을 잘못된 길로 오도하고 있음도 간과할 수 없다.

나는 과거에 수많은 종교를 접했다. 교회도 다녔다. 하지만 어느 순간 발길을 뚝 끊었다. 그것은 교회가 『성경』의 가르침과 너무 어긋날 뿐 아니라 돈을 우상으로 섬기고 있기 때문이다. 목회자가 예수 같은 품성으로 예수 같은 삶을 살지 않고 자의대로 살기 때문이다.

나는 그간 종교를 접하면서도 많은 철학서를 읽었다. 니체나 쇼펜하우어 등의 철학자들을 만나면서 내가 종교보다는 철학에 가까운 인간임을 느낄 수 있었다. 그리고 언제나 진행형이 되겠지만 나만의 탑을 쌓는 과정을 긍정적으로 받아들이게 되었다. 내 신념과 가치를 지키며 내가 생각하고 경험한 것을 토대로 만들어낸 나의 철학을 한 권의 책으로 펴낼 수 있다면 나도 한 명의 철학자가 되는 것이 아니겠는가?

나는 종교는 없지만 종교를 신봉한다. 나는 정형화된 신앙생활은 하지 않지만 신앙을 하고 있다. 내가 믿는 하느님은 계약된 하느님이 아니라 우주의 기운을 하느님으로 보고 있다. 종교를 떠나 인간은 철학적인 삶을 살아야 한다고 생각한다. 철학적인 삶이란 인생의 존재 이유와 목적이 분명한 삶을 말한다. 많은 사람들이 자신이 살아가는 분명한 철학적인 이유가 없다. 물론 필자도 그렇다. 나 자신도 뚜렷한 정답을 내놓지 못한다. 그래서 더러는 아무런 생각 없이 세상을 살아간다. 살아 있으니 살아가는 것이다. 그저 주어진 시간대로 정해진 룰대로 살아간다. 그러나 한편 '생각 없는 생각'은 빈껍데기다.

사실 인간만큼 철학적이며 이성적인 동물이 어디 있을까? "사느냐, 죽느냐 이것이 문제로다."라고 고민하는 동물이 또 있을까? 인생의 의미, 즉 자신이 왜 태어났는지를 질문하는 짐승이 있을까? "나는 생각한다, 고로 존재한다."라는 사색적인 말을 하는 동물이 있을까? 아마 지구상에는 인간만이 유일한 철학적인 동물일 것이다.

철학은 오직 자신으로 돌아가라고 말한다. 남의 눈만 의식하고 사는 껍데기 인생을 살지 말라고 철학은 가르친다. 자신의 인생에서 정말 자신이 하고 싶은 것을 하라고 가르친다. 떠밀려서 사는 짧은 인생은 살지 말라고 가르친다. 그러므로 철학이 없는 사람은 세상이 원하는 대로 줏대가 없이 행동하고 아무렇게나 살아가는 것이다. 아무것도 이룰 수가 없다. 설혹 뭔가 이루었다고 해도 그것은 내 것이 아니라 남의 것을 모방해 놓은 것뿐이다.

가을은 사유의 계절이다. 이 가을, 한 권의 철학서를 읽고 한 번쯤 삶과 인생에 대해 고뇌하는 철학자가 되어보자.

『전북매일신문』(2015. 10. 20.)

명절과 고향

민족 최대 명절인 추석이 코앞으로 다가왔다. 명절이야 해마다 돌아오지만 그래도 명절을 맞는 마음은 늘 새롭다.

사실 명절은 와도 그만 안 와도 그만, 지나고 나면 별것도 아니다. 그런데도 사람들은 명절이면 괜히 마음이 들뜨고, 설레고 그를 맞을 준비에 분주하다.

아주 오래전부터 우리나라는 추석이 되면 고향을 찾는 풍습이 있다. 그 며칠 만에 천만 명 이상이 고향을 향해 움직인다고 해서 '민족 대이동'이라는 말까지 생겼다. 최근에는 지방에서 서울로 올라가는 역귀성의 모습도 볼 수 있다.

한국인에게 고향이란 대체 무엇이며 어떤 곳인가? 우리는 왜, 명절만 되면 고향으로 돌아가기를 그토록 원하는가. 평상시엔 잠자코 있다가 추석이나 설날이 돌아오면 귀성 전쟁을 치르면서도 고향 가기를 포기하지 않는 이유는 무엇인가.

그것은 '귀소본능' 때문이다. 동물도 죽을 때 자신이 살던 쪽으로 머리를 둔다는데, 하물며 만물의 영장인 인간이 어찌 고향을 그리워하지 않겠는가. 인간은 자기가 태어난 고향을 그리워한다. 객지에 살면서도 언젠간 고향으로 돌아갈 그날을 손꼽아 기다린다.

인간이 고향을 찾는 이유는 귀소본능 외에도 몇 가지 이유가 있을 것이다. 그 첫째가 궁금증의 발동이다. 내가 태어난 고향의 산천초목과 부모형제 자매는 물론, 평소 가깝게 지냈던 가까운 친지들의 안부가 궁금해지는 것이다. 헤어져 있는 시간이 길면 길어질수록 그리워하는 마음이 커지고, 이를 직접 눈으로 보고 대화를 나누고 확인하고 싶은 마음이 이는 것이다.

두 번째는 인간만이 가지고 있는 자기 과시욕이다. 고향을 찾는 모든 사람이 다 그런 건 아니지만, 인간의 본능은 자신의 성장한 사실을 예전부터 자신을 알고 있던 사람들에게 보여주고 싶은 욕망을 가지고 있다. 물론 여기엔 자신을 낳고 키워준 부모에 대한 보답과 부모의 기대를 저버리지 않고 열심히 노력해서 성공했다는 자기성취의 과시도 포함돼 있을 것이다.

추석秋夕은 가을 추수를 마치고 막 수확한 햇곡식으로 음식을 장만하여 조상님들과 함께 나누며 감사의 인사를 드리는 날이다. 추수감사절의 성격이다.

가을[秋]에 저녁[夕]을 붙여 추석, 듣기만 해도 마냥 좋고 푸근하지 않은가. 그래서 명절은 삶의 기폭제가 된다. 대부분 추석을 기점으로 뭔가 새롭게 다짐하기도 한다. 추석 민심이라고 해서 정치인도 이날을 중요한 날로 여기지 않던가. 아무리 가난해도 이날만큼은 조상을 섬기고 음식을 나눠먹었다. '더도 말고 덜도 말고 한가위만 같아라.'란 말이 그래서 나왔다고 알려진다.

그러나 누구에게나 명절이 즐거운 것은 아니다. 왠지 명절이 더 부담스럽고 괴로운 사람들도 많이 있다. 결혼이 늦어진 총각과 처녀, 시험을 눈앞에 둔 학생들, 직장을 잃은 실업자와 서민들에게 있어 추석 명절과 연휴는 그다지 달갑지가 않다.

또 물리적인 이유 때문에 혼자 추석을 보내는 경우도 있지만, 일부러 연휴 기간 '독수공방'을 선택하는 사람들도 적지 않다. 대표적인 이유로 경제적 문제가 꼽힌다. 여유 있는 사람이야 사시사철이 명절로 느껴질 테지만, 삶이 팍팍한 서민들은 우울할 수밖에 없다. 그래도 명절은 명절인 걸 어쩌랴. 모두가 고향 찾기에 바쁘고 가족 친지 만날 생각에 들떠 있다.

추석 하면 빼놓을 수 없는 게 보름달이다. 달은 신비롭고 낭만적인 존재다. 우리 민족은 오랜 세월 동안 달을 보며 농사를 짓고 대대손손 살아왔다. 그리고 힘들고 어려운 일이 있을 때마다 둥근 달에게 소원을 빌었다.

달은 우리의 소원을 해결해주는 우리의 이상향인 셈이다. 달에는 지금도 아름다운 토끼가 계수나무 아래에서 방아를 찧으며 살고 있다. 우리의 소원을 들어주느라 알 듯 모를 듯한 주문을 외면서 말이다.

올 추석에도 보름달이 뜰 것이다. 보름달은 2015년 보름달 중 가장 커다란 모습으로 보인다고 한다. 오곡백과가 익어가는 가을밤, 추석의 밝은 보름달에게 소원을 빌어보자. 우리 모두 부자되게 해달라고….

『전주일보』(2015. 9. 25.)

성범죄 교사 교단에서 추방하라

최근 서울의 한 공립고교에서 벌어진 희대의 성추문 의혹은 믿고 싶지 않을 만큼 충격적이다. 남자 교사 5명이 지난 1년 반 동안 여교사와 여학생 130명에게 상습적으로 성추행을 저질렀다는 것이다. 성추행과 성희롱은 교실, 상담실, 교무실, 회식 자리에서 무차별적으로 벌어졌다.

어느 남교사는 과학실 등에서 여학생들의 옷 속으로 손을 넣어 맨살과 가슴 등을 만지려고까지 했고, 남교사 한 명은 회식 이후 이동한 노래방에서 저항하는 여교사의 옷을 찢기까지 하며 몸을 더듬었다고 한다. 여교사는 교장에게 수차례에 걸쳐 이 사실을 알리고 항의했지만 교장은 아무 조치를 취하지 않았다.

하기야 가해자 가운데 교장이 포함돼 있고, 성추행 사실을 숨기려 했다는 의혹이 있으니 피해자들의 문제 제기에 적극적으로 대처하지 못했을 것이다. 오죽했으면 이 학교의 한 여교사는 "이게 무슨 학교인가. 괴기영화 세트장 같다는 생각이 든다."고 개탄했을 정도다.

어느 교사는 여학생들에게 '황진이'나 '춘향이' 같은 기생 별명으로 부르는가 하면, 수업시간에 연예인과 성관계 하는 상상을 들려주는 묘한 취미를 보였다니 가관이다. 여학생들을 마치 술집 기생으로 생각했던 모양이다. 이런 부도덕한 교사에게 내 아들딸의 교육을 맡겨도 되는지 묻고 싶다.

서울시교육청은 여교사의 민원 제기와 함께 감사에 착수했으나 감사 당일 교육청 소속 감사관이 술을 마시고 현장에 나타나 감사팀원이 반발하는 소동이 빚어지기도 했다. 감사관이 술을 마시고 술 취한 상태에서 감사를 하겠다니, 제정신인가? 교육부와 서울시교육청은 관련 책임자들에게 엄중한 책임을 물어야 할 것이다.

자녀교육 상담 등을 핑계로 학부모를 불러내 성추행하고 학부모와 놀아난 교사도 있다는 말을 들었다. 극히 일부이긴 하지만 교사들의 마비된 도덕성과 부족한 경각심의 현실을 보여주는 것 같아 우려스럽다.

신성한 교육현장이 각종 성추행으로 얼룩지고 있다. 성추행과 성희롱을 일삼은 교사들은 자기 부인이나 딸도 없는지 묻고 싶다. 다른 사람도 아닌 동료나 제자들을 상대로 저지른 범죄행위에서는 기본적 인간성조차 찾아보기 어렵다.

성추행을 당한 교사나 학생들의 피해의식은 말할 수 없이 크다. 피해 학생들에겐 신체적, 정신적으로 심각한 후유증과 수치심을 남긴다. 다른 학생들 역시 학교와 교사에 대한 불신에 휩싸일 수밖에 없다.

성에 미쳐가는 사회, 마치 성에 굶주린 늑대들만 모여 있는 느낌이다. 거리에서, 학교에서, 식당에서, 직장에서, 군대에서, 심지어 국회에서까지 성범죄의 마수가 뻗혔다. 교사는 다른 어느 직업군보다 높은 윤리의식과 엄격한 도덕성이 요구된다. 이런 교사가 하는 짓이라곤 어떻게 하면 여학생 엉덩이라도 한 번 더 만져볼까 하는 생각을 가지고 있는 듯하다. 이런 자를 어찌 교사라고 할 수 있으며, 이런 학교에서 제대로 된 교육을 기대할 수 있겠는가. 참으로 기가 막힐 노릇이다. 이참에 '남녀7세부동석' 법도를 부활해야 할 모양이다. 남녀 공학을 폐지하고, 여학교는 여선생으로, 남학교는 남선생으로 보직하면 성추행 문제가 없어지지 않을까 말이다. 오죽하면 이런 생각을 하게 됐을까?

현장에서 성범죄가 이처럼 은폐되는 걸 보면 실제 일선 학교에서 얼마나 많은 성범죄가 덮이고 있는지 알 수 없다. 학부모들 입장에서 자녀를 학교에 보내기 겁난다는 탄식이 나올 만하다. 교육부는 성범죄로 파면 · 해임 처분이나 형刑을 받은 교사는 교원 자격을 박탈하는 교육공무원법 개정안을 국회에 냈다. 그러나 그것만으론 부족하다. 성범죄 교사는 교직 추방은 물론 연금도 주면 안 된다. 사범대나 교육대 나와 직장 못 찾은 사람들이 많다. 이들에게 기회를 줄 찬스 아닌가.

따라서 전에 성추행 경력자 모두 소급 찾아내어 교단에서 영구 퇴출시켜라. 한 번만 야무지게 엄벌하면 성범죄 사라질 것이다. 성추행을 했다가는 인생을 망친다는 걸 보여줘야 학교의 성범죄를 막을 수 있다.

『전북도민일보』 (2015. 8. 14.)

* 서울시교육청은 이 사건에 대한 특별감사를 실시하였다. 감사 결과 이 학교 A교장은 학내에서 발생한 여러 건의 교내 성추행 · 희롱 사건을 주도적으로 축소 · 은폐한 것으로 밝혀졌다. 이에 따라 이 학교 교장을 포함한 남자 교사 5명에 대한 중징계 의결을 징계위원회에 요구했다. 현재 이들 5명은 모두 직위해제된 상태다.

'태완이법' 국회 통과, 살인범 꼼짝 마라

국회는 지난달 24일 본회의에서 형법상 살인죄의 공소시효를 폐지하도록 한 형사소송법 개정안을 반대표 없이 통과시켰다. 이에 따라 형법상 살인죄의 공소시효는 완전히 폐지되게 됐다. 단, 강간치사나 폭행치사 상해치사 존속살인 등 모든 살인죄에 공소시효를 없애는 내용은 해당되는 개별 법별로 추가 논의가 필요하다는 이유로 법제사법위원회 심의 과정에서 제외됐다.

강력범죄가 갈수록 흉포화 · 지능화하는 상황에서 반인륜 범죄라 할 살인죄를 영구 처벌할 수 있는 길이 열린 것은 퍽 다행한 일이다. 범죄 피해자 가족들의 고통을 외면한 채 법 개정 논의를 신속히 진척시키지 않은 국회의 무관심과 무책임 탓이다. 결국 이번 법 개정의 결정적 계기가 된 것은 1999년 5월 20일 대구 동구 골목길에서 학습지 공부를 하러 가던 김태완(당시 6세) 군이 누군가의 황산테러로 49일간 투병하다 숨진 미제 사건으로 인해 만들어졌다. 어린 태완이의 죽음은 너무나 분하고 기가 막힌 일이었다. 부모의 심정이야 오죽하겠는가. 그런데 안타깝게도 이 법안 발의의 계기가 된 태완이의 경우에는 이미 영구미제로 종결된 사건은 소급 적용하지 않기로 한 원칙에 따라 범인을 끝까지 잡을 수 없게 되었다.

태완이 가족은 무려 16년 동안 오매불망 범인 검거에 매달리고 재수사 등을 위해 끈질기게 검찰과 법원을 쫓아다녔지만 끝내 '태완이법' 만 낳은 채 천추의 한을 가슴속에 묻게 됐다. 하지만 태완이의 희생과 태완이 어머니의 힘으로 이제 더 이상 살인범에게 면죄부를 주는 일은 사라지게 되었다.

경찰청은 법 개정에 맞춰 "반인륜적 살인범죄에 대해서는 시간이 많이 흘러도 끝까지 범인을 추적, 검거하겠다."며 "16개 지방경찰청에 배치된 미제 사건 전담수사팀 인력을 현재 50명에서 하반기에 72명으로 늘리겠다."고 밝혔다.

또 살인 미제사건이 많은 지방청은 광역수사대가 해당 사건을 맡도록 하고, 미제 사건을 담당한 형사는 수사본부가 해체된 후에도 계속 수사를 할 수 있는 시스템을 만들 계획이다. 미제 사건 기록과 증거물 등에 대한 관리도 철저히 하기로 했다. 경찰의 각오가 미제 사건을 해결하는 데 큰 힘이 될 것으로 믿는다.

이번 태완이법 통과로 범인을 끝까지 잡을 수 있게 된 주요 미제 살인사건은 전국에 수없이 많다. 여기에는 전북 경찰이 해결해야 할 사건이 있다.

2006년 6월 전북대 수의학과 이윤희(당시 29세) 양 실종사건이다. 기다림의 시간은 흐르고 흘러, 벌써 실종 9년이 됐지만 아직 생사조차 확인되지 않고 있다. 경찰은 30만 건이 넘는 통신자료와 이 일대 우범자 등을 대상으로 대대적인 수사를 벌였지만 뚜렷한 용의자나 물증을 확보하지 못했다. 애타는 가족들의 심정에도 불구하고 영구미제 사건으로 남을 공산이 커진 것이다. 경찰은 이 사건을 다시 원점부터 재수사해서 범인을 반드시 검거해야 할 것이다. 그래서 이윤희 양 부모의 한을 풀어주기 바란다.

전 국민의 관심을 모았던 미제사건은 1991년 대구 '개구리소년 실종사건'과 1980년대 경기도 화성 일대에서 여성 9명이 살해된 미제사건이 있다. 이 중 개구리소년 실종사건은 대구의 한 고등학교 신축공사장에서 유골이 발견되었음에도 끝내 범인을 잡지 못했다. 이 두 사건은 한동안 국민들이 큰 관심을 가졌던 사건이었다. 그러나 결국 미제사건으로 종료되어서 유가족과 많은 사람들에게 안타까움을 준 사건으로 기록되고 있다.

형벌권 소멸에 따른 고통은 각종 범죄의 피해자와 가족, 국민들이 질 수밖에 없다. 죄를 짓고도 범인이 잡히지 않는다면 공소시효가 끝나도 피해자와 그 가족들의 고통은 사라지지 않고 가슴속 응어리로 남는다. 게다가 국민들 역시 범인이 잡히지 않은 데서 오는 불안감과 공권력에 대한 불신, 죄를 지어도 처벌받지 않는다는 것에 불안해할 것이다. 따라서 이번 태완이법 제정으로 인해 죄를 지은 사람에게 위협감을 주고 범인은 반드시 잡힌다는 경각심을 일깨우게 됐다.

『새만금일보』(2015. 8. 10.)

---

* 1999년 5월 여섯 살 김태완 군은 대구 골목길에서 괴한에게 황산테러를 당했다. 그 이후 그는 병원으로 이동해 산소 호흡기에 의존하여 49일을 버티다가 사망했다. 그리고 진범은 잡히지 않은 채 장기미제의 미궁에 빠지게 되었으며, 범인이 잡히지 않은 상태에서 공소시효 완성이 임박할 위기에 처했다. 이에 명백한 살인사건에 대해서는 공소 시효를 폐지해야 한다는 여론이 일었고, 2015년 3월 법 개정안이 발의(새정치민주연합 서영교 의원)돼 추진됐다.

제7부

인간에게 '밥'이란 무엇인가

국회의원 취업률 높이는 야당의 혁신안

새정치민주연합 혁신위원회가 지난달 26일 국회의원 정수를 현행 300명에서 369명으로 늘리자고 제안했다. 지역구 의원 246명을 유지하고 비례대표를 현행 54명에서 123명으로 늘리자는 것이다. 대신 의원 세비歲費를 줄이는 방안을 당론으로 추진하겠다고 밝혔다.

이를 두고 국민들의 비판이 거세다. 혁신위의 주장은 빗발치는 비판여론에다 집권여당인 새누리당의 반대로 인해 현실화가 힘들 전망이다.

국회의원을 늘리는 문제는 여야 간 구상은 같은 것이 있고 다른 것도 있다. 같은 것은 양쪽 다 지역구 의석을 현행보다 늘리는 방향의 새 획정 기준을 염두에 둔다는 점이다. 새누리당 의원들은 의원 정수를 현행대로 300명으로 묶고, 지역구 의원을 늘리는 만큼 비례대표 수를 줄이는 방안을 지지하고 있다. 반면 야당 의원들은 대체적으로 의원 정수를 늘려서라도 비례대표를 늘리자는 쪽이다. 여야 의견이 다른 만큼 지역구 5~32석 확대안을 놓고 줄다리기가 벌어질 공산이 크다.

지난해 10월 헌법재판소는 "선거구 인구 편차가 2대 1을 넘지 않아야 한다."고 했다. 이 같은 헌재 결정에 따르려면 인구가 적은 농촌의 지역구는 통폐합되고 도시 선거구는 늘어날 수밖에 없다.

이렇게 되면 전북의 어느 지역은 선거구가 통폐합되고 이로 인해 의원 수가 1~2석 줄어들 수도 있다. 인구가 적은 농촌지역에 대한 배려 등을 생각해야 한다. 그렇다고 현재 지역구 246석을 크게 줄이기는 현실적으로 어렵다. 비례대표의 수와 그에 따라 의원 정수를 조정해야 한다. 그렇다고 또 새정치민주연합 혁신위가 정한 대로 의원 수를 늘리는 것은 곤란하다.

야당의 문재인 대표는 올해 4월 국회의원을 400명으로 늘리자고 했다가 비난의 화살이 쏟아지자 그냥 장난스럽게 말한 것이라고 얼버무린 바 있다. 안철수 의원은 한술 더 떠 의원 정수를 200명으로 줄이자고 주장했다. 그런 야당에서 갑자기 혁신위의 이름으로 의원 정수를 대폭 늘리자고 나서니 이런 모순이 없다. 국회의원을 늘리자는 안은 자기 동료들의 취업률을 높여 정치의 철밥통 지키기가 아니냐는 의혹이 짙다. 정치 불신이 극에 이른 상황에서 의원 수를 확대하자는 주장에 국민들의 부정적 여론이 거세게 일고 있음을 알아야 한다.

지금 국회에 대한 국민들의 신뢰도는 최하위권이다. 유권자 사이에는 국회의원 수가 너무 많으니 줄여야 한다는 의견이 지배적이다. 심지어 의원 수를 100명으로 대폭 줄이자는 주장도 제기되고 있다. 진영논리를 떠나 국민들의 여론은 세비만 축내는 의원 수를 줄여야 한다는 것이다.

국회의원은 연간 1억 3,796만 원의 세비를 받으며 각종 특권이 따른다. 세금으로 봉급을 주는 수명의 보좌진을 거느리며, 역시 세금으로 지원되는 45평 넓이의 사무실도 제공받는다. 헌법에서는 면책특권과 회기 중 불체포특권을 보장하고 있고, 19대 의원부터는 제외되었지만 18대 국회까지 단 하루만이라도 의원을 지낸 전직의원 중 65세 이상인 사람에게는 매달 120만 원의 연금도 지급된다.

국회의원이 누릴 수 있는 이런 식의 특권이 무려 200여 가지나 된다고 하며, 국회의원 1인 당 연간 약 6억 원의 세금이 비용으로 들어간다는 말도 있다. 양극화로 고통받고 있는 서민들에겐 상상하기 힘든 액수다. 월 100만 원도 안 되는 최저 임금을 받는 근로자들을 생각하면 큰 좌절과 위화감만 느껴진다.

흔히 우리나라를 두고 '경제는 선진국, 정치는 후진국'이라는 말을 한다. 또 어느 통계를 보면 우리 국민 10명 중 8명이 국회를 믿지 않는다고 할 만큼 정치 불신이 심각하다. 당리당략과 기득권 수호에 혈안이 돼 식물국회와 장외투쟁으로 일관해 온 의원들의 자업자득이다.

이런 마당에 야당의 혁신위가 의원 특권 폐지와 생산성 향상같이 진짜 필요한 혁신은 제쳐둔 채 의원 숫자부터 늘리자고 주장하는 건 받아들이기 어렵다. 만약 각계각층을 대변할 수 있도록 비례대표의원 수를 늘리는 것이 필요하다면 여기엔 조건이 있다. 의원 세비 30%이상 인하하고, 보좌관 숫자 30% 이상 줄이고, 보좌관을 사무처에서 공채로 뽑아 배치해야 한다. 또 의원에게 제공되는 특혜도 50% 이상 줄이고, 해외출장은 임기 중 2회 이내로 제한하고, 선수選數 또한 3~4선까지만 허용해야 한다.

『전주일보』(2015. 8. 3.)

글을 쓴다는 것

글을 쓴다는 것은 무엇일까. 무엇 때문에 글을 쓸까. 이 질문에 답하기란 쉽지 않은 일이다.

한 줄의 문장으로 울음을 쏟아내기도 하고, 박장대소를 하며 분노와 공포, 허탈, 공허함 등 인간의 모든 감각기관을 불러낼 수 있으니 딱히 한마디로 표현하기가 쉽지 않다.

그러나 굳이 표현하자면 나 자신의 이야기를 들려주기 위해서다. 글쓰기는 자신의 내면을 돌아보면서 스스로를 성찰하는 데 효과적이다. 세상의 진실을 알리고 부조리를 고발하기 위해서다. 내가 가장 중시하는 글쓰기 목적이다.

글은 곧 자기 마음이다. 글은 인간의 사고思考를 그려낸다. 인간의 오감을 번갈아 등장시키는 거대한 너울처럼 모든 감각을 대체할 수 있는 도구다. 그래서 글에는 생명이 있고 감정이 존재한다.

그러나 한편으론 글을 쓴다는 것은 어렵고 두려운 일이다. 글은 누구든 쓸 수 있지만 좋은 글을 쓰기란 쉽지 않기 때문이다. 따라서 좋은 글은 그만큼 책임도 뒤따라야 하고, 그만큼 지식의 무게도 있어야 한다.

글을 많이 안 써본 사람은 과연 자신이 잘 쓸 수 있을지 두려워하고, 글을 매일 쓰는 신문기자나 논설위원, 주필 들은 글쓰기 작업의 외로운 고통을 알기 때문에 두려워한다. 하지만 그만큼 즐거움도 크다. 오죽하면 글쓰기의 쾌락이란 말까지 나왔을까. 잘 쓰고 못 쓰고를 떠나서 한 편의 글을 완성한 다음에는 뿌듯함을 느낄 수 있다.

나는 어렸을 때부터 글쓰기를 좋아했다. 일기든 낙서든 틈만 나면 노트에 끄적였다. 말은 한번 내뱉으면 증발하지만 글은 한번 써 놓으면 증거로 남는다. 때문에 글을 쓰는 것은 자기의 과거와 현재를 기록하는 일이다. 장래를 위하여 인생의 이정표를 세우는 알뜰한 작업이다. 자기 자신의 엉클어지고 흐트러진 감정을 가라앉힘으로써 다시 고요한 자신으로 돌아오는 묘방이기도 하다.

이 같은 글쓰기 일환으로 나는 1990년 초에 '등단'이라는 과정을 거쳐 수필가가 되었다. 작가가 되고 나서 책을 내고 언론에 기고하다 보니 어느 순간엔가 나에게 글쟁이란 타이틀이 붙었다. 부끄럽지만 프로필에 '저서'라는 난이 생기고 원고청탁도 곧잘 받곤 한다.

글은 아무나 쓸 수 있다. 네댓 살짜리 아이조차 한글을 읽고 쓰는 일이 흔한 세상이다. 하지만 사람들은 글은 많이 배운 사람들만 쓰는 것이라는 선입견을 갖고 있다. 못 배우고 가진 게 없는 사람은 글을 써서는 안 되는 줄 안다. 그러다 보니 일상의 자연스러운 체험을 기록하는 생활 글 같은 글은 제 대접을 못 받았다. 그래서 대중들의 글쓰기가 어려울 수밖에 없었던 것이다.

사실 글쓰기는 배운 사람들만 하는 것이라는 편견은 많은 문제를 불러왔다. 그들은 쉽게 써도 될 말을 공연히 어렵게 쓴다. 어려운 말을 갖다 붙이고 자신이 해박하게 보이기 위해 애를 쓴다. 어찌 보면 이 세상은 글을 독점한 보수 지식층이 지배하고 있다고 해도 과언이 아니다. 아니, 바르게 말해서 이 세상을 움직이고 변화시키는 사람들은 신문기자(방송기자), 논설위원, 주필일 수도 있다. 그들이 쓴 기사나 사설, 칼럼 등을 읽고 사람들의 의식이 길들여지기 때문이다.

글은 말과 불가분의 관계를 갖는다. 그렇다면 말을 잘하는 사람은 글도 잘 써야 하는데 꼭 그렇지만은 않은 것 같다. 말은 못 하더라도 글은 엄청 잘 쓰는 사람이 있다. 작가 김동리 같은 분이 바로 이 경우에 해당된다. 반면 글은 못 쓰는데 말은 청산유수처럼 잘하는 사람이 있다. 이에 반해 글도 잘 쓰고 말도 잘하는 그야말로 양장고를 치는 사람도 있다. 다만 글을 쓰는 사람이라면 말과 글이 당연히 일치해야 한다. 말과 글은 동전의 양면처럼 같기 때문이다. 글은 비단결처럼 아름답게 쓰면서 행동은 개차반처럼 한다면 이는 자가당착이요, 논리적 모순이다.

그러나 말과 글이 실제로 완벽하게 일치하는 경우는 없다. 일단 세상 사람들은 누구나 말을 하며 살아간다. 반면에 글을 쓰며 사는 사람은 소수에 불과하다. 말은 엄마의 혀를 보면서 습득하지만 글은 전문적인 교육을 받아야 한다. 그래도 나는 모든 사람들에게 글쓰기를 권하고 싶다. 글을 써야 자신의 생각과 느낌을 알 수 있다. 늘 전신이 살아 있다. 또한 상처받은 마음을 치유한다. 글로써 자신의 마음을 들여다보면 그 자체로 위로를 받는다. 무엇보다 좋은 글은 세상을 아름답게 변화시킨다.

『새만금일보』(2015. 7. 10.)

신경숙 표절 파문, 문단 自省 계기로 삼아야

의혹이 제기된 지 일주일 만에 신경숙 소설가가 표절을 간접 시인했다. 처음엔 미시마 유키오의 『우국』을 알지도 못한다며 일축했던 그는 『경향신문』과의 인터뷰에서 "문제가 된 미시마 유키오 소설 『우국憂國』의 문장과 내 소설 「전설」의 문장을 여러 차례 대조해본 결과, 표절이란 문제 제기를 하는 게 맞겠다는 생각이 들었다."며 "『우국』을 읽은 기억은 나지 않지만, 이제는 나도 내 기억을 믿을 수 없는 상황이 됐다."는 말로 표절을 사실상 인정했다.

출판사 창비는 해당 작품이 실린 책을 즉시 출고 정지시켰다. 그러나 여론의 역풍에 밀려 밝힌 듯한 입장 때문에 뒷맛이 개운치 않아 파장은 완전히 수그러들지 않고 있다. 사과는 분명 했지만 '사과 같지

않은 사과'라는 반응이다

사실 신 씨의 모호한 사과는 독자를 더욱 우롱했다는 시각이 많다. 문장을 여러 차례 대조해본 결과 표절이 맞겠다는 생각이 들었다는 건 도저히 이해가 안 간다. 표절을 했는지 안 했는지는 본인이 가장 잘 알 것이다. 사과도 어정쩡하게 소설처럼 하고 있다. 예컨대 물건을 훔친 절도범에게 경찰이 혐의사실을 모두 인정하느냐고 다그쳤을 때, '그렇다.'가 아니라 '그런 생각이 드는 것 같다.'라는 진술을 하는 것과 같다. 이는 솔직하지 못하다는 것이다.

문단이 통째로 옮겨져 있고, 주의 깊게 수정 배치돼 있는데 그게 기억이 안 날 수 있나? '순간만 모면하면 덮어지겠지.' 하는 안이한 생각이다.

신경숙의 표절 파문은 『뉴욕타임스』와 『월스트리트 저널』 등 주요 외신까지 보도돼 파문을 더했다. 한국 문학의 신뢰도가 해외에서까지 추락했다. 창피한 일이다. 신 씨는 이번 일로 큰 상처를 입었다. 마치 사형선고를 받은 느낌이었을 것이다.

신 작가의 표절 파문을 키운 건 신 씨와 한국문단의 공동책임이다. 신 씨 작품에 대한 표절 의혹은 1999년부터 제기됐다. 출세작 『풍금이 있던 자리』 제목과, 베스트셀러 『엄마를 부탁해』도 표절 시비가 있었다. 또 어느 작가는 신 씨의 장편소설 『기차는 7시에 떠나네』 와 단편 『작별인사』가 각각 프랑스 작가 파트릭 모디아노와 일본 작가 마루야마 겐지를 표절했을 가능성을 언급했다.

표절시비가 있을 때마다 신 씨는 침묵했다. 출판사, 비평가 또한 작가를 두둔하는 데 급급했다. 신 씨는 인터뷰에서 기존 의혹 제기에

“비판 글을 읽으면 기분만 나빠져 읽지 않았다.”고 했다. 작가의 이런 무책임한 태도와 문단의 외면이 사태를 이 지경까지 만든 것이다.

글은 누구든 쓸 수 있다. 하지만 좋은 글을 쓰기란 매우 어렵고 힘들다. 좋은 글은 좋은 생각과 행동에서 나온다. 좋은 생각을 글로 풀어내면 사람의 마음을 움직이는 좋은 글이 된다. 작가는 좋은 글을 쓰기 위해 고심하며 생각에 생각을 거듭한다. 독자들이 이해하고 공감할 수 있어야 하기 때문이다. 이런 면을 고려하면 글 쓰는 작업이 즐겁기도 하지만 한편으론 고통스럽기까지 하다.

글 쓰는 작업은 어쩌면 마라톤처럼 힘든 일이다. 42.195km를 뛰는 마라톤은 자신과의 싸움이다. 따라서 한 권의 책을 완성하는 일은 산모가 아이를 낳는 고통에 다름 아닐 것이다.

작가는 한 편의 글을 쓰기 위해 밤잠을 설쳐가며 고뇌한다. 글이 나오지 않을 때는 가슴에 응어리가 지기도 한다. 이렇게 어렵게 쓴 자신의 글을 누가 훔쳐갔다고 생각해보자. 얼마나 억울하겠는가. 표절은 ‘글 도둑’이다. 남의 글을 훔치는 행위는 범죄 유무를 떠나 남의 생각과 지식을 강탈하는 행위나 다름없다

소설가 신경숙 씨는 정읍이 고향이다. 그는 전북이 낳은 ‘국민작가’다. 외국에서도 한국을 대표하는 작가로 자리매김되고 있다. 그래서인지 전북의 독자들은 그에게 많은 애정을 보냈다. 하지만 이번 표절 논란을 보는 도민 시선은 싸늘하기만 하다. 한마디로 실망이다.

문학 작품은 창의력이 생명이다. 독창적 상상력을 갖추지 못해 남의 글이나 베끼는 사람을 작가라고 할 순 없다. 그렇다고 작가의 표절 문제가 사법적 판단에 맡겨진 것은 불행한 일이다. 검찰수사로 해결

될 문제도 아니다. 문학은 문학으로 해결해야 한다. 한국 문학이 더 이상 독자들의 외면을 받지 않으려면 뼈를 깎는 자성自省이 필요하다.

『전주일보』(2015. 7. 3.)

* 단편「전설」(1996년작)에서 일본 작가 미시마 유키오(三島由紀夫)의『우국』을 표절했다는 의혹을 받은 소설가 신경숙이 자신의 잘못을 인정했다. 소설가 이응준이 표절 의혹을 제기한 지 1주일 만이다. 신경숙은 "이 문제를 제기한 문학인을 비롯해 제 주변의 모든 분들, 무엇보다 제 소설을 읽었던 많은 독자들에게 진심으로 사과드린다."며 "모든 게 제대로 살피지 못한 제 탓"이라고 밝혔다.

목마른 논밭 속 타는 농민들

전국이 극심한 가뭄으로 논밭이 타들어가고 있다. 일부 논은 물이 없어 아직껏 모내기를 못한 곳도 있고, 이미 모를 낸 논도 논바닥이 거북등처럼 갈라져 자식 같은 모가 말라죽어가고 있다. 밭작물도 시커멓게 타들어가고 있다. 고구마와 노지고추, 콩 등 밭작물의 생육장애가 심각하다. 하천과 저수지도 바닥을 드러냈다. 지하수도 고갈되어 경기 · 강원 · 경북 일부 지역은 먹을 물도 없어 육지에서 수돗물을 공급받고 있다. 농민들은 발만 동동 구르며 하늘만 쳐다보고 있다. 이 같은 혹독한 가뭄은 40년 만이라고 한다.

그러나 하늘도 속 타는 농부의 심정을 알았을까? 긴 가뭄 끝에 드디어 25일 기다리던 단비가 내렸다. 논밭을 적시기엔 턱없이 부족한 양이지만 그래도 가뭄 끝에 내린 비의 경제적 가치는 수천억이 될 것이다. 갈라진 논밭을 보며 기뻐하는 농민들을 생각하면 반가울 수밖에 없다. 더욱이 지난주부터 제주도와 남부지방에서 장마가 시작될 것이란 기상청의 예보도 있었다. 가뭄이 극심한 중부지방의 경우 완전 해갈되려면 시간이 더 필요하지만 한결 마음이 놓이는 것도 사실이다.

하지만 아직 안심할 상황은 아니다. 장마가 온다고 해도 논밭을 해갈시키고 저수지에 물이 채워지려면 많은 양의 강수량이 필요하다. 다행히 호남지방은 가뭄으로 인한 피해가 적지만 타 지역은 피해가 심각하다. 저수지와 댐이 바닥을 드러내면서 경기, 강원, 경북 일부 지역의 농촌에서는 본격적인 보내기철을 앞두고 농업용수가 부족해 농민들이 애를 태웠고, 일부 지역 주민들은 식수마저 끊기는 고통을 겪었다.

가뭄은 북한도 마찬가지다. 북한은 100년에 한 번의 가뭄을 겪고 있을 정도로 우리보다 심각한 수준이라고 한다. 북한 각지의 농촌에서 심각한 피해가 나오고 있다는 보도다. 북한은 지난해에도 큰 가뭄을 겪었는데, 엎친 데 덮친 격으로 2년 연속 가뭄이 이어지고 있으니 만성적인 식량 부족이 더욱 악화할 우려가 있다.

가뭄이 지속될수록 농촌의 피해가 크다. 최악의 가뭄으로 농산물 산지 작황이 부진하여 농심은 시커멓게 타들어가고, 그로 인한 농산물 가격은 크게 오르고, 이를 사 먹어야 하는 소비자들의 부담도 크다. 그런데도 일부 언론은 일시적인 농산물 가격 상승에만 초점을 맞춰 '금값 배추' 보도를 앞다퉈 쏟아내 농민들의 마음을 더욱 우울하게 만들고 있다.

이처럼 극심한 가뭄으로 논밭이 타들어 가는데 막대한 혈세를 투입한 4대강 사업이 거의 도움이 되지 않고 있다고 한다. 보를 건설해 11억 7,000만t의 물을 가두어 두었지만 물을 끌어다 쓸 송수관이나 관수로가 없기 때문이다. 보에 물이 가득 담겨 있어도 농업용수로 활용하지 못하고 있으니 그림의 떡이 아닌가. 4대강 16개 보에 담긴 물을 활용할 수 있는 방안을 반드시 마련해야 한다. 더불어 앞으로 가뭄이 연례행사처럼 반복될 것을 대비해 치수와 물 관리 대책을 완전히 새롭게 짜야 한다.

우리나라는 물 과다 사용 국가 중 하나다. 지하수 보존도 문제지만 특히 일부 지자체의 상수도 노후관에서 발생하는 누수율도 선진국 8%에 비해 16.1%로 2배가 넘는다고 한다. 때문에 안정적인 물 공급을 위해서는 물 절약, 노후 수도관 개선 등 수요 중심의 절수정책으로 바뀌어야 한다. 무엇보다 물 부족 국가에서 벗어나기 위해서는 장기적 차원으로 새로운 수자원 확보 방안이 필요하다. 강변여과수 개발, 빗물과 지하용출수 활용, 중수도, 해수 담수화 등의 대안이 절실하다. 모든 자연재해를 피할 수는 없는 일이지만 그래도 노력하면 극복할 수는 있다. 특히 가뭄 피해는 정부만 나선다고 해결되는 게 아니다. 민관군이 다 협조해야 한다.

물은 공기와 함께 우리에게 반드시 필요한 자원이다. 그러나 우리는 평소 물의 소중함을 인식하지 못하는 것 같다. 물은 창조주의 선물이다. 생명의 근원이다. 그러므로 가뭄이 심각한 이때 한 방울의 물은 금쪽같다. 하루속히 이 땅의 타는 목마름을 적셔줄 단비가 내릴 것을 기원한다. 비야! 주룩주룩 내려라.

『전북매일신문』 (2015. 7. 1.)

연구비 가로챈 파렴치한 교수들

최근 전국 12개 국립대학 교수들이 연구비를 횡령해 감사원에 줄줄이 적발되었다. 감사원은 2014년 9월부터 10월까지 법인 12개 국립대 대상의 '국가 연구 · 개발(R&D) 참여연구원 관리실태' 감사에서 연구비 부당 사용 교수 19명을 적발하고 교육부에 징계를 요청했다고 밝혔다.

전북대 A 교수는 연구에 참여하지 않은 학생 이름을 빌려 연구원으로 등록해 5억 8,400만 원을 유용한 사실이 들통났다. 같은 대학 B교수도 비슷한 수법으로 총 2억 5,600여만 원을 빼먹었다. 경북대 A 교수 역시 연구원 4명을 허위 등록해 연구비를 과다 지급받았으며 2억 5,729만 원의 연구비를 주식투자에 썼다. A 교수는 그렇게 모은 돈으로 개인회사까지 창업했다. 철면피한 사람이다. 파면이 요구된 부경대의 어느 부부 교수는 연구과제 2개를 수행하며 연구비 5억 8,000만 원을 집행 · 관리했다. 그는 자신의 아들을 연구원으로 등록한 뒤, 아들이 대학 졸업 후 군 입대를 했음에도 연구원 변경 신청을 하지 않았다. 이에 따라 군복무 기간 2년 동안 연구비 1,000만 원이 아들의 계좌로 입금됐다. 같은 대학에 재직 중인 A 교수의 배우자 B 교수 또한 같은 수법으로 아들에게 1,300만 원을 지급했다. 또 한국과학기술원의 L 교수는 연구실 운영비로 쓰고 남은 돈을 집에서 피자를 시켜먹고 해외에서 장난감을 사는 등 수천만 원을 썼다.

잊을만 하면 불거져나오는 대학교수들의 연구비 횡령 소식은 충격이다. 지성을 대표한다는 교수들이 잇단 비리 사건으로 물의를 일으키는 것은 우리 사회의 도덕 불감증 정도를 보여주는 한 단면이다.

교수들이 국민의 혈세로 조성된 연구비를 빼돌리는 행태를 막을 수는 없는 것인가? 감사원이 매년 관련 비리를 적발하고 있고, 교육부가 연구비 부정사용 교수를 파면할 수 있도록 작년 12월 법까지 개정했으나 대학 현장에서는 '소귀에 경 읽기'인 듯하다.

교수들이 연구비를 횡령한 사건은 사실 어제오늘 일이 아니다. 그들은 연구하라고 준 돈을 마치 자신의 쌈짓돈처럼 펑펑 써왔다. 이는 '나랏돈은 눈먼 돈'이라는 잘못된 인식에서 비롯되고 있다. 이런 범죄가 관행화된 배경에는 허술한 감시 시스템과 함께 솜방망이 처벌이 주원인으로 꼽힌다.

대학교수는 일반인들과는 뭔가 차원이 다른 사람들이다. 높은 도덕성과 윤리적 수준을 보여야 한다. 최고 지성을 대변하는 대학교수들이 돈에 눈이 멀어 추악한 짓을 저지른다면 이는 교수의 본분을 망각한 처사다. 이런 교수가 있으니 존경받던 교수가 요즘 세상에서는 '동네북'이 된 지 오래다. 학생들도 걸핏하면 교수에게 대들거나 뒤에서 욕한다. 일부 교수는 실력도 없고, 정치 편향적이고, 여학생을 성희롱하기도 한다.

오늘날 이렇게 우리 사회가 교수를 우습게 알고 교수의 명예와 권위가 땅에 떨어진 까닭은 무엇인가? 그 이유로서 대학을 압박하는 사회구조적 측면도 있지만, 우선 일부 교수들의 비윤리적, 비양심적인 처신이 크다. 진리를 추구하는 대학에서 학생들을 가르치고 학문을 연구하는 대학교수는 그 품격에 맞게 처신해야 하고 사회의 모범이 돼야 한다. 그래야 학생들이 그를 본받고 따르지 않겠는가.

감사원은 연구비 일부를 개인적인 용도로 사용한 교수에 대해 교육부와 해당 대학에 파면, 해임, 정직 등을 요구했다고 밝혔지만 이걸로 끝내서는 안 된다. 연구비 비리 관련 교수를 검찰에 형사 고발해 민·형사 책임을 엄중히 물어야 한다. 국립대 교수는 모두 공무원 신분인 만큼 엄중한 대응이 필요하다. 교수가 연구비로 장난치다 걸리면 다시는 대학 강단에 설 수 없도록 해당 교수를 추방해야 한다. 연구비를 단돈 10만 원이라도 손대면 파면한다는 엄정함이 요구된다. 대학교수들의 양심과 자성을 촉구한다.

『전북매일신문』 (2015. 6. 2.)

신神이 사는 천국

신神(하느님)이 거처한다는 천국은 어디일까. 물론 하늘일 것이다. 천국天國이라는 단어가 하늘나라를 말하기 때문이다. 그렇다면 지구로부터 몇백억, 또는 몇천억 광년 떨어진 어느 은하계, 어느 위치에 신이 살고 있을까. 밑도 끝도 증거도 없이 무조건 하늘나라에 신이 살고 있다고 하면 곤란하다. 정확히 아는 사람은 한번 말해보라. 그러나 아무리 생각해도 신이 사는 위치와 신의 종적을 알 길이 없다. 하긴 지금까지 수백억, 또는 수천억 년 동안 신은 자신의 존재와 위치를 한 번도 노출시킨 적이 없었다. 앞으로도 신은 우리 앞에 영원히 나타나지 않을 것이다.

교회나 성당에 다니는 이유를 묻는다면, 십중팔구는 천국에 가기 위해서라고 대답할지 모른다. 대부분의 그리스도인들은 사후세계, 혹은 천국과 지옥의 존재를 믿는다. 그러나 지금까지 천국과 지옥은 어떤 모습인지 과학적인 용어를 사용하여 증명할 수는 없다. 왜냐면 인류역사에서 천국과 지옥이 어떤 모습인지 단 한 번도 밝혀진 적이 없었기 때문이다. 그럼에도 불구하고 그리스도인들은 왜 인간이 경험할 수 없는 세계를 자신들의 핵심교리로 삼을 만큼 집착하는 것일까? 천국이 그리스도교의 존립에 꼭 필요한 개념이라면, 이성이 중심이 된 과학기술 시대에 천국을 어떻게 이해해야 하는가? 천국의 존재를 과학적, 객관적으로 증명할 수 있는가? 속된말로 참 답답하고 폭폭할 일이다. 생각하면 생각할수록 열통이 터지고 괜히 회기 난다. 눈에 보이지 않는 하나님이 하늘 허공에 살고 있다고 하니 어찌 답답하지 않을 수 있는가.

물론 천국은 그 존재를 알아보고 싶다고 해도 해외여행을 하듯이 다녀올 수 있는 곳이 아니다. 그곳은 갔다가 돌아올 수 있는 곳이 아니다. 그러나 천국에 다녀왔다는 유명한 인사가 한 명 있다. 미국 하버드 의과대학 교수였던 신경정신과 의사 '에벤 알렉산더' 박사다. 그는 자신 있게 자신이 죽었다가 다시 돌아왔다고 주장한다. 이 놀라운 경험을 과학적인 용어를 빌려 책을 출판했다. 바로 『나는 천국을 보았다』란 책이다.

알렉산더 박사는 2008년 뇌수막염에 걸려 수일 동안 혼수상태였다. 대뇌의 신피질이 작동하지 않아 신체의 모든 기능이 마비됐다. 그런데도 그는 오히려 정신이 말짱했으며 천국에 다녀왔다고 주장한다. 푹신푹신한 구름 위로 날아가 '투명하고 빛나는 존재들'을 만나고 한

천상의 여성이 인도하여 시간이 없는 세계로 여행했다고 기록한다. 그는 천국에 대해 "그곳은 광활하게 공허하고 칠흑과 같으며 광대하지만 무한하게 편안한 공간"이라고 묘사한다.

알렉산더 박사의 말을 믿어야 할지 무시해야 할지, 선뜻 판단키 어렵다. 그의 일방적인 주장일 뿐 누구든 공유하고 검증된 것이 아니기 때문이다. 말하자면 그의 착각일 수도 있다는 것이다. 저세상에 다녀오지 않은 사람들에게 아무리 천국을 설명해도 이를 쉽게 받아들이는 사람이 몇이나 있겠는가. 혹시 수천 명이 일시에 하늘나라에 갔다 와서 그들이 보고 들은 천국의 모습이 전 세계 TV를 통해 실시간으로 생중계되면 몰라도….

다시 신이 어디에 있는지 곰곰 생각해보자. 그 답을 어디에서 찾을 것인가. 『성경』은 믿음으로 하나님의 존재 사실을 받아들여야 한다고 말한다. 믿어봐야 하나님의 존재를 안다는 것이다. 그렇다고 섣불리 믿어선 안 된다. 죽기 살기로 믿어야 한다. 미치도록 믿어야 하나님의 존재를 알 수 있다. 다만 의구심이 드는 건 신은 원래부터 스스로 존재한다는 것이 그리스도인들의 일관된 주장이다. 누가 관여하지 않고 만들지 않았는데 원래부터 존재했다는 것이다. 참 기이할 노릇이다. 스스로 존재했다니…. 그렇다면 하나님만 스스로 존재하고 자연과 인간은 왜 존재 그 자체이면 안 되는가? 신을 존재 그 자체라고 설명하듯이 자연과 인간 자신도 어떤 원인성 없는 존재 자체라고 설명하면 왜 안 되느냐 말이다. 그렇지 않은가? 인간과 자연을 신이 설계하거나 만들었다는 가정과 해석을 할 수 있다면, 신 또한 누군가가 설계하고 만들었다는 가정과 해석을 똑같이 할 수 있다.

좋다. 그대가 신이 이 세상을 만들었다고 믿든, 믿지 않든 그것은 그대의 자유이다. 그러나 그 믿음을 제발 남에게 억지로 강요하고 그 믿음을 가지고 남을 협박하며 사람들을 불안하게 하지는 마라. 그리고 전도라는 이름으로 교세를 확장하려는 종교업자들의 농간에 놀아나지 말았으면 한다. 제발 부탁이다. 자 그리고 우리 한번 이 신의 창조에 대해서 좀더 신중하게 생각해보자.

『새만금일보』(2015. 5. 29.)

생명의 색 초록

비가 오고 난 후 산 숲은 로맨틱하다. 빗물로 샤워를 하고 난 나뭇잎은 한층 더 푸르다. 푸른 잎에서 뚝뚝 떨어지는 물방울은 은초롱으로 빛난다. 그 싱그러움에 이끌려 눈부신 햇빛도 숲을 향해 달려들고 새들도 숲속에서 노래를 부른다.

지난주 가까운 산에 올랐다. 숲길을 걸을 때 푸른 기운이 허공에 가득했다. 머리 위로 파란 물이 듣는 듯했다. 불어오는 초록바람에 심란한 내 마음을 세탁했다. 콧속으로 흡입된 청량한 공기가 메마른 내 영혼까지 씻어냈다.

지금 전국의 산야는 온통 초록 일색이다. 산도, 들도, 강도, 도시도 초록이다. 그야말로 싱싱한 녹색의 향연이 펼쳐지고 있다. 눈이 시리도록 푸른 나무들로 빼곡한 숲은 마치 거대한 파도가 몰아치는 초록빛 바다 같다.

녹색은 우리에게 눈을 기쁘게 하며 평안함, 온유함, 즐거움을 선사한다. 녹색은 보면 볼수록 한없이 빨려든다. 전혀 싫증이 나지 않는다. 만약 모든 나무들의 색깔이 까만색이거나 하얀색이라면 어떻게 느껴질까. 까만색은 너무 어두워 답답하다. 혐오감이 느껴질 것이다. 도시에 새까만 가로수가 늘어서 있다고 가정해보자. 마치 저승사자들이 일렬횡대로 서서 사람들의 일거수일투족을 감시하는 느낌을 받을 수도 있다. 하얀 나무는 또 어떤가. 너무 밝아서 춥고 싸늘한 느낌이 들 것이다. 모든 나무들이 하얀색으로 채색돼 있다면 사시사철 한겨울을 연상하게 될 것이다. 또 가로수나 정원수가 하얀색이라면 이는 마치 소복을 입은 여인의 풀어헤친 머릿결처럼 느껴질 수도 있다. 물론 백의의 천사나, 방금 웨딩을 마친 한 신부의 모습 같기도 하겠지만….

모든 나무와 곡식은 초록에서부터 시작된다. 초록, 그곳엔 무한한 생명이 숨쉬고 있다. 초록은 자연과 평화를 상징한다. 초록은 정신 활동에 지친 사람에게 스트레스를 해소시켜주고 지적 능력을 향상시켜준다. 초록은 심리적으로 자극을 주지 않고 감정의 안식을 얻는다. 초록으로 뒤덮인 숲은 우리에게 희망을 안겨준다.

독일 작가 아스트트 폰 호노레드 드르프는 "사랑이 푸른 화환을 쓰면 내 모든 감각은 초록색이 된다. 가슴속에서 사랑을 갈망하는 자는 언제나 초록색을 지닐만하다. 그러므로 사랑의 기가 꺾인 자는 절대로 초록색을 걸쳐서는 안 된다."는 연애시를 발표한 바 있다. 아랍권에서

'알 카디르'는 '초록빛 남자'로 알려진 인물이다. 그는 황야에서 방황하던 유목 민족들을 물가로 인도해 생명을 유지시켜준다. 깨달음의 여행을 떠난 알 카디르는 마침내 생명의 산 위의 구름 위로 올라가 생명의 물을 마시자 그의 옷은 초록색으로 바뀌었고 영생을 얻게 된다.

사람마다 좋아하는 색깔이 있을 것이다. 어떤 사람은 빨강색을 좋아하고, 노란색을 좋아하고, 또 어떤 사람은 분홍색과 자주색을 좋아하기도 한다. 그러나 꼭 한 가지를 집어내라면, 그것은 초록이다. 초록도 연초록, 진초록, 검푸른 초록 등 다양하다. 그중에서 난 연초록을 좋아한다. 정서가 불안정할 때 초록이 옆에 있으면 마음에 평화를 주기 때문이다. 우리는 희망을 말할 때 '내일의 푸른 꿈을 꾸자'라고 하지, 노란 꿈이나 빨간 꿈을 들먹이지 않는다. 그만큼 초록은 절대적인 희망의 상징이다.

5월도 어느덧 하순이다. 지난 6일이 입하立夏였기에 절기상으론 이제 여름에 해당한다. 이쯤 되면 천지만물은 성장 속도가 빨라져 무성히 자라기 시작한다. 신록의 나뭇잎은 윤기를 더하고 그렇지 않은 나무들은 마지막으로 싹을 틔워 푸르름의 여름으로 넘어가고자 몸부림친다.

이제 곧 녹음이 무성해지는 여름이 올 것이다. 아니, 벌써 여름이 온 듯하다. 한여름 짙푸른 숲에 들면 어둑하고 서늘한 산의 기운이 온몸을 휘감는다. 여름은 청춘의 계절이다. 청춘은 젊고 패기가 넘친다. 그러므로 초록의 의미는 생명력, 안심, 진정, 긴장이완, 묵상이다. 초록은 내가 살아 있다는 생명의 빛이다.

『전북일보』(2015. 5. 29.)

정신 나간 사람들의 일탈행위

충격적인 일이 또 터졌다. 지난 13일 서울 내곡동의 한 예비군 훈련장에서 사격훈련을 하던 최 모씨가 갑자기 일어나 총구를 뒤로 돌려 총을 난사해 예비군 세 명이 죽고 두 명이 중상을 입었다. 범인 역시 스스로 목숨을 끊었다. 범인 최 모씨는 군 복무 시절 B급 관심사병으로 부대 관리 대상이었던 것으로 확인됐다. 관심사병 문제의 심각성을 다시 한번 보여준다.

현역도 아닌 예비군 훈련장에서 왜, 이런 끔찍한 일이 발생했는지 알 수가 없다. 군사정권 이전에는 군대에 이런 사고도 없었고, 관심병사라는 용어 자체가 없었다. 이런 정신 나간 젊은이들이 오늘날 한둘이 아닐 것이다. 학교에서, 사회에서 어떻게 교육을 받고 자랐기에 이런 사람들이 생겨난 것인지 심각하게 고민해볼 문제다.

예비군 훈련장에서의 총기사고는 군의 관리 시스템 부실과 기강해이가 합쳐진 예고된 참사다. 이 때문에 당장 예비군 동원훈련에 소집된 대상자들의 훈련 연기 신청이 급증하고 있다고 한다. 실탄을 갖고 훈련을 해야 하는 상황에서 제2의 참사가 언제 다시 일어날지 모른다는 불안감 때문이다.

이번 사건을 보며 떠오르는 게 있다. 지금으로부터 33년 전인 1982년 4월 26일 경남 의령군 의령경찰서 궁유지서에 근무하던 우범곤(당시 27세) 순경이 저지른 무차별 총기난사 사건이다. 범인 우 순경은 만취상태에서 지서와 예비군 무기고에서 수류탄 7발과 캘빈 소총 2정, 실탄 180발을 들고 나와 인근 5개 마을을 돌며 무차별로 총기를 난사했다. 이 사건으로 죄 없는 사람 56명이 사망하고 34명이 중경상을 입었다. 국민의 생명과 재산을 지켜줘야 할 경찰이 아무 이유 없이 국민을 마구 쏴 죽이다니, 참으로 기가 막힐 일이다. 당시 이 사건은 세계의 이목이 집중됐고 전 국민은 충격의 도가니에 빠졌었다. 당시 우 순경의 만행은 무려 8시간 동안 계속됐다. 이때 마을을 빠져나간 주민의 신고로 사건을 접수한 의령경찰서는 뒤늦게 우 순경을 사살하라는 명령을 내리고 기동대를 출동시켰지만 그는 자취를 감췄고, 다음날 새벽 인근 마을에 들어가 마을주민 2명을 또 쏴 죽이고 수류탄으로 자폭했다. 당시 경찰은 평소 술버릇이 나빴던 우 순경이 내연의 처와 말다툼을 벌인 뒤 흥분 상태에서 우발적으로 저지른 사건으로 결론지었다.

당시 수사본부는 범인 우범곤의 수법이 너무 잔인해 일반인과 뇌조직이 어떻게 다른지를 가려내기 위해 국립과학수사연구소에 시신을 보내 뇌세포 검사를 하려 했으나 검사가 불가능해 이를 포기했다. 사건이 엄청났음을 말해주는 대목이다. 일부 인터넷 사이트에서는 우범곤 사건이 '짧은 시간에 가장 사람을 많이 죽인 단독 살인범'으로 세계 기네스북에 등재되어 있다는 소문이 퍼져 있으나, 세계 기네스북 협회에서는 연쇄살인이나 대량살인에 대한 기록은 등재하지 않고 있다고 한다.

사이코패스의 뇌 구조는 일반인과 어떤 차이가 있을까. 최근 연구에 따르면 사이코패스는 과거에 저지른 범죄나 일탈행위로부터 깨달음을 얻는 학습 효과를 기대할 수 없다고 한다. 그들의 뇌 구조를 연구하는 학자들은 많은 실험을 통해 그들의 처벌에 대한 인식이 일반인과 다르다는 점을 발견했다. 즉 처벌과 죄책감에 대한 학습과 연관이 있는 뇌 부위가 비정상적으로 작동한다는 것이다.

사이코패스는 자신의 감정적 변화를 잘 드러내지 않을 뿐 아니라 다른 사람의 감정도 잘 공감하지 못한다. 공격적이고 폭력적인 성향을 가졌지만 자신만만하면서 호감이 가는 성격으로 위장할 수도 있다는 것이다.

이번 예비군 총기난사 사건도 한 사이코패스가 저지른 일탈행위다. 툭 하면 때리고, 찌르고, 쏘고, 죽이는 사회. 전문가들은 모든 사건 사고의 원인으로 '분노조절 장애'를 지적하기도 한다.

인명경시 풍토가 만연한 오늘날에 원한관계에 있거나 사소한 일에도 '욱'하고 치밀면 이와 비슷한 사건은 얼마든지 재발할 수 있다. 빈발하는 흉악범죄와 일시적 흥분이 극단적 분노로 쉽게 이어지는 현

사회가 서글프다 못해 비참하기까지 하다. 사이코패스들의 일탈행위를 막을 대책이 시급하다.

『전북매일신문』 (2015. 5. 20.)

---

* 2015년 5월 13일 오전 10시 46분경, 서울 서초구 내곡동 육군 수도방위사령부예하 제52보병사단 강동 · 송파 예비군 동원훈련 영점사격 중 예비군 한 명이 뒤로 돌아서 K2 소총을 이용해 난사한 뒤 스스로 총을 쏴서 목숨을 끊었다. 이 사고로 범인을 포함한 3명이 숨지고 2명이 중상을 입었다.

5월이면 생각나는 것들

5월이다. 하늘의 봄볕은 이불 속같이 따뜻하고 산과 들엔 녹색의 향연이 펼쳐지고 있다. 난 지금 푸른 바람에 내 몸을 세탁하고, 신록의 물감으로 내 맘을 물들이고 있다.

초록바람이 쏴 하며 불어온다. 나뭇가지를 흔드는 바람소리가 귀를 맑게 한다.

5월은 가정의 달이자 유난히도 행사가 많은 달이다. 어린이날, 어버이날, 입양의 날, 스승의 날, 성년의 날, 부부의 날이 있다. 하지만 이 모든 날을 혼자서 보내야 하는 '나홀로 가정'이 해를 거듭할수록 늘어나고 있다. 여기에 가정의 달은 가정이 소중하다는 의미만큼이나 역설적으로 오늘의 가정이 위기로 치닫고 있음을 방증한다. 5월의 신록이 눈부실수록 삶의 질곡에서 느끼는 절망도 짙어진다. 노인자살률 1위, 저출산 1위, 이혼율 1위, 그리고 아동 행복지수 꼴찌….

가정은 삶의 보금자리요 행복의 요람이다. 그러기에 인간의 진정한 행복은 가정에 있다. 우리는 살아가면서 가정을 바탕으로 부부간에 얻는 기쁨과 자녀나 구성원들 간에서 얻는 보람을 느낀다. 물론 밖에서 이루어지는 사회적 성취감으로 얻는 기쁨도 있지만 괴테는 "행복은 네 곁에 있다."며 행복이 가족과 가정에 있음을 강조했다.

생각해보면 5월은 잔인한 달이자 민주주의의 대의가 숨쉬는 달이다. 5 · 16과 5 · 18 등 두 개의 역사적 사건이 자리하고 있기 때문이다. 특히 광주의 5 · 18은 분단체제가 낳은 현대사의 가장 비극적인 사건이다. 분단을 빌미삼아 군부독재가 저지른 학살만행은 아직도 국민의 가슴속에 자리하고 있다. 어찌 그들의 억울한 죽음을 잊겠는가. 만약 5 · 18 광주항쟁이 없었다면 1987년 6월항쟁도 불가능했을 것이다. 거리에서 최루탄을 맞아가며 독재 타도를 외치던 사람들, 시위대에게 박수를 보내고 손수건을 흔들고 음료수를 나눠주며 동참하던 사람들…. 그 모든 일은 광주에 대한 분노와 부끄러움이 있어 가능했던 것이다. 5월의 또 다른 역사적 사건은 5 · 16이다. 1961년 5월16일 새벽 3시, 제2군사령부 부사령관이던 소장 박정희, 중령 김종필을 비롯한 일단의 군인들이 장면 내각의 무능력과 사회의 혼란을 이유로 군병력을 동원해 제2공화국을 무너뜨리고 정권을 장악한 사건이다.

5 · 16은 쿠데타와 구국의 혁명 사이에서 아직도 방황하고 있다. 혁명과 쿠데타는 둘 다 비합법적으로 권력을 찬탈한다는 데 있다. 하지만 그 차이를 구분하는 일반적인 기준이 있다고 본다. 혁명은 피지배

계층이 선거 등 합법적인 절차가 아닌 비합법 또는 초법적으로 권력을 장악하는 것이다. 이에 반해 쿠데타는 지배계급 내의 일부 세력이 무력 등 비합법적 수단으로 정권을 탈취하는 것이라고 생각한다. 5 · 16이 혁명인지 쿠데타인지 논쟁의 핵심은 바로 그 행위의 정당성과 국민적 호응과 합의가 있느냐이다.

5 · 16 주체 세력은 당시 장면 정권이 무능하고 비전이 없기 때문에 물러나게 해야 했고, 그 후 국가 발전을 성공적으로 도모했으므로 정당한 혁명이라고 주장하고 있다. 혹자는 성공하면 혁명, 실패하면 쿠데타로 규정하고 있지만, 5 · 16은 무력으로 정권을 빼앗았기 때문에 쿠데타라고 보는 것이 타당하다고 생각한다.

5월이면 우리의 마음을 슬픔으로 내모는 게 또 있다. 경남 김해의 봉하마을 부엉이바위를 스치는 솔바람 소리다. 2009년 측근과 가족들이 금품을 수수했다는 포괄적 뇌물죄 혐의로 조사를 받았던 노 전 대통령은 그해 5월 23일 오전 자택 뒷산인 봉화산 부엉이바위에서 몸을 내던졌다.

아! 생각만 해도 가슴 저미고 아찔하다. "민주주의 최후의 보루는 깨어 있는 시민의 조직된 힘"이라 했던 노무현 전 대통령. 노 전 대통령이 가신 지 6년, 광주 민주화운동이 일어난 지 35년이 된 지금, 5월은 여전히 우리의 가슴에 쓰리고 아픈 기억으로 남아 있다. 살랑거리는 5월의 바람과 반짝이는 햇살, 신록의 물결이 눈부시다. 이 땅 민주화를 외치다 산화한 영령들을 위해 저 푸른 5월 하늘에 진혼곡이라도 울려야겠다.

『경향신문』(2015. 5. 18.)

이 등신 같은 야당을 어찌할거나

지난 4 · 29 재보궐 선거는 새정치연합에겐 그야말로 절호의 기회였다. 갑자기 터진 성완종 사태는 야권에 안겨진 대형 호재였다. 선거를 한 달여 앞두고 선물을 받아든 새정치연합은 만면에 미소를 띠었다. 대통령의 측근 인사들이 무더기로 연루됐다는 내용이 반갑기 그지없었다. 거짓말과 변명으로 일관한 실망스런 모습들을 보면서 그들은 쾌재를 불렀을 것이다. 이런 호재를 손에 쥐고 치르는 선거도 흔치 않다. 그런데도 새정치연합은 졌다. 스코어는 4:0, 치욕적이다.

무엇보다 새정치연합의 아성이라 할 수 있는 광주 서구을에서 무소속 천정배 후보가 당선됐다. 지난해 7 · 30 순천 · 곡성 보궐선거에서 새누리당 이정현 후보가 당선된 데 이어 또 하나의 이변이 아닐 수 없다. 과거 호남에선 막대기만 꽂아도 민주당(새정치연합) 후보가 당선되는 곳에서 새누리당과 무소속 후보가 잇따라 입성한 것은 호남의 정치 지형이 서서히 바뀌고 있다는 것을 말해준다. 더 주목되는 건 경기 성남 중원과 서울 관악을에서의 완패다. 성남 중원은 2012년 야권 연대 몫으로 통합진보당의 깃발이 꽂혔던 곳이다. 관악을은 27년간 여당이 당선된 적이 없는 야당의 철옹성이었지만 이번에 새누리당에 넘어갔다. 불리한 선거 구도를 극복하기는커녕 이번처럼 잘 차려진 밥상을 스스로 걷어차 버리는 이 등신 같은 야당을 어찌할까.

이번 선거에서 전해준 메시지는 너무나 간결하다. 국민은 여야가 정쟁을 접고 경제 활성화에 전력을 기울이라는 것이다. 개혁이 시급한 공무원 연금과 경제 관련 입법안 등 산적한 국정과제를 국회가 기피하지 말라고 요구를 하고 있는 것이다.

그렇다고 새정치연합은 기죽을 필요는 없다. 당당히 나가야 한다. 선거란 이길 수도, 질 수도 있다. 또 사안에 따라 강력한 대여투쟁도 필요하다. 그게 야당의 본분이다. 다만 이번 재보선에서 패배의 원인이 무엇인지 깊이 성찰하고 전열을 가다듬어 국민이 바라는 대로 좌표를 설정하고 정치에 임하면 되는 것이다.

문재인 대표는 취임 이후 '우右 클릭' 행보를 이어왔다. 좌파적 이미지를 벗고 중도 우파까지 끌어안겠다는 전략이었다. 튼튼한 국가안보, 사람 중심의 경제, 서민 복지를 위해 최선을 다하겠다고 했다. 하지만 실패했다. 유권자들은 한 번 인식한 정치인의 색깔은 좀체 바뀌지 않는다. 유권자에게 문 대표의 이념색깔은 여전히 진보좌파, 심지어 종북좌파라는 딱지까지 붙는다.

새정치연합의 패배는 새누리당이 잘했기 때문이 아니다. 또한 새누리당의 압승은 새정치연합의 잘못한 부분의 반사이익이 크다. 이를테면 어부지리다. 일부에서는 새정치연합의 중진인 천정배 · 정동영 후보를 끌어안지 못함으로써 야권이 분열되어 표가 분산된 것이라고 하는데 실은 그렇지도 않다. 서울 관악을만 빼고 인천 서구 · 강화을과, 성남 중원구, 광주 서구을에서 각각 낙선한 후보들의 표를 다 합쳐도 새누리당과 무소속으로 당선된 사람들의 표를 못 따라가기 때문이다. 물론 야권 분열이란 요인이 있겠지만 그보다는 대안세력으로 인정받지 못하는 야당, 야당의 무능이 패배의 근본적 원인이라는 게 다수의 평가다.

또한 새정치연합의 패배는 선거 기획이나 전술전략의 부재에 따른 것이다. 선거 때마다 들고 나오는 정권심판론은 지겹고, 국가적 이슈를 정쟁의 도구로만 삼으려는 태도로 보일 수 있다. 지역발전을 위해 뭘 하겠다는 야당만의 콘텐츠가 있어야 하는데 그게 없다. 야당은 아직도 1980년대 군사독재정권 때 치렀던 선거운동을 하고 있는 것 같다.

이제 선거는 끝났다. 여야는 4 · 29 민심을 깊이 새겨 민생에 진력해야 한다. 특히 새정치연합은 이번 재보선을 교훈삼아 당을 혁신적으로 바꿔야 한다. 그렇지 않고 계파 간 갈등을 빚거나 권력 투쟁에 빠지게 되면 국민이 외면할 것이다.

『전주매일』(2015. 5. 12.)

---

* 2015년 4 · 29 재보궐선거는 새정치민주연합의 참패로 끝났다. 최대 승부처로 꼽혀온 서울 관악을에서 새누리당에 의석을 내준 것은 물론 안방인 광주 서을에서도 무소속 천정배 후보에게 무릎을 꿇는 등 0대4로 전패했다. 특히 '성완종 리스트'라는 대형 호재에도 불구하고 이런 초라한 성적표를 받아든 것은 새정치민주연합에 뼈아픈 결과다.

거짓말 문화를 가꾸는 사회

거짓말을 하는 것은 나쁜 일이라고 생각하는 건 우리의 통념이다. 하지만 동시에 우리는 많은 거짓말 속에서 살아간다. 여기서 거짓말은 남에게 큰 손해를 끼치는 사기 같은 범죄는 제외하고 하는 말이다. 우리는 정직을 높이 평가하지만 언제 어디서건 본심을 말하는 게 최상의 방책인 것은 아니다. 가령 자신이 싫어하는 사람이 만나자고 할 때 신약이 있나는 핑계를 대는 대신에 "나는 당신이 싫고 그래서 만날 수 없다."고 말하는 것이 언제나 옳은 행동일까? 적당한 거짓말이 사회생활에서는 불가피할 뿐더러 때로는 필수적인 것으로 보인다.

어떤 사람은 "살아오면서 난 한 번도 거짓말을 해본 적이 없어."라고 말하는 사람이 있다. 하지만 안타깝게도 거짓말을 한 번도 하지 않았다는 말 자체가 거짓이다. 그만큼 사람은 크건 작건, 의도했던 무의식적이건, 거짓말을 한다. 사람은 장소와 상황을 막론하고 거짓말을 할 수 있다. 그리고 그것은 인간만이 가진 특징이다.

사실을 말해보자. 내가 어렸을 때, 아마 5~6세로 기억된다. 당시 나는 몸이 아파 누워 있을 때였다. 그때 어머니가 민간요법으로 만든 한약을 달여서 내게 먹이려고 하자, 나는 약이 쓸 것이라고 생각하고 도망치곤 했던 기억이 있다. 약을 먹지 않으려는 나의 의도를 알아차린 어머니는 내게 약을 먹이기 위해 "이 약은 전혀 쓰지 않고 오히려 꿀처럼 달다."고 하며 나를 꼬드기었다. 이 말에 속은 나는 종지에 담긴 한약을 한 모금 벌컥 들이켰다. 그러나 웬걸, 약은 소태같이 썼다. 그 쓴 약이 목구멍으로 넘어갈 때는 정말 참기 힘든 고역이었다. 어머님은 쓰디쓴 약을 꿀처럼 달다고 거짓말을 한 것이다.

보통, 거짓말에는 '상대의 행동을 조종하기 위한 의식적이고 책략적인 것'이라는 이미지가 있다. 하지만 현대사회를 살아가는 우리는 거짓말을 통해 자신의 입장을 유리하게 하거나 불이익을 입지 않도록 방어하는 등 거짓말을 해서 살아남는 셈이다. 즉 거짓말은 효과적으로 살아남는 힘이 된다.

거짓말에도 여러 종류가 있다. 해롭지 않은 하얀 거짓말도 있고 백해무익한 거짓말, 꼭 필요한 거짓말, 남을 해치는 거짓말, 무서운 거짓말이 있다. 알고 보면 속마음을 드러내지 않기 위해 하는 반대의 말도 거짓말이고, 겸손이랍시고 자신을 낮추는 말도 거짓말이다. 지나친 아부와 칭찬의 말 역시 거짓말이다. 시치미를 뚝 떼고 모른 척하는 것도 거짓말이다.

이처럼 사람들은 일상에서 거짓말 문화를 가꾸며 살아가고 있다. 순간 거짓을 꾸미면 보다 좋은 사회생활을 하고 인간관계를 유지할 수 있기 때문이다. 또한 말은 커뮤니케이션의 수단이므로 정확한 정보뿐만 아니라 거짓 정보를 전하기도 한다.

거짓말쟁이일수록 거짓말은 나쁘다고 생각한다. 그렇다면 거짓말은 정말 나쁜 것일까? 이 세상 누구도 거짓말에서 자유로운 사람은 단 한 사람도 없을 것이다. 사람이 일생을 살면서 단 한 번도 거짓말을 해본 적이 없다면 그것이야말로 진짜 대단한 거짓말일 것이다.

도벽이나 도박을 하는 이들의 거짓말은 정말 병적일 것이다. 사기꾼들의 거짓말 역시 위험한 거짓말이다. 사기꾼이나 사이비 종교지도자의 경우는 나쁜 거짓말의 전형이 아닐까? 일부 정치인들의 말도 나쁜 거짓말의 예가 될 것이다.

최근 '성완종 리스트'에 오른 8인의 여권 실세들이 '거짓말'에 여지없이 무너지고 있다. 이완구 총리의 '사퇴'가 수리된 것은 그의 연이은 거짓 해명이 결정타였다. 이 전 총리는 불법 정치자금 의혹에 대해 잦은 말 바꾸기로 신뢰도가 땅에 떨어졌다. 그런 태도는 국민의 의심을 더욱 자극, 최종 의혹인 '불법 정치자금 수수'에 대한 확신만 심은 꼴이다. 작은 거짓말은 큰 거짓말로 이어지게 마련이고, 그것이 결국은 엄청난 소용돌이에 휘말리게 된다는 사실을 직시해야 한다. 나머지 인사들 역시 진솔하지 못한 발언으로 자충수를 두고 있다는 지적이다.

가정에서, 학교에서, 사회에서 거짓말은 해서는 안 될 나쁜 말이라고 배우면서도 왜 거짓말을 하고 있는지에 대한 생각을 해본 적이 없다. 나이가 들어 책을 접하고 생각을 하게 되면서 최대한 거짓말은 말아야겠다는 생각을 하게 된다. 무심코 내뱉은 자신의 거짓말이 되레 자신의 발목을 잡는 경우를 뉴스로 접하게 되면서 거짓말을 하지 말아야겠다는 생각이 들기도 한다. 비록 선의의 거짓말일지라도….

『전북매일신문』 (2015. 5. 4.)

잇단 '총리 블랙홀', 여당이 책임져야

이완구 총리가 결국 사퇴했다. 이는 자업자득이며 사필귀정이다. 이 총리는 故 성완종 전 경남기업 회장으로부터 3,000만 원의 불법 정치자금을 수수한 의혹을 받아왔다. 그는 성 전 회장과의 관계에 대해 의혹을 해명하는 과정에서도 거듭된 말 바꾸기 등으로 신뢰를 잃었던 터라 야당은 물론 여당에서조차 사퇴 압박을 받아왔다. 검찰 수사 결과 지난 1년 동안 이 총리와 성 전 회장 사이에 휴대전화 착·발신이 217차례나 있었던 사실이 밝혀졌다. 심지어 이 총리는 자신의 인척인 서울 한 검찰청의 일반직 간부를 통해 검찰 수사 상황을 파악하려고 했다는 의혹에 휘말렸다.

이완구 후보가 총리로 임명된 후 그 재임 기간은 불과 70일이다. 최

단명 총리로 기록되게 됐다. 그가 성완종 리스트 사건으로 중도하차하게 됐지만 따져보면 총리 후보자 지명 때부터 가지 많은 나무에 바람 잘 날이 없었다. 그는 인사청문회 과정에서 병역 회피, 부동산 투기, 언론 외압 의혹이 제기됐을 때 정직성과 신뢰성에 큰 문제를 드러냈다. 특히 일부 기자들과의 오찬 자리에서 이른바 '김영란법'을 들먹이며 '협박성' 발언을 했다는 논란을 빚으면서 '말을 너무 함부로 한다.'는 비난에 휩싸였다. 그는 국회의원들의 거듭된 추궁에 "그런 말을 한 적이 없다." "그런 녹취록이 있으면 틀어달라."며 완강히 부인했다가 실제로 녹음파일이 공개되자 "반어법적 표현이었다." "찬찬히 생각해보니 그런 점도 없잖아 있는 것 같다."고 슬쩍 말을 바꿨다. 그의 이런 거짓말이 그가 성 회장과의 관계와 독대 여부, 3,000만 원 수수 의혹 해명에서 보여준 행태와 뭐가 다른가. 많은 국민들이 그의 말을 신뢰하지 않는 것도 최근 그가 보여준 의혹 해명에 금이 갔기 때문이다.

이번 성완종 사건은 현직 국무총리에, 대통령의 전 · 현직 비서실장 전원, 집권세력 핵심 인사가 대거 연루됐다. 하지만 성완종 리스트가 불거진 이후 당사자들은 하나같이 시치미를 뗐다. "일말의 근거도 없는 황당무계한 허위", "1원 한 푼 받은 적이 없다.", "황당무계한 소설이다. 단 1원이라도 받았으면 정계에서 은퇴하겠다.", "돈을 전달받은 사실이 없다. 검찰 수사에서 밝혀내야 할 일이다.", "뜬금없다. 나와는 상관이 없다." 등등….

참으로 뻔뻔스럽다는 생각을 지울 수가 없다. 금방 탄로날 거짓말을 참말인 듯하는 사람들. 비즈니스 사회의 거짓말, 광고에서 하는 상품에 대한 거짓말, 국민을 위해 일한다는 새빨간 정치인들의 거짓말, 우리는 거짓말의 홍수 속에 살고 있다.

이번 성완종 사건으로 국무총리가 중도에 하차하게 된 책임은 전적으로 청와대와 정부 여당이 져야 한다. 지금까지 박근혜 정부는 총리 2명 사퇴에 후보자 3명이 낙마하는 수난을 겪었다. 김용준, 안대희, 정홍원, 문창극, 이완구로 이어지는 총리 블랙홀은 국력낭비와 국정공백을 가져왔다. 특히 지난 2월 이완구 총리 후보는 국회 인사청문회 과정에서 여러 의혹이 밝혀져 일부 국민과 야당으로부터 부적격자로 판명되었다. 그런데도 새누리당은 '총리인준 단독 표결'이니, '이탈표 방지'니, 하며 표 단속에 총력을 쏟아 결국은 야당이 반대표를 던진 표결에서 간신히 가결됐다. 새누리당이 절대 찬성표를 던진 것이다. 이후 이완구 총리는 어찌됐는가. 그는 짧은 재임 기간 중에 성완종 리스트에 올라 입만 열면 말 바꾸기로 일관했다.

박근혜 정부 들어 국무총리를 비롯, 각 장관의 잇단 낙마는 청와대 인사검증 부실에서 비롯됐다. 그런 자격 없는 사람들을 인재랍시고 추천하고 임명한 게 큰 잘못이다. 새누리당도 뭔 배짱으로 밀어붙이고 이제 와서 딴소리하는지 모르겠다. 국민을 손바닥 위의 공깃돌로 보고 얼마든지 꼼수 부려 몰고 다닐 수 있다고 업신여긴 것이다. 이거야말로 오만방자한 태도다.

로또권력독식 탐욕에 혈안이 된 오늘의 정치판을 바꿔야 한다. 그렇지 않으면 정경유착 등 검은돈의 거래는 쉽게 사라지지 않을 것이다. 예를 들어 단 한 차례라도 불법 정치자금을 받았을 경우엔 평생 정치를 못하게 법을 제정하는 것이다.

아무튼 이 총리의 사퇴는 국정 혼란을 수습하는 계기가 돼야지만 그렇다고 모든 게 끝난 건 아니다. 이제부터 시작이다. 우선 검찰은 '성완종 리스트' 파문과 관련된 불법 정치자금 의혹 수사에 박차를 가해야 한다. 이 총리와 홍준표 경남지사 등 리스트에 오른 8명은 물론 이참에 정경유착 비리를 송두리째 뽑아야 한다.

『전북도민일보』 (2015. 4. 28.)

* '성완종 리스트'에 오른 이완구 국무총리가 재임 63일(2015년 4월 20일)만에 전격 사의를 표명함에 따라 결과적으로 박근혜 정부에서 모두 2명의 총리가 사퇴하고 3명의 총리 후보자가 낙마하는 수난사가 쓰였다.

인간에게 '밥'이란 무엇인가

인간을 둘러싼 모든 문제는 바로 먹는 것에서부터 시작된다. 인간은 이 문제를 놓고 오래전부터 고민해왔다. '먹고살다.'라는 동사는 '먹다.' 라는 동사와 합쳐져 하나의 단어가 되었다. 먹는다는 것과 산다는 것은 각각 다른 의미를 지닌 말이지만 결코 분리될 수 없는 하나의 의미가 된 것이다.

"인간이 먹어야 산다."라고 할 때, 때론 먹기 위해 사는지 살기 위해 먹는지 헷갈릴 때가 있다. 일을 하다가도 때가 되면 밥 먹자고 일어선다. 날마다 삼시 세끼를 먹어야 하는 밥이지만 밥의 의미는 각별하다. '밥 먹었냐'가 인사가 되고, 사람을 만나자는 이야기도 흔히 '밥이나 같이 먹자.'라는 말로 대신한다. 그래서 밥상머리에서 마주하는 가족은 밥을 함께 먹는 '식구食口'가 되고, 이 외연은 더욱 넓어져 한직장에서 함께 일하는 동료는 '한솥밥' 먹는 사이가 된다. 한솥밥을 강화하는 의미는 회식으로 이어지며, 함께 밥 먹고 술 마시는 사이로 진전된다. 학창 시절과 사회생활의 사귐도 모두 밥을 매개로 이루어지며, 애인을 사귀는 것도 그러하다. 혼자 먹는 밥이란 쓸쓸하기 짝이 없고, 다만 배고픔을 면하고자 먹을 뿐이다.

인간의 행복은 여러 가지가 있다. 대부분의 사람들은 돈, 명예, 권력, 사랑 또는 안정된 소속감에서 행복을 찾으려 한다. 하지만 행복을 결정하는 열쇠는 바로 우리의 '생각' 속에 들어 있다. 행복은 순간순간 느끼는 희열이며, 때론 밥을 먹을 때가 가장 행복할 수도 있다. 허기진 배를 달래주는 것만큼 행복한 것은 없다. 인간은 밥을 먹지 않으면 죽는다. 밥이 아니라도 위에 음식물이 채워지지 않으면 안 된다. 우리는 하루 세끼 밥을 먹어야 한다. 인체는 밥을 먹고 위에서 소화를 시켜서 소장과 대장과 항문을 통해 배설을 해야 생을 유지할 수가 있다. 먹고도 배설하지 않으면 죽는다. 인체가 그렇게 만들어져 있다. 먹지 않으면 죽는다. 살기 위해서 먹어야 한다. 그래서 '먹다'와 '살다'가 '먹고살다.'로 통일되는 것은 당연하고 자연스러운 일이다. 그러므로 인간은 먹고사는 존재이다. 이것이 인간을 이해하는 출발이다.

밥은 비단 사람과의 관계만이 아니다. 신과의 접촉에도 어느 종교, 어느 문화권에서나 음식이 함께한다. 굿판이 벌어지면 온갖 떡과 음식이 가득한 상이 차려지고 이 음식들로 신을 맞는다. 아무리 없는 살림에 보잘것없는 신과의 만남에도 밥 한 그릇이 없을 수 없으며, 하다못해 부녀자가 치성을 드리는 데에도 맑은 물 한 그릇을 떠놓고 빈다.

그렇다. 밥은 생명의 원천이다. 인류의 생명줄이다. 밥식食 자의 구조를 보라. 사람인 변에 좋은 량 자를 쓴다. 밥식 자가 인人과 량良으로 구성되어 있다는 것은 매우 뜻이 깊다.

인간은 다이아몬드나 보석을 먹고는 살 수가 없다. 밥을 먹어야 힘이 생기고 힘이 생겨야 일을 할 수 있다. 공자는 정치의 첫째 원리로서 족식을 강조했다. 국민의 의식주를 흡족하게 하는 것이 치국의 근본이다.

최근 무상급식을 중단한 홍준표 경남지사와 경남도가 여론의 뭇매를 맞고 있다. 경남에선 홍준표 지사를 규탄하는 시위가 이어지기도 했고, 진주의 한 초등학교에서는 학부모들의 '솥단지 급식'이 진행되기도 했다.

그런가 하면 초등학교 4학년 학생이 쓴 유상급식으로 괴롭다는 일기도 온라인에서 화제다. 게다가 한 경남도의원은 무상급식 폐지에 대해 항의 문자를 보낸 학부모에게 문자 남발하는 돈으로 급식비 당당하게 내라며 막말을 해 파문이 거세다.

여기에 경남도는 학부모들을 중심으로 벌어지는 무상급식 중단 반대엔 "종북세력을 포함한 반사회적 정치집단의 불순한 정치투쟁"이라고 선언한 바 있다. 참으로 어린이 밥그릇까지 종북 딱지를 붙이다니, 한심한 발상이 아닐 수 없다. 자신의 정책에 반기를 들면 무조건 종북이라고 몰아붙이는 것은 금도를 넘은 저질 선동정치다.

사실 무상급식이라는 말 자체가 잘못된 것이다. 세상에 무상은 없는 것이고, 누군가는 돈을 내야 하는 법이기 때문이다. 즉 무상급식 논란은 누가 밥값을 낼 것인지의 문제이고, 더 나아가 왜 교육 공공성을 확대해야 하는가의 문제다. 중요한 것은 초·중학교 교육이 의무교육인 만큼 무상급식이라는 용어 자체도 의무급식으로 바꿔야 한다. 그러면 이 논란 자체가 불필요해질 것이다.

『전북매일신문』(2015. 4. 21.)

봄꽃

봄꽃이 만발했다. 전국 어디에 가나 가히 꽃 천지다. 섬진강 매화를 시작으로 목련, 개나리, 진달래가 만개하더니 드디어 봄의 진객 벚꽃이 일제히 꽃망울을 터트렸다. 봄꽃이 지천으로 피기 시작한 날, 나에 대해 당신에 대해 우리 사회와 이 나라가 꽃처럼 환했으면 얼마나 좋을까.

남녘 봄은 섬진강에서부터 거슬러 온다. 제주도를 밝힌 꽃불이 하동과 광양을 거쳐 3월 중순 섬진강가의 매화로 내려앉는다. 광양 쫓비산 언덕에 소금 뿌리듯 백매白梅가 만발하면 전남 구례 산동마을에 산수유가 꽃구름으로 내려앉는다. 이에 질세라 4월 초 섬진강 동쪽 하동 화개장터에서 쌍계사까지 10리 벚꽃터널이 장관을 이룬다. 전국

각지의 상춘객들은 이 틈을 타 몰려든다. 그야말로 섬진강은 열꽃 돋듯 피고 지는 꽃으로 한 달 내내 봄을 앓는다.

사람마다 개성이 다르듯 모든 꽃은 저마다 특징이 있다. 목련은 흰색으로 우아하게 피지만 가히 왕관처럼 빛난다. 나무에 피는 크고 탐스런 연꽃에 비유한다. 목련은 향기도 좋아서 예로부터 많은 사람들에게 널리 사랑받아 왔다. 꽃말은 고귀함, 자연애, 숭고한 정신이다.

개나리의 '개'는 '야생의 상태'를 의미하고, '나리'는 흔히 말하는 '백합'의 순수 우리말이다. 즉 우리나라 고유 야생화인 것이다. 봄이 오면 개나리는 어김없이 전국을 노랗게 수놓은 '봄의 전령사'로 인식하고 있다. 담장에 개나리꽃이 피면 마치 노란 봇물이 일시에 터지는 느낌이다. 이 개나리꽃을 우리 선조들은 '만리화萬里花'라고 불렀다. 화사하고 풍성한 노란 꽃이 만리 밖에서도 보인다 하여 붙인 이름인 것. 개나리의 꽃말은 '희망'과 '깊은 정'이다.

진달래는 한국에서 아주 오래전부터 개나리와 함께 봄을 알리는 대표적인 나무로 사랑받아 왔다. 봄철 양지바른 언덕이나 비탈진 산 등 어디에서나 꽃을 볼 수 있을 만큼 널리 퍼져 있다. 개나리가 주로 양지바른 곳에서 잘 자라는 반면 진달래는 약간 그늘지고 습기가 있는 곳에서 잘 자란다. 가지가 많이 달리기 때문에 가지치기를 해도 잘 자라며 추위에도 잘 견딘다.

진달래를 '두견화杜鵑花'라고도 한다. 이는 두견새가 밤 새워 피를 토하며 울어 그 피로 꽃이 분홍색으로 물들었다는 설화에서 유래됐다. 탐스럽게 핀 고려산 진달래 가지로 꽃방망이를 만들어 앞서가는 여성의 등을 치면 사랑에 빠지고 남성의 머리를 치면 장원급제 한다는 재미있는 전설도 전해진다.

지금 연분홍 진달래가 한국의 비탈진 산야에 일제히 불타올랐다. 은밀한 바위틈을 비집고 수줍은 촌 새색시 볼처럼 피어 있는 진달래꽃. 분홍빛 고운 꽃잎은 또 다른 봄의 설렘으로 가슴 가득 다가왔다. 진달래꽃은 전으로 부쳐 먹을 만큼 식용과 약으로도 사용되고 있다. 꽃말은 사랑과 기쁨, 희열이다.

진달래에 이어 벚꽃이 만개했다. 화사한 벚꽃 아래 서면 눈이 부실 정도다. 벚꽃나무 아래 서면 내 마음도 희다. 하지만 순백의 꽃잎은 비바람에 떨며 낙화하고 있다. 누운 꽃잎을 밟지 않으려고 꽃잎이 진 자리를 피해 가지만 꽃잎은 이미 누군가에게 밟혀 피멍이 들어 있다.

봄은 꽃들의 축제다. 많은 꽃들이 치열한 개화 다툼을 벌인다. 그러나 개화와 낙화, 설렘과 이별의 아쉬움이 교차되는 길목이다. 꽃은 피면 반드시 낙화한다. 벌써 순백의 하얀 목련은 추하게 아스팔트 위를 뒹굴고 있다. 남녘의 매화는 이미 꽃비로 내렸다. 내리는 봄날도 그리 길지 않았고, 저 꽃들의 흔적들도 이내 사라질 것이다.

> 花開昨夜雨(화개작야우), 어젯밤 비에 꽃이 피더니/花落今朝風(화락금조풍), 오늘 아침 바람에 꽃이 졌구나/可憐一春事(가련일춘사), 가련하다 한 봄의 일이여/往來風雨中(왕래풍우중), 비바람 속에서 왔다가는구나/(조선 중기 송한필의 시에서)

떨어진 꽃을 보면서 잠시 생각에 잠긴다. 식물은 환경을 탓하지 않고 자연에 순응하면서 저마다 꽃을 피우고 열매를 맺듯, 이 사회에서 낙화한 꽃처럼 살아가는 이들을 떠올려본다. 오로지 승자만이 살아남는 치열한 경쟁사회에서 패자들이 감내해야 할 아픔은 당연한 것처럼 여겨진다. 이런 생각들은 보편화되어 경쟁에서 밀린 이들조차도 자신들의 탓으로 돌린다. 경쟁에서 이긴 자들은 자신들이 누리는 모든 것은 당연한 권리라고 여긴다. 그러나 만일 떨어진 꽃이 없었다면, 저마다 열매를 맺을 수 없을 것이다. 낙화가 있었기에 남은 꽃들이 튼실한 열매를 맺을 수 있었으니, 떨어진 꽃들에게 감사하는 마음을 갖는 건 당연한 것 아닐까?

「전북중앙신문」(2015. 4. 13.) 「새만금일보」(2015. 4. 14.)

젊은 여자의 흡연

길을 걷다 보면 예쁜 아가씨들이 건물 귀퉁이에 서서 폼을 잡고 담배 피는 모습을 간혹 보게 된다. 사람들의 왕래가 잦은 도심 대로변에서도 그렇다. 젊은 여성들이 아무 거리낌없이 담배를 피우는 것이다. 이 같은 모습은 특히 버스터미널에서 종종 목격된다. 옆에 나이 드신 어른이 있든 말든 개의치 않고 자연스럽게 담배를 꼬나물고 피운다.

이런 모습을 보면 많은 사람들은 마치 이상한 사람을 보듯 담배 피는 여성을 힐끔 쳐다본다. 길을 걷던 사람들은 가던 걸음을 잠시 멈추고 돌아보는 사람도 있다. 이를 두고 나이 지긋한 분들은 '세상 정말 좋아졌다.'는 이야기를 하기도 한다. 담배가 아무리 기호품이라고 해도 보수적인 우리 사회 분위기에서 젊은 여자가 담배를 피우면 아니꼬운 눈으로 눈을 치켜뜨고 쳐다보기 마련이다.

그렇다. 어른들의 말마따나 세상 많이 변했고 좋아졌다. 옛날에는 여자들이 술 마시는 것조차도 흉이 되었다. 술은 그야말로 남자들의 전유물처럼 여겼다. 그런데 지금은 어떤가. 술 마시는 여자들을 두고 힐끔거리거나 수군거리는 일은 없다. 오히려 요즘은 젊은 여자들이 남자들보다 술을 더 잘 마신다. 각종 모임이나 회식 자리에서도 젊은 여자들의 술판은 자연스럽게 이루어진다. 이를 제지하는 사람은 아무도 없다. 그런데도 유독 여성들, 그것도 젊은 여자들의 흡연을 대하는 사람들의 인식은 예전과 크게 달라지지 않은 것 같다. 외국인이거나 나이가 지긋한 여성에 대해서는 그러려니 하는 분위기지만, 젊은 여자의 흡연에 대해선 여전히 배타적이다.

사실 흡연에 대한 예의가 한국만큼 까다로운 나라도 없을 것이다. 중국이나 일본만 봐도 연장자 앞에서 담배를 피워도 아무 거리낌이 없다. 담배는 기호품이다. 연장자 앞에서 커피를 마시지 말라는 거랑 뭐가 다른가? 생각해 보면 아무것도 아니다. 조선 시대 성리학자들이 일상생활의 사소한 것 하나하나에 다 예법을 만든 결과가 아닐까?

그러나 나는 개인적으로 젊은 여성들이 담배 피우는 것을 싫어한다. 그 이유는 첫째, 아기를 낳아야 하기 때문이다. 남녀의 가장 큰 차이점은 여자는 아기를 낳아야 한다는 것. 여자가 담배를 피워서 체내에 니코틴과 더불어 담배의 나쁜 성분을 축적하고 있다면 당연히 아기의 건강에도 나쁠 것이다. 이건 의학을 떠나서 상식에 속한다. 물론 담배를 핀다고 해서 모두 건강한 아기를 낳지 못하는 건 아니다. 아무 탈 없이 낳는 경우도 많다. 하지만 담배를 피지 않는 여성에 비해 건강한 아기를 낳지 못할 확률이 높다는 것이다.

둘째, 여자는 본능적으로 아름다움을 추구한다. 연예인처럼 S라인에 외모 지상주의를 말하는 것이 아니라 남자가 가질 수 없는 여자로서의 아름다움을 말하는 것이다. 보통의 여자라면 자기가 예뻐 보이길 원할 것이고, 그렇게 하기 위해서 많은 노력을 할 것이다. 그런 여자의 몸에서 담배 냄새가 나고, 입 · 코에서 담배 연기를 내뿜고 있는 모습을 보면 그다지 예쁜 모습은 아닐 것이다.

셋째, 담배는 백해무익하고 남녀 공히 건강에 해롭다. 남자가 담배를 피면 정자 수가 줄어 불임의 원인이 된다는 연구가 있다. 하지만 여자가 담배를 피는 것이 남자가 피는 것보다 더 건강에 좋지 않다는 연구 결과도 있다. 젊은 여싱들이 오랫동안 담배를 피우면 유방암 발병률이 크게 높아지고 척추노화를 앞당길 수 있다는 것이다. 아기도 낳아야 하고 예뻐 보이길 원하는 여자의 특성상 담배를 피는 것이 그리 좋지만은 않다. 건강과 아름다움과 장래 태어날 2세를 위해서라도 젊은 여성들은 가급적 담배를 피지 않는 게 좋을 것이다. 그래도 피고 싶다면 출산 후에 피라고 권하고 싶다.

사람은 몸에 좋다면 뭐든지 먹지만 건강에 해롭다는 담배는 지속적으로 핀다. 이 중 청소년 계층과 여성 흡연율은 계속 늘어나는 추세라니 나라 장래가 걱정된다. 선진국은 담배 피는 율이 줄어든다는데 우리나라 청소년들의 흡연율은 날로 늘어 세계 1위라니 놀랄 일이 아닐 수 없다. 물론 10대 중고생들의 흡연 문제가 어제오늘 일만은 아니다. 커피 전문점이나 카페에 가보면 10대 후반 남녀들이 자랑스런 모습으로 담배를 피는 것을 많이 볼 수 있다. 삼삼오오 앉아서 연거푸 피워

대는 모습을 보면 눈살이 찌푸려지지만 어쩔 수 없이 지켜봐야만 한다. 설마 내 아들딸은 아니겠지?

『전북도민일보』 (2015. 4. 8.)

군 정신무장 강화해야

광복 70주년을 맞아 대한민국 군인의 모든 군복에 태극기가 부착된다고 한다. 국방부는 태극기를 붙일 수 있는 벨크로(일명 찍찍이)를 부착한 군복과 태극기 패치를 제작해 10월까지 순차적으로 전 장병에게 보급할 계획이다. 군이 총체적 난국을 비켜가려는 일회성 행사 아니냐는 의구심도 있지만 일단 환영할 만한 일이다. 단순한 이벤트에 그치지 않도록 주의를 기울여야 한다.

우리나라는 현재 해병대, 카투사, 민정경찰, 해외파병군 등의 전투복에만 태극기를 부착하고 있다. 대부분의 장병은 군복에 부대 마크만 붙인다. 모든 장병 군복에 태극기를 부착하기로 한 것은 국가와 군에 대한 자긍심을 높이자는 취지이다.

흰 바탕에 홍청紅靑의 태극문양을 가운데 두고 사방에 4괘를 그린 태극기는 대한민국을 상징하는 국기이다. 우리는 태극기를 보며 마음이 뭉클했던 추억의 한 장면들이 있을 것이다. 특히 올림픽에서 금메달을 따 시상식 장면에서 올라가는 태극기를 보면 가슴이 뭉클하고 찡하다.

물론 군복에 태극기만 붙인다고 자긍심이 절로 생기는 건 아니다. 군은 국가관이 투철해야 하고 청렴결백해야 한다. 그런데 오늘의 우리 군을 보면 속이 터지다 못해 분노가 치민다. 군대 내의 선임병들의 후임병 구타와 성폭력, 각종 방산비리가 꼬리를 물고 터져나오고 있기 때문이다.

지난해 8월 진수식을 마치고 해군이 인수하려고 절차를 밟고 있는 차기호위함(FFX · 2300t) 4번함인 강원함의 운항이 중단됐다고 한다. 해군에 인도하기 위한 시험운항을 하던 중 닻이 떨어져나가며 함정 밑 부분에 설치된 음향탐지기(HMS)를 파손시켰다는 것. 이 같은 결함이 발견됨에 따라 군의 전력화 일정에도 지연이 불가피해졌다. 도대체 어떤 불량부품을 사용했기에 수천억의 돈을 들여 만든 군함이 맥없이 망가지는가. 생각건대 이 과정에서 누군가 금품을 수수하고 눈감아 주는 등의 비리가 있었는지 의심되는 대목이다. 정부는 발주기관과 하청업체 그리고 중간 무기 거래상 모두 전수조사해서 비리가 드러나면 엄벌에 처해야 한다.

요즘 군의 기강이 속된말도 개판이다. 국가안보를 갉아먹는 매국노들을 더이상 놔둬선 안 된다. 전직 해군참모총장 2명을 비롯한 전 · 현직 고위 장교들이 방위사업 비리 사건에 줄줄이 쇠고랑을 찼다. '군피아'의 복마전이라는 말이 나올 정도다. 그런데도 군은 방산 비리의 심각성을 제대로 인식하지 못하는 것 같다. 한심한 일이다. 과연 이들이 전쟁이 나면 나라를 지킬 수 있을지 의구심이 들 정도다. 더욱이 군 당국은 '군피아'를 제대로 처벌하지도 않고 있다.

얼마 전 방산비리로 구속되었던 현역 군인 5명 중 4명이 풀려났다. 통영함 · 소해함 납품비리, 불량 방탄복 납품비리 등을 저지른 범죄자들을 풀어준 것이다. 국민혈세를 도둑질하고 국가안보를 저해한 죄를 엄중히 처벌하기는커녕 오히려 감싸고 돌다니, 국민의 분노는 가히 하늘을 찌른다. 일부에서는 군피아들을 극형에 처해야 한다는 주장도 있다. 이러한 '제 식구 감싸기'식 처벌을 보면 향후 방산비리로 적발되는 '군피아'들을 제대로 처벌할 수 있을지 의문이다.

성폭력을 포함한 군대 안의 폭력을 없애고, 세금 축내는 방산비리가 사라져야 한다. 전쟁이 났을 때 몸을 던져 적을 섬멸할 수 있는 용기와 능력이 있을 때 애국심이 우러나는 것이다. 형식이 실질을 따라가지 못하면 태극기 단 군복은 오히려 태극기의 의미를 무색하게 만든다. 따라서 군복에 태극기를 붙인다고 나라와 군에 대한 자긍심이 저절로 생기지 않는다. 정신자세부터 달라져야 한다. 과연 나라를 지킬 자격과 능력이 있는지 자문하면서 정신무장을 새롭게 해야 한다.

『전북매일신문』(2015. 4. 7.)

---

* 국방부는 2015년 10월부터 모든 장병의 군복에 태극기를 부착한다고 밝혔다. 군인으로서의 자긍심을 고양하고 나라사랑의 정신과 소속감을 높이기 위해서다.

조현아, 구치소에서 반성 기회 가져야

이른바 '땅콩 회항' 사건으로 검찰수사를 받고 있는 조현아 전 대한항공 부사장이 지난달 30일 구속됐다. 증거인멸 및 강요 혐의를 받는 대한항공 객실승무본부 여 모 상무도 함께 구속됐다. 사필귀정이다. 재벌 딸이라고 해서 죄짓고 죗값을 안 받으면 국민의 법 감정에 어긋날 뿐 아니라 형평의 원칙에도 어긋난다. 일부에서는 조 씨가 영장실질심사를 받고 있을 때 '설마 재벌 딸을 구속까지 시키겠는가.'하고 의구심을 갖는 이도 있었지만 결과는 달랐다. 죄도 죄인지라 판사도 따가운 국민 여론을 의식하지 않을 수 없었을 것이다. 만약 영장이 기각됐더라면 어땠겠는가. 틀림없이 재벌 딸이니 봐줬다는 둥, 재벌 앞에 손을 들었다는 둥, 비난여론이 비등했을 것이다. 다만 국민들은 국토부도 조직적으로 사건 은폐에 가담했을 것이라는 의구심을 지울 수 없다. 이 점 국토부에 대한 검찰수사가 뒤따라야 한다고 본다.

그러나 생각해보면 조 씨가 비행기 안에서 벌인 그 구체적인 내용을 솔직히 털어놓지도 않고, 진정한 사과는커녕 적반하장 식으로 직원들에게 책임을 떠넘기고, 사건의 실체마저 왜곡하려 했던 게 일을 여기까지 키웠다. 아니, 되레 조현아 씨 동생 조현민 씨가 "내가 복수하겠어."라는 문자를 보낸 사실로 인해 또 한 번 물의를 빚었다. 돌이켜보면 이번 사건을 전후해 조 전 부사장과 대한항공 경영진의 행태엔 별 변화가 없었다. 단순 오너가 돈이 많다는 이유로 제왕적 행태를 일삼고 있다는 것이다.

조현아 씨의 행태는 생각만 해도 아찔하다. 승무원이 손님에게 땅콩을 접시에 담아주지 않고 봉지째 줬다고 고성을 지르다 못해 손으로 승무원의 어깨를 밀치고, 무릎을 꿇은 채 매뉴얼을 찾는 승무원을 일으켜 세워 또 밀었다니. 특히 당시 박 모 사무장에게 욕설을 하고 폭행까지 했다는 주장도 제기되고 있다. 매뉴얼을 어긴 승무원에게 고함을 치고 훈계를 주는 것까지는 이해한다 해도 상공을 나는 비행기를 회항시켜 사무장을 내리게 했다는 게 선뜻 이해가 안 간다. 설사 승무원이 잘못했으면 비행기가 착륙한 후 조용히 사무실로 불러 잘못을 지적하는 게 옳았다.

조현아 씨의 상식 밖의 행동은 이번이 처음이 아니다. 조 씨는 6년 전 자신이 이사로 있었던 인하학원 이사회에서 당시 홍승용 인하대 총장에게 폭언을 퍼부었고, 홍 전 총장은 딸 같은 사람에게 지적받은 것에 자존심이 상해 총장직에서 스스로 물러났다는 것이다. 이게 사실이라면 조 씨의 행태는 재벌을 등에 업고 천방지축으로 날뛰는 고삐 풀린 망아지나 다름없다.

우리나라 재벌들은 모든 것을 '힘'으로 밀어붙이려는 습성이 있다. 힘을 가지려는 것은 인간의 본능적 욕구이다. 사람들은 힘을 가지려고 온갖 노력을 다한다. 그 힘은 바로 '돈'이다. 돈이 많으면 원하는 것을 더욱 쉽게 얻을 수 있기 때문이다. 좋은 학교에 가는 것도, 출세하는 것도 요즘은 돈이 있어야 가능하다. 따라서 우리 사회에 나타나고 있는 만악萬惡의 근원은 돈의 집중이다. 특정인에게 돈이 집중되어 있으면 인간관계의 균형이 깨어지고, 특정인에 의한 횡포가 나타난다. 그리고 사회정의는 무너진다. 법을 통해 힘의 횡포를 방지하고 정의를 실현시키려고 해도 힘의 집중이 과도하면 이러한 제도적 장치가 제대로 작동하기 어렵다. 힘이 법보다 위에 설 수 있기 때문이다. 이는 과거 '유전무죄 무전유죄'에서 여실히 증명된 바 있다.

과거 중국의 모택동은 "권력은 총구에서 나온다."라고 했다. 무력이 가장 큰 힘이라는 의미였을 것이다. 그러나 이제는 '권력도 돈에서 나온다.'라고 말하는 것이 더 타당한 사회가 되었다. 결국은 돈이다. 돈이 있어야 사람 대접을 받는다. 우리 사회의 아킬레스건이 되고 있는 양극화와 재벌 문제가 바로 돈에 뿌리를 둔 힘의 문제이다. 힘이 금력을 가진 재벌에게 집중되어 있기 때문에 재벌을 중심으로 하는 재벌 우호 세력과 그 외 세력 간에 심각한 양극화가 만들어지는 것이다. 그리고 그 양극화가 점점 심화되면서 힘의 남용이 나타나고 사회가 어지러워진다.

이제 조현아 씨는 구속되고 그의 죄와 형벌은 법정에서 가려지게 됐다. 그렇다고 그가 법정에 서게 된 것으로 모든 사건이 다 마무리된 것은 아니다. 이번 일을 큰 교훈으로 삼아, 조양호 회장과 대한항공 경영진이 환골탈태하는 모습을 보여주지 못한다면, 대한항공의 앞날은 어둡다. 비록 조 씨가 아무리 잘났고 돈이 많아도 세상은 그의 뜻대로 움직이지 않는다는 것을 느꼈을 것이다.

아무튼 귀하신 공주가 구치소에서 새해를 맞게 돼서 안됐지만, 조 씨는 세상은 돈으로 안 되는 일도 있다는 것을 깊이 깨닫고 구치소에서 자신의 설익은 인격을 수양하고 반성하는 기회로 삼기 바란다.

『전북도민일보』(2015. 1. 7.)

---

* '땅콩 회항' 사건으로 1심에서 징역 1년형을 선고받았던 조현아 전 대한항공 부사장이 검찰에 구속된 뒤 143일 만에 풀려났다. 서울고법 형사6부(재판장 김상환)는 2015년 5월 22일 조 전 부사장의 '항로 변경' 혐의에 대해 1심과 달리 무죄로 판단해 징역 10월에 집행유예 2년을 선고했다.

양처럼 착한 일만 있었으면

2015년 을미년乙未年년 새해가 밝았다. 매일 뜨고 지는 해가 1월 1일이라고 해서 별다를 것은 없을 것이다. 오히려 태양도 시일이 지나면 변화하고 식어간다. 그런데도 어떤 사람들은 새해가 되면 정동진이나 동쪽 끝으로 가서 새해 첫날 떠오르는 태양에다 소원을 빈다. 태양에 소원을 빈다고 바라는 소원이 이루어질까? 다만 매일 뜨고 지는 태양도 연말이 되면 특별하게 느껴진다. 지난 한 해를 돌아보고 새로운 한 해를 마음에 새기는 기회가 되기 때문이다.

지난해는 사건사고로 얼룩졌다. 전남 진도 앞바다에서 여객선 세월호가 침몰해 어린 학생들이 채 피기도 전에 차가운 바닷속으로 사라졌다. 이 사건은 지금도 진행 중이다. 군에서는 GOP 총기난사 사건과 함께 윤 모 일병 집단폭행 사망 사건이 발생해 국민들의 공분을 샀다. 정치적으로는 정윤회 씨의 국정개입 의혹 및 문건유출 논란이 일어 연말 정국을 강타했다. 또 땅콩 한 봉지 때문에 비행기에서 쫓겨난 승무원, 아파트 주민의 폭언에 자살한 경비원, 오체투지와 고공농성에 나선 비정규직과 해고 노동자 등, 이 시대 '을'과 '미생'의 모습들이 뇌리를 떠나지 않는다.

그러나 이 시련을 극복해야 한다. 절망은 금물이다. 살다 보면 누구든 한두 번쯤은 어려움에 직면하게 된다. 국가나 개인이나 마찬가지다. 특히 개인에 있어서 어려움에 처했다고 쉽게 자포자기하는 사람도 생겨난다. 눈앞의 것이 전부라고 생각하기 때문이다. 하지만 눈앞의 것은 금방 지나가고 과거가 돼버리는 것이 우리의 삶이다. 그런데도 우리는 쉽게 좌절하고 포기한다. 길을 걷다 보면 돌에 걸려 넘어지는 경우가 생긴다. 이럴 때 자기가 넘어진 돌을 디딤돌로 사용하는 사람은 틀림없이 성공한다.

올해는 푸른 양靑羊의 해다. 세상에 무슨 푸른 양이 있느냐고 반문할지도 모른다. 역술인들에 의하면 천간天干인 을乙이 오행五行의 목木에 해당하고, 색깔로는 청靑이라고 한다. 지지地支의 미未가 양이니 푸른 양의 해라나. 정미년丁未年은 붉은 양赤羊 · 적양, 기미년己未年은 누런 양黃羊 · 황양, 신미년辛未年은 흰 양白羊 · 백양, 계미년癸未年은 검은 양黑羊 · 흑양의 해라고 한다.

그런데 동물들의 세계에서 보면 육식동물은 사납고 초식동물은 순하다. 호랑이, 사자, 표범, 하이에나, 늑대 등은 언제나 육식을 하지 않던가. 그것도 살아 있는 짐승을 잡아먹는다. 육식동물은 어려서부터 심성이 사납고 공격적이어서 자기보다 약한 것들은 모조리 잡아먹으려 든다. 자라면서 힘이 세어지면 부모도 내쫓고, 형제는 죽이고, 자신의 아내와 자식만을 거느린다. 자신의 경계 안에서 왕 노릇을 하는 것이다.

반면 소, 양, 염소, 사슴, 토끼 등은 언제나 풀을 뜯어 먹고 산다. 무리지어 다니는 야생의 초식동물들은 바탕이 순하다. 겁이 많아 언제라도 호전적인 동물을 보면 무조건 피하거나 도망가 버린다. 이 중 양은 온순하기로 정평이 나 있다. 양은 성질이 온순하고 착할 뿐 아니라 참을성이 많고 다른 동물을 해치지도 않는다. 또 양 하면 곧 평화를 연상하듯 성격이 온화해 좀체 싸우는 일이 없으나 일단 성이 나면 참지 못하는 다혈질이기도 하다.

우리 문화에서 양은 주로 상서로운 동물로 등장한다. 꿈에 양이 나타나면 길몽이다. 남아선호사상이 강한 전통사회에서도 양띠 해에는 며느리가 딸을 낳아도 구박하지 않았다고 한다. 온순하고 순박한 양에 대한 호감 때문이었다. 또 우리 속담에 "양띠는 부자가 못 된다."는 말이 있다. 양띠 사람은 양처럼 너무 정직하고 정의로워서 부정을 못 보고, 너무 맑아서 부자가 되지 못한다는 뜻이다.

양은 착하고 의롭고 아름다운 동물이다. 착함善, 올바름義, 아름다움[美], 상서로움[祥] 등의 한자가 바로 양羊자에서 비롯됐다.

2015년 청양靑羊해, 푸른색은 진취적인 뜻이 담겨 있다. 양치고는 매우 활달한 양의 해가 될 것 같다. 올 한 해 양처럼 착한 일만 있었으면 좋겠다.

『새만금일보』 (2015. 1. 6.)

신영규
삶에게 묻다

인쇄 2021년 1월 25일
발행 2021년 1월 30일

지은이 신영규
발행인 서정환
펴낸곳 신아출판사
주소 서울시 종로구 삼일대로 32길 36(익선동 30-6 운현신화타워 빌딩) 305호
전화 (02) 3675-3885, (063) 275-4000 · 0484
팩스 (063) 274-3131
이메일 sina321@hanmail.net essay321@hanmail.net
출판등록 제300-2013-10호
인쇄 · 제본 신아출판사

ISBN 979-11-5605-869-4 03810
값 18,000원

이 책의 발간비 일부는 전라북도문화관광재단 지역문화예술육성지원사업 보조금을 지원받았습니다.

Printed in KOREA